普通高等教育经管类专业系列教材

市场调查与预测

| 第4版 |

刘艳玲◎主　编

元明顺　郑　鑫　熊国钺｜副主编

清华大学出版社

北　京

内容简介

本书依照"理论、实务、案例、实训"四位一体的原则编写，系统地介绍了在现代市场营销背景下的市场调查与预测的基本理论、操作方法和分析技术。主要内容包括市场调查的基本概念，调查方案的设计方法，市场调查方法(网络调查、大数据驱动的市场调查)，调查问卷的设计与抽样技术的选择，调查资料的处理和分析(SPSS 软件的应用)，定性预测和定量预测的基本方法，以及市场分析报告的撰写等。本书附有大量的案例，以引入案例开篇，在正文中穿插多个实用的案例和资料，实践题亦围绕各种情景案例展开。除此以外，本书还增加了 SPSS 软件操作的微课视频，并且增加和强化了大数据理论及其工具在市场调查中的应用，帮助学生了解和掌握收集、分析线上与线下消费者行为数据的方法。

本书适用于经济管理类相关专业本科、研究生教学及 MBA 和 EMBA 教学，亦可作为市场研究工作者的参考用书。

本书扉页为防伪页，封面贴有清华大学出版社防伪标签，无上述标识者不得销售。
版权所有，侵权必究。举报：010-62782989，beiqinquan@tup.tsinghua.edu.cn。

图书在版编目(CIP)数据

市场调查与预测 / 刘艳玲主编. — 4 版. — 北京：清华大学出版社，2024.6（2024.8重印）
普通高等教育经管类专业系列教材
ISBN 978-7-302-65920-4

Ⅰ.①市… Ⅱ.①刘… Ⅲ.①市场调查－高等学校－教材 ②市场预测－高等学校－教材 Ⅳ.①F713.5

中国国家版本馆 CIP 数据核字(2024)第 064193 号

责任编辑：高　屾
封面设计：马筱琨
版式设计：方加青
责任校对：马遥遥
责任印制：沈　露

出版发行：清华大学出版社
　　网　　址：https://www.tup.com.cn，https://www.wqxuetang.com
　　地　　址：北京清华大学学研大厦 A 座　　邮　编：100084
　　社 总 机：010-83470000　　邮　购：010-62786544
　　投稿与读者服务：010-62776969，c-service@tup.tsinghua.edu.cn
　　质 量 反 馈：010-62772015，zhiliang@tup.tsinghua.edu.cn
印 装 者：三河市科茂嘉荣印务有限公司
经　　销：全国新华书店
开　　本：185mm×260mm　　印　张：20.5　　字　数：538 千字
版　　次：2007 年 5 月第 1 版　2024 年 8 月第 4 版　印　次：2024 年 8 月第 2 次印刷
定　　价：79.00 元

产品编号：104156-01

前　言

进入21世纪以来，互联网在我国得到了迅速的推广普及并不断走向深入应用，网络消费的兴起给社会带来了巨大的影响，也给市场研究方法带来了新的挑战。传统的市场研究虽然以严谨的抽样理论为基础，但由于受制于主持人的访问技巧、街头拦截访问的不确定性等缺点，不能完全真实反映总体的客观情况。而大数据的调研方法为市场研究人员提供了以"隐形人"身份观察消费者的可能性，超大样本量的统计分析使得研究成果更接近市场的真实状态。与此同时，面对网络化的消费者，企业营销决策的精准性和及时性的要求在进一步提高。这些挑战和变化均对市场调查与预测的相关理论和工具提出了更高的要求。

本书第1版被评为普通高等教育"十一五"国家级规划教材，此次再版得到上海汽车工业教育基金会的资助。本书依照"理论、实务、案例、实训"四位一体的原则编写，系统地介绍了在现代市场营销背景下的市场调查与预测的基本理论、操作方法和分析技术。主要内容包括市场调查的基本概念，调查方案的设计方法，市场调查方法(网络调查、大数据驱动的市场调查)，调查问卷的设计与抽样技术的选择，调查资料的处理和分析(SPSS软件的应用)，定性预测和定量预测的基本方法，以及市场分析报告的撰写等。

在内容安排上，本书遵循了由浅入深、循序渐进的原则，并附有大量的案例和相关分析软件的应用。第4版在第3版的基础上做了如下修订：第一，更新了相关数据，帮助学生了解新趋势、新模式；第二，更换了陈旧的案例，带领读者做前瞻性的分析解读；第三，优化内容呈现，以引入案例开篇，在正文中穿插大量实用案例和资料，实践题亦围绕各种情景案例展开，激发读者的浓厚兴趣和深度思考。本书适用于经济管理类相关专业本科、研究生教学及MBA和EMBA教学，亦可作为市场研究工作者的参考用书。

本书免费提供配套教学资源，包括但不限于教学课件、教学视频、操作数据、扩展资源、习题答案、教案等，教师可扫描右侧二维码获取。

本书由刘艳玲担任主编，元明顺、郑鑫、熊国钺担任副主编。全书共14章，刘艳玲负责编写第1章、第2章、第3章、第4章、第6章、第7章、第10章、第12章、第13章、第14章，元明顺负责编写第5章、第11章，熊国钺负责编写第8章，郑鑫负责编写第9章。另外，还要感谢参与前几版编写的于磊老师，以及提供悉心指导与帮助的叶明海教授。感谢本书责任编辑细心、周到的工作支持。

教学资源

本书在编写过程中，参考了若干市场研究领域的专著、教材和论文等，在此向有关作者表示感谢。

最后，由于作者水平有限，难免有不足之处，恳请广大读者批评指正。

编　者

2024 年 4 月

目　录

第1章　概论 1
- 1.1　市场调查与市场预测概述 2
  - 1.1.1　市场的含义 2
  - 1.1.2　市场调查与预测的产生和发展 3
  - 1.1.3　市场调查与预测的含义 3
  - 1.1.4　市场调查与预测的必要性 4
  - 1.1.5　市场调查与预测的范围、内容和分类 6
- 1.2　市场调查与预测的方法论基础 10
  - 1.2.1　经验认识方法 11
  - 1.2.2　理论认识方法 11
- 1.3　市场调查机构的设置 13
  - 1.3.1　自行调查与委托调查 13
  - 1.3.2　市场调查与预测机构 13
  - 1.3.3　市场调查与预测部门的设置原则 14
- 1.4　市场调查的组织方式分类 15
  - 1.4.1　全面市场调查(市场普查) 15
  - 1.4.2　非全面市场调查 16
- 关键词和概念 17
- 本章复习题 17

第2章　市场调查与预测方案设计 20
- 2.1　市场调查与预测方案概述 20
  - 2.1.1　市场调查与预测方案的含义 20
  - 2.1.2　编制市场调查与预测方案的意义 21
- 2.2　市场调查与预测的工作步骤 22
  - 2.2.1　非正式调查阶段 23
  - 2.2.2　制订市场调查与预测工作计划 24
  - 2.2.3　市场信息数据收集 24
  - 2.2.4　信息整理、数据分析，进行市场预测 25
  - 2.2.5　提出结论和建议，撰写市场调查分析报告 25
- 2.3　市场调查与预测计划书的撰写 26
  - 2.3.1　市场调查与预测计划书的内容 26
  - 2.3.2　市场调查与预测方案计划书的评估 28
- 关键词和概念 30
- 本章复习题 30

第3章　二手数据收集 32
- 3.1　二手数据的含义及特点 33
  - 3.1.1　二手数据的含义 33
  - 3.1.2　二手数据的特点 34
- 3.2　二手数据的来源及评估 34
  - 3.2.1　二手数据的来源 34
  - 3.2.2　二手数据的评估 37
- 3.3　二手数据的标准化 38
- 关键词和概念 42
- 本章复习题 42

第4章　市场调查的抽样理论与实践 44
- 4.1　抽样的基本理论与步骤 45
  - 4.1.1　抽样调查的意义 45
  - 4.1.2　大数据时代的抽样调查 46
  - 4.1.3　抽样过程 47
  - 4.1.4　抽样目标群体 47
  - 4.1.5　样本大小的确定问题 51
  - 4.1.6　抽样误差 53
- 4.2　抽样方法 54

		4.2.1 概率抽样 …………………… 54
		4.2.2 无概率样本 …………………… 59
	关键词和概念 …………………………… 60	
	本章复习题 ……………………………… 60	

第5章 量表设计 ……………………… 63

- 5.1 测量与测量尺度 …………………… 64
  - 5.1.1 测量 …………………………… 64
  - 5.1.2 测量尺度 ……………………… 64
- 5.2 量表技术 …………………………… 66
  - 5.2.1 量表技术简述和态度评价 …… 66
  - 5.2.2 常用的量表技术 ……………… 67
- 5.3 信度和效度 ………………………… 74
  - 5.3.1 信度 …………………………… 74
  - 5.3.2 效度 …………………………… 75
  - 5.3.3 信度分析案例及SPSS应用 … 76
- 关键词和概念 …………………………… 79
- 本章复习题 ……………………………… 79

第6章 市场调查方法 ………………… 81

- 6.1 市场调查的分类及作用 …………… 82
  - 6.1.1 市场调查的类型 ……………… 82
  - 6.1.2 市场调查的作用 ……………… 83
- 6.2 访谈调查法 ………………………… 83
  - 6.2.1 焦点小组访谈 ………………… 83
  - 6.2.2 深度访问 ……………………… 86
  - 6.2.3 入户调查 ……………………… 87
- 6.3 固定样本调查 ……………………… 88
  - 6.3.1 固定样本调查的含义和特点 … 88
  - 6.3.2 固定样本调查的应用 ………… 89
- 6.4 问卷调查 …………………………… 90
  - 6.4.1 街头拦截访问 ………………… 91
  - 6.4.2 信函调查 ……………………… 91
  - 6.4.3 电话调查 ……………………… 93
- 6.5 网络调查 …………………………… 94
  - 6.5.1 网络调查的含义和特点 ……… 95
  - 6.5.2 网络调查的类型 ……………… 96
  - 6.5.3 网络问卷的设计原则和方法 … 99
  - 6.5.4 提高网络调查的反馈率 ……… 100
- 6.6 观察法 ……………………………… 102

- 6.7 投射调查 …………………………… 104
  - 6.7.1 投射调查的含义 ……………… 104
  - 6.7.2 投射调查的分类 ……………… 104
- 6.8 实验法 ……………………………… 106
  - 6.8.1 实验法常用的变量 …………… 107
  - 6.8.2 实验法的有效性 ……………… 107
  - 6.8.3 实验法的分类 ………………… 108
- 关键词和概念 …………………………… 111
- 本章复习题 ……………………………… 111

第7章 问卷设计及调查技术 ………… 114

- 7.1 问卷设计的意义、目标与程序 …… 115
  - 7.1.1 问卷设计的意义 ……………… 115
  - 7.1.2 问卷设计的目标 ……………… 115
  - 7.1.3 问卷设计的程序 ……………… 115
- 7.2 问卷设计的技术 …………………… 116
  - 7.2.1 问卷设计的一般准则 ………… 116
  - 7.2.2 问卷设计的基本原则 ………… 116
  - 7.2.3 问题的形式 …………………… 119
- 7.3 问卷结构及相关问题 ……………… 122
  - 7.3.1 问卷结构 ……………………… 122
  - 7.3.2 问题的顺序 …………………… 123
  - 7.3.3 问卷设计的注意事项 ………… 124
- 7.4 问卷的编码与测试 ………………… 125
  - 7.4.1 问卷的编码 …………………… 125
  - 7.4.2 问卷的测试 …………………… 127
- 7.5 处理问卷调查中的问题 …………… 127
  - 7.5.1 不响应 ………………………… 127
  - 7.5.2 不在家(不在场) ……………… 128
  - 7.5.3 拒绝 …………………………… 128
- 7.6 提高问卷回答率的方法 …………… 129
  - 7.6.1 研究成果综述 ………………… 129
  - 7.6.2 处理不回答 …………………… 130
- 关键词和概念 …………………………… 130
- 本章复习题 ……………………………… 131

第8章 数据处理与分析 ……………… 132

- 8.1 数据分析的作用与要求 …………… 133
  - 8.1.1 数据分析的含义与作用 ……… 133
  - 8.1.2 数据分析的要求 ……………… 134

目录

　　　　8.1.3　数据的审核……………………135
8.2　统计图表法………………………………136
　　　　8.2.1　常用的统计图…………………136
　　　　8.2.2　交叉列表分析…………………139
8.3　基础数据指标分析………………………144
　　　　8.3.1　综合指标分析法………………144
　　　　8.3.2　动态分析法……………………145
　　　　8.3.3　数据资料的概括技术…………146
8.4　概率统计的基础数据分析………………148
　　　　8.4.1　常用的统计量…………………149
　　　　8.4.2　参数估计及 SPSS 应用………150
　　　　8.4.3　假设检验及 SPSS 应用………152
　　　　8.4.4　方差分析及 SPSS 应用………153
　　　　8.4.5　因子分析及 SPSS 应用………155
　　　　8.4.6　聚类分析及 SPSS 应用………161
8.5　统计分析软件介绍………………………165
　　　　8.5.1　SPSS……………………………165
　　　　8.5.2　SAS………………………………166
　　　　8.5.3　其他统计软件…………………166
关键词和概念…………………………………166
本章复习题……………………………………166

第 9 章　大数据驱动的市场调研 …………169

9.1　大数据概述及大数据调研与传统
　　　调研的区别………………………………170
　　　　9.1.1　大数据的定义及特征…………170
　　　　9.1.2　大数据思维方法的转变………171
　　　　9.1.3　大数据调研与传统调研的
　　　　　　　区别………………………………172
　　　　9.1.4　大数据与小数据的区别与
　　　　　　　联系………………………………174
9.2　大数据驱动的市场调研内容……………175
　　　　9.2.1　大数据驱动的消费者研究……175
　　　　9.2.2　大数据驱动的竞争情报
　　　　　　　研究………………………………177
　　　　9.2.3　大数据驱动的市场预测………178
　　　　9.2.4　大数据驱动的媒体监测与
　　　　　　　广告效果调研……………………182
9.3　大数据驱动的市场调研方法……………183
　　　　9.3.1　大数据采集方法………………183

　　　　9.3.2　大数据清洗方法………………185
　　　　9.3.3　大数据建模与算法……………186
　　　　9.3.4　大数据分析及相关工具………189
　　　　9.3.5　大数据与小数据的融合………191
9.4　大数据驱动的市场调研案例……………192
　　　　9.4.1　大数据驱动的用户画像案例…192
　　　　9.4.2　大数据驱动的销量预测案例…194
　　　　9.4.3　大数据驱动的网点预测案例…195
　　　　9.4.4　大数据驱动的流量预测案例…196
　　　　9.4.5　大数据驱动的舆情控制案例…198
　　　　9.4.6　大数据驱动的客户管理案例…198
关键词和概念…………………………………199
本章复习题……………………………………199

第 10 章　市场预测原理与步骤 ……………203

10.1　市场预测的概念和类型………………204
　　　　10.1.1　市场预测的概念和作用……204
　　　　10.1.2　市场预测的基本原理和
　　　　　　　　原则……………………………206
　　　　10.1.3　市场预测的类型……………206
10.2　市场预测的步骤…………………………212
10.3　预测方法的选择和应用…………………214
　　　　10.3.1　市场预测方法…………………214
　　　　10.3.2　应用市场预测的条件………214
　　　　10.3.3　选择市场预测方法的评价
　　　　　　　　标准……………………………215
　　　　10.3.4　市场预测方法的评价………217
　　　　10.3.5　提高市场预测精度的途径…218
关键词和概念…………………………………219
本章复习题……………………………………219

第 11 章　定性预测方法 ……………………222

11.1　对比类推法………………………………223
　　　　11.1.1　产品类推法……………………223
　　　　11.1.2　地区类推法……………………223
　　　　11.1.3　行业类推法……………………224
　　　　11.1.4　局部总体类推法………………224
　　　　11.1.5　对比类推法实例………………224
11.2　集体经验判断法…………………………226
11.3　德尔菲法…………………………………228

11.3.1 德尔菲法的预测程序·········229
11.3.2 德尔菲法的特点·········232
11.3.3 德尔菲法预测实例·········233
11.4 其他定性预测方法·········235
11.4.1 购买意向调查法·········236
11.4.2 展销调查法·········238
11.4.3 预购测算法·········238
11.4.4 厂长(经理)评判意见法·········239
11.4.5 销售人员估计法·········240
关键词和概念·········241
本章复习题·········241

第12章 时间序列预测法·········244
12.1 平均预测法·········246
12.1.1 简单平均法·········246
12.1.2 移动平均法及SPSS应用····247
12.2 趋势预测法·········255
12.2.1 长期趋势预测法概述·········255
12.2.2 长期趋势预测模型的选择及SPSS应用·········259
12.2.3 修正指数曲线预测模型及其应用·········264
12.3 生长曲线趋势外推法·········268
12.3.1 龚珀兹曲线预测模型及其应用·········268
12.3.2 皮尔曲线预测模型及其应用·········271
12.4 自回归预测法·········273
12.4.1 自回归预测的基本原理及应用·········273
12.4.2 ARIMA模型及SPSS应用·········276
关键词和概念·········279
本章复习题·········279

第13章 因果分析预测·········280
13.1 因果分析预测概述·········280
13.1.1 变量间的因果关系·········280
13.1.2 因果关系的分析方法·········281
13.2 回归预测模型·········281

13.2.1 一元线性回归及SPSS应用·········281
13.2.2 多元线性回归及SPSS应用···286
13.2.3 非线性回归模型及SPSS应用·········289
13.2.4 二元逻辑回归模型及SPSS应用·········292
13.3 经济计量模型·········298
13.3.1 经济计量模型的含义及其构成·········298
13.3.2 经济计量模型预测的基本过程·········299
13.4 其他分析预测方法·········301
13.4.1 鱼骨图分析法·········302
13.4.2 灰色系统预测·········304
13.4.3 情景分析预测·········305
13.4.4 组合预测法·········307
13.4.5 生命周期预测·········308
关键词和概念·········309
本章复习题·········309

第14章 市场分析报告·········310
14.1 市场分析报告概述·········310
14.1.1 市场分析报告的含义·········310
14.1.2 市场分析报告的意义和作用··311
14.1.3 市场分析报告的分类·········311
14.1.4 市场分析报告的撰写原则···312
14.2 市场分析报告的结构及形式·········313
14.2.1 内雷斯·马尔霍查提出的市场分析报告格式·········313
14.2.2 其他市场分析报告格式·······315
14.2.3 市场分析报告呈现形式·······315
14.3 市场分析报告的撰写·········316
14.3.1 市场分析报告标题的撰写···316
14.3.2 市场分析报告引言的撰写···316
14.3.3 市场分析报告主体的撰写···317
14.3.4 市场分析报告结尾的撰写···317
关键词和概念·········318
本章复习题·········318

参考文献·········319

第 1 章
概　　论

◎ 学习目的与要求
　1. 理解市场的概念及其特性；
　2. 了解市场调查与预测行业的发展；
　3. 理解市场调查与预测的必要性、范围和内容；
　4. 理解市场调查与预测的方法论；
　5. 了解市场调查与预测部门的设置原则。

> **引入案例**　TSE：大数据时代市场调查的变革
>
> 大数据时代，市场调查的样本和调查方式都发生了变革，主要是普查而不是抽样调查；技术特点是对个体的"追踪定位"，由传统的问卷、访谈、投射和实验等逐渐过渡到新的调研技术——Cookie 跟踪或 App 追踪。
>
> 大数据时代市场调查有三种方式。
>
> 1) T——追踪定位(track)
>
> 传统的市场调查是对目标受众进行有针对性的调查，但因为调查时间、技术和费用的限制，可能只能获得片面数据；而大数据的技术特点是对个体的"追踪定位"。在计算机终端主要通过 Cookie 进行追踪与定位，跟踪统计用户什么时间访问、访问了哪些页面、在每个网页的停留时间、相关的输入内容和相关的链接等行为特点。在移动终端主要通过 App 进行追踪定位，并整合 LBS、QR、AR 等新技术，带给用户前所未有的、随时随地的用户体验，从而提高 App 的用户规模和用户使用频率。还可以通过相关激励将移动终端和 PC 终端关联起来，如鼓励用户将资料通过电脑传输到手机，关联用户的移动终端和 PC 终端，追踪和获取更完整、更全面的消费者个性信息。追踪定位可以实现精准营销，减少信息的无序和混乱程度，优化信息结构，帮助企业和消费者做出最优决策。
>
> 2) S——筛选(screening)
>
> 筛选是指无信息的一方采取引起有信息的一方披露私人信息的行动。营销者的主要筛选方式是引发消费者主动进行信息分享。
>
> 网络媒体相对于传统媒体的最大优势，在于信息的共享性与用户的参与性。除了使用 Cookie 和 App 进行追踪和定位外，还有一些数据的获得是通过消费者个体的主动暴露进行筛选的。即通过多屏技术把用户和 PC、手机三者关联起来，将不同场景和场域中的消费者联系在一起，勾勒出完整的消费者个性图谱，如用户私人信息——手机号、微信号、微博账号、QQ 号等，以及用户的个性、爱好、社交圈、购买习惯、购买频率等。通过消费者自己主动暴露完成筛选，

获得完整的消费者社交媒体信息和私人信息。

通过用户主动暴露的信息了解用户的兴趣和需求，再根据其兴趣和需求进行信息或商品的推荐。如果用户分享企业信息，就能使企业得到更广泛的宣传并获取关于消费者社交圈的更多数据。营销者如果对消费者分享信息给予利益回报，就能对此分享行为产生激励。激励可包括精神激励与物质激励。精神激励指消费者分享信息后获得情绪上的释放和精神上的满足；物质激励指消费者分享信息后会获得财物上的回报。

3) E——外部性(externalities)

外部性一般指一个人或一群人的行动和决策使另一个人或一群人受损或受益的情况，市场调查中的外部性主要指个体信息的分享给企业带来的溢出效应。例如，分享信息可以获得网友点赞、扩大知名度、引人关注、发泄情绪等结果，那么个体就在没有营销者激励的情况下，产生了一种自我激励或外部性的激励，在此激励下，主动分享信息。此行为对于营销者而言，产生了正外部性。这种外部性使部分营销者获得额外的收益或者零成本获益，扭曲了一些营销主体成本与收益的关系，造成了一定程度上激励机制的市场失灵，也不利于整个社会的效率、效益和整体的资源优化配置。

总之，大数据时代，此三种市场调查的方法使个体与个体调查信息一一对应，进而为网络化的分散布局带来了效率，极大地降低了物理成本，提高了调查的准确性和科学性。

资料来源：蔡立媛，李柱. TSE: 大数据时代市场调查的变革[J]. 企业管理，2017 (04): 105-107. (改编)

1.1　市场调查与市场预测概述

1.1.1　市场的含义

1. 市场的概念

市场调查与预测的对象是企业、顾客在市场上的活动及市场机制，所以有必要先阐明市场的概念。

市场是与商品经济相联系的一个经济范畴，它是随着社会分工和商品生产、商品交换的产生而产生、发展而发展的。市场的概念有狭义和广义之分。狭义的市场概念，是指具体的交易场所。人们习惯于把在一定时间、一定地点进行商品买卖的地方称为市场。广义的市场概念，是指商品交换关系的总和，即把市场看作商品交换关系的总体，市场可以是有形的，也可以是无形的。

市场调查与预测的对象是指广义上的市场，是抽象的市场，而不是指某一特定的商品交易场所，但它又包含了所有的具体市场。

2. 市场的特性

1) 形成市场的基本条件(基本因素)

第一，要同时有买方和卖方。商品交换活动是由人来进行的，有买有卖才能形成市场。

第二，要有可供交换的商品或服务(包括购买能力)。

第三，要具备买卖双方都能接受的价格和交易条件。

市场活动的中心内容是商品交换、价值让渡，只有自愿互利，价格和交易条件双方都能接受，商品交换才能完成，这就是通常所说的"自愿让渡"规律。"自愿让渡"是商品交换的一般规律。

2) 参与市场交换的当事人

形成市场要有商品，而商品交换要通过众多当事人才能实现。参与市场商品交换的当事人不外乎三种人：生产者、消费者和商业中介人。他们在市场上所处的地位和作用各不相同，参与交换的目的和要求也不一样，因而都有各自不同的利益诉求。正确处理商品交换活动当事人之间的经济利益关系，是商品交换顺利进行的必要条件。

1.1.2 市场调查与预测的产生和发展

人类在现代日常经济生活中，为了交换所需、促进生产和消费，市场营销活动成为不可或缺的一环，然而，这也带来了市场问题。随着社会经济环境日趋复杂和市场竞争的加剧，过去由生产者决定市场供需的卖方市场，逐渐转变为由顾客决定市场供需的买方市场。生产者想要事先了解顾客的需要和市场的状况，以决定企业的生产方向和营销活动，更好地将产品转移到顾客手中，从而产生了市场营销活动和市场调查与预测活动。

据记载，古希腊有位哲学家名叫塞利斯，十分注意市场调查与预测。有一年，他根据天气情况预测到油橄榄会大丰收，可别人对他的预测都不相信。于是塞利斯把榨油机都买下来。结果这年的油橄榄果真大丰收。第二年，塞利斯以高价出租榨油机，赚了不少钱。他说他这样做主要不是为了赚钱，而是借此惩罚那些不相信市场调查与预测的人。这种早期的市场调查与预测很大程度上是一种实践经验的积累，是局部的、零星的，并带有较大的随意性。

尽管市场调查与预测是随着市场经济的产生而早就有之，但市场调查与预测作为一门学科，则是在资本主义生产方式占主导地位以后出现的。在第二次世界大战以前，其成就甚微，主要是一些新的概念的引入。例如，1911 年美国当时最大的出版商柯林斯出版公司聘请佩林担任商业调研部经理，先后对农具销售、纺织品销售渠道进行了系统的调查；佩林编写了《销售机会》一书，并且对实地调查技术做出了一系列的贡献，因而被推崇为这一领域的先驱。1914 年，美国哈佛大学商学院建立了商业调查研究所。1918 年，美国西北大学商学院也建立了商业调查研究机构。1921 年，由怀特(P. White)编写的第一本关于市场研究这一学科的书正式出版。1923 年，"市场调查之父" Athur C. Nielsen 将"市场份额"这一概念引入该领域。1937 年，美国市场营销协会组织专家集体编写了《市场调研技术》一书，对市场调查与预测这门学科的形成和发展做了重要阐述。

第二次世界大战结束以后，由于统计学的进步和计算机科学的发展，促使市场调查与预测工作突飞猛进，市场调查与预测学科进入了一个新阶段，促进了市场营销理论和实践的发展，并且产生了 4 本权威性的杂志：1964 年创刊的 *Journal of Marketing*(《市场营销杂志》)，1974 年创刊的 *Journal of Advertising Research*(《广告研究学刊》)，1974 年创刊的 *Journal of Consumer Research*(《消费者研究杂志》)和 1982 年创刊的 *Marketing Science*(《营销科学》)。

随着信息技术的发展，市场信息和数据已成为企业市场营销活动的重要资源。"大数据"作为近年来 IT 行业的热门词汇，与之相关的数据仓库、数据分析、数据挖掘、数据应用等技术更是迅猛发展，使得围绕大数据的市场调查和预测逐渐成为企业开展营销活动的焦点。

1.1.3 市场调查与预测的含义

市场调查与预测是利用系统性、客观性和完整性的科学方法对于各种市场活动有关的全部事实加以收集、研究与分析，进而对未来市场进行预测，作为决策者做决策时发现机会、降低风险的参考和依据。市场调查与预测也被称为市场调查、营销调研、市场研究、市场预测等。

同时，市场调查与预测活动也是市场营销活动的一个重要因素。它把消费者、客户、公众和营销者通过信息联系起来,这些信息具有以下职能:识别、定义市场营销机会和可能出现的问题,制订、优化市场营销组合并评估和预测其效果。

因此,美国市场营销协会 AMA 在 1988 年给出的相关定义是:市场研究(市场调查与预测)是通过市场信息将消费者、顾客和大众与市场营销人员连接起来的活动。市场信息的作用包括:确认和界定市场营销机会与威胁;产生、改进和评估市场营销活动;反映市场营销成果;改进对市场营销过程的了解和把握。

1. 市场调查与市场预测的关系

市场调查与市场预测虽然可以分别作为一门学科或一项实际工作存在,但两者之间有着非常密切的联系。市场调查与市场预测的关系可归结为以下几个方面。①市场调查可以为市场预测提供所需的信息资料,市场调查的水平和市场调查资料的质量在很大程度上决定着市场预测的水平和质量。②市场调查方法丰富和充实了市场预测技术。市场调查方法具有简便实用、易懂易记的特点,市场预测的许多方法正是在市场调查方法的基础上充实、提高而形成的,如购买者意向调查法等,就是调查内容中加入预测项目,同样可以得到简明的预测结果。③市场预测的结论要依靠市场调查来验证和修订。市场调查具有信息反馈的功能,通过市场调查可以检验前一阶段的预测结果,还能够分析论证预测成功与失误的原因,总结经验教训,不断提高市场预测的水平。

由此可知,市场调查侧重于对现状与趋势的了解,市场预测则是对企业未来市场状况做出的估计与判断。市场调查是认识市场变化的起点,也是市场预测的出发点。离开市场调查,根本谈不上科学的市场预测。

2. 市场调查与预测的技术演化

表 1-1 列举了被广泛用于市场调查与预测的各种技术,由此可了解这一行业研究技术的演化。

表 1-1 市场调查与预测技术的演化

	1910 年以前	1911—1920 年	1921—1930 年	1931—1940 年
市场调查与预测技术	・实地观察 ・初步调查	・销售分析 ・经营成本分析	・问卷设计 ・调查设计	・配额抽样简单相关分析 ・分销成本与商店审计综合分析
	1941—1950 年	1951—1960 年	1961—1970 年	1971 年—至今
市场调查与预测技术	・概率抽样 ・回归方法 ・统计推理 ・消费者与商店小组调研	・动机研究 ・经营研究 ・多元回归与多元相关 ・实验设计 ・态度测量工具	・因素分析与判别分析 ・数学模型 ・贝叶斯统计分析与设计理论 ・测量尺度理论 ・电子数据处理 ・市场营销模拟与预测 ・信息储存与检索	・非计量多尺度法 ・计量综合模型 ・综合市场 ・营销计划模型 ・市场营销实验室 ・网上调查 ・大数据 ・SPSS ・SAS

1.1.4 市场调查与预测的必要性

面对复杂多变的国内外市场竞争,许多成功的企业在经营活动中已逐渐形成了这样的共识:谁能及时了解和掌握市场信息,谁就能掌握市场的主动权,谁就可能获得市场竞争的优势。企业的成败取决于其是否随着时间、空间、环境和竞争对手状况的变化来研究制定、改善企业的总体市场营销战略。

市场调查与预测的目的在于及时地给营销决策者提供所需要的信息,减少企业市场营销决策时的不确定性,降低决策错误的风险,协助决策部门制定有效的市场营销决策。市场调查与预测是企业市场营销活动中不可或缺的重要工作,如图1-1所示。

图1-1　市场调查、预测与市场营销

企业市场营销活动的核心是发现和有效地满足市场需求,企业计划生产的产品或提供的服务是不是市场所需要的,必须通过市场调查与预测工作才能得到明确的答案。

其一,企业通过市场调查与预测活动,可以了解顾客和消费者的潜在需求和当前需求,发掘和评估市场机会。了解顾客和消费者的偏好和对产品或服务的意见,可以使企业改进现有产品、研制新产品时有明确的方向,使产品适销对路。如果企业不了解本企业产品或服务的市场容量,以及顾客的消费习惯和市场竞争状况,就会造成生产和经营的盲目性。同时,市场调查与预测是经营预测的基本前提,也是企业经营决策和经营计划的基础。市场调查与预测得到的信息越可靠,越能够反映市场实际情况和未来发展趋势,经营预测的结果越趋于正确,经营决策和经营计划的基础才越切实可行。其二,企业对过去所做出的决策应该随时根据市场的变化和市场营销活动的实际状况进行修正,而修正的依据当然也是市场调查与预测所获得的信息。因此,企业的经营活动是以适应和满足市场需求为中心的,这决定了其必须开展市场调查与预测工作。

课程思政:在全党大兴调查研究的重要意义和总体要求

为深入学习贯彻习近平新时代中国特色社会主义思想,全面贯彻落实党的二十大精神,党中央决定,在全党大兴调查研究,作为在全党开展的主题教育的重要内容,推动全面建设社会主义现代化国家开好局起好步。

一、重要意义

调查研究是我们党的传家宝。党的十八大以来,以习近平同志为核心的党中央高度重视调查研究工作,习近平总书记强调指出,调查研究是谋事之基、成事之道,没有调查就没有发言权,没有调查就没有决策权;正确的决策离不开调查研究,正确的贯彻落实同样也离不开调查研究;调查研究是获得真知灼见的源头活水,是做好工作的基本功;要在全党大兴调查研究之风。习近平总书记这些重要指示,深刻阐明了调查研究的极端重要性,为全党大兴调查研究、做好各项工作提供了根本遵循。

当前,我国发展面临新的战略机遇、新的战略任务、新的战略阶段、新的战略要求、新的战略环境。世界百年未有之大变局加速演进,不确定、难预料因素增多,国内改革发展稳定面临不少深层次矛盾躲不开、绕不过,各种风险挑战、困难问题比以往更加严峻复杂,迫切需要通过调查研究把握事物的本质和规律,找到破解难题的办法和路径。在全党大兴调查研究,是深入学习贯彻习近平新时代中国特色社会主义思想、感悟这一重要思想的真理力量和实践伟力的必然要求,是深刻领悟"两个确立"的决定性意义、坚决做到"两个维护"的具体实践,是应对新时代新征程前进路上的风浪考验、推进中国式现代化的有力举措,是时刻保持解决大党独有难题的清醒和坚定、回答"六个如何始终"的现实需要,是转变工作作风、密切联系群众、提高履职本领、强化责任担当的有效途径。

二、总体要求

在全党大兴调查研究,要坚持以习近平新时代中国特色社会主义思想为指导,全面贯彻落实党的二十大精神，紧紧围绕党的理论和路线方针政策、党中央重大决策部署的贯彻执行，大力弘扬党的光荣传统和优良作风，突出问题导向和目标导向，促进广大党员、干部特别是领导干部带头深入调查研究，不断深化对党的创新理论的认识和把握，善于运用党的创新理论研究新情况、解决新问题、总结新经验、探索新规律，扑下身子干实事、谋实招、求实效，使调查研究工作同中心工作和决策需要紧密结合起来，更好为科学决策服务，为提高党的执政能力和领导水平服务，为完成新时代新征程的使命任务服务。

在全党大兴调查研究，必须坚持党的群众路线，从群众中来、到群众中去，增进同人民群众的感情，真诚倾听群众呼声、真实反映群众愿望、真情关心群众疾苦，自觉向群众学习、向实践学习，从人民的创造性实践中获得正确认识，把党的正确主张变为群众的自觉行动。必须坚持实事求是，坚守党性原则，一切从实际出发，理论联系实际，听真话、察实情，坚持真理、修正错误，有一是一、有二是二，既报喜又报忧，不唯书、不唯上、只唯实。必须坚持问题导向，增强问题意识，敢于正视问题、善于发现问题，以解决问题为根本目的，真正把情况摸清、把问题找准、把对策提实，不断提出真正解决问题的新思路新办法。必须坚持攻坚克难，发扬斗争精神，增强斗争本领，勇于涉险滩、破难题，知难而进、迎难而上，把调查研究成果转化为推进工作、战胜困难的实际成效。必须坚持系统观念，深入实际、深入基层、深入群众调查了解情况，把握好全局和局部、当前和长远、宏观和微观、主要矛盾和次要矛盾、特殊和一般的关系，前瞻性思考、全局性谋划、整体性推进党和国家各项事业。

资料来源：中共中央办公厅. 关于在全党大兴调查研究的工作方案 [R/OL]. (2023-03-19). https://www.gov.cn/zhengce/2023-03/19/content_5747463.htm. (节选)

1.1.5 市场调查与预测的范围、内容和分类

1. 市场调查与预测的范围

市场调查与预测的范围十分广泛，凡有关市场营销的任何问题，需要进行系统的资料收集、整理、分析和预测，就属于市场调查与预测的范畴。市场调查与预测的范围包括宏观市场研究和微观市场研究两个方面。

宏观市场研究主要是指对国民经济的行业发展、行业调整和市场运行机制及其未来发展展开的研究。宏观市场研究涉及对市场营销活动的参加者(政府、企业和消费者)角色和作用的研究，市场和市场流通规律的研究，市场的交换职能、实物分配职能和市场消费与生产便利职能等的研究。

微观市场研究是指调查、分析、预测企业市场营销活动中的各种问题。企业微观市场研究工作，按美国市场营销协会(AMA)1994年的定义可分为以下6个方面：企业经济与公司研究、顾客购买行为的研究、定价的研究、产品的研究、分配渠道和方式的研究、市场推广的研究。

宏观市场研究和微观市场研究是相辅相成的，但是在市场调查与预测的具体活动中，可能表现出侧重点的不同。在本书中主要讨论微观企业层面的市场调查与预测的理论和方法。

【案例1-1】中国电子商务报告(2022)

国家统计局数据显示，2022年全国电子商务交易额达43.83万亿元，按可比口径计算，比上年增长3.5%。

网络零售继续保持增长，成为扩大内需、拓展消费的重要力量。截至2022年12月，我国网络购物用户规模达8.45亿，较2021年12月增长319万，占网民整体的79.2%。2022年，全国网上零售额达13.79万亿元，按可比口径计算，比上年增长4.0%。实物商品网上零售额11.96万亿元，按可比口径计算，比上年增长6.2%，占社会消费品零售总额的比重为27.2%。

从市场主体看，截至 2022 年底，商务大数据重点监测的网络零售平台店铺数量达 2448.07 万家，同比增长 11.2%。其中，实物商品店铺数达 1319.34 万家，同比增长 17.7%；服装、鞋帽、针纺织品类，日用品类，五金电料类网络零售店铺数排名前三，分别占实物商品店铺数的 25.51%、22.87%和 6.83%。

从商品品类看，服装、鞋帽、针纺织品类，日用品类，家用电器、音像器材类的网络零售额排名前三，分别占实物商品网络零售额的 22.62%、14.62%、10.34%。中西药品类、金银珠宝类、烟酒类实现较快增长，同比增速均超过 19.0%。

从地区情况看，东、中、西和东北地区网络零售额占全国比重分别为 83.92%、8.87%、5.73%和 1.48%，同比增速分别为 3.8%、87%、3.0%和 13.2%。

资料来源：中华人民共和国商务部. 中国电子商务报告(2022)[M]. 北京：中国商务出版社，2023：1-3.(节选)

2. 市场调查与预测的内容

1) 企业外部信息资料的调查研究

对企业外部信息资料的调查研究，主要是对影响企业的宏观环境信息和微观环境信息的调查研究。

(1) 宏观环境信息。宏观环境信息是指间接地对企业市场营销活动产生影响和制约作用的那些外部因素的信息，包括对企业活动产生影响的经济因素、政治和法律因素、社会文化因素、科学技术因素、自然地理因素和人文因素等的信息。

经济因素的信息主要包括经济形势、能源和资源、国内生产总值、人均国内生产总值、国民收入及其分配、人均国民收入、产业结构、地区和部门经济结构、积累和消费比例、财政收支、税种和税率、货币发行、信贷、利率、汇率、总供给与总需求、价格总水平和投资状况等。

政治和法律因素的信息主要包括政治形势、政治体制、经济体制、执政党和国家的方针政策、法制和法治等。

社会文化因素的信息主要包括文化教育、宗教信仰、社会阶层、价值观念、风俗习惯、社会舆论、社会流行、社会道德和审美情趣等。

科学技术因素的信息主要包括基础研究、应用研究、技术开发、科技水平、科技投资、科研成果转换及其应用、科技发展等。

自然地理因素的信息主要包括自然资源、气候条件及其变化、自然灾害、地理位置及地形地貌等。

人文因素的信息主要包括人口数量、人口结构、人口增长、人口流动、人口分布等。

(2) 微观环境信息。微观环境信息是指直接地对企业市场营销活动产生影响和制约作用的那些外部因素的信息，包括企业的顾客、竞争对手、分销渠道(各类商业企业和销售机构)，以及其他有关的机构和团体等影响因素的信息。

顾客的信息包括人口特征(年龄、性别、家庭结构、支出水平)、社会特征(职业、教育水平、收入水平)、社会心理特征(购买动机、角色和地位、价值标准)、民族特征(语言、文化传统和消费习惯)、购买组织的特征与采购行为等。

竞争对手的信息包括直接的竞争对手(相同或类似产品和服务的生产者、供应者)、替代产品(如许多原先用木材制作的产品由钢铁或塑料替代)、竞争对手的数量和规模(财务状况、市场份额、销售方式)，以及现实的或潜在的竞争对手可能的市场行为方式等。

分销渠道的信息包括销售方法和销售技术，各类中间商和销售商的数量、规模和销售方式，与企业的关系密切程度，中间商和销售商的市场地位；在公众中的形象，以及激发中间商和销售商积极性的方法措施，广告媒介的效果等。

其他有关机构和团体的信息包括国家、政府和各类管理部门，经济组织和各类行业协会，公共传播媒介，消费者协会等的信息。

2) 企业内部信息资料的调查研究

对企业内部信息资料的调查研究主要包括：企业自身的规模和生产能力、产品和产品结构、财务状况、营销部门与其他各部门的协作与分工、内部公共关系等。

企业一般常见的市场调查与预测的内容包括以下7种。

(1) 产品研究。该研究包括产品开发机会的发掘，新产品的设计、开发和市场试验，现有产品的改进，预测消费者和顾客对产品的功能、质量、包装、颜色、品牌等的偏好，以及竞争产品的比较研究。

(2) 销售研究。即研究企业的所有销售活动，包括销售趋势及其构成的分析预测，市场地位的分析，销售人员的监督、训练方法、工作方式及报酬制度的分析，销售份额及区域布局，分配方式及成本的分析等。

(3) 市场需求的调查与预测。即研究国内外市场的潜在需求量、地区分布及特性等。

(4) 购买行为研究。即研究购买者的购买动机及行为，如购买者喜欢某种品牌或商店的原因。

(5) 广告及促销研究。即测验及评估广告及各种促销活动的效果。这种研究以广告研究最为常见，广告研究主要指分析广告的需求、文字、图案、媒体选择及测定广告的效果。而促销包括消费者促销及经销商促销。

(6) 销售预测。其包括对销售量及各种销售机会的短期及长期预测。

(7) 产业及市场特性的研究。即研究某种产业或市场的特性及其发展趋势。

【案例1-2】元气森林如何打造爆款

元气森林在推出爆款产品之前，都要完成大量的测试。在大量测试时，元气森林首先要解决的就是如何让这些测试顺利进行且有效果。2020年，元气森林与零代码厂商伙伴云合作，为其新业务提供调研、敏捷性支撑。

在元气森林打造爆款的过程中，伙伴云更像是"草稿纸"，通过数据收集、监测为元气森林团队提供了一个练兵场。无数的"准爆款"在这个练兵场中经过测试、检验，最终面世。

1) 数据收集，实现规模化的前提

企业调研过程中会产生大量数据，对于元气森林来说也不例外。

在一款产品经过验证之前，元气森林会经过两轮的数据收集：在公司内部进行小规模的调研，员工先试喝，随即会产生第一批数据；然后投放到智能无人柜，或者在某个局部市场进行试喝试销，进而产生第二批数据。

元气森林使用伙伴云进行大量的表单数据收集。然后，元气森林会把经过初步验证的产品挂到电商平台，通过后台数据指标判断该新品是否达到了规模化标准，最后决定是否在线下渠道铺开。

2) 数据监测，打造爆款的秘诀

元气森林的"0糖0脂0卡"很受年轻人的喜爱，投入到市场中发现，这款产品确实卖得比其他饮品快。

如何监测卖得有多快？元气森林利用数字化巡店系统实时监测客户的购买情况及采集用户画像，提取相关数据，衡量一款产品是否有"爆款潜质"，从而进行是否量产、在哪个渠道更畅销、应该摆在货架的什么位置等进一步的决策。

资料来源：huobanyun. 原来你喝的气泡水，都是被数字化"做"出来的!(附元气森林案例)上篇[EB/OL].(2022-02-09). https://blog.51cto.com/u_15458429/4991225.

3. 市场调查与预测的分类

市场调查与预测的类型因研究主体、所要研究的市场问题和研究目的的不同而有所不同，可以是专题研究，也可以是综合性研究。从研究主体而言，可以分为企业市场调研、政府部门的市场调研、社会组织的市场调研和个人的市场调研。按照功能可以分为探测性调研、描述性调研和因果性调研等。

1) 探测性调研

探测性调研是指由于企业和组织对当前市场变化心中无数，为发现问题，了解未来市场所做的试探性调查研究。其调查研究的范围广，但是分析研究的问题是表面的而不是深入问题本质的。探测性调研的基本目的是提供一些资料以帮助调查者认识和理解所面对的问题。常常用在一种更正式的调查之前帮助调查者将问题定义得更准确、帮助确定相关的行动路线或获取更多的有关资料。这一阶段所需的信息不一定是精确定义的，研究过程具有灵活性且无结构。例如，向行业专家咨询就是一种探索性调研。样本量一般较小，也没有什么代表性，原始数据一般是定性的。探测性调研的结果一般只是试验性的、暂时性的，或作为进一步研究的开始。

2) 描述性调研

描述性调研是对市场历史与现状的客观情况如实地加以反映的一种调查分析方法。描述性调研要注重掌握大量丰富的第一手资料，注意全面地、系统地收集、整理市场信息，并对客观资料做出认真的、实事求是的分析，将分析结果如实地加以叙述，从而起到描述市场状况的作用。这种研究的结果，就是要描述某些事物总体的特征或功能，具体来说就是描述市场的特征或功能，并针对描述性结果用主观或客观预测工具估计和判断市场活动的未来趋势。描述性调研假定调查者事先已具有许多与问题相关的知识。典型的描述性调研都是以有代表性的大样本(一般在 400 个样本以上)为基础的。

一个好的描述性调研依靠一个或多个具体的假设，这些假设指导调研按一定的方向进行。在这方面，描述性调研与探测性调研存在很大的差异，探测性调研比较灵活，而描述性调研则比较呆板，其会要求对调研中的谁、什么、什么时候、为什么等做出明确的回答。

【案例1-3】开设一家快餐店

假设一家快餐店开设了一家分店，公司想知道人们是如何惠顾这家分店的。在这个描述性调研开始之前考虑以下需要回答的问题：

(1) 惠顾者是谁？是那些进店的人吗？如果他们只是参加开业初的赠送活动而不在店内消费呢？也许惠顾者应当定义为那些在店里消费的人。惠顾者是以家庭为单位定义还是以个人为单位定义？

(2) 应该测量这些人的什么特点呢？是否要测量他们的年龄、性别，或他们的居住地点及他们是如何来这里的？

(3) 应当在什么时候去测量他们，是在他们消费进行时还是消费以后？调研是在开业后的一周内完成还是等业务趋于平稳后进行？当然，如果对口碑的影响很感兴趣，那么，至少必须等到这些影响发生了作用以后。

(4) 应当在什么地方测量呢？是在店里、店外，还是惠顾者的家里呢？

(5) 为什么要测量他们呢？是用这些资料来制订促销计划还是来决定新的分店的位置呢？若是用来制订促销计划的话，重点应放在人们是如何知道这家店的；若是用来决定新的分店位置的话，重点应放在快餐店的商圈上。

(6) 应当如何测量他们？是用问卷询问还是观察他们的行为？如果使用问卷，应采取什么形式呢？高度结构性的还是非结构性的？如何来实施？是用电话、邮寄，还是人员访问呢？

资料来源：李怀斌，毕克贵. 市场营销学[M]. 2 版. 北京：清华大学出版社，2012.

3) 因果性调研

因果性调研就是侧重于了解市场变化原因的专题调查研究，分析市场上各种变量之间的因果性质的关系，以及可能出现的相关反应。如销售量、市场占有率、成本、利润等与价格、广告费用、推销策略、产品开发、消费者的收入、消费意愿及国民经济发展水平等各种因素之间的因果关系，以及它们之间的相互制约、相互影响可能给市场带来的变化。因果性调研的目的是要获取有关起因和结果之间联系的证据。因果性调研的目的包括下述对内容变量的探究。

(1) 了解哪些变量是起因(独立变量或自变量)，哪些变量是结果(因变量或响应);

(2) 确定起因变量与要预测的结果变量间的相互关系的性质。

要考察因果性必须将有些可能影响结果的变量控制起来，这样，起因变量(自变量)对结果变量(因变量)的影响才能测量出来。研究因果性的主要方法是回归分析法和实验法。当然还有些高级的统计方法可以用于检验因果性的模型。例如，为了检验包装(自变量)对销售量(因变量)的影响，可将同类商店随机地分为两组，分别出售新包装的商品和原包装的同种商品，最后再进行比较。

虽然因果性调研的方法与其他调研方法不太相同，但也不应将其孤立起来看。事实上，在许多市场调查活动中，探测性调研、描述性调研和因果性调研的设计都是相互补充的，如表1-2所示。

表1-2 主要的市场调查与预测类型

分类	探测性调研	描述性调研	因果性调研
目的	发现想法和洞察问题	描述总体的特征或功能	确定因果之间的关系
特征	·灵活的 ·多样性的 ·所需的信息不严格定义 ·全部方案设计的前端部分 ·研究过程有伸缩性且无结构、小样本、无代表性	·有事先制定好的具体假设 ·所需的信息清楚的定义 ·研究过程是事先设计好的，有结构的	·处理一个或多个独立变量 ·所需的信息清楚的定义 ·研究过程是正规的、有结构的，大样本且有代表性 ·控制其他中间变量
方法	·专家调查 ·试点调查 ·个案研究 ·二手资料 ·定性调查研究	·二手资料 ·抽样调查 ·固定样本连续调查 ·定量数据分析 ·观察法	·二手资料 ·抽样调查 ·数据定量分析 ·观察法 ·实验法
成果	一般还需做进一步的探索性或结论性的研究	将结果用作决策的参考	将结果用作决策的参考

1.2 市场调查与预测的方法论基础

市场调查与预测的原则是遵循科学性与客观性。①市场调查与预测活动的科学性，要求调研人员采用科学的方法设计方案、定义问题、采集数据和分析、预测数据，从中提取有效的、相关的、准确的、可靠的、有代表性的当前的信息资料。②市场调查与预测的客观性要求调查、分析、预测人员自始至终都应保持客观的态度去寻求反映事物真实状态的准确信息，去正视事实，接受调查的结果。不允许带有任何个人主观的意愿或偏见，也不应受任何人或管理部门的影响或"压力"去从事调查、预测活动。调查人员的座右铭应该是："寻找事物的本来面目，说出事物的本来面目。"市场调查与预测活动的客观性还强调了职业道德的重要性。

市场调查与预测通过运用一些认识方法正确地反映客观实际并据此进行决策，这也就决定了市场调查与预测的认识方法主要可以分为经验认识方法和理论认识方法。

1.2.1 经验认识方法

经验认识是指人在同客观对象的直接(或借助仪器)接触的过程中，对客观对象的外部现象的反映。经验认识方法是主体直接同认识的物质手段和认识对象相联系的认识方式。观察、调查、实验等是获取经验认识的主要手段。

1. 观察法

观察是人们对处于自然状态的客观对象有目的、有计划地感知的一种方法。它是通过人们的感官或借助于观察仪器接触客体，直接获得有关客体的信息的方法。

观察法最明显的特点是它不对调查、预测对象进行控制和改变。观察法在以下两种情况下是最为必要的。

(1) 调查者需要了解被调查对象在正常条件下的"自然状态"(即对象在现实中的真实情况和本来面目)，因而需要有意识地不干扰所要考察的现象或过程，力图使自身对客观对象的影响降到最低，以避免使对象做出"不自然"的反应。

(2) 有些调查对象人们不可能对其进行控制和改变，所以只能通过观察来收集资料。

2. 调查法

调查是人们亲临现场或通过一定的手段作用于对象，从而对有关现象有目的、有计划地进行考察的方法。与观察法不同的是，调查不仅是察看，还可以采用提问、访谈、开座谈会等方式；不仅可以了解对象的外在情形，而且能够了解对象自身的感受、评价等，还可以了解当事人曾经发生过的事情。调查主要是用于对社会现象的认识，而观察可以用于认识社会现象，但更常用于对自然现象的研究。

3. 实验法

实验是人们有目的地利用一定的物质手段控制或创造出客观对象的存在条件，改变客观对象的存在状态，从而获得关于对象的各种经验事实的方法。

实验同观察相比，具有在变革对象的过程中认识对象的特点。也就是说，观察主要是在听其自然的条件下调查、分析对象，受客观条件限制的程度较大，而实验主要是在人为引起的条件下调查、分析对象，人为地控制对象存在的条件，排除外界干扰，以便在纯粹的形态中考察对象；或者创造出自然状态下不存在的条件，造成前所未有的新现象；或者使同一个对象处在不同的条件下，研究它的变化，从而多方面地考察对象。

以上经验认识方法的具体内容详见本书第6章"市场调查方法"。

1.2.2 理论认识方法

观察和实验等方法对于认识是非常重要的，通过它们可以获得对于客观对象的经验认识。但是，经验的认识只是描述现象、收集事实，并没有揭示出事物本质及其规律，当然也就不能深刻地解释现实，无法科学地预见事物的发展趋势。因此，仅仅获得经验认识是不够的。

理论是现实在思维中被加以概括的反映。它深入事物的内部，揭示出事物的本质及规律。以理论认识来指导管理工作，就能够减少盲目性，增强自觉性。

理论认识方法有多种形式，根据调查、预测问题的性质和分析任务的要求，可以运用不同方法。市场调查与预测中运用的理论认识方法主要包括逻辑方法、理想化方法和数学方法。

1. 逻辑方法

逻辑方法是由一系列既相互区别又相互联系着的思维方法组成的，其中在市场调查与预测活动中最常用的有类比、归纳、演绎、分析和综合。

(1) 类比。类比就是根据两个或两类对象之间在某些方面的相似或相同，推出它们在其他方面也可能相似或相同的方法。例如，新产品开发时，由于没有历史资料，不能进行量化分析，便可以运用类似产品的历史资料和现实市场需求的调查资料，通过对比分析、判断，确定新产品的趋势值。

(2) 归纳。归纳是从个别事实概括出一般结论的一种思维方法。例如，将抽样调查得出的样本结论推广为总体特征。

(3) 演绎。演绎是从一般原理走向个别结论的一种思维方法。

归纳和演绎的客观基础是个性和共性的对立统一。任何事物都是个性和共性的统一体，个性中包含着共性，通过个性可以认识共性；共性存在于个性之中，凡一类事物所具有的属性，其中每一个事物都必然具有。

(4) 分析。分析是在思维中把认识对象分解为不同的组成部分、方面、特性等，对它们分别加以调查研究的认识方法。

(5) 综合。综合就是在思维中把已有的关于客观对象的各个部分、方面、特性的认识联结起来，形成对客观对象的完整认识的思维方法。

2. 理想化方法

理想化方法，就是运用科学抽象以"纯粹"的形式再现客体及其运动过程的思维方法，包括通过抽象建立起理想模型和利用理想模型进行理想实验。[1]

3. 数学方法

市场调查与预测中需要用到的数学方法主要有统计学和运筹学。

1) 统计学

统计学是研究有关收集、整理和分析数据，从而对调查分析的对象加深认识并做出一定结论的方法和理论。

统计学研究的对象是客观现象的数量方面。随着人类活动各种实践的需要，各个领域都要研究事物的数量方面，以及密切联系数量方面来研究事物的本质。因此，统计的应用越来越广泛。目前，无论社会的、自然的或实验的，凡是有大量数据出现的地方都要用到统计学。在市场调查与预测中更需要广泛地运用统计学，如通过运用统计学可以从以往几年的销售量预测出未来销售量的大致发展趋势，也可以通过统计原材料价格过去的变动情况得出其将来的变动趋势。

2) 运筹学

运筹学应用微积分、线性代数、概率论、数理统计，以及矩阵和网络图等数学手段，在解决各种不同类型问题时，形成了一系列相对独立的方法体系，如规划论(线性规划和动态规划)、对策论、排队论、搜索论、网络分析、投入产出法等，用于解决各种不同性质和特征的问题。

线性规划是以线性方程式和不等式为手段，主要研究两类问题：一类是当一项任务确定后，如何统筹安排，从而做到用最少的消耗去完成这一任务；另一类是在已有的人力、物力等资源的条件下，如何合理分配与使用有限的资源，如何有计划地生产最多的产品。以上两类问题，都是寻求如何从总体上实现最优化，获得最大效益的问题。在市场调查与预测中合理地运用线性规划可以从时间、物质消耗等各方面提高市场调查与预测的效率。

---

[1] 资料来源：齐振海. 管理哲学[M]. 北京：中国社会科学出版社，1983.

动态规划是解决多阶段决策过程最优化的基本方法。它是将一个复杂的多阶段决策问题，分解为若干相互关联的较易求解的决策问题，以寻求最优决策序列的方法。我们也可以将很多复杂的市场调查分析问题分解成若干较易解决的问题，运用动态规划方法来解决。

对策论，亦称博弈论，是研究带有对抗性质的对策模型。在已知竞争或对抗的各方可能采取的策略，而不知其如何决策的情况下，寻求收益最大或损失最小的数学方法。对策论还可用于解决系统内的冲突，即在系统内各部分的最优方案相互排斥、相互对抗的情况下，通过运用数学模型寻找使各部分互相协调配合的最佳方式。市场竞争情况下，许多企业的决策都要运用此类方法。

排队论，是研究排队现象的统计规律性，寻求服务系统的最优设计和最优经营策略的方法。

搜索论，是用来研究人们在寻找某种对象(某个最佳数值或某种资源，或某种不良现象的原因等)的过程中，如何以尽可能少的搜索次数，尽快找到搜索目标的方法。

网络分析，是利用图表模型找出最优或接近最优的工作顺序和资源利用的方法。它利用网络图来描述系统各要素之间的逻辑关系或定量关系。

投入产出法，是研究国民经济各部门(或地区、企业内部各部门)各种产品的生产和消耗之间数量依存关系的一种数学方法。

1.3 市场调查机构的设置

1.3.1 自行调查与委托调查

当企业的营销决策部门认识到市场调查与预测的价值，并决定要进行市场调查与预测活动时，首先需要考虑的问题是选择配备专人或建立专门的调查与预测部门来从事市场调查与预测活动，还是选择将部分或全部的市场调查与预测工作委托给企业外部的专业市场调查与预测机构。

企业须在自行调查和委托专业调查机构代理调查之间进行抉择。①自行调查的优点在于：调查成本低；企业主体更加熟悉课题；可以积累自行调查的经验。其缺点在于：不易看清企业自身的问题；调查技能和方法缺乏专业水准；调查结果易缺乏客观性；等等。②委托专业机构调查的优点在于：调查结果更趋客观；具备专业调查技能；具有长期积累的经验。其缺点在于：调查公司对于被调查企业及其业务熟悉程度不够；调查成本较高；需要被调查企业不断与之配合；调查信息的保密性不强。

1.3.2 市场调查与预测机构

1. 我国的市场调查与预测机构

我国的市场调查与预测机构，大致有以下 4 种类型。

(1) 国家统计机构和地方各级调查机构。

(2) 经济信息中心。随着改革开放的深化，国家、地方及各中心城市相继成立了经济信息中心，以统一规划和协调全国各地的经济信息系统；并对微观经济活动加强信息管理和指导，提供用于社会的咨询服务。

(3) 企业计划统计部门和企业下属调查机构。我国大中型企业都设有计划统计部门，小型企业也设有计划员和统计员。这些部门或人员除配合开展国家统计调查或地方统计调查任务外，大多数都从事收集、整理和分析与企业业务有关的市场信息及资料的工作。一些大型企业还设有专门的调查处或调查预测部门，从事市场调查与预测工作。

(4) 社会咨询服务机构。其包括咨询服务公司和专业调查公司等。

2. 国外的市场调查与预测机构

国外的市场调查机构功能相当完备，大致可以分为以下 4 种类型。

(1) 国家级统计调查机构。

(2) 综合性的调查公司。这些公司专门收集各种市场信息，为企业提供电视观众调查报告、物流报告、零售货架审计报告、广告调查等资料，收取一定的费用，如美国的 AC 尼尔逊、盖洛普等公司。

(3) 咨询服务公司。这些公司接受企业等单位的委托，专门从事市场调查与预测工作，同时参与调查设计、办理营销业务员的指导咨询等。

(4) 专业调查公司。专门为某一种特定行业和特定调查业务进行调查的公司，如资信调查公司主要为融资或投资机构提供企业和个人的信用调查。而专业的广告调查公司以从事广告调查为主，兼营市场调查。

国外的大型企业通常都设有正规的市场调查部门，由专人或专职营销副经理负责管理。此类部门的工作人员一般由调查设计员、统计员、行为科学者和模型设计人员等共同组成。

1.3.3 市场调查与预测部门的设置原则

企业的市场调查与预测工作可以集中在企业总部，也可以将调查与预测工作分散到企业下属的各个职能部门。无论是集中还是分散，都要根据企业和市场的具体情况来决定，必要时调查也可以采用混合式(或称为整合式)的组织方式。混合式的市场调查与预测部门的设置方式是在企业总部设立一个配备专业人员的调查与预测机构，负责联系、协调企业各部门的调查与预测工作及人员，提供有关的建议和支持，而企业的各部门则保有自己的市场调查与预测机构或调查与预测人员，专门从事本部门的市场调查与预测工作。

市场调查相关部门的设置并没有一定的固定模式，一般是根据企业本身的人力资源状况、资金条件及对市场信息的需求程度来确定的。市场调查与预测组织的设置方式大致有以下 4 种：功能导向式组织、产品导向式组织、地区导向式组织、顾客导向式组织。

(1) 功能导向式组织。功能导向组织是最普遍的组织形式，按分工负责的原则，以有关的各项市场营销功能为划分基础，分别设立相应的营销部门和职能机构，其中包括负责调查的相关部门。

(2) 产品导向式组织。产品导向式组织是按产品或产品系列划分企业市场调查部门的组织形式，这种设置方式对于经营多种产品的企业往往显得十分重要。

(3) 地区导向式组织。一些企业的市场具有广泛的地域性，如全国市场或国际市场，这样的市场特征就要求企业除了设置专职的调查职能部门外，还须按地域细分市场范围的大小，分层次地设置垂直的地区性营销调查部门。

(4) 顾客导向式组织。如企业产品的购买者之间存在较为明显的差异，这时就需要根据顾客的特点来设置企业的营销调查组织。调查人员须按顾客特性来进行调配和组织，并根据不同的顾客需要来开展市场调查与预测和用户调查。

每一种市场调查与预测部门的设置方式都各有利弊，企业在选择时应考虑以下准则：市场调查与预测部门应隶属于制定营销决策的部门；调查与预测人员应避免受到不适当的影响或操纵；部门设置的方式应能够快速而有效地满足企业对市场信息的需要；市场调查与预测部门应向企业高层主管直接负责；该部门的主管应熟悉市场调查与预测工作，了解市场调查与预测的作用，并具有足够的话语权。

> **课程思政：市场调查与预测的伦理道德**
>
> 市场调研与预测的伦理道德是调整市场调研与预测所涉及各方之间关系的行为规范的总和。它是伦理道德中的重要组成部分，既具有伦理道德的一般特征和功能，又具有其特殊性。
>
> 市场调研与预测者必须自觉地以相关的法规、方针和政策为依据开展工作，要按照市场调研与预测的原理、原则的要求，遵循科学合理的程序，采用各种有效的、先进的方法和手段开展市场调研与预测活动，向客户提供适用、详尽、正确的信息资料和高质量的市场调研与预测报告，为客户正确地认识市场，做出正确的决策提供可靠的依据。伦理道德要求市场调研与预测者坚持实事求是、诚实经营，尊重客户和被调查者的意愿，对涉及的商业秘密、隐私和人身权利，一定要遵循保密要求并保护其利益。
>
> 市场调研与预测委托方应严格执行国家的有关法规、方针、政策，严格信守合同，诚实经营；也应尊重市场调研与预测者和被调查者的意愿，保护其利益；还应坚持公平交易。委托方不能以市场调研与预测为由误导公众，进行不正当的竞争。应该把自己委托进行市场调研与预测的真正目的，所需解决的真实问题，所受到的时间、费用、资源等方面的限制如实地告诉承接者。各种隐瞒、作假、欺骗等行为都是不道德的。
>
> 被调查者有自主决定是否愿意成为某个市场调研与预测项目的被调查者或信息提供者的自由，但是，一旦自愿答应成为某个市场调研与预测项目的对象，就有责任采取诚实、合作、积极的态度。被调查者应该如实、全面地回答问题，提供信息，并对自己所做的回答和提供的信息负责，不应该弄虚作假、提供假信息。对商业秘密或其他秘密，被调查者有责任加以保密，不得泄露。

1.4 市场调查的组织方式分类

市场调查的组织方式可以归纳为全面调查和非全面调查两大类。具体如图 1-2 所示。

1.4.1 全面市场调查(市场普查)

市场普查是对市场调查对象的总体进行的无一遗漏的逐个调查和分析，是一种全面调查的组织方式。市场普查是一种一次性调查，其目的是把握在某一时间点上，一定范围内调查对象的基本情况，如市场上竞争厂商的数量、产品类型和商品库存等。

图 1-2 市场调查的组织方式

全面调查这种调查组织方式从理论上说，可以取得调查对象全体的可靠数据，这是其最大的优点。但是，从实践上来看，全面调查有很多缺点：①全面调查的工作量很大，需要耗费大量的人力和财力，很不经济;②全面调查由于工作量大、范围广、参与调查的人员杂,如果调查组织工作不够周密,调查中很容易出现遗漏、重复或登录误差;③全面调查时间较长,不能迅速得到调查数据,时效性较差。所以全面调查很少用于企业大范围的市场调查工作,只适用于某些小范围的市场调查。而企业通常会应用国家有关部门提供的人口或其他的普查资料,作为全面调查的数据来源。

1.4.2 非全面市场调查

1. 重点调查

重点调查是在所有调查对象(即总体)中选择一部分重点调查单位进行的一种非全面调查。所谓重点单位是指这些单位的某一与调查目的相关的指标总量占总体指标总量绝大比重的单位。如要对市场耐用消费品的销售趋势进行调查,可以在全国主要城市中销售规模超过一亿元人民币的商业零售单位中实施。在市场调查中,重点调查常用于商品需求和商品资源的调查与预测。采用这种方式能以较少的人力和费用开支,较快地掌握调查对象的基本情况。但是,因为重点调查的调查单位不一定具有普遍的代表性,所以重点调查的结论一般情况下不用来推断总体指标。

【案例1-4】全国70个大中城市房地产价格统计调查

为全面了解和掌握相关城市住宅销售价格的变动情况,满足国家宏观调控房地产市场需求,国家统计局编制并对外发布70个大中城市住宅销售价格指数(HPI),HPI通过指数的形式来反映房价在不同时期的涨跌幅度。

1) 住宅销售价格指数(HPI)的基本概念

住宅销售价格指数(housing price index,简称HPI),是反映住宅销售价格水平总体变化趋势和变化幅度的相对数。目前,HPI包括新建商品住宅和二手住宅销售价格指数编制工作,报告期为月度。

2) HPI的主要作用

HPI是我国价格统计指标体系的重要组成部分,该指数有以下主要作用。

(1) 各级宏观经济管理部门根据本地房地产价格涨跌幅度,开展分析和决策,适时对房地产价格宏观调控,引导和促进房地产市场平稳健康发展。

(2) 通过对房地产价格指数的信息发布,使社会各界对房地产价格的涨跌情况做到心中有数,为房地产交易提供依据。

(3) 用于国民经济核算,使用房地产价格指数对相关行业的指标进行缩减。

3) 编制HPI的基本情况

HPI由国家统计局组织直属调查队在各城市开展基础数据调查搜集工作,各城市的HPI由国家统计局编制发布。

(1) 调查范围和城市。

调查范围为70个大中城市的市辖区,不包括县。调查城市包括直辖市、省会城市、自治区首府城市(不含拉萨市)和计划单列市(共35个),以及其他35个城市。

(2) 住宅销售价格调查的分类。

按照房屋交易属性,目前我国住宅销售价格调查分为新建住宅和二手住宅两大类。在新建住宅类和二手住宅类下面,又都设立了90平方米及以下、90—144平方米、144平方米以上三个基本分类。

(3) 选择二手住宅销售价格调查单位。

二手住宅销售价格调查单位为房地产经纪机构。为保证指数的科学性,以及调查资料的可靠性和连续性,选择的房地产经纪机构要有较强的代表性,规模大、实力强、经营状况稳定,并尽量兼顾内资、港澳台商投资等不同注册类型。选取的房地产经纪机构的总营业额一般应占当地二手住宅总营业额的 75%以上。

(4) HPI 权数的确定。

HPI 的权数，是指某类住宅销售面积(金额)占全体住宅销售总面积(金额)的比重。住宅销售价格指数权数的确定依据是网签数据和典行调查资料相结合。

2016 年至 2020 年，编制以 2015 年为基期的定基指数，权数使用的是 2015 年各类住宅销售面积(金额)占比。

(5) 住宅销售价格的数据来源。

新建住宅销售价格基础数据来源于各城市房地产管理部门的网签数据。

二手住宅销售价格调查，按照房地产经纪机构上报、房地产管理部门提供与调查员实地采价相结合的方式收集基础数据。

资料来源：国家统计局. 住宅销售价格指数(HPI)是如何编制的[EB/OL]. (2023-01-01). http://www.stats.gov.cn/zs/tjws/tjzb/202301/t20230101_1903623.html.

2. 典型调查

典型调查是在全体调查对象(总体)中有意识地选择一些具有典型意义或有代表性的单位进行非全面的专门调查。典型调查有两个特点：一是典型调查是从调查对象中有意识选择的，所以选择出来的典型单位是否具有代表性完全取决于调查者对调查对象的认识程度；二是调查单位较少，人力和费用开支节省，运用比较灵活，调查内容可以多一些。运用这种方式有利于对问题做比较细致的调查分析。

因为典型调查方法较为细致，适用于对新情况的调研。典型调查具有省时省力的特点，但也有缺点——不够准确。典型调查通常适用于调查样本较小，且调查者对总体情况有较为深入的了解，并能较准确地选择具有代表性对象的情况。

3. 固定样本连续调查

固定样本连续调查，是指把随机选定的调查样本固定下来，进行长期连续的观察和调查。主要目的是了解和掌握市场中营销事件(商品)在时间进程中的变化趋势，寻找营销事件(商品)变化、发展的连续性、可比性和规律性。如在我国各大型城市的城镇职工家庭和乡村农户生活调查中，主要工业产品如汽车的调查和电视节目收视率的调查等，都采用了固定样本的连续调查方式。详见本书第 4 章"市场调查的抽样理论与实践"及第 6 章"市场调查方法"。

4. 抽样调查

抽样调查，是指从调查总体中抽取出一部分子体作为样本进行调查，然后根据样本信息，对总体的状况进行估算和推断的一种市场调查方法。在市场调查的实践中，更多的是采用抽样调查的形式。详见本书第 4 章"市场调查的抽样理论与实践"。

关键词和概念

市场　市场调查与预测　市场调查与预测的方法论　普查　重点调查　典型调查

本章复习题

一、思考题

1. 如何决定一项市场调查活动是采用自行调查还是委托调查？
2. 如何根据企业组织结构特点设置市场调查与预测机构？

3. 非全面市场调查有哪几种常用方法？各有何特点？

二、实践题

1. 现在学校有意委托一市场调查小组调查目前在校大学生每月生活费用支出情况，你认为这一调查该如何入手？

2. 根据案例1-5分析以下内容：

(1) 结合本书1.1.5节的内容分析农夫山泉需要进行哪些类型的调查来辅助决策。

(2) 农夫山泉在管理过程中遇到了哪些困难？是如何解决的？

(3) 如何理解市场调查与预测和企业经营决策之间的关系？

【案例1-5】农夫山泉用大数据卖矿泉水

这里是上海的城乡接合部九亭镇新华都超市的一个角落，农夫山泉的矿泉水堆头静静地摆放在这里。来自农夫山泉的业务员每天例行公事地来到这个销售点，拍摄10张照片：水怎么摆放、位置有什么变化、高度如何……这样的销售点每个业务员一天要跑15个。按照规定，下班之前150张照片就被传回了杭州总部。每个业务员，每天产生的数据量在10M左右，这似乎并不是个大数字。

但农夫山泉全国有1万个业务员，这样每天的数据就是100G，每月为3TB。当这些图片如雪片般进入农夫山泉在杭州的机房时，这家公司的CIO(首席信息官)胡健就会有这么一种感觉：守着一座金山，却不知道从哪里挖下第一锹。

胡健想知道的问题包括：怎样摆放水堆更能促进销售？什么年龄的消费者在水堆前停留更久？他们一次购买的量多大？气温的变化让购买行为发生了哪些改变？竞争对手的新包装对销售产生了怎样的影响？不少问题目前也可以回答，但它们更多的是基于经验，而不是基于数据。

从2008年开始，业务员拍摄的照片就这么被收集起来，如果按照数据的属性来分类，"图片"属于典型的非关系型数据，还包括视频、音频等。系统地对非关系型数据进行分析是胡健设想的下一步计划，这是农夫山泉在"大数据时代"必须迈出的一步。如果超市、金融公司与农夫山泉可以借助某种渠道来分享信息，如果类似图像、视频和音频资料可以系统分析，如果人的位置有更多的方式可以被监测到，那么摊开在胡健面前的就是一幅基于人的消费行为的画卷，而描绘画卷的是一组组复杂的"0、1、1、0"。

企业对于数据的挖掘使用分三个阶段，第一阶段任务是把数据变得透明，让大家看到数据，并且能够看到的数据越来越多；第二阶段任务是提问题，形成互动，在这一阶段企业可以采用很多工具来做实时分析；进入第三阶段，由信息流来指导物流和资金流，由数据来告诉企业未来的情况，并且告诉企业往什么地方走。

SAP(思爱普)从2003年开始与农夫山泉在企业管理软件ERP方面进行合作。彼时，农夫山泉仅仅是一个软件采购和使用者，SAP也仅是服务商的角色。

而到2011年6月，SAP和农夫山泉开始共同开发基于"饮用水"这个产业形态运输环境的数据场景。

关于运输的数据场景到底有多重要呢？将自己定位成"大自然搬运工"的农夫山泉，在全国有十多个水源地。农夫山泉把水灌装、配送、上架，一瓶550ml饮用水在超市的售价为2元，其中3毛钱花在了运输上。在农夫山泉内部，有着"搬上搬下，银子哗哗"的说法。如何根据不同的变量因素来控制自己的物流成本，成为问题的核心。

基于上述场景，SAP团队和农夫山泉团队开始了场景开发，他们将很多数据纳进来：高速公路的收费、道路等级、天气、配送中心辐射半径、季节性变化、不同市场的售价、不同渠道的费用、各地的人力成本，甚至突发性的需求(如某城市召开一次大型运动会)。

没有数据实时支撑时，农夫山泉在物流领域花了很多冤枉钱。比如某个小品项的产品(350ml饮用水)，在某个城市的销量预测不到位时，公司以往通常的做法是通过大区间的调运，来弥补终端货源的不足。如从华北往华南运，运到半道的时候，发现华东实际有富余，从华东调运会更便宜。但很快发现，公司对华南的预测有偏差，华北短缺更为严重，于是从华东往华北运。此时，如果太湖突发一次污染事件，很可能华东又会出现短缺。

这种"没头苍蝇"的状况让农夫山泉头疼不已。在采购、仓储、配送这条线上，农夫山泉特别希望利用大数据来解决三个顽症：首先是解决生产和销售的不平衡，准确获知该产多少，送多少；其次，将400家办事处、30个配送中心纳入体系，形成一个动态网状结构，而非简单的树状结构；最后，让退货、残次等问题与生产基地能够实时连接起来。

也就是说，销售的最前端成为一个神经末梢，它的任何一个痛点在大脑这里都能快速感知到。

日常运营中，企业会产生销售、市场费用、物流、生产、财务等数据，这些数据都是通过工具定时抽取到 SAP BW 或 Oracle DM，再通过 Business Object 展现。这个展现的过程长达 24 小时，也就是说，在 24 小时后，物流、资金流和信息流才能汇聚到一起，彼此关联形成一份有价值的统计报告。当农夫山泉的每月数据积累达到 3TB 时，这样的速度导致农夫山泉每月财务结算都要推迟一天。更重要的是，胡健和农夫山泉的决策者们只能依靠数据来验证以往的决策是否正确，或者对已出现的问题做出纠正，仍旧无法依靠数据预测未来。

2011 年，SAP 推出了创新性的数据库平台 SAP Hana，农夫山泉成为全球第三个、亚洲第一个上线该系统的企业，并在当年 9 月宣布系统对接成功。

胡健选择 SAP Hana 的目的只有一个——快些，再快些。采用 SAP Hana 后，同等数据量的计算速度从过去的 24 小时缩短到了 0.67 秒，几乎可以做到实时计算结果，这让很多不可能的事情变为可能。

这些基于饮用水行业的实际情况反映到 SAP 全球执行副总裁孙小群这里时，他非常兴奋。基于饮用水的场景，SAP 并非没有案例，雀巢就是 SAP 在全球范围长期的合作伙伴。但是，欧美发达市场的整个数据采集、梳理、报告已经相当成熟，上百年的运营经验让这些企业已经能从容面对任何突发状况，他们对新数据解决方案的渴求甚至还不如中国本土公司强烈。

这对农夫山泉董事长钟睒睒而言，意味着精准地管控物流成本将不再局限于已有的项目，也可以针对未来的项目。这位董事长将手指放在一台平板电脑显示的中国地图上，随着手指的移动，建立一个物流配送中心的成本随之显现出来。数据在不断飞快地变化，好像手指移动产生的数字涟漪。

以往要想建立一个物流配送中心，钟睒睒的执行团队也许要经过长期的考察、论证，再形成一份报告提交给他，给他几个备选方案，到底设在哪座城市，还要凭借经验来再做判断。但现在，起码成本方面的因素已经一览无余，剩下的可能是当地政府与农夫山泉的友好程度等一些无法测量的因素。

有了强大的数据分析能力做支持后，农夫山泉近年以 30%~40%的年增长率，在饮用水方面快速超越了原先的三甲：娃哈哈、乐百氏和可口可乐。中研网数据显示，2021 年，中国包装饮用水市场规模占全部软饮料市场的40%左右，排名前6的头部水企销售总和占据了80%以上的市场份额，其中农夫山泉占比最高，达 26.5%；其次是华润怡宝和康师傅，占比分别为 21.3%和 10.1%。

资料来源：
① 周恒星，等. 徘徊的大数据门前[J]. 中国企业家，2013(7).
② 智研咨询. 2023—2029 年中国瓶装水行业市场深度分析及投资前景展望报告[R/OL]. (2023-05-29). https://www.sohu.com/a/680432320_121687416.

第 2 章 市场调查与预测方案设计

◎ 学习目的与要求

1. 理解编制市场调查与预测方案的意义;
2. 掌握市场调查与预测的步骤;
3. 掌握市场调查与预测计划书的编写方法;
4. 理解市场调查与预测方案的可行性研究的方法。

> **引入案例** 中国瓶装水市场发展趋势
>
> **1. 居民健康意识增强,瓶装水市场占有率升高**
>
> 我国经济环境整体向好,居民收入水平和消费水平均有较大幅度的改善,居民的健康意识逐渐增强,对生活品质的要求越来越高。许多消费者的饮水习惯也发生了改变,从直接煮沸的自来水转变为瓶装水。另外,随着居民生活水平不断提升而来的还有我国人口肥胖率上升的问题。由于人们生活条件的改善,过多摄入高糖饮食,我国国民的超重率和肥胖率都有不同程度的上涨。随着居民健康意识的增强,越来越多的消费者意识到碳酸饮料、果汁饮料等高糖饮料对健康的危害,开始选择瓶装水替代其他高糖饮料需求。未来,我国瓶装水的需求量将持续增长,瓶装水市场占有率也将不断提高。
>
> **2. 低端瓶装水市场缩小,以中高端产品为主**
>
> 我国瓶装水市场的主导产品已经从每瓶 2 元以下的低端瓶装水逐渐转向每瓶 2~5 元的中端瓶装水。一方面,是由于瓶装水生产企业的生产成本上涨,推动瓶装水价格上涨;另一方面,是消费者的消费习惯的改变。我国居民消费水平提升,消费者的健康消费、高品质消费的意识逐渐增强,因此消费者对中高端产品的需求快速上涨。未来,我国低端瓶装水的市场占有率还将继续减少,中高端产品的需求将持续上涨,尤其高端产品的需求量可能迎来较快增长。
>
> 资料来源:智研咨询.2023—2029 年中国瓶装水行业市场深度分析及投资前景展望报告[R/OL]. (2023-05-29). https://www.sohu.com/a/680432320_121687416.

2.1 市场调查与预测方案概述

2.1.1 市场调查与预测方案的含义

市场调查与预测方案是指在正式调查之前,根据市场调查的目的和要求,对调查的各个方面和各个阶段所做的通盘考虑和安排。市场调查与预测方案是市场调研的核心环节,它是否科学、可行,关系整个市场调查工作的成败。

关于市场调查与预测方案的含义，应把握如下几个要点。

(1) 市场调查与预测方案围绕着所确认的信息需要而展开。

(2) 市场调查与预测方案几乎涉及市场调查与预测程序的每一个步骤，而且按照逻辑循序展开。

(3) 市场调查与预测方案实质上是一种数据质量保证系统，保证市场调研有目的、有系统地收集所需数据，保证为管理决策提供必要而充分的有效信息。

(4) 市场调查与预测方案是一个实际的调研项目的设计目标，必须在考虑成本费用的条件下形成最有价值的信息，而不是无条件追求最精确的信息。

(5) 市场调查与预测方案针对同一市场调研项目，可以形成不同精度的信息。

2.1.2 编制市场调查与预测方案的意义

"凡事预则立，不预则废"，此经验之谈同样适用于市场调查。市场调查工作具有复杂、严肃、技术性较强的特点，因此，在实施调查前必须设计一个科学、严密、可行的调查方案，对调查进行通盘考虑和安排。

编制市场调查与预测方案的意义有以下4点。

1. 市场调查与预测方案的设计成为定性认识和定量认识的连接点

虽然市场调查所收集的许多资料都是定量资料，但是任何调查工作都是先从对调查对象的定性认识开始的，也就是说任何市场调研都是为了解决某些问题而进行的，因此，在市场调查与预测的方案中首先也是最关键的问题就是要明确应解决怎样的问题，即界定市场调查的问题。只有正确界定了所要研究解决的问题，才能知道应该调查什么、怎样调查及如何解决问题。因此，编制市场调查与预测方案不仅明确了研究的问题，也关系整个市场调查与预测工作的成败。

2. 市场调查与预测方案的设计起着统筹兼顾、统一协调的作用

市场调研是一个复杂的系统工程。在调查实践中，无论调查的规模如何都会涉及相互联系的各个方面和各个阶段，这就要求对调查进行横向与纵向的综合设计。一方面，要考虑调查所要涉及的各个组成项目。例如，对某市超市竞争能力进行调查，就应将该市所有(或主要)超市的经营品种、质量、价格、服务、商誉等方面作为一个整体，对各种相互区别又有密切联系的调查项目进行整体考虑，避免在调查内容上出现重复或遗漏。再如，抽样调查中样本量的确定，按照抽样调查理论可以根据允许误差和置信度大小，计算出相应的样本量，但这个样本量是否可行，受到调查经费、调查时间等多方面条件的限制。另一方面，由于调查涉及资料收集、整理和分析的各个环节，故有必要对上述项目进行统筹安排，保证调查有序进行。

3. 市场调查与预测方案的设计是现代市场调查发展的需要

现代市场调查已由单纯的收集资料活动发展到把调查对象作为整体来反映的调查活动，因此，市场调查过程也应与时俱进，形成市场调查与预测方案设计、数据收集、数据整理和数据分析的一个完整工作过程，而市场调查与预测方案设计是这个过程的首个程序。

4. 市场调查与预测方案的设计是竞标中胜出的关键一步

目前的市场调查项目委托方一般都采取招标的方式选择最理想的合作者。为了能在竞标中获胜，调查机构提供一份高水平的方案设计书显得尤为重要。

课程思政：通过市场调研深入挖掘消费者的需求

一提到市场调研，很多人会提到乔布斯那个著名论断，以此来否定调研的价值。

乔布斯说：他从来不做市场调研。如果亨利·福特在发明汽车之前去做市场调研，得到的

答案一定是消费者希望得到一辆更快的马车。意即消费者不知道自己想要什么，企业要靠自己的直觉创造伟大的产品并引领消费者需求。

但是乔布斯的这个论断有两个逻辑漏洞。

第一，消费者的真实需求其实是"更快"而不是"马车"，"马车"只是满足更快需求的一种解决方案。企业可以提供更好的解决方案，不管是汽车、火车、地铁、飞机，还是磁悬浮、新能源，解决方案可以不断演进，但消费者对于出行更快、更便捷、更舒适、更安全这些基本需求是不变的。企业如果把"更快的马车"当成消费者需求，只会在马车上搞改良、搞优化，最后被时代淘汰了，那也只能怪企业自己。

第二，不管是乔布斯提到的福特 T 型车，还是乔布斯自己推出的 Apple II 个人电脑、Macintosh、iPod、iPhone，其实都是革命性、开创性的产品。市面上一时没有同类型的竞品，消费者之前也没有使用过类似的产品，所以没法做现成的市场调研。而且用焦点小组去测试创新产品的用户反馈，只会换来差评，对鼓励创新毫无帮助。但是，市场上绝大部分企业运营的产品，都不是市面上连同类产品、替代品都没有的开创性产品，也谈不上拥有领先一个时代的颠覆性技术。所以对很多企业来说，通过调研了解消费者的想法和市场竞争状况，还是非常重要的一件事。

菲利普·科特勒将市场营销浓缩成 10 个 P：探查(probing)、分割(partitioning)、优先(prioritizing)、定位(positioning)、产品(product)、价格(price)、渠道(place)、推广(promotion)、公共关系(public relations)、政治权力(political power)。探查即指市场调研被排在第一位，没有调研就没有发言权。不懂消费者需要什么，不清楚市场状况，还做什么营销呢？

资料来源：空手. 市场调研吐槽大全(不是)[EB/OL]. (2021-09-17). https://www.woshipm.com/marketing/5139912.html.

2.2 市场调查与预测的工作步骤

市场调查与预测方案设计作为正式开展市场调研工作的方案和蓝图，涉及市场调研活动的各个环节。一般认为，市场调查与预测工作由以下 7 个步骤构成：

(1) 明确市场调研问题；
(2) 分析市场情况；
(3) 非正式市场调查；
(4) 制订市场调研工作计划；
(5) 市场信息数据收集；
(6) 信息整理、数据分析，进行市场预测；
(7) 提出结论和建议，撰写市场调查分析报告。

其中前三个步骤经常被人们合在一起称为"非正式调查"阶段，而整个市场调查与预测工作过程分为如下 5 个阶段，如图 2-1 所示。

图 2-1 市场调查与预测工作过程

2.2.1 非正式调查阶段

市场调查过程的第一阶段是非正式调查阶段。这一阶段工作的主要职能是对所要展开的调查课题进行非正式的摸底,包含以下三个步骤。

1. 明确调查问题

当市场调查人员接受一项市场调查任务或委托之初,尽管委托者会对调查课题的相关情况做介绍,但这种介绍并不总是充分详尽的。此时,市场调查人员必须切实搞清楚所要调查问题的实质究竟是什么,也要了解调查的目的是什么。虽然市场调查的每一个步骤都十分重要,但明确地定义问题乃是重中之重。调查问题的定义包括对整个问题的叙述及确定调查问题的具体组成部分。只有问题定义清楚了,才能进一步去设计和开展市场调查活动。如果对问题缺乏正确的理解或对问题的定义存在缺陷,那么调查所花费的人力、物力,都可能没有用在真正需要解决的问题上,这将会造成极大的浪费。正所谓"对一个问题做出恰当定义就等于解决了问题的一半"。定义调查的问题时应遵循的法则:第一,给出的定义要让委托调查的调查者得到与既定管理决策问题有关的全部信息;第二,要使承担调查工作的人员能够顺利地完成这一项目的调查工作。

调查者在定义问题时常会犯两类错误:第一类错误是由于调查问题定义得太宽泛造成的。过于宽泛的定义无法为调查的后续步骤提供明确的指引路线。下面就是一些定义太宽泛的例子:

(1) 调查企业的市场营销组合策略;
(2) 改善企业的资源获得能力;
(3) 改进企业的公众形象。

上述问题都不够具体,因而无法提示解决问题的可靠途径和调查方案设计的途径。

第二类错误正好相反,往往是由于将调查问题定义得太窄造成的。过窄的定义可能会对一些调查工作产生过分的约束,还有可能妨碍调查者触及管理决策问题中的重要部分。例如,在一项为消费品公司进行的调查中,市场调查主题和营销决策问题就是要了解和解决如何应对某竞争对手的降价行动。企业的调查人员定义的备选调查问题如下:

(1) 进行相应的降价以适应竞争对手的价格;
(2) 维持原价但加大广告力度;
(3) 适当降价,但不必与竞争者相适应,适当增加广告投放量。

这些候选的调查问题看来都比较被动。对相关的市场调查专家进行咨询后,将问题重新定义为:如何提高市场占有率及增加竞争产品的利润。这样就形成了有价值的调查问题和计划,并产生和导出其他更富有针对性的和切实可行的备选行动方案:提高现有品牌的价格同时引进两个新品牌——一个的价格与竞争者相适应,另一个将价格降得更低些。

为了减少定义问题时可能出现的两类错误,可以将调查问题用比较宽泛的、一般的术语来陈述,同时具体地规定其各个组成部分的要求。比较宽泛的陈述能够为调查问题提供较为长远的视角以避免出现第二类错误,而具体的组成部分集中于问题的关键,从而可以为进一步实施调查提供清晰的路线指引。

形成调查问题和调查目标应首先了解问题的所在,这样调查人员才有可能设计一个完备的调查计划。调查开始时,应明确提出需要解决哪些问题、问题的重点何在,以及调查最终实现的目标是什么。

2. 市场情况分析

这是在明确调查问题的基础上,由市场调查人员利用自己的知识和经验,根据已经掌握的资料进行初步分析。分析的涉及面应尽量宽一些，包括所要调查问题的大致范围、实施调查的可能性和难易程度。通过市场情况分析，调查人员应对调查问题的基本框架有一个大致的了解。

3. 非正式市场调查

非正式市场调查通常采用探索性调查法，主要作用是用来描述相关市场的总体概况，为下一步更为详细的市场调查工作做好准备。其调查结果更多的是定性的、描述性的语言。在市场调查的过程中，非正式市场调查阶段之所以必不可少，是因为它有助于节省人力、财力和时间。

非正式市场调查通常的做法是，市场调查人员找来一些掌握调查问题相关信息的或熟悉该方面情况的人士交谈，进一步了解有关情况，积累资料。非正式市场调查实际上也是一种调查，它可以弥补调查人员本身经验不足和掌握资料稀缺的问题，为判断是否进一步进行正式的市场调查提供更充分的依据。

在已展开的市场调查项目中，可能出现的情况无非是两种。

(1) 所确定的调查项目不甚恰当，往往会导致调查结果与当初既定的市场调查目标不匹配，或是在项目确立时是合适的，但随着时间的推移，主客观条件发生了变化，该调查项目变得不再合适；或是发现在目前的条件下，无法完成该项目的调查；或是该项目已经有人做过；或是该项目开展不合时宜；等等。在这些情况下，如果一开始就进行正式的市场调查，会造成很大的浪费。而通过非正式市场调查阶段的工作，可以及时地中止一些"不合时宜"的调查项目，或是对现有的调查问题进行及时的调整，避免出现大的浪费。

(2) 当初决定的调查项目是合适的，即使在这种情况下，进行非正式市场调查也有其合理性。这是因为调查问题通常涉及的方面多、范围广且弹性大，通过非正式市场调查，可以合理地界定调查的范围和深度，节省人力和财力，也可相应地节省调查所花费的时间。

2.2.2　制订市场调查与预测工作计划

形成调查问题以后，根据调查的目的，市场调查的第二阶段是制订一个收集所需信息最有效的计划。在设计调查计划时，要求做出的调查决策有资料来源、调查方法、调查工具、抽样方法、接触方法及调查预算等。这部分的内容详见本章"2.3 市场调查与预测计划书的撰写"的相关阐述。

2.2.3　市场信息数据收集

这是整个市场调研过程中的主体部分，涉及的内容很多。

调查数据的收集是一个花费最为昂贵也是最容易出错的阶段。收集信息的基本前提是尽可能全面、客观和公正。信息资料的来源主要有两个方面，即直接资料和间接资料。所谓直接资料又称一手资料，是调查者通过观察、询问、实验等手段和方法直接获得的资料。间接资料又称二手资料，包括内部资料和外部资料两个方面。内部资料有企业的各种凭证、报表、报告、预测等资料；外部资料可来自政府机关、金融机构、咨询机构、报纸杂志等。

然后，根据资料的性质，来决定采用何种调查方式。如有的间接资料可以利用的应尽量利用，这样可以省时省力。如果必须收集直接资料，那么应该决定收集方法、调查对象、调查地点、调查时间和调查频率。

如果没有适用的现成资料(二手资料)，那么原始资料(一手资料)的收集就成为调查的必要步骤。采用何种方式收集资料与所需资料的性质有关。收集的方式包括实验法、观察法和询问法。如需要收集关于消费者态度的资料，对此市场调查人员可以采用询问法。如果采用询问方式收集信息，还需进一步运用其他一些"工具"，如调查表、自动记录设备、电话、电脑、信函等。一般情况下，对消费者的调查采用个人访问的调查方式比较适宜，便于相互间的深入交流。

数据收集工作必须通过调查员来完成，调查员的素质将会影响调查结果的准确性。调查员一般由具有市场学、心理学或社会学专业大学学历的学生担当最为理想，因为他们已受过相关调查技术与理论的训练，可以有效降低调查误差。在进行市场调查时，必须采取科学合理的调查方法和技术，这样才能收到事半功倍的效果。具体市场调查的方法将在本书第6章"市场调查方法"中进行阐述。

而对于具体的收集数据来说，一套完整的数据收集步骤或许来得更重要。这主要是因为这套方案保证了数据收集过程中的完整性、准确性和及时性。

【案例2-1】用户驾驶活动调查的自动数据收集系统

这是一种用于获取用户驾驶活动市场调查信息的方法，具体包括以下步骤：
(1) 选择多个小组成员以组成一个用户驾驶活动调查小组；
(2) 在数据处理系统中保存与小组成员相关的属性数据；
(3) 各个可跟踪机动车辆和其旅程部分的抽样组之中的各个旅程部分，自动地产生带时间标注的汽车位置数据；
(4) 分析与旅程部分有关的带时间标注的汽车位置数据，以产生一组各种车辆的使用数据；
(5) 将数据处理系统中的旅程部分车用数据与可跟踪机动车辆相关联的调查小组成员的成员属性数据各单元关联起来；
(6) 利用数据处理系统，对车用数据及相关的成员属性数据进行统计分析，以获取用户驾驶活动的市场调查信息。

资料来源：乔治·A. 沙巴伯，唐纳德·J. 达舍夫斯基. 用户驾驶活动调查的自动数据收集系统：CN1452758A[P]. 2003-10-29.

2.2.4 信息整理、数据分析，进行市场预测

将所收集的信息资料采用科学方法进行汇总、归纳、整理和编辑，对信息资料进行分类编号，然后对资料进行初步加工，比如进行统计汇总，计算各种比率及总和，并制成相应的各式统计图表。在调查信息分析过程中，调查与预测人员应努力采用一些先进技术和决策模型，以期能找到更多的、合理的预测结果，如可以应用SPSS、Excel等统计应用软件。

同时，为了保证市场预测工作的顺利展开，必须根据预测工作的流程加强组织，以利于各环节相互协调，进而确保最终取得成功。市场预测的内容详见本书第10章"市场预测原理与步骤"的相关阐述。

2.2.5 提出结论和建议，撰写市场调查分析报告

在数据分析的基础上，撰写并提交关于该市场调查工作的基本结论和关键建议的报告。市场调查分析报告是客户获得调查结果的最主要形式，一个好的市场调查分析报告不仅应充分解决客户在调查初期提出的需求，而且应适时地加入市场调查研究人员的专业判断。报告完成后，报告结果可采用书面形式，也可采用口头陈述的形式。口头陈述是市场调研项目结果展示的另一种形式，这种形式需要在书面报告的基础上进行内容提炼，并以图片辅助展示结果。

关于如何撰写市场分析报告，在本书第 14 章 "市场分析报告"中有详细阐述。

2.3 市场调查与预测计划书的撰写

2.3.1 市场调查与预测计划书的内容

当市场调查与预测方案基本完成，项目的预算与日程确定后，应该准备和提交一份书面的市场调查与预测计划书(市场调查与预测策划书)，涵盖市场调查与预测过程和方案的所有阶段和内容。尽管市场调查与预测计划书的具体格式不尽相同，但基本上会包含以下几个部分。

1. 摘要

摘要是对计划书各个部分的要点的概述，提供了整个调查方案概况。

2. 背景

描述市场调查与预测问题相关的背景和来龙去脉。

3. 确定目的和任务

市场调查与预测的目的是指特定的调查课题所要解决的问题，即为何要调查、要了解和解决什么问题，调查结果可能带来的社会效益或经济效益，以及在理论研究方面的重大意义等。调查任务是指调查目的既定的条件下，市场调查与预测应获取什么样的信息才能满足要求。明确调查与预测的目的和任务是其工作方案设计的首要问题，因为只有明确了"目的和任务"，才能确定调查的对象、内容、方法及时间，才能保证市场调查具有针对性。

4. 确定调查对象和调查单位

确定调查对象和调查单位是为了明确向谁调查和由谁来提供资料的问题。调查对象是根据调查目的和任务确定的一定时空范围内的所要调查的总体，它是由客观存在的具有某一共同性质的许多个体单位所组成的整体。调查单位就是调查总体中的各个个体单位，是调查项目的承担者或信息源。

5. 确定调查项目

调查项目是对调查单位所要调查的内容。确定调查项目就是要明确向被调查者了解什么，也是问卷设计的前期工作。调查项目的确定取决于调查的目的和任务，以及调查对象的特点与数据资料收集的可能性。

6. 设计调查表或问卷

调查项目确定之后，即可着手设计调查表或者问卷，这些将成为我们市场调查活动中收集市场调查资料的工具。调查表或问卷既可作为书面调查的记载工具，亦可作为口头询问的提纲。调查表是用纵横交叉的表格按一定顺序排列调查项目的形式；问卷是根据调查项目设计的对被调查者进行调查、询问、填答的测试试卷，是市场调查收集资料的常用工具。

7. 确定调查方式和方法

市场调查方式是指市场调查的组织形式，通常有市场普查、重点市场调查、典型市场调查、抽样市场调查、无概率抽样调查等。调查方式的选择应根据调查的目的和任务、调查对象的特点、调查费用的多少、调查的精度要求进行。市场调查方法的确定应考虑调查资料收集的难易程度、调查对象的特点、数据取得的源头、样本量的大小和可能的精度、数据的质量要求等因素。如果调查课题涉及面大、内容较多，则应选择多种调查方法获取数据和资料。既要获取现成的资料，又要获取原始资料。例如，商场顾客流量和购物调查，通常采用系统抽样调查的组织方式，即按日历顺序等距抽取若干营业日调查顾客流量和购物情况，而收集资料的方法主要有顾客流量的人工计数或仪器计数、问卷测试、现场观察、顾客访问、焦点座谈等。

8. 确定资料整理和分析的方法

采用实地调查方法收集的原始资料大多是零散的、不系统的，只能反映事物的表象，无法深入研究事物的本质和规律性，这就要求对大量原始资料进行加工汇总，其目的在于为市场分析研究提供系统化、条理化的综合资料。为此，应确定资料整理的方案，对资料的审核、订正、编码、分类、汇总、陈示等做出具体的安排。目前这种资料处理工作一般可借助计算机进行。如果是大型的市场调查还应对计算机自动汇总软件开发或购买做出安排。市场调查资料的分析研究是对调查数据进行深度加工的过程，其目的在于从数据导向结论，从结论导向对策研究。如今，越来越多的现代统计分析手段被作为定量分析的选择。为此，应针对这些分析技术的特点和适用性来制定分析研究的初步方案，对分析的原则、内容、方法及要求等各个环节做出规划和安排。

9. 确定时间和期限

调查时间是指调查资料的所属时间，即应收集调查对象何时的数据。确定调查时间是为了保证数据的统一性，否则，数据无法分类和汇总，导致市场调查失效。调查时期现象(收入、支出、产量、产值、销售额、利润额等流量指标)时，应确定数据或指标项目的起止时间；调查时点现象(期末人口、存货、设备、资产、负债等存量指标)时，应明确规定统一的标准时点(期初、期末或其他时点)。

调查期限是指整个调查工作所占用的时间，即一项调查工作从调查策划到调查结束的时间长度。一般来说，应根据调查课题的难易程度、工作量的大小、时效性要求合理确定调查期限，并制定调查进度安排表。为了提高信息资料的时效性，在可能的情况下，调查期限应尽可能缩短。

通常一个市场调查项目的进度安排大致要考虑以下几个方面。

(1) 总体方案设计、论证。
(2) 抽样方案设计。
(3) 问卷设计、测试、修改和定稿。
(4) 调查员的挑选和培训。
(5) 调查实施、收集资料。对于大型抽样调查实施调查之前还需要进行试点。
(6) 数据的审核、录入、整理和分析。
(7) 调查报告的撰写。
(8) 有关鉴定、发布会和资料出版。
(9) 调研工作的总结。

10. 经费预算

在进行预算时，要将可能需要的费用尽可能考虑全面，以免将来出现一些麻烦而影响调查的进度。例如，预算中没有鉴定费，但是调查结束后需要对成果做出科学鉴定，否则无法发布或报奖。在这种情况下，课题组将面临十分被动的局面。当然，没有必要的费用就不要列上，必要的费用也应该认真核算出一个合理的估数，切不可随意多报乱报。不合实际的预算将不利于调研方案的审批或竞标，因此既要全面细致，又要实事求是。一般需要考虑列入的经费有总体方案策划费或设计费、抽样方案设计费、调查问卷设计费及印刷费、调查实施费、数据录入和统计分析费、调研报告撰写费、资料费、复印费、通信费、专家咨询费、劳务费、上缴管理费和税金、鉴定费、新闻发布会相关费用及出版印刷费等。

11. 确定提交报告的方式

应对调查报告书撰写的原则、报告书的基本内容、报告书中的图表量的大小、调查报告书的编写形式和份数、成果的发布等做出安排。

12. 制订调查的组织计划

调查的组织计划是指为了确保调查工作的实施而制订的具体的人力资源配置计划，主要包括调查的组织领导、调查机构的设置、调查员的选择与培训、课题负责人及成员、各项调研工作的分工等。企业委托外部市场调查机构进行市场调查时，还应对双方的责任人、联系人、联系方式做出规定。

13. 附录

附录包括调查项目负责人及主要参加者的名单(说明每人的专业特长及在该调查项目中的主要分工。课题组成员的水平和经历对于调查项目能否获得有关委托调查单位的批准具有重要的影响)；抽样方案的技术说明及细节说明；问卷设计中的有关技术说明；数据的处理方法；所用软件等方面的说明。

市场调查与预测计划书应精心准备。一份完美的市场调查与预测计划书一旦被经营者或委托方认可，意味着市场调查与预测项目承担者与委托方之间对项目的看法达成一致，从而能起到协议的作用。此外，编制计划书的过程也是调查与预测人员加深对调查与预测项目理解的过程，计划书又是帮助和指导调查与预测人员开展调查与预测工作的蓝图。

【案例2-2】第七次全国人口普查方案

2020年第七次全国人口普查时的具体调查方案可扫描右侧二维码进一步了解。

2.3.2 市场调查与预测方案计划书的评估①

通常针对复杂的社会经济现象进行的市场调查与预测所涉及的工作方案不是唯一的，需要从多个调查方案中选择最优方案。同时，工作方案的设计也不是一次完成的，而要经过必要的可行性研究，对方案进行试点和修改。可行性研究是科学决策的必经阶段，也是科学设计调查方案的重要步骤。

市场调查与预测方案的总体评价可以从不同角度来衡量。但是，一般情况下，对调查方案进行评估应包括4个方面的内容：

(1) 调查方案是否体现调查的目的和要求；
(2) 调查方案是否具有可操作性；
(3) 调查方案是否科学和完整；
(4) 调查方案是否调查质量高、实施效果好等。

1. 市场调查与预测方案的可行性研究方法

对市场调查与预测方案进行可行性研究的方法很多，下面主要介绍逻辑分析法、经验判断法和试点调查法三种。

1) 逻辑分析法

逻辑分析法是指从逻辑的层面对市场调查与预测方案进行把关，考察其是否符合逻辑和情理。例如，要调查某城市居民的消费结构，而设计的调查指标却是全部居民的消费结构或城市职工的

---

① 资料来源：陈启杰，江晓东，吴纪元. 市场调研与预测[M]. 3版. 上海：上海财经大学出版社，2008.

消费结构，按此设计所得到的调查结果就无法满足调查的要求。因为居民这一群体涵盖了城市居民和农民，城市职工也只是城市居民中的一部分。显然，居民、城市居民和城市职工三者在内涵和外延上都存在着一定的差异。逻辑分析法适用于对调查方案中的调查项目设计进行可行性研究，而无法对其他方面的设计进行判断。

2) 经验判断法

经验判断法是指通过组织一些具有丰富市场调查经验的人士，对设计出来的市场调查与预测方案进行初步研究和判断，以说明调查方案的合理性和可行性。例如，对个体户的从业人员数及生产经营活动情况进行调查，就不宜采用普查方式，而适合采用抽样调查；对于棉花、茶叶等集中产区的农作物的生长情况进行调查，就适宜采用重点调查，等等。经验判断法能够节省人力和时间，在较短时间内做出结论。但这种方法也有一定的局限性，这主要是由于人们的认识是有限的、有差异的，事物也在不断发展变化，各种主客观因素都会对人们判断的准确性产生影响。

3) 试点调查法

试点调查法是通过在小范围内选择部分单位进行试点调查，对市场调查与预测方案进行实地检验，以说明调查方案的可行性的方法。试点调查法是市场调查方案可行性研究中极其重要的环节，对于大规模市场调研来说尤为重要。试点调查法主要有以下两个任务。

(1) 对调查方案进行实地检验。调查方案的设计是否切合实际，还要通过试点进行实地检验，检查调查目标和调查指标等的制定是否恰当、正确，是否需要对一些项目做出增减或修补。试点后，要按照类别提出具体意见和建议，使调查方案达到科学和可操作的要求，并把人们对客观事物的了解推进到一个更高的层次。

(2) 作为预演，可了解调查工作安排的合理性及需要加强的薄弱环节。

试点调查应该注意以下几个问题。

(1) 应建立一支精干有力的调查队伍。成员包括有关负责人、调查方案设计者和调查骨干，这是做好试点工作的组织保证。

(2) 应选择适当的、范围小、代表性较强的试点单位。

(3) 应掌握好试点的时机。

(4) 应做好试点的总结工作。认真分析试点的结果，找出影响调查成败的原因，并提出解决问题的方法，以充实和完善原调查方案。

2. 模拟实施

调查方案的模拟实施只针对那些调查内容很重要，且调查规模浩大的调查项目，并不是所有的调查方案都需要进行模拟调查。模拟调查的形式多种多样，如客户论证会和专家评审会等。

要特别提醒的是，市场调查与预测的过程中，潜在的误差很多，且涉及诸多方面。这些误差如不消除，将会影响市场调查与预测结果的正确性，进而导致经营管理决策的偏差，造成损失。

完善市场调查与预测计划是防止和减少误差的有效途径之一。

(1) 某些误差本身是由于调查与预测策划不当造成的，完善市场调查与预测计划可以直接避免这部分误差。

(2) 通过完善市场调查与预测计划，可以防止、减少调查与预测过程中出现的误差。为此，市场调查与预测设计人员应树立完善设计、减少误差的意识，应懂得并真正了解哪些是可能产生或引起误差的因素，并采取积极的、有效的防范措施，把误差降至最低。

关键词和概念

市场调查与预测方案　市场调查与预测计划书

本章复习题

一、思考题

1. 什么是市场调查与预测方案？编制市场调查与预测方案有何重要性？
2. 市场调查与预测方案的主要内容是什么？
3. 为何说明确调查的目的和任务是调查方案设计的首要问题？
4. 如何完善市场调查与预测的方案？
5. 怎样对市场调查与预测方案进行评价？

二、实践题

1.【在校学生生活费用调查】现在学校有意委托一市场调查小组调查目前在校大学生每月生活费用支出情况，请你为这一任务拟定一份市场调查与预测工作计划。

2. 某饮料公司为其主打饮料开发出了一个新配方，希望顾客能够喜欢，以便推向市场。但如果多数顾客都喜欢原配方饮料，那生产新配方饮料就没有意义。为此，该公司组织了一次市场调查，邀请一组顾客共 100 人进行品尝，目的是比较新配方与原配方饮料的受欢迎程度。

第一方案：让 100 名顾客都品尝新饮料，然后让他们评判新饮料是否优于原饮料。如说"是"的明显多于说"不"的，则可以得出新饮料优于原饮料的结果；否则，则结论相反。

第二方案：取印有不同包装标记的新饮料和原饮料各 100 包，让每名顾客品尝新饮料、原饮料各一包，然后表态。

第三方案：将两种饮料都倒入相同的玻璃杯中，请顾客先饮原饮料，后饮新饮料，然后表态。

第四方案：先将两种饮料都倒入相同的玻璃杯中，然后将 100 名顾客随机分成两组，各带入一个房间，让一组顾客先品尝无标签的原饮料，后品尝无标签的新饮料；另一组则品尝顺序相反。最后把两组的意见综合到一起，得出结论。

要求：请对上述每种方案做出评价，并选出其中最优的方案。

3. 请根据案例 2-3，为了解老年人对智能家居、智能照护产品和线上社交 App 的需求设计一个调研方案。

【案例 2-3】养老公共服务智能化建设思考

智能养老服务的供给方式涉及社区、养老机构及其他第三方社会组织等，是一项有赖于物联网技术、信息技术人才等要素运营的系统工程。其主要是指利用互联网技术，搭建 O2O 社区养老综合服务平台，实现高效便捷的养老产品与服务输送体系，将健康、养生、享老送至床头，实现社区居家养老模式下的"康居养老"。当前，依托物联网、云计算、大数据和空间地理信息管理等新一代信息技术，集合运用老年服务业技术和智能控制技术，为老年人提供以"安全、便捷、健康、舒适服务"为特征的人工智能养老模式正在成为当前网络社会养老服务供给侧结构性改革的新趋势。与传统养老模式相比，在缓解老龄化形势方面，社区层面的智慧养老具有其独特优势：一是拓宽了社区智能服务产品种类，为老年人提供多样化的便捷服务，如传感器、智能穿戴设备、智能家居、智能拐杖、智能轮椅、智能护理机器、智能服务机器人等一定程度上完善和延伸了养老服务的社区公共服务功能；二是可以节省人力成本，提升社会经济效益。例如，阿里巴巴推出的20平方米的智能养老单间，月租金为3500元/月，相较于养老护理员高昂的人力照护成本，其优势显而易见。

2023年3月中国互联网络信息中心(CNNIC)发布的《第51次中国互联网络发展状况统计报告》显示，截至2022年12月，我国60岁及以上网民群体占比由2021年12月的11.5%提升至14.3%，网民规模达1.53亿，银发经济市场的潜力不可小觑。与此同时，面对我国日益庞大的老年人口群体及其多元化的养老需求，养老智能产品在种类、内容生产、供给形式等方面还存在不足。

(1) 老年智能家居实际应用受限。老年智能家居的概念在国外早已形成共识并据此打开了智能家居应用市场。相比之下，我国在这方面还有所滞后：从智能家居用品的市场供给来看，我国目前家居用品智能化设计主要面向中青年人群，针对迫切需要智能化家居用品辅助的老年人群的产品供给还较少。从政府现行优惠政策来看，以老龄化程度较高的北京市为例，有的辖区虽然面向符合一定条件的老人对建筑硬件、家具家装改造、康复辅助器具适配及智能化助老服务设施配备等方面进行免费改造，然而由于政府补贴覆盖面较小、缺乏智能化家居应用的改造入户细则及互联网植入养老设施技术尚不成熟，适老化家居的智能改造工作进展缓慢，与老年人的现实需求存在一定差距。

(2) 老年智能照护产品发展不充分。人工智能化的发展为老年人参与信息社会公共生活，享受信息社会的发展红利提供了技术支撑和福利保障。目前，面向老年大众的智能手环等智能穿戴设备正在由单纯的抽象概念跃然于触目可及的商场柜台，以独居老人为目标群体的"安全监测"和"精神陪伴"产品也已成功落地，一些大型企业(如阿里巴巴)致力于人工智能养老的研究与应用，并开发出一系列如"天猫精灵"等AI智能产品投入市场。尽管如此，由于从政府到公众对通过智能产品和新媒体方式来做好健康管理、满足老年人精神需求的认识不足，加之老年人认知能力有限，使得具有普适性的，尤其是面向老年人精神慰藉的养老公共智能服务产品仍然较为欠缺。

(3) 老年线上社交App应用开发不足。近年来，随着4G技术的广泛应用、5G技术的日臻成熟，"广场舞""老柚""友瓣""花镜"等老年直播软件的兴起开始成为互联网的增长点，互联网技术也成为满足老年人文化精神需求的有效黏合剂。与此同时，以老年人为服务对象的垂直平台还较少，目前仅有"糖豆""友乐""彩视""北京大妈有话说"及由爱奇艺出品的"锦视"等短视频App专门面向老年人群提供服务。此外，如麦克卢汉所说，"媒介即信息"，媒介在传播内容的同时，也在不断塑造着新的内容形态。流量经济时代，一些主要面向老年群体的短视频App由于其在内容生产方面偏重短、平、快的碎片化、即时性，对于老年人具有一定误导性。为此，如何引导老年人健康使用短视频App、网络直播等平台，值得我们进一步探讨。

资料来源：
① 李金娟. 养老公共服务智能化建设思考[J]. 合作经济与科技，2019(6). (改编)
② 中国互联网络信息中心(CNNIC). 第51次中国互联网络发展状况统计报告[R/OL]. (2023-03-03). https://www.cagd.gov.cn/v/2023/03/2727.html.

第 3 章
二手数据收集

◎ 学习目的与要求
1. 理解二手数据的含义及其特点;
2. 了解二手数据的来源及其构成;
3. 了解二手数据的评估;
4. 了解二手数据的标准化。

引入案例　传音占领非洲市场

在深圳市南山区科技园一个新建的办公大楼里,有一家看上去不太起眼的手机公司。这家名为传音的深圳公司目前主要市场在非洲,几乎没有几位中国用户用过他们的产品。2023年第二季度,传音(包括TECNO、Infinix和itel品牌)受益于非洲市场复苏及其他市场的扩张,首次跃升至全球出货量前五,出货量为2270万部,年增长率达22%。值得一提的是,这也是全球范围内极少数能逆势增长的手机品牌。市场研究公司IDC数据统计,2022年传音控股非洲智能机市场的占有率超过40%,非洲排名第一。

从手机厂商波导公司走出的竺兆江,是传音公司的创始人,也是一手打下传音非洲手机市场半壁江山的关键人物。2006年,竺兆江成立了传音科技,专业从事移动通信产品研发、生产、销售和服务。2007—2008年,竺兆江发现国内的手机竞争太过激烈,经过考察,他发现非洲市场是一个非常合适的选择,底子虽薄,但发展潜力巨大。非洲是仅次于中国、印度的全球人口第三多的市场,人口数达到10亿等级,但目前手机市场只有三星、诺基亚等少数品牌,当地人用手机就像中国人早年使用"大哥大"一样是身份的象征。看准了这个大而竞争不激烈的市场,竺兆江决定"转移阵地"。

Arif Chowdhury,孟加拉人,传音创始人之一,他参与了传音最早期的决策。Arif说,"选中了新兴市场这个大范围之后,我们还要看各个市场的潜力如何,决定的标准就是手机的普及率"。

"基金公司RoyceFund的一项调查研究显示,在2005年前后,非洲大陆的手机普及率仅仅为6%。到了2008年,这个数字稍有改善,提升到了30%;而同时期的印度和中国,普及率已经达到了40%以上。像尼日利亚这样的国家,人口接近两亿,是世界上人口数量排名靠前的国家之一,但是其手机普及率就只有20%~30%,这里就存在着空间。"他说:"相对来说,非洲的市场竞争也小于印度和中国。"

2007年,传音试水非洲市场,利器之一就是在中国市场并不稀奇的双卡手机。当时的非洲市场只有单卡手机,不同运营商之间通话很贵,所以用户倾向于办理多张SIM卡。一部双卡手机等于两部单卡手机,这对消费者来说更划算。传音的双卡双待手机由于备货不足,不到一个月时间就卖空了。

之后双卡双待在非洲开始大行其道。根据行业研究公司 Wireless Intelligence 在 2012 年 11 月公布的一项研究显示，非洲的用户已有超过 7 亿张 SIM 卡，其中大部分用户都拥有至少两张 SIM 卡；市场研究公司 Informa 在 2012 年的一项调查则显示，以尼日利亚为例，当地的移动手机用户平均每人拥有 2.39 张 SIM 卡。

尝到了甜头后，传音开始将越来越多的资源投入非洲市场，并推出了越来越多针对当地用户个性化需求的产品。比如传音旗下手机品牌 TECNO 所推出的 Camon 系列手机，因为能够在暗光环境中识别出深肤色用户的脸庞而大受非洲人民喜爱。这简直是"杀手级"的功能，针对深肤色用户的夜间自拍效果秒杀 iPhone。另外还有四卡手机，以及随机赠送头戴式大耳机的音乐手机等。这些在我们看来觉得有点不可思议的"奇葩"产品，却深深地击中了非洲用户的痛点。

目前，针对非洲市场的不同用户群体，传音已经有三个细分手机品牌：TECNO、itel 和 Infinix。其中，TECNO 是传音最早在非洲推广的品牌，所提供的产品类型也最为多样，囊括功能机和智能机；itel 则面向中低端市场；Infinix 是三者之中推出最晚的，主打的机型也是最新潮的高端智能机。这三个子品牌一起帮助传音涵盖了几乎所有的用户群体，也帮助传音在非洲市场打响了名气。

资料来源：
① 饶文怡. 揭秘传音：非洲市场占有 38% 去年全球出货近 8000 万[EB/OL]. (2017-09-30). https://finance.ifeng.com/a/20170930/15706244_0.shtml.
② 孔学劭. Q2 手机市场："非洲之王"传音全球前五，国内 OPPO 第一[N/OL]. 南方都市报，2023-07-27. http://m.mp.oeeee.com/a/BAAFRD0000020230727824064.html.

3.1　二手数据的含义及特点

3.1.1　二手数据的含义

营销决策所需要的数据可以分为两类：一手数据和二手数据。

一手数据是调研人员针对研究方案通过现场实地调查直接向调研对象收集的数据。

二手数据指的是那些并非为正在进行的研究项目而是为其他目的已经收集起来的"历史"数据，即非原始数据。如果信息的来源可靠且及时，二手数据在获取对研究问题有价值的见解方面是一种直接、快速且经济的方式。由于原始数据涉及研究过程的所有步骤，对于大多数二手数据无法满足要求的研究项目，研究人员才不得不专门收集一手数据，否则在开展市场研究时首先要利用二手数据。

使用二手数据来解决商业问题和寻找商业机遇呈逐年上升的趋势。随着信息技术的发展，许多公司可以通过搜索引擎、客户的邮件、聊天室等途径获得客户、竞争者及行业数据。二手数据的运用范围很广，不仅可以用来预测经济走势和生活方式的变化，收集行业信息、公司情报、国际数据、民意及历史资料，还可以用于如商店选址等具体的项目研究。

【资料 3-1】二手资料调研法的作用

为了阐明二手资料调研法在营销调研中所起的作用，由竞争情报从业者协会(Society of Competitive Intelligence Professionals)组织的调研公司调查报告中提到，进行抽样调查的公司中约 60% 定期使用二手资料调研法。调查表明它们还运用二手数据在以下几个方面：

> (1) 监测竞争和商业情报——82%；
> (2) 给一手资料调研项目提供功能支持——75%；
> (3) 做管理报告——95%；
> (4) 制定具体的商业决策——57%；
> (5) 证明内部数据和一手数据收集的合理性——48%。
>
> 资料来源：小约瑟夫·海尔，罗伯特·布什，戴维·奥蒂诺. 营销调研——信息化条件下的选择[M]. 4版. 北京：清华大学出版社，2012.

3.1.2 二手数据的特点

1. 二手数据的优点

(1) 省时、省事、省费用。收集一手数据涉及设计调查问卷、培训调查员、开展现场工作、数据录入与清理等一系列工作，费时、费事、费钱，而利用二手数据就节省了很多时间、精力及财力。

(2) 样本较大、代表性好、可比性较强。有些二手数据来自国家统计局、行业协会、大型专业数据供应商等权威机构，因此，数据不仅样本量大，代表性也好。有些数据是连续多年持续收集的，因此可比性较强。

(3) 有助于对相关问题、途径及方案的确定和对原始数据进行分析。二手数据虽然不可能提供特定调研问题所需的全部答案，但二手数据在许多方面都具有价值。例如，二手数据可以帮助我们明确问题，更好地定义问题，寻找处理问题的途径，构造适当的设计方案，回答一些调查问答题，检验某些假设，更深刻地解释原始数据。因此，考查研究可能得到的二手数据是收集原始数据的先决条件。

2. 二手数据的缺点

尽管二手数据有助于市场研究，但也存在如下局限性和缺点，研究者在使用二手数据时应当谨慎。

(1) 相关性差。二手数据不是专门为研究者需要解决的问题而收集的，它是为其他目的而收集的，这就不可避免地造成二手数据与项目要求的数据在很多方面不一致。有些二手数据的测量单位与研究者所要求的测量单位可能不一致，如收入信息分为总收入、税后收入、家庭收入、人均收入等；还有些二手数据的分类定义可能对研究者来说完全没用，例如，某豪华品牌汽车公司特别关注年收入在 30 万元以上的家庭百分比，但所收集到的二手数据却只能提供年收入在 10 万元以上的家庭百分比，此时该公司就不能使用这种被提炼过的分类方法的数据资料。

(2) 时效性差。二手数据就是在当前的研究项目之前已经存在的数据，因此在反映当前市场、消费者及环境等信息方面存在差距。

(3) 可靠性低。二手数据是他人收集的，因此，数据的质量水平最终取决于数据收集单位、收集用途及收集方法等的差异。即便是政府部门的统计数据也可能存在一定程度的误差。

3.2 二手数据的来源及评估

3.2.1 二手数据的来源

二手数据的来源主要可以分成两大类：内部数据来源和外部数据来源。

1. 内部数据来源

内部数据来源指的是出自研究委托企业或公司内部的资料，包括会计账目、销售记录和其他各类报告等三部分。

1) 会计账目

每家企业都会保存关于自己财务状况和销售信息的会计账目，这些会计账目记录是企业用来规划市场营销活动预算的有用信息。

2) 销售记录

市场营销调研人员还可以从企业的销售记录、顾客名单、销售人员报告、代理商和经销商的信函、消费者的意见及信访中获取有用信息。本企业的营销信息系统和计算机数据库中储存了大量有关市场营销的数据资料，这种信息系统也是调研人员重要的二手资料来源。

3) 其他各类报告

其他各类报告包括以往的市场营销调研报告、企业自己做的专门审计报告和为以往的管理问题所购买的调研报告等信息资料。随着企业经营的业务范围越来越广，每一次的调研都有可能与企业其他的调研问题相关联。因此，对于开展相近、相似的目标市场的调研项目而言，以往的调研成果是很有用的信息来源。

2. 外部数据来源

外部数据指的是来自被调查的企业或公司以外的信息资料，一般包括公开的出版数据、辛迪加数据和互联网数据。

1) 公开的出版数据

公开的出版数据指的是那些可从图书馆或政府部门及其他实体(如贸易协会等)获得的公开出版的数据，可将其分为政府数据和普通的商业数据。

(1) 政府数据。政府数据包括普查数据和其他政府出版物中的数据。普查数据是政府数据的最大来源。它通常由国家统计局负责组织和实施，并最终形成公开出版的普查报告。主要的政府普查报告包括人口普查、基本单位普查、经济普查和其他政府出版物。

① 人口普查。人口普查是政府提供的最具市场价值的二手数据，一般都是相隔一定周期进行全国性人口普查。我国于1953年、1964年、1982年、1990年、2000年、2010年、2020年先后进行了7次全国性人口普查，人口普查结果成为企业市场分析的有力依据。

② 基本单位普查。我国基本单位普查的对象为中华人民共和国境内除城乡住户和个体工商户以外的所有法人单位及其所属的产业活动单位。迄今为止，我国政府仅在1996年和2001年举行了两次基本单位普查。

③ 经济普查。除人口普查和基本单位普查数据之外，对市场营销研究机构和委托研究的企业而言，非常重要的普查数据还有农业普查、工业普查、服务业(第三产业)普查及综合性经济普查等。

④ 其他政府出版物。政府数据除了普查数据之外，还包括政府发布或出版的大量统计数据。非常有用的统计数据有工业增加值增长速度、工业主要产品产量及增长速度、全社会客货运输量、城镇固定资产投资情况、各地区城镇投资情况、社会消费品零售总额、居民消费价格分类指数、各地区居民消费价格指数、商品零售价格分类指数、各地区城镇居民家庭收支基本情况、消费者信心指数、宏观经济景气指数等月度报告的数据，还有一些重要的按季度、年度报告的数据。

除了发布统计数据之外，政府部门也出版一些定期的出版物，如《中国统计年鉴》《中国发展报告》《中国农村统计年鉴》《中国工业经济统计年鉴》《中国第三产业年鉴》《中国科技统计年鉴》

《中国高技术产业统计年鉴》《中国连锁零售业统计年鉴》《中国城市(镇)生活与价格年鉴》《中国商品交易市场统计年鉴》等。

(2) 普通的商业数据。除了政府提供的大量二手数据之外，普通的商业数据也十分丰富。从形式上看有书籍、期刊、报纸、专题报告和行业数据等大量公开出版数据，也有帮助研究者搜索有关数据的工具出版物，如指南、目录、索引和其他非官方统计数据。

2) 辛迪加数据

辛迪加数据指的是向所有信息购买者提供的、以标准化形式收集的、具有高度专业化的信息数据，属于标准化信息范畴。比较典型的辛迪加数据有 AC 尼尔森电视监测数据与网络监测数据、阿比创(Arbitron)的广播听众调查研究结果及央视市场研究公司(CTR)调研数据等。

3) 互联网数据

随着互联网和远程通信技术的不断发展和普及，加之收集、挖掘信息技术所展现的便捷、高效和经济性，利用互联网收集二手数据已成为一种新的趋势。人们通过互联网可以获得大部分二手数据。人们利用网站、搜索引擎和关键词的搜索，可以轻松、快速地从网页上了解产品及服务的相关信息，了解企业结构和市场定位，以及人们对其评价的相关信息。例如，利用"KnowThis"(www.knowthis.com，其包含超过 100 万个公司的网址)搜索竞争公司，利用"搜索合作信息"网站(www.corporateinformation.com，其包含来自 85 个国家的 3.9 万家公司的信息)来获得关于公司管理、金融和销售等方面的信息。显而易见，随着科技的发展，互联网已经成为企业收集二手数据的重要工具。

【案例 3-1】新媒体数据分析之数据类别与来源

在新媒体运营的工作中，每个平台都会产生大量的数据。但因为平台不同，所以数据展示形式也不一样，自然统计方式和分析方式也会有一定的差别。因此，要想快速了解新媒体数据分析方法，就必须要先了解和掌握常见的新媒体数据展现形式和类别，这样在日后的工作中才可以有针对性地分析不同的数据。

新媒体的数据类别一般包括两种展现形式——数值型和图文型。数值型的数据主要由数字组成，可以直观地对数字进行对应的统计和分析，可以很好地总结并评估运营的结果。常见的数值型数据包括阅读量、粉丝量、网店的销售数据、网站的浏览数据，以及各种活动的参与统计数据等。图文型数据由数字和图片组成。图文型的数据一般是指网站栏目分类、账号粉丝分类、消费者反馈及各种平台矩阵分布等。了解图文型数据的目的并非制定考核指标的量化结果，而是这类数据可以帮助我们找到正确的运营方向。

目前新媒体运营的平台有很多，其中包括但不仅限于微信公众号、微博、今日头条、大鱼号、搜狐号、新浪看点、简书等。下面列举几个例子，以方便大家理解这些数据的来源。

(1) 微信朋友圈。这一类数据的来源多是通过个人统计出来的，一般是出自"朋友圈+社群运营"的结果，具体的数据来源主要有好友增长数(吸粉加好友)，朋友圈发布海报点赞评论数，以及通过朋友圈购买产品的销售数等。

(2) 微信公众号。微信公众号数据本身自有统计平台，运营者可以很直观地了解当天的运营情况，包括新增关注数、取消关注数、单篇文章阅读量、全部图文阅读量，甚至还可以选择时间阶段进行统计。

(3) 新浪微博。无论是个人还是企业，都可以在微博后台查看详细的微博数据，微博常见的数据包括阅读数、浏览量、视频播放量、粉丝来源，以及粉丝新增、取关数等。

除了以上三个例子,还有很多新媒体平台,其后台统计都很强大,作为运营者可以很直观地看到运营状况,根据运营现状及时调整运营策略。

资料来源:爱玩游戏的婧婧. 新媒体数据分析之数据类别与来源[EB/OL]. (2018-11-24). https://baijiahao.baidu.com/s?id=1618017292616176345&wfr=spider&for=pc.

3.2.2 二手数据的评估

二手数据是为其他研究目的而不是为当前研究问题收集的,因此,二手数据在相关性、准确性及时效性上均有可能存在缺陷,二手数据收集的目的、性质和方法也不一定适合当前的情况。因此,在使用二手数据之前,有必要先对二手数据进行评价。

1. 二手数据的评价标准

1) 研究目的

数据总是按一定的目标或用途来收集的,因此首先要问的基本问题就是——为什么要收集这些数据。了解到数据收集的目的,就可以知道在什么情况下这些数据可能相关或有用。其研究目的与当前研究的目的越是一致,则数据的相关性越强。为一种具体目标而收集的数据不一定适用于另一种场合。例如,为了了解各种品牌市场占有率而收集的数据,就不一定适用于为了分析消费者怎样选择品牌的调研问题。

2) 研究内容

研究内容主要包括研究的问题、关键的变量、研究的总体、测量的单位、使用的分类,以及相互关系的研究方法等,由此判断这些数据是不是当前需要的有用的信息,这是相关性评价的一个重要方面。如果关键的变量没有定义,或者与调研者的定义不一致,数据的利用价值就很有限。假定找到了有关消费者对电视节目偏好方面的二手数据。如要利用这些数据,关键在于必须知道对电视节目的偏好是如何定义的,是按照看得最多的节目来定义?还是按最需要的,最欣赏的,最有帮助的(指能提供最多信息的),或是对当地提供最好服务的节目来定义的?同样地,测量二手数据所用的单位不一定适用于当前的问题。例如,收集的二手数据的分类中只有关于年收入在 12 万元及以上人群的报告,但是调研者希望研究年收入 20 万元以上的高收入人群,这时二手数据就没有利用价值了。另外,相互关系的考察也是数据内容的重要方面。例如,如果调研者感兴趣的是被调查者"实际的"行为,那么,由自我报告的态度中"推断的"行为就没有什么参考价值了。

3) 研究方法

研究方法的考察是数据可靠性的主要依据。收集数据时所使用的方法或技术要求包括抽样方法、样本性质和大小、回收率和回答质量、问卷设计和执行、现场调查实施的程序、数据处理和报告的方法过程等。对这些方面的考查可以提供有关数据的可靠性和有效性方面的信息,也有利于帮助确定是否可以将这些数据用于解决手中现有的问题。

4) 信息的来源

数据是否可靠,要通过考查专家鉴定、数据来源或调研机构的信誉、名声,以及是否值得信赖来判断。这可以通过询问曾经利用过该数据来源的机构或人们来检查。对于为了进行促销、为了特殊利益关系或为了进行宣传而出版发表的数据,要持怀疑的态度。同样地,匿名发表的或是企图隐瞒数据收集方法和过程细节的二手数据也是令人怀疑的。还要考查二手数据是直接来自原始的收集机构还是间接地通过再次处理后生成的?一般来说,使用来自原始收集机构的二手数据相对比较完全。因为这样的数据可能在收集方法等细节方面规定得很详细,而且比再加工的数据更为准确和完整。

5) 数据收集的时间

二手数据就是在当前研究展开之前存在的数据，因此这些数据在不同程度上都存在过时的问题，收集的数据越新，则其时效性越强。

6) 收集的要求

对所收集到的数据做适当的处理和解释，才能使之成为制定营销策略的依据。因此，对二手数据的收集和处理是有严格要求的，最基本的要求是真实性、及时性、同质性、完整性、经济性和针对性。

2. 二手数据的收集步骤

二手数据的收集一般包括以下几个步骤。

(1) 明确数据需求。第一步是根据研究题目和研究框架确定需要什么数据。例如，用选择模型研究消费者对不同品牌的选择时，不但需要所研究品牌的产品属性和价格数据，还需要竞争品牌的产品属性和价格数据。

(2) 查询可能的数据来源。一旦确定了需要什么数据，下一步就是查询这些数据的来源有哪些。例如，人口数据的来源可以是公安部门的户籍登记数据，也可以是统计局的人口普查和调查的数据。

(3) 搜寻有关数据的资料。通过浏览有关网页或索取有关数据文件，可以了解数据的内容、格式、质量、价格和使用条件等，以便确定该数据对于手头的研究项目来说是否合适。

(4) 获得数据及有关资料。通过购买、交换或免费索取的方式获得数据和数据字典等相关资料。

(5) 数据内容和质量评估。通过对数据的初步分析，对其内容和质量进行评估。

3.3 二手数据的标准化

标准化信息是通过标准化的工作过程收集的二手数据。标准化信息分为两大类：辛迪加数据和标准化服务。

(1) 辛迪加数据是向所有信息购买者提供的以标准化形式收集的信息。辛迪加数据的标准化收集模式使得它们在不同时期收集的数据具有可比性。由于许多信息需求方需要相同的服务，这使得每一个信息购买者获得信息的成本大大减少，因此，辛迪加数据的一个优点就是可以分摊信息的成本。其一个优点就是信息需要者可以快速获得所需的信息，原因在于辛迪加数据供应商总是在定期地、不间断地用一套标准过程和方法来收集有关数据。辛迪加数据主要应用于：测量消费者态度及进行民意调查，确定不同的细分市场，进行长期的市场跟踪。国外主要的辛迪加数据信息介绍参见资料 3-2。

(2) 标准化服务是指采用标准化市场调研过程为特定的顾客提供数据信息。标准化服务很少向顾客提供标准化数据，只是出于营销的目的将调研过程标准化而已，而辛迪加数据的收集过程、分析过程及数据本身都是标准化的。使用标准化服务，使企业可以利用调研公司的经验减少试错的时间并积累经验，也可以降低调研成本，提高速度，但其定制能力有些不足。

【资料 3-2】国外主要的辛迪加数据信息介绍

1. 民意和态度测量类

这类二手数据库会定期对大样本量的被访者(样本量多为 2 万以上)进行民意和消费者态度调查，形成标准化二手数据产品。下面是几种比较著名的产品。

(1) 马瑞兹民意调查(Martiz poll)。马瑞兹民意调查主要是对美国和欧洲消费者进行民意调查。调查的结果通常发布在各种媒体和自己公司的网站上，如美国联合通讯社、路透社、美国有线电视新闻网、《商业新闻》《金融时报》及《今日美国》等。

(2) 哈里斯民意调查(Harris poll)。哈里斯民意调查公司成立于1963年。哈里斯民意调查主要测量消费者对经济环境、政治、国际事务、法律等各种事件的态度和意见。该调查每周进行一次，有些问题会重复出现，因此能通过动态数据了解其发展趋势。

(3) 盖洛普民意调查(Gallup poll)。盖洛普民意调查开始于1935年，主要就国家问题、私人问题及国际事件进行公众态度的调查。该调查每年进行一次，每年都会自动覆盖以往的问题。盖洛普也为顾客提供定制化服务，即针对特定领域提供标准化的调查服务。

(4) 扬科洛维奇调研(Yankelovich monitor)。扬科洛维奇公司成立于1971年，主要从事社会价值观的调查，并对价值观的改变给消费者带来的影响进行研究。如对美国不同时代的消费者的研究，包括成年人群、婴儿潮一代和"X一代"。公司每年针对16岁以上人群在全年收集一次数据，样本容量为2500个，采用90分钟的家庭访谈和数小时的问卷调查方式获得数据。扬科洛维奇的研究主题比较宽泛，包括行为主义、营养学、医生、女性、压力、工作、电视、购物、报纸等。公司也会研究拉丁美洲和非洲年轻人的态度和价值观。

(5) 益普索声誉风险监测(Ipsos global)。益普索声誉风险监测数据库的调研每年实施两次，为期22天，对22个国家的2.2万个调查对象进行访谈，它可以帮助公司通过调查企业声誉来预警评估公司的风险。如百威英博公司使用声誉风险监测更好地了解顾客和重要的利益相关者是如何看待公司声誉的；比利时最大的比利时电信公司使用它来确立一些关键指标的基准；其他如法国航空和可口可乐公司也使用这个产品。

2. 地理市场细分类

这类二手数据库主要是通过收集全面的基础数据资料(如人口、生活方式、地理区域)，在此基础上进行不同的市场细分。

(1) 行业细分产品。这类数据库产品多是在国家行业分类标准的基础上，收集更加具体的组织或个人信息，以提供精准的基础数据信息。如邓白氏公司开发的邓白氏编码系统是一个9位编码的分类系统，前面6位与北美产业分类代码对接，后面3位为每一个公司设一个编码，这样可以在全球范围内识别出至少10亿家公司。如Basket Kases是一家生产木制礼品篮的公司，希望得到所有批发礼品篮公司的名单以开展一次营销活动。编码系统中51990603代表礼品篮批发商，由此可以找到美国中东部8个州的83家礼品篮批发公司。

(2) 地理人口细分数据库。这类数据库多是基于国家的基础普查数据，根据商业需要将其整合为不同的商业区域。如尼尔森克拉里德斯(Nielsen Claritas)公司利用邮政编码和普查中的各种分区统计数据——即商业区域，统计出这些商业区域的居民特征和生活方式等综合数据。当客户给出所需要的市场特征时，公司能根据这些特征找出与前述具体特征最匹配的地理区域。这种服务称为PRIZM服务。

(3) 生活方式细分数据库。这类数据库主要是详细统计出各个消费者的信息，包括性别、年龄、职业、兴趣(如喜欢养猫、户外旅行等)，然后将其划分为不同的生活方式。如ESRI公司是全球软件行业中地理信息系统技术方面的领头羊，其开发并向客户提供Tapestry市场细分系统，根据所选择的地理人口特征和社会经济特征把美国的居民区分为65个细分市场。如其中的两个细分市场：顶级客户市场和有抱负的年轻家庭市场，比较清晰地描述了这两个细分群体的生活方式、消费方式、工作内容、偏好的活动等。

3. 零售数据追踪类

这类数据库主要是通过定期地收集零售数据资料,形成动态的数据库,在此基础上分析商业环境的变化并进行相应的经营决策。比较有代表性的有以下几点。

(1) 尼尔森零售扫描数据库。尼尔森公司每周都会在上千个店铺中,针对上百万个不同的条目来收集上百万次购买信息。这些店铺包括 1.4 万多家食品店、1.8 万多家药店、3000 多家大卖场、2500 多家便利店、450 多家烟酒店、140 多家仓储俱乐部,以及 35 家以上的一元店。还有一些数据是针对零售商的调查获取的。扫描追踪数据可以提供不同层面的大量信息,如一份报告可提供美国 52 个市场中某一类别的所有商品信息,也可以只提供某一城市中某一品牌的信息。

(2) 家庭扫描类数据。此类数据可以是由家庭成员利用入户扫描器扫描所购买的商品的名称、数量等生成的信息,也可能是调研人员深入住户家中进行扫描所获取的信息。调查者可以利用家庭扫描类数据了解家庭消费购物的内容。这些方法多采用固定样本组进行调查。

4. 媒体使用研究类

这类数据库多是由各家公司进行市场细分后开发,从而形成自己的特色产品。典型的有以下几点。

(1) 追踪下载的音乐、录像和图书类数据库。其包括:①尼尔森声音服务,即动态跟踪几家大型网上音乐商店下载音乐和视频的情况;②尼尔森视频追踪服务,即由一些公司提供关于 VHS 和 DVD 录像的各销售点的相关信息,然后视频追踪再将这些信息进行整合;③美国的图书扫描,即追踪 30 万种以上不同图书的每周销售量,并在全球范围内设有分部。

(2) 电视收视率调查。尼尔森电视指数是衡量电视收视率的主要指标,其对美国 210 个指定区域进行收视率测量。电视收视率是指特定时间内至少有一台电视机在播放某个特定节目的家庭所占的百分比。对于时长 15 分钟的电视节目,其收视率为至少有一台电视机收看这个节目且观看时间超过 6 分钟的家庭所占的百分比。尼尔森采用的是人员测试器,这种电子工具能自动记录家庭成员打开电视机后观看的频道。

(3) 广播收听率调查。从 1964 年至今,阿比创公司一直提供广播听众的服务。公司使用便携式人员测试器(PPM)从市场中收集 12 周的日账,测量时长以 15 分钟为一个时段。调查信息包括接收时间、收听某个电台的时长、收听的是哪个电台、在哪里收听,以及样本成员的年龄、种族和性别。

(4) 出版物调查。以 MRI 公司的斯塔奇读者服务为例,MRI 公司主要测量杂志广告到达率,还提供称为 AD norms 的联合服务,这种服务即在 125 种以上消费者杂志和商贸杂志上进行关于 37 000 个广告的 840 个问题的调查。为了评估单个广告,斯塔奇也会分析影响读者的其他变量,如广告的规格、版面数量、黑白和彩色的效果差异、特殊的位置(封面、夹缝)及产品分类等。广告客户可以了解自己广告的效果、品牌塑造情况和读者参与度。

(5) 多媒体使用情况调查。提供多媒体使用习惯、类型等方面数据的二手数据库。如西蒙斯全国消费者研究(simmons national consumer study),每年采访约 25 000 位成年消费者,从而获得 8000 多个品牌媒体使用的相关信息。报告反映了与产品使用相关的媒体使用习惯,涵盖了 450 多种产品类型,涉及服装业、汽车业、计算机业及旅游业等。另外,西蒙斯公司还收集人口统计数据和心理学数据,用户可以利用这些信息判断某类产品和品牌的消费者观看和收听媒体的习惯。

资料来源:杨晶. 从国外经验看我国市场调查行业发展战略——以国外商业性二手数据库开发为例[J]. 市场研究, 2012(11). (节选)

国内市场营销研究常用的辛迪加数据包括消费者年度调查数据、消费者固定样本组数据、媒体固定样本组数据、读者调查数据、零售研究数据等。[①]

1. 消费者年度调查

这是指使用阈限设计的问卷对国内主要城市的大量消费者进行访谈，调查内容一般包括心理测量、生活方式、品牌认知、消费行为和媒体习惯等。这类数据的主要来源是央视市场研究公司(CTR)的全国消费者年度调查。这类数据的主要用途包括市场细分、市场渗透率分析、市场潜力估计、市场份额分析等。这类数据的主要优点是样本的代表性较好，缺点是由于购买行为信息都是靠调查对象的回忆获得，因此信息的可靠性不足。

2. 消费者固定样本组

消费者固定样本组是由在较长的时间段定期提供特定信息的调查对象样本构成，调查对象在购买行为发生时将之记录下来，按规定的时间将日常记录返还给研究机构，这样做常常能够补充调查数据的局限。消费者固定样本组数据可用于销售预测、市场份额分析、品牌忠诚度和品牌转换分析、促销效果分析等。与消费者年度调查相比，消费者固定样本组能够提供真正的纵向数据，排除了由于回忆可能产生的误差，因此调查数据比较准确可靠。其主要缺点包括样本缺乏代表性，调查对象由于参与时间长而产生反应偏差等。CTR 是提供中国消费者固定样本数据的权威机构。

3. 媒体固定样本组

媒体固定样本组是通过电子设备自动记录或让调查对象填写收视日志的方式，记录样本户的收视行为，并对样本户的收视行为进行连续跟踪。利用这些数据，调查者可以对电视频道的收视率进行连续监测，对受众进行细分和描述，进而制定出更为合理的媒体与广告投放策略。例如，中国广视索福瑞媒介研究(CSM) (http://www.csm.com.cn/)拥有庞大的广播电视受众调查网络，覆盖 5.6 万余户样本家庭，拥有 127 个收视率调查网络，同时，建立了中国香港特别行政区调查网络。

4. 读者调查

这是有关人们生活形态、媒体接触习惯与产品消费习惯的重复性横截面调查。这类数据可以用于分析不同媒体的平均每期阅读率、读者构成、读者的媒体接触习惯等。例如，CTR 的全国读者调查(CNRS)在 36 个城市对城市居民的媒体接触习惯、产品和品牌消费习惯及生活形态进行问卷调查。该调查的年样本量达到 8.01 万个，涵盖近 400 家全国各地的主要报纸、约 200 份杂志、近 300 个广播频道、400 多个电视频道和约 100 个网站；提供了城市居民的媒体接触习惯、接触方式、媒体发展和竞争状况，以及城市居民的产品和品牌的消费行为及其生活形态等信息。

5. 零售研究

这是指由专门的公司从各种类型及规模的零售终端收集数据，用于对快速消费品的终端销售状况进行追踪，分析产品的销售额、市场份额及其变化趋势，以及评估不同渠道的市场占有率。例如，AC 尼尔森(http://cn.nielsen.com/)运用店内产品代码扫描信息和专业人员店内访问，提供涵盖食品、家庭用品、保健美容产品、耐用品、糖果及饮料产品的销售数据。这类数据在零售层面，提供了许多不同产品流动情况的相对准确的信息，而且可以按许多重要的标准(如品牌、渠道类型和地区)提供。当然这类信息也有局限性，最主要的缺点是遗漏(尤其是新兴渠道的覆盖较差)和缺乏消费者特征及厂商的营销投入方面的信息。

[①] 资料来源：涂平. 市场营销研究方法与应用[M]. 2 版. 北京：北京大学出版社，2012.

关键词和概念

原始数据　二手数据　内部数据　外部数据　辛迪加数据　消费者固定样本组

本章复习题

一、思考题

1. 如何获取二手数据和原始数据？
2. 访问提供辛迪加数据的数据供应商的网站，了解其提供的主要服务产品。
3. 选择一个市场调查与预测主题，收集相关二手数据。

二、实践题

1.【在校学生生活费用调查(续)】请根据已拟定的"在校大学生每月生活费用支出情况"市场调查与预测工作计划，收集相关的二手数据以用于本次调查分析对比，并进一步修改完善工作计划。

2. 假设一个欧洲的清洁用品公司，为了进入华东市场，应从哪些二手数据中搜寻经销商、代理商、终端店铺的信息，并做出合理的选择？

3. 根据案例 3-2 的二手数据，思考应如何为基金投资者提供更好的金融理财服务。

【案例 3-2】2023 年基民理财行为及投教偏好调研报告

1. 投资行为研究

1) 投资者选择基金的方法

投资者在选择基金时，历史业绩往往是一个主要的考虑因素，历史业绩提供了一个基金管理团队过去的表现和投资策略的参考依据，通过分析基金在过去几年或更长时间内的回报率，投资者可以评估基金的绩效和风险水平，以便做出更明智的投资决策。调查表明，61%的投资者选择基金产品时，主要关注历史业绩这一指标，其中近20%的投资者表示只看历史业绩。

2) 投资者的配置情况

投资者的配置情况取决于其投资偏好、风险理解等。调查显示，有超过50%的用户会考虑通过不同行业进行资产配置，这表明投资者意识到跨行业配置的重要性，希望通过分散投资来降低风险，以便寻找更多的收益机会。然而仍有25%的受访者尚未养成良好的资产配置习惯。只有14%的受访者对自己的配置情况表示非常满意，这说明有进一步改善投资者满意度的空间。

2. 理财体验提升

1) 金融科技服务

金融科技服务，利用数据技术和智能算法分析用户的投资偏好，风险特征及市场趋势，可以为用户提供个性化的投资建议及决策支持。不仅如此，智能化的工具可以帮助用户更加准确地识别投资机会，优化资产配置，并降低投资风险。相比于传统具有较高投资门槛和费用的金融服务，金融科技服务可以通过提供低门槛的投资产品和降低交易费用，使更多的用户参与理财投资，提升理财收益体验。调查显示，超过68%的受访者表示需要金融科技平台提供理财服务帮助。

2) 投资者教育

投资者教育可以帮助用户获得有关投资和理财的基本知识和技能，通过学习投资策略、风险管理、资产配置等方面的知识，用户能够更好地理解投资市场，做出明智的投资决策。投资者教育还可以帮助用户明确合理的理财目标,并制订相应的投资规划。调查显示,61%的受访者每周期望花 1~5 个小时学习投资理财知识,但是,实际上其中只有一半的人真正花了这么多时间去学习。超过 63%的受访者对如何选品、科学配置的投资者教育内容感兴趣。在教育形式方面,超过 50%的受访者对短视频和图文形式更感兴趣。

资料来源:清华大学金融科技研究院,蚂蚁财富. 2023 年基民理财行为及投教偏好调研报告[R/OL]. (2023-07-05). https://www.sohu.com/a/694343610_121649907. (节选)

4. 案例 3-3 中的哪些数据资料对企业制定网络营销策略有价值?

【案例 3-3】2023 年第 51 次中国互联网络发展状况统计报告

2023 年 3 月 2 日,中国互联网络信息中心(CNNIC)在京发布第 51 次《中国互联网络发展状况统计报告》(以下简称《报告》)。

《报告》显示,截至 2022 年 12 月,我国网民规模达 10.67 亿,较 2021 年 12 月增长 3549 万,互联网普及率达 75.6%。

在网络基础资源方面,截至 2022 年 12 月,我国域名总数达 3440 万个,IPv6 地址数量达 67369 块/32,较 2021 年 12 月增长 6.8%;我国 IPv6 活跃用户数达 7.28 亿。

在信息通信业方面,截至 2022 年 12 月,我国 5G 基站总数达 231 万个,占移动基站总数的 21.3%,较 2021 年 12 月提高 7 个百分点。

在物联网发展方面,截至 2022 年 12 月,我国移动网络的终端连接总数已达 35.28 亿户,移动物联网连接数达到 18.45 亿户,万物互联基础不断夯实。

截至 2022 年 12 月,我国手机网民规模达 10.65 亿,较 2021 年 12 月增长 3636 万。

截至 2022 年 12 月,我国农村网民规模达 3.08 亿,占网民整体的 28.9%;城镇网民规模达 7.59 亿,占网民整体的 71.1%。

截至 2022 年 12 月,我国网民使用手机上网的比例达 99.8%;使用电视上网的比例为 25.9%;使用台式电脑、笔记本电脑、平板电脑上网的比例分别为 34.2%、32.8%和 28.5%。

截至 2022 年 12 月,我国即时通信用户规模达 10.38 亿,较 2021 年 12 月增长 3141 万,占网民整体的 97.2%。

截至 2022 年 12 月,我国网络视频(含短视频)用户规模达 10.31 亿,较 2021 年 12 月增长 5586 万,占网民整体的 96.5%;其中,短视频用户规模达 10.12 亿,较 2021 年 12 月增长 7770 万,占网民整体的 94.8%。

截至 2022 年 12 月,我国网络直播用户规模达 7.51 亿,较 2021 年 12 月增长 4728 万,占网民整体的 70.3%。

截至 2022 年 12 月,我国网络支付用户规模达 9.11 亿,较 2021 年 12 月增长 781 万,占网民整体的 85.4%。

截至 2022 年 12 月,我国网络购物用户规模达 8.45 亿,较 2021 年 12 月增长 319 万,占网民整体的 79.2%。

截至 2022 年 12 月,我国网络新闻用户规模达 7.83 亿,较 2021 年 12 月增长 1216 万,占网民整体的 73.4%。

截至 2022 年 12 月,我国线上办公用户规模达 5.40 亿,较 2021 年 12 月增长 7078 万,占网民整体的 50.6%。

截至 2022 年 12 月,我国在线旅行预订用户规模达 4.23 亿,较 2021 年 12 月增长 2561 万,占网民整体的 39.6%。

截至 2022 年 12 月,互联网医疗用户规模达 3.63 亿,较 2021 年 12 月增长 6466 万,占网民整体的 34.0%。

资料来源:中国互联网络信息中心. 第 51 次《中国互联网络发展状况统计报告》[R/OL]. (2023-03-22). http://www.cnnic.net.cn/n4/2023/0303/c88-10757.html. (节选)

第4章

市场调查的抽样理论与实践

◎ 学习目的与要求
1. 了解抽样过程;
2. 理解抽样目标群体、样本框架、调查发生率等概念;
3. 掌握确定样本大小的几种方法;
4. 掌握概率抽样的几种方法;
5. 掌握无概率抽样的几种方法。

 引入案例 美国大选中的民调争议

2016 年,特朗普在美国主流民调普遍看衰其胜率的情况下逆风翻盘击败希拉里。2020 年,根据主流民调数据,民主党原本希望在大选中取得压倒性胜利,但现实是,选情极为焦灼。一份关于 10 个关键州的民调报告显示,在票数统计已经超过 85%的时候,民调对特朗普的支持率平均低估了 4.5%,与四年前的关键州民调预测偏差保持一致。

据《华盛顿邮报》的一篇报道,拜登竞选团队过于相信大选前的民调,在红州下了重注:在大选前最后一周,拜登亲自前往俄亥俄州和艾奥瓦州拉票,但这两个红州被特朗普轻松拿下,并未如愿"翻蓝"。

《雅各宾》杂志以《在 2020 年美国总统大选后,民调已死》为标题刊文严厉批评民意调查已经过时。文章指出,现有民调的真正问题是,随机取样的民意调查通常以电话采访的形式进行,而如今越来越少的美国人愿意接陌生来电了。根据 2019 年皮尤研究中心的一项调查,每 100 个来电中,被接通的只有 6 个。这意味着民调的样本池正在缩小,数据的真实性将由此发生扭曲。

也就是说,虽然民调样本号称随机抽取,但其实并不随机:如果是电话调查,受访者要有电话、愿意接电话且花时间参与调研;如果是网络调查,受访者要有网络、愿意接受邀请且花时间参与调研。上述限制条件将民调参与者偏向了白人、年长的、以英语为母语的选民,然而这些选民越来越难以反映大选的真实情况。从民意调查实施伊始,西班牙语选民就被忽视,但 2020 年大选证明了西班牙语选民是最大的未知因素之一。

复旦大学国际关系与公共事务学院教授包刚升指出,通过民调来预测政治选举的结果是一件非常困难的工作,2020 年大选一个特别的困难点在于,大量特朗普支持者会隐藏政治立场,"在美国,除了少数几家保守派意义上的媒体,大多数主流的电视和平面媒体都是批评特朗普的。面对这样的外部舆论环境,支持特朗普的选民就更倾向于隐藏自己的政治立场。"

包刚升还提到了现行美国大选民调难以反映现实情况的其他问题。投票率在不同选民群体中的分布是不均衡的，也就是说，即使民调的抽样准确，但特朗普和拜登支持者的投票率可能是不同的。另外，在选举人团制度下的计票规则中，民调在统计技术上使用加权方法未必有效。举例来说，很多民调只有一两千个样本，分布到每个州的样本是非常少的，但只要有1%的选票偏差就可能决定这个州所有选票的归属，而每个州的选举人票数又有所不同。

2016年大选后，民调产业和民主党内部都反思了民调为何失真的问题，人们普遍认为，一个重要因素是民调忽略了教育水平的维度，大学以下教育水平的选民更倾向于支持特朗普，然而这部分选民的立场并未反映在民调中。2020年许多民调都调整了策略，将教育水平纳入变量中，也有的调查机构考虑了年龄和性别，以及城市地区和农村地区的区别。但一些观察者指出，此次大选在种族变量上出现了盲点。在关键摇摆州佛罗里达，拉丁裔选民帮助特朗普赢下了该州；在得克萨斯州，墨西哥裔选民使特朗普保住了优势。

资料来源：林子人. 美国大选尘埃落定,"不靠谱"的民调该寿终正寝了吗[EB/OL]. (2020-11-09). https://baijiahao.baidu.com/s?id=1682857865233245800&wfr=spider&for=pc.

4.1　抽样的基本理论与步骤

4.1.1　抽样调查的意义

在调查者确定如何收集数据的方案之后，下一个需要关心的问题就是如何在目标人群中抽取样本。抽取样本的方法可以分为随机抽样与非随机抽样两种。在随机抽样中，总体样本中的每个元素都有确定的被抽到的非零机会，在这样的情况下，抽样变量就能被计算出来，抽样结果也适用于一切总体样本。相反，由于非随机抽样(如任意抽样)中，每个元素被抽到的机会是不确定的，因此样本变量无从计算，其结果从严格意义上讲也不能应用于总体样本。但这并不意味着随机抽样是"好"的或非随机抽样方法是"差"的，而是这两种方法在市场调查中都有各自适合的用处。

抽样，这一主题在数学定义上是十分严格的，其严格程度最终取决于抽样的特定应用。有时抽样只需要运用一些最基本的、普通的观念，而有时却要运用十分复杂的统计概念和大量的数学公式。简而言之，抽样就是要确定一组可以通过通信、电话和上门访问联系到的个人或家庭数量，以便通过收集和了解他们提供的信息来进行市场研究的过程。

一个逻辑上基本的问题就是，究竟为什么要抽样？回答是简单而直接的：抽样对市场调查研究工作来说既实用又经济。市场调查研究的目的是要描绘和解释所选定的，代表某一组个人、家庭、机构和现象一定的特性及其市场反应。然而，企业研究市场要对整个市场群体进行普查，几乎是不可能的，因为它所要花费的时间、金钱及人力、物力实在太大，而且在理论上也完全没有必要通过调查群体中每一个单位来获得一个对群体的精确描述。

抽样调查的适用性主要有以下几个方面。

(1) 不能进行全面调查的事物。有些事物在测量或试验时有破坏性，不可能进行全面调查。例如，电视的抗震能力试验、灯泡的耐用时间试验等。

(2) 有些总体从理论上讲可以进行全面调查，但实际上难以实施全面调查。例如，了解某品牌产品市场占有率情况，评估职工家庭生活状况等。

(3) 抽样调查方法可以用于工业生产过程中的质量控制。

(4) 通过运用抽样推断的方法，可以对某种总体的假设进行检验，进而判断这种假设的真伪，以决定取舍。

抽样的目的是不通过普查就能得出一些群体的情况。也就是说，在研究样本信息的基础上来推断和估计整个群体的状况。用作抽样的样本需要满足以下三个条件：①样本的大小和规模必须能够满足调查的需要；②样本的选取必须来自目标群体，以确保样本能代表整个群体的特征；③对样本的调查分析必须能有效用于估算整个目标群体的情况。

当然，抽样并非都是必要的。市场分析员要尽可能利用一切可以利用的二手资料，而不是立刻向人群提问，后者通常是昂贵的、耗时的。

4.1.2 大数据时代的抽样调查

1. 抽样调查有存在的必要性

即便是大数据时代，也不可能通过所有的分析获取全部信息，进而完成全数据分析。因此抽样调查仍然有存在的必要性。但是在大数据时代，面对大量的数据源，如何科学地选择抽样调查方法、构建合理的样本框架、抽取最具代表性的样本，来保证调查的有效性，这是大数据时代下，抽样调查需要解决的问题。

2. 抽样样本实现动态化管理

来自大数据的总体是实时变化的，但传统抽样调查的样本一旦获得就是静态的。在动态的总体下，如何保证样本的代表性，以及抽样推断的有效性呢？一种方法是通过记录新发生数据的频数与频率，判断新数据的代表性和重要性，来确定是否应该将其调整入样本，然后在原有的抽样模型基础上，调整样本构成结构，以满足抽样推断的精度要求。

3. 无概率抽样依然"有效"

大数据并不代表获取了所有调查对象的"全部"数据。所以，抽样不应该因为数据比以往更多而拘泥于概率抽样或更强调概率抽样。无概率抽样依然有被使用的价值，如对于达到一定频数和频率的数据按既定的抽样规则直接被列入样本中，而不影响其他已经被列入样本的数据被使用，或者是某些具有典型意义的数据直接成为样本"要素"。

【案例 4-1】颠簸的街道——对不起，"n=All"只是一个幻觉

波士顿市政府推荐市民使用一款智能手机应用(App)——"颠簸的街道(street bump)"。这个应用程序可利用智能手机中内置的加速度传感器，检查出街道上的坑洼之处——在路面平稳的地方，传感器加速度值小；而在坑坑洼洼的地方，传感器加速度值就大。市民只要下载并使用这个应用程序，开着车、带着手机，他们就是一名义务的、兼职的市政工人，这样就可以轻易做到"全民皆市政"。市政厅全职的工作人员无须亲自巡查道路，只需打开电脑，就能一目了然地看到哪些道路损坏严重，哪里需要维修。

然而，从一开始，"颠簸的街道"的产品设计就是有偏颇的(bias)，因为使用这款 App 的对象，"不经意间"要满足 3 个条件：①年龄结构趋近年轻，因为中老年人使用智能手机的相对较少；②使用 App 的人，还得有一辆车，虽然有辆车在美国并不稀奇，但毕竟不是每个人都有；③有钱，还得有闲。前面两个条件还不够，使用者还得有"闲心"，想着开车时打开"颠簸的街道"这个 App。想象一下，很多年轻人的智能手机安装的应用程序数量可能两位数以上，除了较为常用的社交软件(如 Facebook 或 Twitter)记得开机运行外，还有什么公益软件"重要"得一开车就记得打开？

《大数据时代》的作者舍恩伯格教授常用"n=All(所有)"来定义大数据集合。如果真能这样，那么就无须采样了，也不再有采样偏差的问题，因为采样已经包含了所有数据。

"颠簸的街道"的理念在于,它可以提供"n=All"个坑洼地点信息,但这里的"n=All"也仅仅是满足上述 3 个条件的用户记录数据,而非"所有坑洼点"的数据。上述 3 个条件,每个条件其实都过滤了一批样本,"n=All"注定是不成立的。在一些贫民窟,可能因为使用手机的、开车的、有"闲心"的 App 用户偏少,即使有些路面有较多坑洼点,也未必能检测出来。

资料来源:张玉宏. 大数据陷阱:需要读懂的 10 个小故事[EB/OL]. (2015-08-07). https://blog.csdn.net/yhily2008/article/details/47340535.

4.1.3 抽样过程

抽样过程是指在市场调查研究活动中,确定样本选择原则和样本数量的过程。在抽样过程中,第一步要确定研究计划所要收集的数据,它由市场调查的目的和背景所决定。一旦研究者或调查经理决定了所要收集的信息,那么第二步就是确定目标群体。这时调查者或经理必须定下调查的目标群体,决定相关抽样数量、决定发生率和选择抽样框架。抽样过程的第三步涉及数据收集问题或收集数据应选择的方法,收集数据的方法会影响抽样设计的其他方面。如果数据收集是通过电话访问和街头询问行人进行,从这两种方式所得出的调查发生率就会不同。

样本大小的选择是抽样设计中最先要解决的问题。在确定样本大小方面有许多方法。有些方法是以统计理论为基础的,其他的方法则建立在市场实践的基础上。在抽样过程的第二步同时要求选定一种抽样方法。样本可以是随机样本,也可以是非随机样本,每一类都有不同的确定抽样方法。抽样过程的最后一步是关于无偏差的问题,也就是要研究有哪些样本要素会影响调查结果的正确性。

图 4-1 抽样过程概览

在确定收集数据后的每一步内容都会在本章中得到论述。图 4-1 的框图中将抽样过程按抽样顺序进行了划分。这张框图只是指导抽样设计所必须着手的一些活动概览。这些活动都是相互关联的,每一步的决策是在以前几步的决策都已经过修正或完善的基础上做出的。

4.1.4 抽样目标群体

1. 抽样目标群体概述

一个样本不必代表整个群体,但它必须代表被研究的那部分群体,被研究的那部分群体叫作目标群体。精确地确定目标群体是非常重要的,如果不能在抽样过程中及时正确地确定目标群体,那么抽样结果将可能对所要解决的市场问题毫无用处。

确定目标群体的关键问题是选择样本中包含哪些与调查目的相关的要素。若考虑一种新的面部保湿产品的营销调查,如案例 4-2 所示,那么谁将是合适的目标群体呢?所有的女性?用过保湿面霜的女性?在近 30 天内使用过保湿面霜的女性?18 岁以上的女性?这些问题的回答对确定目标群体都是很重要的,不同的回答会产生不同的目标群体。案例 4-2 中的调查就将一组在 30 天内使用过保湿面霜的、18 岁以上的、生活在沿海地区的女性作为目标群体。

【案例 4-2】营销调查的目的:观念与产品测试

商品:保湿面霜。
项目:观念与产品测试。
背景和目的:①具有保湿功能;②具有美容功能。

调查方法：选择 200 名在近 30 天内使用保湿面霜的女性作为测试对象。根据抽样的数据，得出不同年龄参加者的比率，如表 4-1 所示。

表 4-1　不同年龄参加者(女性)的比率

年龄	占总体比重/%
18～34 岁	45
35～54 岁	30
55 岁以上	25

让每个被调查者带回一袋产品使用一周，一周后电话反馈产品使用后的情况。

在反馈的电话中，希望获得以下信息：

(1) 观念信息，包括购买意向、喜好、产品的主要利益点和特征的共识程度，以及其他突出问题。

(2) 行动标准信息，包括通过调查获得被调查者对于产品观念的响应，以及认同程度高低的信息。

2. 样本框架

样本框架是识别和鉴定目标群体的一系列属性和概念(如地区性要求)，它意味着对目标群体限定一些要素。例如，作为电话调查，样本框架可以是一份名字和电话号码的清单；住所的地图也可以作为上门调查的样本框架；一份从当地公共事业部门获得的家庭住址的清单可以用作邮寄调查。如果没有目标群体的清单或不能有规律地细分属性的话，那么地区抽样(如街头拦截访问)或随机电话访问可能是较好的备选方法。在随机抽样中一个很重要的工作就是要得到一个适当的样本框架。

事实上，目标群体的清单或分地区目标群体的资料可从不同的来源得到。

【资料 4-1】银行家问卷调查

银行家问卷调查是由中国人民银行和国家统计局合作完成的一项制度性季度统计调查。

中国人民银行调查统计司和国家统计局服务业调查中心双方共同负责调查问卷的编制、调查方案和指标体系的制订、计算方法的确定；中国人民银行调查统计司负责银行家调查的具体实施、数据分析及调查报告的撰写等；调查结果由中国人民银行和国家统计局共同对外发布。

调查采用全面调查与抽样调查相结合的方式，对我国境内地市级以上的各类银行机构采取全面调查，对农村信用合作社采用分层 PPS 抽样(概率比例规模抽样)调查，全国共调查各类银行机构 3200 家左右。调查对象为全国各类银行机构(含外资商业银行机构)的总部负责人，及其一级分支机构、二级分支机构的行长或主管信贷业务的副行长。

资料来源：金融界. 2022 年第四季度银行家问卷调查报告：有 66.0%的银行家认为宏观经济"偏冷" [EB/OL]. (2022-12-27). https://baijiahao.baidu.com/s?id=1753363822000336555&wfr=spider&for=pc.

【资料 4-2】抽样调查样本来源

一般在当地公共事业部门(如户籍管理机构)就有一份相当完整的住户清单，也可以通过与当地电信局的合作来获得一份调查对象的清单。杂志订阅、联谊会成员花名册、银行信用卡部门、企业名录大全等也是众所周知的清单来源。当然，尽管有了目标群体的清单，但是实际上仍很难完全与目标人群相符。例如，一份某社区住户清单中通常没有清单编制后搬入的新住户的记录,会导致清单不是完整的。另外,清单经常包含重复记录,一户人家可能拥有多个电话号码或多个家庭成员的名字,地址两次或更多次地出现在清单里,这样有可能增加他们被选择的机会,这样的一份清单会产生对目标人群的描述过度或描述不足的情况。在确定抽样框架时,应该尽量缩小抽样差距,否则抽样结果的潜在误差也就越大。

3. 调查发生率

调查发生率是指被选定的样本中,接受了调查并且对调查予以配合的单位数占样本单位数的比率。调查发生率是估计调查成本及时间的一个重要因素。调查发生率的高低决定了在被调查单位数确定的前提下,样本单位数的大小。

在这里还要对毛发生率做出估计(一般由市场调查机构提供),毛发生率是指在某个市场中曾经使用过该品牌、产品的人数占整体人数的比率。净发生率是从毛发生率中去除某些因素后的比率,涵盖了所有目标群体的资格,也被称作有效或总体发生率。

【案例4-3】调查发生率计算示例

某项调查中,合格的被调查者需要达到以下要求。
- 家庭中的女性成员
- 18~55岁(没有年龄上的特定选择)
- 在过去一个月中曾使用过一种冷霜
- 没有任何健康限制、药物过敏
- 不从事市场调查、广告或药物制造工作
- 在过去的三个月中没有接受过市场调查

产品经调查得到使用率为60%。这就是调查的毛发生率,也就是说,过去一个月内在这个市场上有60%的人使用过冷霜。接着就是要计算调查的净发生率,即毛发生率中符合调查要求的人数比率。假设使用街头拦截访问的方法来计算人群中合格者的比率(注意筛选/收集数据的方法将会影响合格的百分率),计算公式为

$$净发生率=毛发生率×资格比率$$

经验数据表明存在这样的资格比率关系:

家庭中的女性成员	87%
18~55岁的	92%
没有健康限制、药物过敏者	88%
没有从事某些工作的	97%
过去三个月没有接受过市场调查的	96%

合格比率=87%×92%×88%×97%×96%=65.6%
净发生率=60%×65.6%=39.4%

净发生率就决定了根据样本大小及数量所需要调查访问的次数,公式为

$$调查访问次数=所需合格的被调查者的人数/净发生率$$

这样,如果需要有100名合格的被调查者,净发生率为39%,那么需要调查访问的次数(在假定无人拒绝调查的情况下)为:100÷39%=256次。而根据毛发生率100÷60%=167次,我们仅需要做167次调查访问,所以可以看到如果误把毛发生率算作净发生率后的严重性。更甚者,访问次数的差异在估计样本大小或容量时会继续扩大。

案例4-3中发生率和样本大小的考虑涉及4个因素：①被调查者数量的划分依据；②有效回答的判断标准；③发生率划分依据；④完成率。

在这里主要讨论一下发生率和完成率两个因素。发生率一词是和所需进行有效调查的次数联系在一起的。也就是，如果进行电话或邮寄调查，有多少人会正确回答你所提出的问题呢？

同样，发生率的精确度是确定合适本大小的关键。当发生率很高而精确度不足时，如果调查结果被应用，那么可能导致样本估计不足。尤其考虑到在问答题过程中可能存在的语言或交流方面的误差，即使一个成年人在电话调查中按要求回答了问题，一般也需要在成人电话回答比例上乘以90%来进行调整。

完成率是指符合调查样本框架要求且愿意接受调查的被调查者的比例。

在估计完成率时，有一些重要因素可供考虑：①访谈的时间长度；②问题的敏感度；③在一年中的什么时间进行访谈；④希望被调查者回答的渴望程度；⑤整个调查持续的时间。

【案例4-4】猫粮购买习惯调查

某地进行一项全范围内猫粮购买习惯的调查，需要同购买猫粮的人交谈。但是购买猫粮者接受调查的发生率是多少呢？研究表明，该地家庭购买猫粮者回答的比例大约为30%。

假设调查活动将进行10分钟的谈话，并且问题不太尖锐。现在需要确定一个完成率。

调查持续4天。在调查中，调查组织者一开始试图在收到的回电中努力得到1/3的合格率。

由于访谈相对较短，问题也不敏感，调查组织者预计将能获得50%的完成率。但由于8月正值假期，调查时成功拜访的难度增加，因此有必要将完成率降低到45%。

如果延长访谈时间(15分钟以上)，那么就要从完成率中再扣去5%~10%。如果是敏感性话题(如个人隐私问题)也同样要从完成率中减少5%~10%。最后，如果调查中又要减少打电话的次数，那还要在完成率中减少5%~10%。

最后把要获得有效回答的被调查者的确切数量定为300次访谈，并利用电话本随机抽取样本，并假定这一样本能得到55%的有效电话回答率。这样就具备了估算样本大小的所有信息。首先将300次访谈数除以有效电话率55%，得到545。然后，将结果再除以30%的购买猫粮者回答净发生率，得到1847。最后，再除以完成率45%，得到的样本大小为4038。

这样是不是就可以说完成了有关调查的样本设计了？还没有。在完成率中还有一个时间因素，即整个调查只持续4天，在这样短的时间里不可能收到所有的回电，因此有必要在调查短于一周的样本中再追加上一个20%的比例。这样，最终得到的样本数量为4845。

4. 数据收集问题

选择数据收集方法是抽样计划设计中的重要问题。在调查时，可选择电话访问、信函调查、街头拦截访问、上门拜访等方式。

【案例4-5】进行一个"购买×牌咖啡"的街头拦截访问

该访问要求被调查者必须满足以下条件：其是家庭中的女性成员，并通过职业的可靠性筛选，且在过去三个月内没有接受过此类调查，但买过×牌咖啡。据此期望的发生率估计在30%，这个数字代表了此次调查的有效研究发生率。也就是说，在访谈的每10个女性中能筛选出3位作为合格的被调查者(通过筛选性问题或自我介绍来决定)。

在调查数天后，报告显示计划比预计进行得慢，这是由主管的筛选报告引起的。

a=20——非家庭中女性成员；

b=30——在相关企业中工作(未经可靠性筛选)；

$c=15$——在过去三个月内被查访过；
$d=200$——被拒绝(筛选信息不完全)；
$e=15$——有语言障碍；
$f=300$——在过去三个月内没有买过咖啡；
$g=500$——在过去三个月内没有买过×牌咖啡，但买过其他品牌的咖啡；
$h=25$——合格，但不愿意接受调查；
$i=5$——合格，但在调查过程中终止；
$j=200$——完成了访谈。
总数：$a+b+c+d+e+f+g+h+i+j=1310$(人)
被筛选掉的总数：$a+b+c+d+e+f+g=1090$(人)
合格者总数：$h+i+j=230$(人)

由于筛选是不完全的(公式是指所有被筛选下来的，而非指希望访谈者总和)，注意被拒绝和语言障碍者不能被纳入。合格的230人(包括没有完成访谈的人)除以被筛选掉的1090人就得出了发生率。在这则例子中，真实的发生率21%低于预计的30%，并且解释了为什么我们要花更长的时间及比预期更多的努力去进行调查。

另外，在抽样设计方面，数据收集方法的选择涉及需要调查访问的次数、获取的样本类型，以及如何决定样本大小。表4-2中对上门拜访与电话访问两种方式进行了比较。

表4-2 上门拜访与电话访问的比较

样本单位条件	上门拜访	电话访问
家庭中女性比例	87%	72%
18～55岁	92%	86%
在过去1个月中使用过非处方药膏的人	60%	60%
无健康限制/药物过敏	88%	88%
以往未接受过查访	96%	96%
非广告代理处、营销调查的公司或药物生产商的雇员	97%	97%
净发生率	39%	30%
需调查访问的次数(按要求有效回答人数100人计算)	256人	333人

4.1.5 样本大小的确定问题

1. 确定样本大小的意义

在抽样调查中一个重要的问题就是要抽取多大的样本。但是确定样本容量的大小又是比较复杂的问题，既要有定性的考虑，也要有定量的考虑。从定性的方面考虑样本量的大小，其考虑因素包括：决策的重要性、调研的性质、变量个数、数据分析的性质、同类研究中所用的样本量、发生率、完成率、资源限制等。具体地说，重要的决策需要更多的信息和更准确的信息，这就需要较大的样本。探索性研究的样本量一般较小，而结论性研究如描述性的调查，就需要较大的样本。收集有关许多变量的数据，样本量就要大一些，以减少抽样误差的累积效应。如果需要采用多元统计方法对数据进行复杂的高级分析，样本量就应当较大。如果需要特别详细的分析，如做许多分类等，也需要大样本。针对子样本分析比只限于对总样本分析所需样本量要大得多。

合理地确定样本容量也具有非常重要的意义。具体原因如下。

(1) 若样本容量过大，会增加调查工作量，造成人力、物力、财力、时间的浪费。

(2) 若样本容量过小，会使样本对总体缺乏足够的代表性，从而难以保证推算结果的精确度和可靠性。

(3) 样本容量确定得科学合理，一方面，可以在既定的调查费用下，尽可能缩小抽样误差，确保推算结果的精确度和可靠性；另一方面，可以在既定的精确度和可靠性要求下，尽可能降低调查费用，保证抽样推断的效果。

通常情况下，大样本一般比小样本精确。也就是说，如果在条件相同的情况下，运用大样本的研究结果往往更具代表性。然而，大样本也伴随着更高的成本投入。

2. 确定样本大小的方法

市场调查者至少要运用5种不同的方法来决定样本的大小：胡乱猜测、统计精确度、贝叶斯决策、成本限定、产业标准。

1) 胡乱猜测

胡乱猜测很明显是最无数理概念的一种决定样本大小的方法，只是通过直觉来估计样本的数量。这种决定样本大小的方法是绝对主观武断的，也没有考虑调查结果的精确度和取样的成本问题。

2) 统计精确度

具体确定样本量有相应的统计学公式，不同的抽样方法对应不同的公式。根据样本量计算公式，我们知道样本量的大小不取决于总体的多少，而是取决于①研究对象的变化程度；②所要求或允许的误差大小(即精度要求)；③要求推断的置信程度。也就是说，当所研究的现象越复杂，差异越大时，样本量要求越大；当要求的精度越高，可推断性要求越高时，样本量越大。

3) 贝叶斯决策

贝叶斯决策分析方法同样能被用作确定样本大小。贝叶斯决策方法的特点在于以从样本中获取信息的期望价值和采用这一样本的费用为依据，决定抽取样本的大小。但是这一方法在实际中并不常用，这一方法涉及从不同的样本大小中计算出不同的期望净收益，并选择其中含有最大确定期望净收益的样本大小。

4) 成本限定

成本限定法或称"你可承受法"，是以分配给调查项目的预算作为依据来决定样本大小的。这一方法涉及：①从可计算的预算中除去非抽样成本(如设计调查、准备问题、分析数据、撰写报告等固定成本)；②样本调查的估计成本。这一方法是不能令人满意的，因为它只注意成本而忽略了其他因素，尤其是精确度。

5) 产业标准

产业标准，是指在产业市场调查中基于丰富经验所形成的一般共识的数量标准。在传统准则中，样本大小随市场调查的种类及调查中包含的单位数的变化而变化。通常非随机抽样以传统方法来确定样本大小。尤其在定额样本中，如每组样本被调查者人数通常不少于50人。

【资料4-3】样本容量经验值

对于规模较小的总体(1000人以下)，研究者需要比较大的抽样比率(大约30%)，为了有较高的精确性，这时需要大约300个样本；对于中等规模的总体(如10 000人)，要达到同样的精确度，抽样比率为10%或大约1000个样本量就可以了。就大规模的总体(超过150 000)而言，抽样比率为1%或大约1500个样本量就能得出正确的结果。如果是非常大的总体(超过

1000万)，研究者可以使用0.025%抽样比或者大约2500个样本，就能够得出精确的结果。当抽样比率非常小时，总体大小的影响力就不那么重要了。从2亿总体中抽取一个约2500的样本，与从1000万总体中抽出同样规模的样本，它们的精确程度是相似的。

通常情况下，1000～1500是国内市场调查随机样本的合理大小。同样，选择200～300个样本单位也是典型观念或产品测试的传统标准。在不同的营销调查中样本大小的经验数值，如表4-3所示。

表4-3 在不同的营销调查中样本大小的经验数值

调查项目	最小样本数量	典型样本数量(范围)
市场研究	500	1000～1500
战略研究	200	400～500
试验市场深度研究	200	300～500
观念/产品测试	200	200～300/单元
名称测试	100	200～300/单元
包装测试	100	200～300/单元
电视商品测试	150/商业	200～300/单元
广播测试	150/广播	200～300/商业
印刷品广告测试	150/广告	200～300/广告

4.1.6 抽样误差

抽样调查结果和真实值之间存在的差异称为误差。抽样调查理论的中心任务之一，便是研究抽样调查中的误差。在抽样调查误差理论中，将全部误差分解为随机误差和系统误差两部分。

随机误差是由于样本与总体之间的随机差异导致的，它存在于所有取样过程中，是无法避免的，这种类型的误差不会影响估计参数的均值，通常所计算的抽样误差就是这部分随机误差。对随机误差的研究，由于有强有力的概率论与数理统计理论和方法的支持，其理论已非常成熟，只要能设计出样本估计量，就能给出相应估计量的随机误差公式。但是对抽样调查中的系统误差，由于导致其产生的原因很多，而且多属非随机性因素，主要受主观因素的影响，致使系统性误差的出现是无规律的。

构成系统误差的因素有多种，大致可归纳为4种类型。

1. 设计误差

因在抽样调查方案设计过程中的错误而产生的系统性误差。

2. 估计量的偏误

所选择的估计量(实则是估计方法)破坏了估计的优良标准之一——无偏性，致使产生统计性误差。

3. 调查误差

这是指在取得样本数据资料过程中产生的误差。这部分误差通常与调查者、回答者、资料收集方式和问卷等因素有关，它们会引发在调查过程中出现无回答和回答偏误等情况，进而形成系统性误差。

4. 编辑误差

这是指在取得样本资料之后，在整理、汇总、归类、计算、录入等过程中形成的误差。因此，为了提高调查精度，一方面可以采取完善抽样调查方案、合理选择抽样方法、提高抽样调查数据的准确性、减少编辑误差和调查误差等手段,即减少系统误差;另一方面要合理确定样本量的大小,即减少随机误差。

通过对误差分析可知,如果要提高调查的精度,一个重要方面就是确定合理的样本量。样本量大小的确定是一个平衡问题,如果在数据收集和分析过程采用过大的样本容量,达到给定研究目标和精度要求的费用就很高。而样本容量太少可能导致结果受到变异性的影响。

【资料 4-4】国外消费者信心调查制度的特点及启示

美国大企业联合会的消费者调查制度,以及英、法、德、意、日等国家的消费者调查均采取简单随机抽样方式;但密歇根大学采取了较为复杂的局部替换式定群追踪抽样方式,每次调查的 60% 是新样本,40% 是原有样本。各国样本量存在较大差异,密歇根大学为控制调查成本,样本量仅 500 户,而美国大企业联合会建立的美国消费者调查及日本的调查样本量达到 5000 户,各国实际有效样本平均约 2000 户。尽管密歇根大学的抽样方式较为严谨,但由于样本量相对较小,其研究结果更容易受到测量误差的影响,波动随机性高于其他调查。

资料来源:向传忠,杨莹. 国外消费者信心调查制度的特点及启示[J]. 西南金融,2007(11):26-28. (节选)

4.2 抽样方法

抽样设计的一个必须被解决的重要问题是抽样的方法。其中包括两大类:概率抽样和无概率抽样。图 4-2 列示了我们将要提到的一些抽样方法分类。

图 4-2 抽样方法分类

4.2.1 概率抽样

所有的概率抽样都有两大基本特征。

(1) 抽样之前,每一个给定数量的(2 个、3 个……)从群体中抽取的样本都可以被确定,并且抽到每个样本的概率也能确定。

(2) 每个抽样单位都必须有被选择到的无零机会。

这样,在随机抽样中,群体可被明白清楚地确定下来,以使得调查者知道哪些抽样单位属于利益群体，而哪些则不是。这就意味着要有一个可能实现的抽样框架(目标人群的清单或其他有机分类)。这并不要求每个潜在样本都有同样的被抽取机会，但样本中每个样本被抽取的概率都能被确定。

确定样本中被抽取的概率大小就意味着在调查后可以确定的特征估计值的精度。也就是说，在给定确定水平的前提下，真正的群体价值所落入的置信区间能被计算出来。并且，这能使调查者从抽样中推断出目标人群。最主要的概率抽样方法有简单随机抽样、分层随机抽样、分群抽样和系统抽样。

1. 简单随机抽样

简单随机抽样是随机抽样中最简单的一种方法，调查者以纯粹偶然的方法在母体中随机抽样，任何可能的样本都具有相同的被抽取的机会。简单随机抽样可以利用随机数表。

值得一提的是，样本抽取的方法一般可以分为两种：一种是不重复抽样，又称为无放回的抽样。一般情况下，特别是在对商品(产品)进行具有破坏性的市场调查(检验)时，通常都采用不重复抽样的方法。另一种是重复抽样，又称为有放回的抽样。当总体单位数很大，或者样本容量占总体单位数比重小于3%时，可用重复抽样的抽样误差代替不重复抽样的抽样误差。

简单随机抽样的优点是容易被理解和使用，而且人们能预计目标群体的抽样结果。但是，简单随机抽样因为没有保证所抽取的样本对总体来说具有代表性，最终会导致抽样的结果与实际情况相差较大。

2. 分层随机抽样

分层随机抽样是把被调查的总体先按一定的标准划分成若干组，每一组称为一层，然后每一层根据所需的样本数随机地抽取若干单位，作为样本进行调查。分层随机抽样需要有两类变量：①分类变量，用来将群体分割成子群体；②抽样变量，代表我们期望估计的群体特征。

分层随机抽样可以分成以下4步：
(1) 依据分类变量，将整个调查的目标群体分成特定的子群体叫作"阶层"；
(2) 以随机抽样方式从每个阶层中分别挑选调查单位；
(3) 计算抽样误差的分析指标；
(4) 根据抽样结果对总体进行推断。

分层随机抽样要比简单随机抽样复杂，因为至少有一个变量要用于分层，以便在实施抽样前对总体进行分层，而潜在含义就是成本更大。然而可以肯定的是，因为分层抽样保证了样本在总体中的分布更为均匀，所以分层抽样会导致抽样误差的减小，并在利用抽样结果推断总体时得到一个更为精确的置信区间。分层随机抽样要比简单随机抽样有效得多。

分层随机抽样中另一个重要的影响因素是从每个层次中抽取的单位数量。例如，假定我们在居民生活费用支出调查中需要1000个单位组成样本，在按高、中、低收入分成的三个层次中，每个层次应该抽取多少居民。一般情况下会采用以下两种方法进行分层随机抽样。

(1) 成比例分配，保证每个层次抽取的单位比重与样本所占的总体比重相等。
(2) 非比例的理想分配，进行最精确可靠的估计。理想分配要考虑两个因素的影响。其一是每个分层中单位规模的影响，这类似于按比例分配抽样的原则。其二是每个分层内部各单位之间相对差异程度的影响。

分层随机抽样是一个颇受欢迎的抽样方式，因为它将容易的简单随机抽样和潜在获得的精度相结合。当前的趋势是将分层随机抽样应用于电话访问中。在后续的案例4-8中，详细描述了一个专门用于电话访问的电话号码的抽样过程。这个过程结合了系统抽样和分层随机抽样的原理来有效地进行随机的电话访问。

3. 分群抽样

分群抽样的特征具体如下。

(1) 以分群变量或自然分组为基础，总体可被分为相互独立的、完整的若干个群体，称为群。

(2) 每个抽样群内以概率样本方法为基础加以挑选，如简单随机抽样。

(3) 简单随机抽样和分层随机抽样中的调查单位往往是一个一个被抽取的，而在分群抽样中被抽中的群内所有单位都将成为调查单位。

分群抽样包含多种类型的抽样方法，其中最常见的是涉及一个或多个阶段的抽样过程。其第一阶段，我们可以简单地将其视为整个抽样过程的第一步。

单阶段分群抽样只有一个抽样阶段，一旦选定了群，则所有群内的单位就都包括在样本中了。如果群是简单随机抽取的，并且在一个群中包含了所有的抽样单位，那么称这样的方法为简单一阶段分群抽样。

多阶段分群抽样包含有2个以上步骤。例如，首先在电话调查中要抽取区的样本。其次，再从每个区的样本中抽取城镇的样本。再次，从城镇样本中抽取电话交换局号的样本。最后，在电话交换局号中抽得电话号码。另外，多阶段抽样中有一个以上的抽样框架被用来抽取样本，在群的抽取过程中可以采用各种不同的抽样方法。但如果第一阶段是以简单随机抽样抽取的，第二阶段也应用同样的方法来抽取。

分群抽样法不论是在性质上还是在方式上都与分层抽样法不同。在应用中，分层抽样法适用于介质分明的调查对象(总体)，而分群抽样法则适用于介质乱度较高的调查对象(总体)。

【案例4-6】城市居民多阶段抽样调查

由于一个城市中居民的户数可能多达数百万，除了一些大型的市场研究机构和国家统计部门之外，大多数企业都不具有这样庞大的居民户名单。这种情况决定了抽样设计只能采取多阶段抽选的方式。根据调查要求，抽样分为两个阶段进行，第一阶段是从全市的居委会名单中抽选出50个样本居委会，第二阶段是从每个被选中的居委会中抽选出20户居民。

(1) 对居委会的抽选。从统计或者民政部门，可以获得一个城市的居委会名单。将居委会编上序号后，用计算机产生随机数的方法，简单地抽选出所需要的50个居委会。

如果在居委会名单中还包括了居委会户数等资料，则在抽选时可以采用不等概率抽选的方法。如果能够使一个居委会被抽中的概率与居委会的户数规模成正比，这种方法就是所谓PPS(probability proportional to size)抽样方法。PPS抽样是一种"自加权"的抽样方法，它保证了在不同规模的居委会都抽选20户样本的情况下，每户样本的代表性是相同的，从而最终的结果可以直接进行平均计算。

当然，如果资料不充分，无法进行PPS抽样，那么利用事后加权的方法，也可以对调查结果进行有效推断。

(2) 对居民户的抽样。在选定了居委会之后，对居民户的抽选将使用居委会地图来进行操作。此时，需要派出一些抽样员，到各居委会绘制居民的分布图，抽样员需要了解居委会的实际位置、实际覆盖范围，并计算每一幢楼中实际的居住户数。然后，抽样员根据样本量的要求，采用等距或者其他方法，抽选出其中的若干户，作为最终访问的样本。

(3) 确定受访者。访问员根据抽样员选定的样本户，进行入户访问。以谁为实际的被调查者，是抽样设计中最后一个问题。如果调查内容涉及的是受访户的家庭情况，则对受访者的选择可以根据成员在家庭生活中的地位确定，例如，可以选择使用计算机最多的人、收入最高的人、实际负责购买决策的人等。

如果调查内容涉及的是个人行为，则家庭中每一个成年人都可以作为被调查者。此时，就需要进行第二轮抽样，因为如果仅凭访问员的主观选择来确定受访者，最终受访者就可能会偏向某一类人，如家庭中更易接触的老人或妇女等。

在家庭中进行第二轮抽样的方法是由美国著名抽样调查专家 Leslie Kish(莱斯利·基什)发明的，一般称为 Kish 表方法。访问员入户后，首先记录该户中所有符合调查条件的家庭成员的人数，并按年龄大小进行排序和编号。随后，访问员根据受访户的编号和家庭人口数的交叉点，在表中找到一个数，并以这个数所对应的家庭成员作为受访者。

这是一个典型的两阶段入户调查的现场抽样设计，从设计的全过程可以看到，随机性原则分别在选择居委会、选择居民户和入户后选择受访者等环节中得到体现。在任何一个环节中，如果随机原则受到破坏，都有可能对调查结果造成无法估计的偏差。调查中的抽样设计是一个复杂的技术环节，非专业的研究人员对此问题需要给予特殊关注。

分群抽样一般来讲是有效的、低成本的抽样方法。如入户访问，若以人口普查的地区作为分群抽样的分组标准，那么一旦从中选择样本，区域中的住户也就被选定了，这比在整个地区采用简单随机抽样抽取住户确定样本的方法要经济得多。同时，相较于在同一普查区进行入户访问，在不同普查区进行入户访问的成本更高。

4. 系统抽样

运用系统抽样方法时，首先按某一标志对调查对象中所有的单位进行排序。其次，按抽取比例随机地在所有单位中选取一个起始点。最后，从每 n 个单位中挑选一个来组成样本。

【案例 4-7】系统抽样示例

如果某市场调查公司想从 3600 个单位中选取 60 个单位，组成样本进行调查。那么，第一步，他们需要按照某一标志将 3600 个单位按顺序从 1 排列到 3600；第二步，根据比例计算，其应该每 60 个单位中抽取一个。假设在第 1 个到第 60 个单位中随机抽中了第 21 个单位作为起始点，那么由第 81，141，201，…，3561 个单位和第 21 个单位共同组成这个调查样本。

尽管系统抽样使用起来十分简单，但要注意在抽样前必须按照一定的"标志"进行排序，这样才能对总体中的所有单位进行编号，以方便抽样。例如，按姓氏笔画排序或按电话号码排序，或按收入状况排序等。值得一提的是，对于同一项调查会因为选择排序"标志"的不同而最终影响抽样的结果。如调查某企业职工的消费情况，可以对该企业职工按年龄排序，也可以按工资多少排序，但其结果是按年龄排序的抽样误差会大于按工资多少排序的抽样误差。

系统抽样的推算方法一般情况下会采用简单随机抽样法的推算方法，但其实际的抽样误差会小于等于计算结果。

【案例 4-8】电话访问抽样过程

(1) 按城镇分层。为使抽样地区的电话用户抽取概率相同，样本先按调查地区内电话用户在每个城镇的分布比例进行系统分层。由几个城镇组合成的地理区域被确定后，可以计算估计的电话用户数量。随后，用这个数量除以所需的样本规模，就可以得出抽样间隔，计算公式为

$$抽样间隔 = 估计电话用户数量 \div 需要的样本规模$$

$$抽样间隔 = 750\,000 \div 6\,000 = 125$$

从 0～125 之间随机选取一个数作为起始数,以每经过 125 抽取一个样本单位的方式进行抽样。假定随机的起始数是 86,那么第 86,211,336,461……的记录将被选作样本单位。这是系统随机抽样,因为从随机起始点开始,每过 N 个数就抽取一个样本。当任何城镇的电话住户群体扩大时,样本间隔会自动等比例扩大,同样,如果电话住户减少,样本间隔也会等比例缩小。

以样本大小为 6000 的样本为例,假设地理区域覆盖 3 个城镇。抽样间隔所允许样本在 3 个城镇等比例分割的情况,如表 4-4 所示。

表 4-4 系统抽样等比例分割

城镇	住户总数	电话覆盖率/%	估计电话户数	样本抽取率/%
城镇 A	223 404	94	210 000	28.0
城镇 B	393 258	89	350 000	46.7
城镇 C	204 301	93	190 000	25.3
总计	800 963	—	750 000	100.0

(2) 城镇中电话号码的选取。对于抽样地区中的每个城镇,可以从该城镇电话交换的局号中以系统抽样方式选择 1 个以上主要的电话号码。一个电话局号中包含 100 个连续的电话号码,包括 3 个以上家庭住户电话。如电话号码 6598-3280,电话局号为 6598。

在这个例子中,电话局号为 6598,整个区的号码共有 3230～3329。既然样本数量已分配好,那么抽样间隔就以城镇注册的电话住户总数除以分配到的样本数量得出。在前一个例子中,A 城镇应抽取 6000 个样本中的 28%,即 1680 个样本。每个局号就按照它们注册电话住户的分配来加权。如果数据中城镇注册电话总数为 159 600,那么除以 1680 后得出以 95 为间距的样本间隔。

接着,从 1～95 中随机抽取起始数,抽样间隔内的局号是以系统抽样为基础的抽样。下一步,在 0～99 区间内随机选取 2 个以上数字,并加在每个选择的样本间隔后。结果是由局号、样本间距和 2 个随机数组成的一个完整电话号码(如 6598+03+73)。依此类推完成抽样。

5. 抽样调查方法综合运用

各种抽样调查方法有着各自的优势,而在同一个抽样调查方案中,结合多种抽样方法可以达到很好的调查效果,具体如下。

(1) 最大限度减少调查无回应的现象。

(2) 通过多种方法所获得的资料具有可比性。

(3) 综合所有调查方法得到的结果,可以形成一个合理有效的结论,减少结论出错的可能性。

以分层抽样、整群抽样为例,这两类调查在实际的抽样调查中有着广泛的结合应用的空间。究其原因,分层抽样能够较大地提高抽样的精度,而整群抽样则因其组织实施简单,能够较大地节约调查的费用和时间。如果要同时兼顾精度和费用,可以将分层抽样与整群抽样结合在一起使用。

由此可见,多种方法结合可以扬长避短,发挥各种方法的优点,提高数据的准确性、真实性和客观性,更好地实现调研目的。

【案例 4-9】2015 年全国 1%人口抽样调查方案设计

国务院 2010 年颁布的《全国人口普查条例》规定,人口普查每 10 年进行一次,位数逢 0 的年份为普查年度,在两次人口普查之间开展一次较大规模的人口调查,也就是 1%人口抽样调查,又称为"小普查",其目标是估计全国、省、自治区和直辖市的常住人口总数,以及不同年龄、不同文化程度、不同城乡、不同性别的常住人数。最早的1%人口抽样调查是在1987年，之后是在1995年、2005年、2015、2025年。

在2015年1%人口抽样调查中，以全国为总体，以各地市(地区、盟、州)(以下简称地级市)为子总体(其中各地级市的样本量来自各地级市常住人口的平方根占所属省的比例乘以省的样本量)。全国分省、地级市采取分层、二阶段、概率比例、整群抽样方法，第一阶段抽取村级单位，第二阶段抽取调查小区。调查小区平均规模为常住人口250人，80户左右。

在第一阶段抽样时，抽取方法为分层、概率比例抽样。分层指标包括村级单位及其所在的县级单位社会经济发展指标及地理地形标志；村级单位城乡属性，或根据本地情况考虑非农业人口比重、出生率、死亡率和流动人口、集体户人口等分层指标。分层的原则应尽可能使层内各单位之间调查指标的差异小，各层间调查指标的差异大。

在层内按比例抽取村级样本单位。其采用与村级单位数成比例的PPS系统抽样方法，从各个层级中抽取村级单位，其中各层样本村级单位数按照该层的比例进行分配。在每个抽中的村级单位中，简单随机抽取一个调查小区样本。

事后质量抽查作为1%人口抽样调查工作的一部分，是调查登记之后进行的一次独立调查，只用于评价全国抽样调查的登记质量。对于事后质量抽查的样本，以1%人口抽样调查的地址码库为样本框，并考虑城乡分布、流动人口等指标，按照各省份常住人口规模分配样本。按照分层、随机、整群抽样的方法抽取调查小区。全国共抽取100个调查小区，约8000户，2.5万人。

资料来源：国家统计局. 2015年全国1%人口抽样调查工作细则[EB/OL]. (2015-08-21). http://www.zjwy.gov.cn/art/2015/8/21/art_1229423536_3663711.html.

4.2.2 无概率样本

所有无概率样本都具有一个共同性，即无法精确确定每个单位被抽中的概率。因此，这使得估计值(即统计量)在数学分析上难以体现整个群体的特征。我们并不是说无概率样本肯定不精确，或者总是劣于概率样本。实际上，无概率样本的优劣(有无代表性)取决于选取样本时采用的方法和控制手段的有效性。主要的无概率抽样方法包括方便抽样、判断抽样和定额抽样。

1. 方便抽样

如果采用方便抽样，那么对抽取何人作为样本几乎无须控制。如果答题者是志愿的，那么方便抽样就开始运作了。如100个妇女在购物过程中被采访，并且参与调查者无数量和资格上的限制，此时，我们便无法控制样本的代表性。邮寄调查因其自由选择和志愿参与的特性，往往容易导致方便抽样的问题。而这种情况下，无回答者的问题尤为突出。

2. 判断抽样

判断抽样涉及选定一定的被调查者参与调查。回答者被选择的理由是他们有可能代表利益集团或满足调查的特定需要。判断样本通常在商业市场调查中被采用，如案例4-2描述了只有过去30天内使用过保湿面霜的消费者才能参与的观念/产品测试。

一种特殊的判断抽样法叫作雪球法，如果得到一个小型的、特殊的目标群体的话，往往可以运用雪球法，即在访问调查之后，由每个回答者来确定下一个目标群体的成员。

3. 定额抽样

定额抽样是指选择一定量的回答者，这些人都具有或可能具有影响调查的一些特征。这在以年龄、性别、收入为基础的市场调查中是十分常见的方法。通过定额抽样确保选取的样本在特征上类似于利益群体，即样本代表着整个群体。案例4-2中描述的观念与产品测试就运用了定额抽样设计。年龄的定量规定可能影响在整个保湿面霜市场的所有型号的产品使用者，或者是构成目标市场的部分型号的产品使用者。

定额样本是否能挑选出有代表性的样本是一个很难回答的问题。如果一些影响调查对象的重要特征被忽略了，那么定额样本将不具代表性。因为定额样本通常在街头拦截访问调查中被采用，那样可能一些经常通过渠道购物的消费者就会被忽略。为提高街头拦截访问定额样本的质量，建议按以下准则来进行。

(1) 在不同社区选取不同商业街抽样，使得它们中的区别得以体现。

(2) 使交通流、停车流等原因引起的倾向达到最小化，通过街道的入口位置分层，从每个入口分别抽样。

(3) 使不同的购物方式带来的倾向极小化，按时间段分层，如周末、工作日晚上、工作日——在每个时段进行采访。

无概率样本通常在商业市场调查中使用，因为在许多实际案例中，当需要通过收集的信息做出决策时，采用全国性的概率样本，其成本极其昂贵。在调查观念、产品、包装、名称等时，无概率样本常被采用，这类调查一般不会覆盖所有品牌，而是聚焦于领先购买分值和最受欢迎品牌的特征。不仅如此，由于这些调查往往集中在购物街上，沿街的店主们就能提供合适的调查群体，所以，在实际操作中，人们会选择采用街头拦截访问的定额抽样方法进行这些调查。

当面临有无概率方法的抉择时，市场调查者必须从显著性和效率性中选其一。概率样本使目标群体得到统计的突出结果，但就每位回答者所耗成本来看效率不高。而无概率样本中每位被调查者的信息收集的效率较高，但统计特点不明显。如果目标调查客体无须统计特征的话，那么无概率抽样可在每位被调查者消耗成本较少的情况下提供需要的精度。

如果在要用概率样本时误用了无概率样本，那是不合理的，市场调查单位就有责任向委托单位说明样本统计精度上可能存在的问题。

综上所述，抽样调查的方法各有其优缺点，应根据企业调查的目的、调查对象的特点、调查人员的水平、被调查对象情况掌握程度等，合理地加以选择，实现以尽可能少的人力、物力、财力和时间，取得满意的调查结果。抽样决策并没有唯一正确的方法适用于所有情况。在权衡抽样成本、数据可靠性、样本设计的方便程度、实际操作的可行性时，我们往往会采用一些折中方案。

关键词和概念

抽样组织　样本　样本容量　抽样误差　随机抽样　概率抽样　无概率抽样
系统抽样　分层随机抽样　分群抽样　方便抽样　定额抽样　判断抽样

本章复习题

一、思考题

1. 简述抽样调查的意义。
2. 简述抽样过程与步骤。
3. 选择抽样方法时应该考虑哪些要素？
4. 试述决定抽样误差大小的因素。

二、实践题

1. 【在校学生生活费用调查(续)】请根据已拟订的"在校大学生每月生活费用支出情况"市场调查与预测工作计划,确定样本框架和样本单位数,完成抽样,并进一步修改完善"工作计划"。

2. 某汽车经销商委托高校市场调查研究中心调查研究甲城对家用轿车的需求分析,希望从家庭收入、家庭人口、家庭住址、住房面积、家庭成员所从事的职业等方面,分析这些因素对家用轿车需求量的影响,并要求定量分析,建立统计模型,且该模型能够用于统计预测。该中心研究人员经过多次与销售商沟通,设计出调查问卷,并得到经销商的确认。在确定调查方案时,研究人员初步提出以下三种调查设想。

设想一:根据该市各区(县)的户数比例、分配样本量,在各区(县)中随机抽取样本户,进行问卷调查。

设想二:充分利用学校学生众多的优势,展开调查,具体做法是根据学校学籍登记表得到学生学号,从中随机抽取一定量的学生,针对这些被抽中学生的家庭,进行问卷调查。

设想三:安排该校学生在街头随机拦截访问一定量的行人,进行问卷调查。

要求:根据三种不同的设想回答以下问题。

(1) 请说明该调研中调查对象总体是什么?
(2) 你认为该项调查理想的抽样框和抽样单位是什么?
(3) 说明上述三种抽样方案各是什么抽样方法?
(4) 对上述三种抽样方案进行评价。

3. 根据案例 4-10 回答下列问题。

(1) 你认为,这两种抽样调查方法有缺陷吗?若有缺陷请具体说明。
(2) 同一事件采用不同的抽样调查方法最终可能会导致调查结果的差异,说明在市场调查中正确确定抽样方法的意义。
(3) 简述案例 4-10 带来的启示。

【案例 4-10】分众、聚众公布市场占有率引发市场调查的尴尬

(1) 调查公司——避"蹚浑水"。一方是全球著名的市场调查公司——AC 尼尔森,一方是国内最大的市场调查公司——央视市场研究(CTR)。由于市场调查的委托方聚众和分众挑起口水战,两家调查公司因出具不同的调查结果而被推到风口浪尖。

两家调查公司负责人分别表示,鉴于调查时间、范围和方法的不同,调查结果的差异是正常现象。两份调查报告都是真实客观的,只是在委托公司发布时对内容选择的不同而显得存在矛盾。

(2) 调查结果——49.8%还是 70%。2005 年 10 月 31 日出现在某媒体上的一份 AC 尼尔森楼宇广告调查数据显示,聚众传媒和分众传媒两大行业巨头共占有楼宇总量 96.5%的市场份额,其中聚众传媒的楼宇占有率为 46.7%,分众传媒的楼宇占有率为 49.8%。

但在 2005 年 5 月,央视市场研究(CTR)受分众委托调查和发布的一份报告指出,针对全国 13 个城市,在覆盖楼宇数量上,分众传媒凭借 70%的份额稳居第一,聚众传媒仅为 28%。

对此,AC 尼尔森有关人员表示,AC 尼尔森只是受聚众的委托做了一次市场调查,数据结果也只供聚众作内部参考所用。由于 AC 尼尔森与 CTR 采用了不同的调查方法,而且楼宇广告市场变化非常大,所以调查结果不同是可以接受的,应当说两份报告都是客观真实的,调查方法也是科学的。

CTR上海地区负责人也认为，在整个楼宇电视的调查过程中，一些步骤会对结果产生关键性的影响，两份报告的差异与调查方法的选择有根本的联系。

(3) 委托双方——调查有侧重。分众传媒CEO江南春称，对于市场覆盖率的争执并不能改变市场的真实格局，更重要的是看各自的影响力，就像评估电视节目好坏的参数是收视率而不是电视台的覆盖面积。

聚众传媒董事长兼CEO虞锋表示，聚众只是从行业角度选择一种更适合的调查方法，来真实反映市场占有情况，从而做出决策判断。虞锋称，聚众与分众在渠道上已经有很大的差异，一个集中在公寓楼和便利店，一个集中在商业楼宇和大卖场，所以在选择调查范围时各自都会有所侧重。

(4) 分析：不同调查方法引发争议，市场最终认同分众传媒。AC尼尔森认为，此次调查从2005年7月30日至8月30日历时一个月，根据2004年广告花费排名，选取了北京、上海、广州、深圳4个一线城市，以及武汉、杭州、南京、重庆、成都、天津、沈阳和大连等其他8个广告消费能力较强、商业环境较好的二线城市，采取随机抽样的方式对写字楼、宾馆、商场、商住公寓楼等7种楼宇电视覆盖面较大的场所进行调查。为了确保抽样范围的全面和结论的真实客观，此次调查在每个指定行政区内，以随机抽样方式抽选实地查核地点，每个地点划分的面积大小约为1平方公里。对每个核查地点的7个不同场所进行调查统计后，再汇总同一个城市所有核查地点已安装液晶屏广告媒体的情况，按每个城市每个场所安装的液晶屏数量计算出各公司份额。这种抽样方式能够最大限度地避免抽取到个别公司液晶屏数量特别集中的样本，或个别场所特别集中的样本，力求样本选择上的公正客观。

另据介绍，CTR所做的调查范围只针对以写字楼为主的商业楼宇。在调查方式上，CTR采用的是扫街的线状调查方式，因为以写字楼为主的商业楼宇绝大多数都在街面上，有人认为这种街面调查方式是对商业楼宇调查的最科学的方式。

相比之下，AC尼尔森的调查还涵盖公寓楼、便利店等非商业楼宇，是针对全部楼宇的份额调查。而AC尼尔森采用的是网格状的调查方式，这一方式有利于公寓楼、便利店占很大比例的情况。

分众传媒新闻发言人嵇海荣据此认为，很可能是调查对象的不同导致了结果的差异，因为CTR的调查主要集中在写字楼，这是分众传媒的强项。

聚众传媒的一位内部人士也表示，聚众传媒虽然把写字楼、酒店与公寓楼当作"老三篇"，但相比起来对公寓楼的占有率更有优势，这在AC尼尔森的调查中体现得更多。

资料来源：
① 朱琳. 分众聚众俩掐架 各自称老大 市场调查很尴尬[EB/OL]. (2005.11.04). https://www.techweb.com.cn/tele/2005-11-04/26560.shtml.
② 楼宇电视广告成寡头垄断 终端"抢位"之势[EB/OL]. (2005-10-22). https://tech.sina.com.cn/i/2005-10-22/1339745797.shtml.
③ 魏宗凯. 楼宇广告调查结果迥异 分众聚众再挑口水战[N/OL]. (2005-11-02). https://tech.sina.com.cn/i/2005-11-02/0741754038.shtml.

第 5 章
量表设计

◎ 学习目的与要求
1. 掌握量表设计相关重要的概念；
2. 理解 4 种测量尺度；
3. 掌握市场研究中常用的量表；
4. 理解信度与效度的概念。

> **引入案例** 2022 年中国汽车售后服务客户满意度调查
>
> 2022 年中国汽车售后服务客户满意度调查(CAACS, 简称"卡思调查")结果公布。卡思调查显示, 新能源汽车整体服务水平有待提升。
>
> 据了解, 卡思调查受交通运输部及中国汽车维修行业协会委托, 严格依照交通运输行业标准《汽车售后服务客户满意度评价方法》(JT/T900-2014)开展, 是行业内最权威的汽车售后服务客户满意度调查之一。2022 年, 卡思调查所执行的《汽车售后维修服务客户满意度评价方法》进行了修订, 因此卡思调查的评价指标也随之调整, 以保证指标体系更加符合售后服务市场现状。本期调查面对面访问了 4S 店、快修连锁店、商用车(客车/卡车)特约维修服务站三大体系的客户, 覆盖了目前市场上的主要汽车品牌和车型。中国汽车维修行业协会副会长兼售后工委会主任委员盖方公布了本次调查的主要结论。
>
> 2022 年, 4S 店体系的客户满意度得分较 2021 年下降 1.0 分, 降幅较大; 数字化服务已经深刻渗入到客户的生活当中, 但汽车售后服务领域的数字化进程距离客户期待尚有一定差距。不同品牌类型的客户满意度都比去年同期下降, 其中尤以合资品牌的降幅最大; 相对于新能源汽车销量的快速增长, 新能源品牌售后服务水平的提升速度要慢得多。
>
> 由于新能源车的故障类型较为集中, 维修、保养频率低, 因此大部分新能源客户对售后服务的满意度较高; 但是, 新能源品牌在服务网点、维修费用高特别是事故维修、人员素质、服务品质等方面参差不齐, 没有统一的服务标准, 因此新能源客户对维修站的规范性、便捷性服务满意度低于燃油车客户。
>
> 整体而言, 快修连锁店的客户满意度水平低于 4S 店客户; 从二级指标来看, 快修连锁店客户对收费合理性的满意度高于 4S 店客户, 而在规范性、人性化等方面, 快修连锁店的客户满意度明显低于 4S 店。
>
> 商用车服务站体系的客户满意度持续下降, 这一方面由于指标体系较去年有所调整, 另一方面, 客户对原有指标的满意度也有不同程度下滑; 从二级指标来看, 客户对人性化和服务费用合理性的满意度降幅最大。

中国汽车维修行业协会会长张延华表示，在汽车售后服务行业发生深刻转型的当下，卡思调查紧跟行业变化，无论是调查指标体系，还是研究对象的选择，都符合当下的政策趋势、服务趋势和消费趋势，力求通过严谨的调查过程，得出更加符合行业现状的结论。

资料来源：祁晓玲. 2022 年中国汽车售后服务客户满意度调查结果公布 新能源汽车服务水平有待提升[EB/OL]. （2022-11-23）. https://baijiahao.baidu.com/s?id=1750252753973439378&wfr=spider&for=pc.

5.1 测量与测量尺度

5.1.1 测量

我们知道，收集的信息是用来分析和解释的，所以必须要对调查问题的答案按照一定的方法给出数值，并进行测量，这些数字在对有关问题的答案如何被解释和分析方面具有重要作用。

1. 测量的概念

测量是用具体数值来反映一件事物、一个人、一个机构或一个国家所具有的某种属性，包括将这种属性数值化的过程和规则。在这里，市场调查的测量并不是物理学定义上的测量，而更多的是对事件或产品所具有的属性或特点的测量和判断。测量的关键在于确定将一定的数值赋给相应被测事件特点的规则。一旦选定测量规则，事件或人的特性仅在所指定的数字中具有意义。比如在考虑消费者对品牌忠诚度的特性时，可以用下面显示的一定时期内两个假设消费者的购买模式来测量(式中 A、B 、C 为品牌名称)。

消费者甲：A B C A B B
消费者乙：A C B C C C

假设品牌忠诚度是通过计算最常购买的品牌在总购买次数中所占比例来测量的，那么消费者甲对 B 品牌的忠诚度是 3/6=0.5，乙对 C 品牌的忠诚度是 4/6=0.67。如果品牌忠诚度是通过购买品牌的个数加总来测量的，那么两个消费者的品牌忠诚度都是 1。由此可知，对这两个消费者的品牌忠诚度的结论是取决于调查者所采用的测量规则。

从上例可见，在市场调查中研究的许多特性都可以用多种方式来测量。在调查时，对调查的目的、所测特性的精确定义、测量规则和特性之间的关系一定要格外注意。

2. 概念与定义

概念是指我们希望测量的特性的名称，是对特定调查对象形成的抽象和归纳。定义是用来描述给定概念的主要特性的。定义使我们能够从类似但有差异的概念中把要调查的概念辨别出来。测量性定义把基本定义分成必要遵循的步骤，以便给出待测特性定义的确定数值，它保持了调查概念与现实世界之间的一致性。这样，测量性定义可以清晰地规定哪一个可以测量的事件要被测量，以及对概念赋值的程序，它也决定了哪一个问题会被调查。

在典型的市场调查中，许多概念是可以直接测量的。例如，销售额与市场占有率，相反，态度、产品知晓或消费者满意等概念牵涉个体消费者心态，因此要间接地测量。无论概念是否可以直接或间接测量，调查者都必须精确地对被调查的概念进行定义。

5.1.2 测量尺度

如果我们明确了要测量的基本概念的特性，并应用了正确的规则，那么就基本把握了所要调查的概念。测量的最终结果是对每一个个人、家庭或事物给定一个数值来反映其所具有的某种特性的量值。这样个人、家庭或事物的特点就能通过不同的、给定的数值而被分辨、区分开来。

测量尺度是指赋予测量对象的数字和符号的含义及其所允许的数学运算,因此形成了不同测量水平的测量量表(又可称为测量尺度)。基本的测量尺度可分为定类尺度、定序尺度、定距尺度和定比尺度。这些尺度都具有完备性和互斥性,它的完备性和互斥性保证了研究范围内的每一个测量对象都能被赋予一个测量值,且只赋予一个测量值。测量可在不同层次上进行,这样可以保证赋予各种属性或特性的数值在判断上具有一致性,并且这也有利于对所赋数值进行数学运算。

1. 定类尺度

定类尺度是对测量对象类型的鉴别,是测量尺度中最低的一种,也是其他各层测量的基础。定类尺度的数字分配仅仅是用作识别不同对象或对这些对象进行分类的标记。例如,在日常生活中学号、性别、身份证号码等都属于定类尺度。在营销研究中,定类尺度常用来标识不同的被调查者(一个编号对应一个受访对象)、不同的性别(男性记为 1 或 M,女性记为 2 或 F)、不同的品牌、不同的商品特性(如大、中、小)和不同的商店(将控制组标记为第 1 组,实验组标记为第 2 组)等。定类尺度的数字不能反映对象具体特征的性质和数量,因而只能计算发生频度及和频率有关的一些统计量,不能比大小,更不能加减乘除。

2. 定序尺度

定序尺度是一种排序量表,分配给测量对象的数字表示测量对象具有某种特征的相对程度,如足球赛的名次、文化程度、产品质量的等级等。针对消费者态度、偏好、感受等领域的研究常用到定序尺度。定序尺度只能区分次序而不能确定距离。例如,文化程度在定序层次上只有高低之分,不能判定各文化程度之间的间隔大小。因此,定序尺度可以比大小,但不能进行加减乘除的运算。除了计算频度,定序尺度还可用来计算百分位数、四分位数、中位数、秩次数等运算。只要能保持对象间基本的顺序关系,就可对定序尺度表施以任何变换。只有当目标的基本序列一定时,才能使用顺序数据的转换。例如,我们可以给品牌 C 赋值 40,给品牌 D 赋值 35,给品牌 A 赋值 30,给品牌 B 赋值 10,这种赋值维持了 4 种品牌的相对偏好序列。

3. 定距尺度

定距尺度是对测量对象之间的绝对差距的衡量。定距尺度除具有定类尺度和定序尺度的特征外,其测量值之间的距离具有实际意义,如温度、智商、比赛积分、态度和偏好等均是常用的定距尺度的例子。定距尺度相邻数值之间的差距是相等的,例如,1 和 2 之间的差距就等于 2 和 3 之间的差距,也等于 5 和 6 之间的差距。定距尺度不仅可以比较大小,还可以进行加减运算和百分比的计算,但在这种尺度下进行乘除运算并不具备实际意义。

虽然定距尺度有定类尺度与定序尺度的属性,但它没有一个自然的或绝对的基准(零点),因此,事物之间的数值的绝对大小不能被比较。换句话说,不能说有 4 的物体的特性两倍于有 2 的物体的特性。

4. 定比尺度

定比尺度是确立测量对象之间的比率,兼具了定类尺度、定序尺度和定距尺度的特征外,还具有真正的零点。例如,身高、体重、年龄、收入、销售额、生产成本、市场份额、消费者数量都是常用的定比尺度测量的变量。用定比尺度测量年龄,其真正零点就是刚出生的瞬间,因此可以说 20 岁是 10 岁的 2 倍;但温度就不能进行定比测量,因为 0℃ 并不是没有温度,温度没有真正的零点,所以不能说 20℃ 是 10℃ 的 2 倍,只能说 20℃ 比 10℃ 高 10℃。基于定比尺度的特征,其数值不仅可进行加减乘除 4 种数学运算,以及前三种尺度可进行的统计运算,还可以计算定比变量的几何均值、调和平均值和变动系数等，而且其运算结果都有实际意义。

以上4种测量尺度的特征，如表5-1所示。

表5-1　4种测量尺度及其特征

尺度	允许的变量转换	允许的四则运算	允许的统计计算	应用举例
定类尺度	$y=f(x)$ $f(x)$为一一对应	—	百分比 排列顺序 卡方测定 二次检验	给属于特定群体的事物编号(男女、职业、商店种类、产品种类、品牌、销售区域等)
定序尺度	$y=f(x)$ $f(x)$只增加	—	中位数 百分位数 顺序相关符号 测定 集合测定	可用于研究对产品、企业的意见或态度(非常好、好、不好说、坏、非常坏)，比较对几种品牌的喜好程度或购买者的社会阶层等
定距尺度	$y=a+bx$ $b>0$	加减	算术平均数 平均差 标准差 t检验 F检验	利用五等级法、七等级法测量对产品或企业的意见、态度等
定比尺度	$y=ax$ $a>0$	加减乘除	几何平均 调和平均 变动系数	测量消费者的年龄、收入，顾客数量，销售数量，销售金额等变量

测量尺度的分类并非完全无关且独立，其中定序数据便可用于测量关于次序或顺序的信息。此外，一旦选择应用了某种测量尺度来测量某种特性，在分析统计时也必须按照这种测量尺度的数值关系来界定和计算相关的数据。表5-2是4种测量尺度的例子。

表5-2　4种测量尺度的例子

栏目名称	定类尺度	定序尺度	定距尺度	定比尺度
	栏目编号	按喜好程度排序	按喜好程度打分(1～7分)	上月收视时间/小时
A	1	4	5	20
B	2	2	7	40
C	3	5	4	0
D	4	3	6	35
E	5	1	7	50

5.2　量表技术

5.2.1　量表技术简述和态度评价

1. 量表技术简述

在营销调研中常用的量表技术可以分成比较量表技术和非比较量表技术两大类。在比较量表中，被调查者被要求直接对两个调查对象进行比较。因为这种量表技术是可比较的，其结果一定要用具有顺序特性的数值来加以说明。比较量表的显著特点是其能辨别出事物间的细微区别，同时它还具有易于被被调查者理解的优点。

在非比较量表中，被调查者被要求评估独立于其他被调查的事物的每一个目标，因为每个调查的事物都是独立地被提出来的。非比较量表是市场调查中使用最广泛的量表技术。分项评分量表是指提供给调查对象的量表上每个类别都有一个数字或与某一类别相关的简要描述，要求调查对象选出最能描述被评分物体的特定类别，回答者能够非常快地找到最适合或较适合描述自己态度的答案。李克特量表和语义差别量表是分项评分量表中较常用的两种。

量表技术分类如图 5-1 所示。

图 5-1　量表技术分类

2. 态度评价

态度代表一个人基于某种信念对事物做出的评价，而这种评价在某种程度上决定了今后对该事物的反应。大多数学者同意下面的定义：态度是一种习惯地对给定事物的一贯好恶倾向。这个定义包括了态度的三个基本特征：①态度是习惯的；②态度是行为的预兆；③态度是稳定的。态度包括三个成分：认知、情感及行为因素。

在市场竞争中，越来越多的卖家试图更多地了解顾客对它们的产品质量、服务质量、配送系统、竞争对手，以及对企业忠诚度的态度。这需要以量表为中心来收集消费者的认知、情感和行为意向反应方面的数据。

态度是一个复杂的过程，要想了解消费者的态度，需要使用适合的测量量表。下面来介绍常用的测量态度和行为的量表技术。

5.2.2　常用的量表技术

1. 配对比较(成对比较)

配对比较是指在同一时间给被调查者提供两个调查目标物，并要求其根据一定的标准(如质量、品牌知名度等)选择其中一个。配对比较实际上是一种特殊的等级量表，不过要求排序的是两个对象。这种尺度类型经常被应用，尤其是当调查目标物是有形物体的时候。配对比较做起来较简单，其结果也相对容易分析和解释。

一般来说，有 n 种品牌，就有 $n(n-1)/2$ 种比较，所以，当有 k 种标准时，就有 $k \times n(n-1)/2$ 种比较。很明显，品牌与标准越多，比较的总次数就会越多。另外，因为一次比较两个调查目标物，被调查者的判断并不遵循传递规律。如果大量非传递性存在，那么配对比较的数据将难以被解释。

一般可以将配对比较的数据进行变换，然后用其他数学方法进行进一步的统计运算。表5-3是配对比较量表的例子。

【案例5-1】配对比较示例

对A、B、C三个洗发水品牌中的每一对品牌进行比较，并指出你更喜欢其中的哪一个? 在选中的品牌旁□处打钩(√)，如表5-3所示。

表5-3　洗发水品牌的配对比较量表

序号	品牌	选项	品牌	选项
①	A	□	B	□
②	A	□	C	□
③	B	□	C	□

2. 等级顺序尺度(多项比较题)

等级顺序尺度是被调查者同时被提供几个目标，并要求对它们进行"排序"或分级。

等级顺序尺度作为在营销调研中应用最广泛的比较量表技术，其优点是这种题目容易设计，也比较容易掌握回答的方法。但由于只给出了顺序信息，无法了解各因素之间的差距大小。另外，为方便应答者选择，一般进行比较的对象仅限于6~7个。表5-4是手机品牌的等级顺序量表的例子。

【案例5-2】等级顺序尺度示例

请根据对各手机品牌的喜爱程度进行排序，分别给予1到5个等级(见表5-4)。等级1表示最喜爱的手机品牌，依此类推，等级5表示最不喜欢的手机品牌。

表5-4　手机品牌的等级顺序量表

手机品牌	Apple	荣耀	vivo	华为	小米	OPPO	三星
品牌等级							

3. 常量和量表

常量和量表又称固定总数量表或大小估计量表。常量和量表测量工具是从心理学的领域发展起来的，主要用于产品与态度的研究。它要求被调查者给事物、品牌、态度说明等标上数字，通过应用一定的标准，将被调查者对事物属性的感受用数值的大小来反映。在态度研究中，要求被调查者陈述对某种态度表示同意或不同意。一旦被调查者表明了感受的意向，他(她)就会自由地用0到100之间的数字去表明其感觉的强度。该方法提供了对被调查的事物做出强度比较的信息。

【案例5-3】常量和量表示例

请把100分分配给下面这些汽车保险公司的特性，使分数的分配能反映出你在选择汽车保险公司对各个特性相对重要性的看法。

B1 投保便捷(　) 　　B2 车险条款清晰(　) 　　B3 品牌知名度高(　)
B4 价格适中(　) 　　B5 个性化服务(　) 　　B6 客户服务完善、方便(　)
B7 救援速度快(　) 　　B8 事故车辆查勘定损迅速高效(　) 　　B9 理赔速度快(　)
B10 投诉处理及时(　)

4. Q 分类法

Q 分类量表被发展出来是为了快速地在相对大量的物体当中进行判别。Q 分类法是等级顺序量表的复杂形式，根据一些标准物体的相似性，将其分为几组。例如，提供给调查对象 100 种关于个人磁卡的态度陈述，并要求他们将这些陈述从"最同意的"到"最不同意的"范围分成 11 组(见表 5-5)。Q 分类法需要大量卡片，被分类的物体数目不应少于 60，也不应多于 140；60～90 是一个合理范围。

表 5-5 Q 分类法

最同意的										最不同意的
10	9	8	7	6	5	4	3	2	1	0
3	4	7	10	13	16	13	10	7	4	3

表 5-5 中第一行数字表示从最好特性到最差特性的等级排序的连续体，10 代表最佳特性，0 代表最差特性，5 代表中性。第二行数字表示每组卡片的数量。对应特性值 10 的是 3 张卡片，对应特性值 9 的是 4 张卡片，依此类推，对应特性值 0 的是 3 张卡片。一般在 Q 分类法中有 11 组特性组，可根据每组拥有的不同数量的卡片来确定每组的相关等级，并由此判断具有相同偏好的个体群。

5. 连续评价量表

连续评价量表也叫图示评价量表，它是由研究人员事先将各种可能的选择标示在一条直线上，由调查对象通过在该直线上的适当位置做出标记来为物体评分。一般连续评价量表要求应答者在从某一极端到另一极端的图示连续体上进行选择，因此，调查对象不会受到研究人员设定好的分数的限制。

连续评价量表形式多样，可以灵活使用。

【案例 5-4】连续评价量表示例

请为荣耀智能手机评分。

形式 1：

可能最差————————————————可能最好

形式 2：

可能最差————————————————可能最好

0 1 2 3 4 5 6 7 8 9 10

6. 语义差别量表

语义差别量表是用评价性措辞定义一个对给定事物的态度的。每个人要根据自己对给定事物的态度在一系列反映对象与对象的行为两极化形容词间进行选择。

语义差别量表是评价态度最常用的方法之一，典型的过程应包括确认 5～10 个与评估范围相关的两极化形容词。被调查者对每个项目进行回答，每个项目回答的得分从+3 到-3(或从 1 分到 7 分)，正值反映赞成的评价。被调查者在每个项目上的总分和所有项目的平均分作为其态度得分的指标。

【案例 5-5】语义差别量表示例

该调查是想评价人们对一种新的剃须膏(代号 4-11)的态度。管理者让男士在家里使用这种产品一周，周末时每个男士拿到一份含有 10 个项目的语义差别问卷，让他们对这种剃须膏做出评价(见表 5-6)。

表 5-6 语义差别问卷

我认为使用代号 4-11 的剃须膏是	
喜欢的 ___ | ___ | ___ | ___ | ___ | ___	不喜欢的
好的 ___ | ___ | ___ | ___ | ___ | ___	坏的
冷的 ___ | ___ | ___ | ___ | ___ | ___	热的
不愉快的 ___ | ___ | ___ | ___ | ___ | ___	愉快的
锋利的 ___ | ___ | ___ | ___ | ___ | ___	钝的
有用的 ___ | ___ | ___ | ___ | ___ | ___	无用的
乏味的 ___ | ___ | ___ | ___ | ___ | ___	有趣的
有益的 ___ | ___ | ___ | ___ | ___ | ___	有害的
吸引人的 ___ | ___ | ___ | ___ | ___ | ___	没吸引力的
积极的 ___ | ___ | ___ | ___ | ___ | ___	消极的

7. 李克特量表(Likert scale)

李克特评分法作为态度测量的总评方法，已被广为接受，是问卷设计中运用十分广泛的一种量表。

李克特评分法的整个过程是从大量描述的信念和意图的项目开始，然后根据每个项目是否反映了被调查者态度的好恶，把那些含糊、中性、无偏袒的项目去掉，最后被调查者对每个项目在下面的五分制标线上做记号。李克特评分法如图 5-2 所示。

非常同意　　同意　　中立　　不同意　　非常不同意

图 5-2　李克特评分法

李克特量表制作的基本步骤如下。

(1) 收集大量(50～100)与测量的概念相关的陈述语句。

(2) 有研究人员根据测量的概念将每个测量的项目划分为"有利"或"不利"两类，一般测量的项目中有利的或不利的项目都应有一定的数量。

(3) 选择部分被调查者对全部项目进行预先测试，要求被调查者指出每个项目是有利的或不利的，并在下面的方向——强度描述语中进行选择，一般采用所谓"五点"量表：

　　a. 非常同意　　b. 同意　　c. 无所谓(不确定)　　d. 不同意　　e. 非常不同意

(4) 对每个回答给一个分数，如从非常同意到非常不同意的有利项目分别为 1、2、3、4、5 分，对于不利项目的分数就为 5、4、3、2、1 分。

(5) 根据被调查者各个项目的分数计算代数和，得到个人态度总得分，并依据总分多少将被调查者划分为高分组和低分组。

(6) 选出若干条在高分组和低分组之间有较大区分能力的项目，构成一个李克特量表。如可以计算每个项目在高分组和低分组中的平均得分，选择那些在高分组平均得分较高并且在低分组平均得分较低的项目。

【案例 5-6】李克特量表示例

这是应用李克特量表测量消费者对电视、网络广告评价的示例。被调查者态度的评分方法(见表 5-7):对赞成的项目非常同意的得 5 分,非常不同意的得 1 分。相反,对不赞成的项目非常不同意的得 5 分,非常同意的得 1 分。个人的态度通过所有项目得分的总和体现,得分越高,表示赞同程度越高。

表 5-7 李克特评分法

项目	非常同意	同意	中立	不同意	非常不同意
1. 广告是安慰人的	5	4	3	2	1
2. 广告没有娱乐性	1	2	3	4	5
3. 广告有侮辱性	1	2	3	4	5
4. 广告很傻	1	2	3	4	5
5. 广告的产品是卖不出去的东西	1	2	3	4	5
6. 广告的特征不现实	1	2	3	4	5
7. 广告没有创意	1	2	3	4	5
8. 广告清楚解释了产品的优点	5	4	3	2	1
9. 我会记住这个广告	5	4	3	2	1
10. 广告对我有用	5	4	3	2	1

为确保李克特评分法的内部一致性原则得到满足,各项目要经过严格检验。因而在第二步中,初步的态度得分与每个组成项目都有联系,而最终的李克特评分法的评价标准是由 15 到 20 个相关性最高的项目构成的(见表 5-8)。

表 5-8 10 个李克特评分法项目的应答和单项目的总体相关性

被调查者	项目										总分
	1	2	3	4	5	6	7	8	9	10	
1	5	5	1	3	1	2	5	2	5	2	31
2	3	4	2	2	2	1	5	3	4	3	29
3	4	2	4	2	5	4	2	4	5	5	37
4	1	4	2	3	2	1	4	1	4	3	25
5	3	1	5	3	4	2	4	5	5	4	36
6	3	5	2	4	2	2	5	1	4	3	31
7	3	4	3	3	2	3	3	3	4	4	32
8	3	4	2	3	1	1	4	2	4	3	27
9	4	2	5	3	5	5	2	4	5	5	40
10	3	5	1	3	3	3	2	2	4	2	28
单项目总体相关性	0.58	−0.75	0.84	−0.14	0.87	0.96	−0.77	0.82	0.79	0.81	—

8. 斯坦普尔量表(Stapel scale)

斯坦普尔量表(又译为斯塔普尔量表)是一个单极的评分量表,是语义差别量表的简化版,它只使用一个极点,没有中立点。这种量表通常被垂直地展示,正数得分越高,描述该对象所用的形容词就越好(见表 5-9)。使用此量表可对每个被访者的分数进行加总,并可与其他被访者的总分进行比较。

【案例 5-7】斯坦普尔量表示例

请评价每个单词或短语对每个啤酒特性描述的精确程度。

表 5-9 斯坦普尔量表

+3	+3
+2	+2
+1	+1
口味清爽	价格低
-1	-1
-2	-2
-3	-3

9. 沙氏通量表(Thurstone scale)

沙氏通量表(又译为瑟斯顿量表)也叫间隔均等出现量表,是一种定距量表,主要用于测量被访者对于特定概念的态度,如人们对于电视商业广告的态度、对人寿保险的态度等。沙氏通量表通过应答者在若干(一般 9~15 条)与态度相关的语句中选择是否同意的方式,获得应答者关于主题的看法。一个测量态度的沙氏通量表,其制作的基本步骤如下。

(1) 收集大量的与要测量的态度有关的语句,一般应在 100 条以上,保证其中对主题不利的、中立的和有利的语句都占有足够的比例,并将其分别写在特制的卡片上。

(2) 选定 20 人以上的评定者,按照各条语句所表明的态度有利或不利的程度,将其分别归入十一类。第一类代表最不利的态度,依此类推,第六类代表中立的态度……,第十一类代表最有利的态度。

(3) 计算每条语句被归在这十一类中的次数分布。

(4) 删除那些次数分配过于分散的语句。

(5) 计算各保留语句的中位数,并将其按中位数进行归类,如果中位数是 n,则该态度语句归到第 n 类。

(6) 从每个类别中选出一两条代表语句(各评定者对其分类的判断最为一致的),将这些语句混合排列,即得到所谓的沙氏通量表。

沙氏通量表的语句是根据各评定人员的标准差确定的,有一定的科学性,而且使用操作很简单。但沙氏通量表也有以下三个不足之处:一是其量表制作比较麻烦,量表确定费时、费力;二是评定人员的选择有一定的差异性,因此,当评定人员态度和实际被调查者态度发生较大差异时,会使这种方法失去信度;三是无法反映被调查者的态度在程度上的区别。

【案例 5-8】沙氏通量表示例

这是应用沙氏通量表(瑟斯顿量表)进行同属顾客不当行为反应模式研究的示例,如表 5-10 所示。

表 5-10 同属顾客对顾客不当行为反应模式

项目	非常同意	同意	不确定	不同意	非常不同意
1. 我要伸张正义,不能纵容素质败坏的人	5	4	3	2	1
2. 请一线员工出面解决问题,制止不良顾客的不当行为	5	4	3	2	1

(续表)

项目	非常同意	同意	不确定	不同意	非常不同意
3. 比较温和地告诉不良顾客其行为的不恰当,善意地劝其改正	5	4	3	2	1
4. 牺牲一点自己的利益来解决不良顾客造成的问题,给大家带来利益	5	4	3	2	1
5. 不良顾客这样会影响很多人,我做出一点牺牲来,能平息这件事就行了	5	4	3	2	1
6. 在心里责备不良顾客,但是没有采取行动来制止其不当行为	5	4	3	2	1
7. 大家都没有站出来,我也没有强出头	5	4	3	2	1
8. 我认为其行为对自己影响不大,由于和不良顾客的熟人关系而为其提供一定的帮助	5	4	3	2	1
9. 帮了他(不良顾客)一下,反正我也没什么损失或许还能获得好处	5	4	3	2	1
10. 他这样做居然没有人阻止或指责,我也会这样或以后也会这样做	5	4	3	2	1
11. 会像不良顾客那样做,既然他们可以这样,我也可以	5	4	3	2	1

资料来源: 费显政,周航. 同属顾客对顾客不当行为反应模式研究——瑟斯顿量表的开发[J]. 中南财经政法大学学报, 2013(06): 79-85.

表 5-10 的得出过程可扫描右侧二维码获取。

在表现形式上,沙氏通量表与李克特量表有相似点:两者都要求被调查者对一组与测量主题有关的陈述语句发表自己的看法。两者的区别在于,沙氏通量表只要求被调查者选出同意的陈述语句,而李克特量表要求被调查者对每一个与态度有关的陈述语句表明同意或不同意的程度。 另外,沙氏通量表中的一组有关态度的语句根据有利和不利的程度被赋予了确定的分值,而李克特量表则仅需要被调查者对态度语句划分有利或不利,以便后续进行数据处理。

同属顾客对顾客不当行为反应模式研究——瑟斯顿量表的开发

课程思政: 对统计调查对象资料保密的法定规定有哪些

国际统计学会《统计职业道德宣言》(2010 年)提出, 尊重他人的隐私及对他人的保密承诺; 尊重数据来源所在的群体, 并保护他们不因数据误用受到伤害; 不应妨碍或不当损害他人的工作。联合国《官方统计基本原则》(2014 年)规定, 统计机构为统计汇编收集的个体数据, 不论涉及自然人还是法人, 都应严格保密, 而且只用于统计目的。统计调查要想调查对象予以积极支持配合, 就必须体现出对调查对象的尊重, 体现出对调查对象个体信息的保护。为此, 统计法律法规做出了一系列明确规定。

1.《中华人民共和国统计法》(以下简称《统计法》)第九条规定, 统计机构和统计人员对在统计工作中知悉的国家秘密、商业秘密和个人信息, 应当予以保密。

2.《统计法》第二十五条规定, 统计调查中获得的能够识别或者推断单个统计调查对象身份的资料, 任何单位和个人不得对外提供、泄露, 不得用于统计以外的目的。

3.《统计法》第三十九条规定, 县级以上人民政府统计机构或者有关部门泄露统计调查对象的商业秘密、个人信息或者提供、泄露在统计调查中获得的能够识别或者推断单个统计调查对象身份的资料的, 对直接负责的主管人员和其他直接责任人员由任免机关或者监察机关依法给予处分。统计人员有上述行为的, 依法给予处分。

4.《统计法》第四十条规定, 统计机构、统计人员泄露国家秘密的, 依法追究法律责任。

5. 《中华人民共和国统计法实施条例》(以下简称《统计实施条例》)第二十九条规定，统计法第二十五条规定的能够识别或者推断单个统计调查对象身份的资料包括：一是直接标明单个统计调查对象身份的资料；二是虽未直接标明单个统计调查对象身份，但是通过已标明的地址、编码等相关信息可以识别或者推断单个统计调查对象身份的资料；三是可以推断单个统计调查对象身份的汇总资料。

6. 《统计法实施条例》第三十条规定，统计调查中获得的能够识别或者推断单个统计调查对象身份的资料应当依法严格管理，除作为统计执法依据外，不得直接作为对统计调查对象实施行政许可、行政处罚等具体行政行为的依据，不得用于完成统计任务以外的目的。

7. 根据《统计法实施条例》第四十九条的规定，乡、镇人民政府泄露统计调查对象的商业秘密、个人信息或者提供、泄露在统计调查中获得的能够识别或者推断单个统计调查对象身份的资料的，对直接负责的主管人员和其他直接责任人员由任免机关或者监察机关依法给予处分。

资料来源：国家统计局. 对统计调查对象资料保密的法定规定有哪些[EB/OL]. (2023-01-01). http://www.stats.gov.cn/zs/tjws/tjjd/202301/t20230101_1903820.html.

5.3 信度和效度

在这一部分将讨论两个规范的评价准则：信度和效度。信度表明评价的准确程度；效度是指评分差异在反映评价对象性质上与真实差异的程度。之所以要讨论信度和效度，是因为我们期望被调查者采用某种评价方法得出的一个态度评分，能充分反映人们的真实态度，但实际上由于个体特性、评价手段自身原因、短期人为因素、情境因素、评价执行方式变动等诸多因素，其评价结果与真实态度之间总是存在误差，因此，有必要确认所采用的评价方法的有效性和评价结果的可靠性。

5.3.1 信度

信度也被称为可靠性，表明测量结果是否具有稳定性和一致性的程度；也就是说，评价结果不会因为每次抽取样本的不同而发生变化，所有的评价结果是否持续保持稳定不变和一致。

从理论上来看，由于评分是评价误差在真实评分基础上增减后得到的，所以评价误差是引起不可信的主要原因。再进一步来看，评价误差是由系统误差(每次检测时都以同样的方式影响评分，如评价工具因素)和偶然误差(它在每次都以不同的方式影响评分，如短期人为因素)两部分构成。

评估信度一般的做法是计算评价方法中系统误差所占的比例。为做到这一点，要确定两套所含项目极为相似的评分标准得出的评分之间的关系，如果两套标准得出的评分相一致则评分标准有信度。评估信度主要用相关系数来衡量，相关系数的值介于+1和-1之间，+1代表完全正相关，-1代表完全负相关。有关相关性问题将在本书第10章做进一步的讨论。

衡量信度的方法有以下三种。

(1) 重复抽样的评分信度评估。在重复抽样调查的评分信度评估中，被调查者要在不同时间、相同条件下做两份相同的问卷，一般建议的时间间隔为两周。这时对信度的评估有一些问题要引起注意：第一，它对检测的时间间隔很敏感，间隔越久，信度越低；第二，如果两次抽样时调查的现象发生了变化，信度会很低；第三，得出的信度会因为两次问卷中相同问题的相关性而被放大。在计算相关系数时，两次问卷中不同项目的相关性是不包括在内的，但有理由认为问卷中相同项目间存在相关性。所以，相关系数可能会因为问卷中相同项目的高相关性而变得很高。

(2) 内部一致信度评估。内部一致信度的一种简单评估法是求出问卷中单个项目与全部项目间的相关性。根据内部一致性原则，态度的得分与被调查者对相同项目赞同的可能性成正比。更具体来说，个人态度越赞同，就越可能保持对赞同项目的选择，相反则越不会保持对不赞同项目的选择。因此，如果某个项目明显与态度得分相关，那么这个项目就满足内部一致性的准则。

此外，还可以采用折半信度来计算内部一致信度。这种方法是把问卷的项目用某种方法分成两部分，那么两部分得出的评分应当是相关的。它们之间的高相关性反映了内部一致性准则。但存在的问题是分成两部分的方法不同，得出的相关系数也不同，克服这一问题的常用方法是找出所有可能的分法，求出这些相关系数的平均数，并进而评估内部一致性。

(3) 选择形式信度评估。在选择形式信度的评估中，相同的主题在不同的时间被调查两次，一般的间隔为两周，两次检测使用的内容相似但标准不同，以使得第一次检测的评分对第二次检测的评分没有什么影响。相关系数就可以从这两套选择性的标准所得的评分中得出。

选择形式信度评估也隐含了对两个不同标准在内容上等价性的评估。如果采用这种方法，选择的项目标准有等价的含义、差异和内部相关性，可以假定本质上等价的形式是可以找到的。但是即使这些条件满足了，也可能很难从内容上评估选择项目的等价性。选择形式评分的低相关性可能是因为低可信度或是内容上不等价。这种方法最适合短期内研究所调查的问题会发生变化的情况。这种情况下，选择形式的评价使调查者可以发现这些变化。

5.3.2 效度

即使一种评价法是可信的，但并不一定是有效的。也就是说，一种评价法能得出相同或相近的一致性评分，但评分并不一定反映的是所要调查的想法。信度不能保证效度是因为效度最直接地与评价法的对象相联系。所以，信度是对效度的又一层限制。有效的评价应当能够真实地反映评价的(调查)问题在特性上的差异，并以评分的形式表示出来。

效度的关键是非偶然误差。非偶然误差的存在使得评价项目代表了期望评价问题之外的东西，可能是一个完全不同的其他问题。例如，如果调查者用一套评价品牌忠诚度的项目得出了实际上反映重复购买行为的单一态度的评分，那么从反映品牌忠诚度的角度来说，评价是无效的。

效度依赖于评价过程中非偶然误差的程度，正如信度是一个度的问题，效度也一样是一个度的问题。对于评价某种态度的评价法如果不可避免地反映了其他内容，则这种评价法无论如何也不会有效。例如，品牌忠诚度的评价中得高分的人不仅包括真正的忠诚顾客，同时还包括因为经济上的原因而不得不购买同一品牌的人。

1. 效度的类型和评估

效度有多种类型，以下介绍几种应加以注意的类型，并简要了解它们的评估。

(1) 内容效度。内容效度偏重评价项目是否涵盖了所要调查问题的整个范围。例如，态度的调查问题就可能包括与个人的好恶、信念和行为意图相关的三个方面。有效的态度评分就应当包括所有三方面的评价项目。内容效度是通过评价调查问题特性项目的完整性来进行估测的。

(2) 集中效度。这种效度表示用于评价某一调查问题的评价项目是否是相关的。在态度评价中，评价态度情感方面的项目应当与评价认识方面的项目相关，因为两类评价项目都反映了态度。集中效度通常是用来对评价同一调查问题不同方面的项目间的相关程度进行估测的。

(3) 区别效度。其也称判别效度或区分效度，表示不同特定概念的测量结果之间不应有太大的相关性，即本不应该属于同一因子的测量项，确实不在同一因子下面。例如，如果一项测验的理论假设"创意"和"智力"有很大区别，而相关测验中的"创意"得分和"智力"没有显著相关关系，那么就可以认为这项测验具有良好的区分效度；否则就说明区分效度不明显，量表设计得不好。

(4) 准则效度。这种效度是用来检测评价方法能否得出期望的问题与其他问题相关的评估。例如，在调查态度想法时，调查有赞成态度的人做出赞成行为的倾向。准则效度是通过确定得到的评分能预测一些评价准则的程度来估测的。因此，准则效度有时被称作预测效度。

2. 获取真实想法的程序

基于以上讨论，可以列出获取真实想法的建议程序的 5 个必要步骤。

(1) 详细说明问题的定义。包括所调查问题整个范围的明晰、准确的定义。

(2) 详细说明评价和进行评价的规定。包括说明要询问的项目及项目的评分标准。

(3) 项目分析。各项目组成问卷后，从目标市场上抽样，收集数据，进行项目分析。构成问卷的项目应有较高的单个项目与整体的相关性，也就是符合内部一致性原则，相关性较低的项目应当删去。

(4) 信度检验。项目分析之后，从项目整理后的问卷中得到新数据，然后进行信度检验。

(5) 效度检验。信度检验之后，做进一步的效度检验，在适合的情况下应检验各种效度。

5.3.3 信度分析案例及 SPSS 应用

【案例 5-9】某地区居民消费结构分析示例

某地区欲对其居民的消费结构进行分析，现调查了 23 位居民，了解他们 2022 年全年在食品、衣着、医疗保健、交通通信、教育文化娱乐、居住和其他等 7 个方面的消费支出情况。

现要求根据表 5-11 所示信息，分析该项调查的信度。

表 5-11 被调查者 2022 年全年的消费支出情况

单位：元

被调查者	食品	衣着	医疗保健	交通通信	教育文化娱乐	居住	其他
1	2566	587	493	686	971	715	233
2	3558	830	738	1223	1486	953	329
3	2238	558	318	502	536	487	165
4	3104	576	348	867	898	878	240
5	1979	480	264	465	664	573	133
6	2051	790	444	638	931	551	200
7	1662	602	443	533	629	566	157
8	2279	669	397	571	843	655	162
9	2179	621	391	680	993	586	209
10	3583	559	616	1272	1437	1196	311
11	2305	373	322	608	797	801	177
12	2463	279	413	601	630	604	190
13	2702	735	459	790	1025	741	187
14	2240	536	425	586	823	580	166
15	1968	524	291	561	714	422	179
16	2506	594	545	763	735	445	162
17	3542	1129	310	1183	596	468	369

(续表)

被调查者	食品	衣着	医疗保健	交通通信	教育文化娱乐	居住	其他
18	1662	602	443	533	629	566	157
19	2279	669	397	571	843	655	162
20	2179	621	391	680	993	586	209
21	3583	559	616	1272	1437	1196	311
22	2305	373	322	608	797	801	177
23	2463	279	413	601	630	604	190

1. SPSS 操作主要步骤（见图 5-3 和图 5-4）

图 5-3 "信度分析"步骤一

图 5-4 "信度分析"步骤二

2. SPSS 分析数据及结论

应用 SPSS 统计分析软件，得到以下分析结果（见表 5-12~表 5-18）。

表 5-12 显示调查结果的信度系数为 0.827，标准化后信度系数为 0.907，信度系数较高。

表 5-12 可靠性统计量

Cronbach's Alpha	基于标准化项的 Cronbach's Alpha	项数
.827	.907	7

23 位被调查者 2022 年全年在食品、衣着、医疗保健、交通通信、教育文化娱乐、居住和其他等 7 个方面的各项平均消费支出和标准差，如表 5-13 所示。

表 5-13 项统计量

项目	均值	标准偏差	N
食品	2495.4783	589.290 70	23
衣着	588.9130	182.653 40	23
医疗保健	426.0435	115.199 62	23
交通通信	730.1739	255.607 95	23
教育文化娱乐	871.1739	270.412 76	23
居住	679.5217	210.950 85	23
其他	207.6087	63.292 78	23

食品、衣着、医疗保健、交通通信、教育文化娱乐、居住和其他等7个方面的相关系数矩阵(见表5-14)。从相关系数矩阵中可知，食品和交通通信的相关系数最高(0.940)，衣着和居住的相关系数最低(-0.093)。

表5-14 项之间的相关性矩阵

项目	食品	衣着	医疗保健	交通通信	教育文化娱乐	居住	其他
食品	1.000	.349	.543	.940	.654	.683	.895
衣着	.349	1.000	.189	.461	.205	-.093	.527
医疗保健	.543	.189	1.000	.653	.775	.596	.496
交通通信	.940	.461	.653	1.000	.742	.686	.935
教育文化娱乐	.654	.205	.775	.742	1.000	.827	.611
居住	.683	-.093	.596	.686	.827	1.000	.545
其他	.895	.527	.496	.935	.611	.545	1.000

23个被调查者在7个调查项目上的基本统计描述指标，如表5-15所示。其中可以发现，相关系数的全距为1.033，方差为0.065，这表明各个调查项目的相关程度存在一定的差异。

表5-15 摘要项统计量

项目	均值	极小值	极大值	范围	极大值/极小值
项的均值	856.988	207.609	2495.478	2287.870	12.020
项方差	82 980.210	4005.976	347 263.534	343 257.557	86.686
项之间的相关性	.582	-.093	.940	1.033	-10.101

项目	方差	项数
项的均值	568 616.418	7
项方差	1.422E10	7
项之间的相关性	.065	7

剔除了某个调查项目后信度系数的变化情况，如表5-16所示。我们可以发现在剔除了食品或者衣着的消费数据之后，信度系数分别从0.827提高到了0.836和0.837。特别是我们可以联系衣着的消费数据相关系数，其显示的结果都较低。可见，如果将"衣着"剔除，可以提高调查的信度。

表5-16 项总计统计量

项目	项已删除的刻度均值	项已删除的刻度方差	校正的项总计相关性	多相关性的平方	项已删除的Cronbach's Alpha值
食品	3503.4348	769 308.621	.848	.910	.836
衣着	5410.0000	1 808 902.455	.308	.610	.837
医疗保健	5572.8696	1 775 866.209	.666	.686	.816
交通通信	5268.7391	1 356 834.838	.960	.963	.744
教育文化娱乐	5127.7391	1 425 730.111	.766	.847	.773
居住	5319.3913	1 574 869.885	.707	.847	.791
其他	5791.3043	1 837 805.676	.885	.910	.823

标度统计量和重复调查数据的方差分析结果如表 5-17 和表 5-18 所示。所谓重复调查数据的方差分析，是将每个被调查对象在不同项目上的调查数据看成是对同一特征反复测量的结果，并且它们之间不存在相关性。分析显示，F 检验的概率接近于 0，远小于既定的显著性水平 0.05。

表 5-17　标度统计量

均值	方差	标准偏差	项数
5998.913 0	1 993 691.265	1411.981 33	7

表 5-18　ANOVA(方差分析)检验

项目		平方和	df	均方	F	Sig
因子之间		6 265 886.832	22	284 813.038		
因子内部	项之间	78 469 065.627	6	13 078 177.605	265.055	.000
	残差	6 513 065.516	132	49 341.405		
	总计	84 982 131.143	138	615 812.545		
总计		91 248 017.975	160	570 300.112		

所以，可以认为各个调查项目的总体均值存在显著差异，即当地居民在各个不同项目的消费水平是显著不同的。

关键词和概念

量表　测量尺度　比较量表　非比较量表　李克特量表　语义差别量表　常量和量表　信度　效度

本章复习题

一、思考题

1. 试述 4 种测量尺度各自的特征及相互间的区别。
2. 列举几种比较性尺度的优缺点。
3. 什么是信度？什么是效度？信度和效度之间有什么联系？

二、实践题

1.【在校学生生活费用调查(续)】请根据已拟订的"在校大学生每月生活费用支出情况"市场调查与预测工作计划，围绕调查的某一方面，设计一份调查量表。

2. 针对某一行业的某公司进行的顾客满意度调查设计一份顾客满意度量表，并提出工作方案和步骤。

3. 对市场调查方案或调查结果的信度和效度检验往往是通过调查的数据加以实现的。而对于定性调查来说，有相当一部分的调查结果是无法量化的，所以有人说："有些定性调查不存在信度和效度检验。"你认为这句话对吗？如果你认为定性调查也可以进行信度和效度检验，那么应该如何进行？

4. 已知某校 44 名学生的心理测量结果如表 5-19 所示。要求根据该结果分析测量的信度及效度。

表 5-19　某校学生心理测量结果

被调查者	支配性	稳定性	社会性	激动性	活动性	深思性
1	14	16	12	10	5	5
2	14	12	10	14	6.5	5
3	16	14	9.5	12	6.5	6
4	16	12	11	12	6.5	6
5	17	13	9	10	6.5	6.5
6	17	14	9.5	10	6.5	6.5
7	16	16	9.5	12	6.5	8
8	15	14	8.5	20	6.5	13.5
9	17	18	11	10	9.5	12
10	16	16	10.5	8	12	17.5
11	17	16	12.5	14	6.5	16.5
12	16	14	12	20	9.5	17.5
13	16	16	12	20	9.5	17.5
14	17	16	13	14	13.5	14.5
15	18	16	14.5	16	6.5	15.5
16	18	16	15	8	9.5	18.5
17	18	18	12.5	14	13.5	15.5
18	18	18	14.5	20	6.5	16
19	17	16	14	20	12	14.5
20	19	20	15.5	8	10.5	17.5
21	18	20	15	18	12	13.5
22	17	18	17.5	14	12	14.5
23	19	18	14.5	16	13.5	16
24	17	18	15.5	18	13.5	17.5
25	17	20	15.5	20	13.5	16
26	18	17	16	16	16	16
27	18	18	16	16	17.5	14.5
28	19	18	17	20	10.5	16
29	18	16	14.5	18	20	16.5
30	19	18	14	18	20	16
31	19	18	20	20	9.5	13.5
32	19	16	17	16	17.5	16.5
33	18	18	16	16	16	20
34	18	18	16.5	14	20	17.5
35	18	18	18	14	16	18.5
36	19	16	16.5	18	20	16
37	18	18	16.5	20	20	16
38	19	16	20	16	16	16.5
39	19	18	16.5	20	17.5	18.5
40	19	20	19.5	20	13.5	17.5
41	18	18	20	20	17.5	16
42	19	16	18.5	20	20	20
43	20	18	20	16	20	17.5
44	19	16	20	20	20	17.5

第 6 章
市场调查方法

◎ 学习目的与要求
1. 掌握各种市场调查的方法及应用；
2. 了解市场调查中发生的各类问题及解决方法；
3. 掌握如何提高在线调查反馈率的方法。

引入案例　两个汽车类产品和服务调研

J. D. Power(君迪)是一家消费者洞察、市场研究和咨询、数据及分析服务提供商。在中国，主要开展汽车联合研究和企业定制研究，并提供相关的咨询和培训，以及数字化解决方案。

2023 年 8 月 31 日，J. D. Power 发布了 2023 中国新车质量研究^{SM}(IQS)。这是 J. D. Power 连续第 24 年开展该研究。该研究重点考察了拥车期为 2 至 6 个月的燃油车车主遇到的质量问题，主要分为两大类：设计缺陷和故障/无法操作。具体诊断问题包括 9 个类别(车身外观、车身内装、驾驶体验、配置/操控系统/仪表板、信息娱乐系统、空调、座椅、动力总成和驾驶辅助)的 218 个问题点。新车质量以平均每百辆车问题数(PP100)表达，分值越低，表明问题数越少，质量也越好。2023 年的研究基于 2022 年 6 月至 2023 年 3 月之间购车的 34 648 位燃油车车主的真实反馈。研究覆盖 48 个品牌的 230 款车型，数据收集工作于 2022 年 12 月至 2023 年 5 月间在中国的 81 个主要城市进行。研究显示，2023 年行业整体新车质量的每百辆车问题数为 204 个 PP100，较 2022 年减少了 9 个 PP100，新车整体质量水平有所改进。此外，行业前二十大问题的 PP100 占比从 2022 年的 41%下降到 33%，接近成熟的美国市场水平。头部问题改善的同时，消费者抱怨的问题类型呈现出更多样化的趋势。

2023 年 9 月 28 日，J. D. Power(君迪)发布了 2023 中国售后服务满意度研究^{SM}(CSI)，该研究已经进入第 23 个年头。这项研究评测的是拥车期为 13 至 48 个月的车主对过去 12 个月内在品牌授权经销店的服务经历的满意度。2023 年的研究是基于 2018 年 12 月至 2022 年 5 月期间购买新车的 45 个品牌的 37 889 名车主的反馈。数据采集工作于 2023 年 1 月至 6 月间在中国的 81 个主要城市进行。汽车售后服务满意度得分采用 1 000 分制。通过考察包括服务团队(19%)、服务设施(18%)、接待与诊断(18%)、服务价值(16%)、服务质量(16%)和预约(12%)在内的六大因子来传递全面的用户服务体验分析，以及对客户满意度的评价。研究显示，2023 年，行业整体售后服务满意度得分为 759 分，较 2022 年的 757 分上升 2 分。其中，豪华品牌的售后服务满意度得分为 785 分，较 2022 年大幅提升 17 分。国际主流品牌(754 分)和自主品牌(751 分)较 2022 年均下降 2 分。

资料来源：
① J. D. Power(君迪). J. D. Power 研究：中国新车整体质量水平回升，但问题类型更多元[EB/OL]. (2023-08-31). https:// china.jdpower.com/zh-hans/press-release/2023-IQS.
② J. D. Power(君迪). J. D. Power 研究：豪华品牌服务满意度大幅提升，燃油车主流品牌受到新能源车冲击[EB/OL]. (2023-09-28). https://china.jdpower.com/zh-hans/press-release/2023-CSI.

6.1 市场调查的分类及作用

6.1.1 市场调查的类型

市场调查方法主要包括观察法、实验法、访问法和问卷法。

其中，访问法又可以分为结构式访问、无结构式访问和集体访问。①结构式访问是用事先设计好的、有一定结构的访问问卷进行的访问。调查人员要按照事先设计好的调查表或访问提纲，以相同的提问方式和记录方式进行访问，提问的语气和态度也要尽可能地保持一致。②无结构式访问是没有统一问卷，由调查人员与被访问者自由交谈的访问。它可以根据调查的内容，进行广泛的交流，如以商品的价格为话题进行访谈，了解被调查者对价格的看法。③集体访问又可分为专家集体访问和消费者集体访问。

而问卷法是指通过设计调查问卷，让被调查者配合完成调查表的方式获得所调查对象的信息。在实地调查中，以问卷采用最广，同时问卷调查法在网络市场调查中运用得较为普遍。

另外，从期望获得的调查结果性质来看，又可分为定性调查和定量调查。定性调查是以小样本为基础，无结构式的、探索性的调查研究方法，目的是对问题的定位或启动提供比较深层的理解和认识。而定量调查是对一定数量的有代表性的样本，进行封闭式(结构性的)问卷访问，然后对调查的数据进行计算机录入、整理和分析，并撰写调查报告的方法。

定性调查与定量调查是相辅相成的。这不仅表现在调查内容侧重的方面有所不同，也表现在二者功能上的互补关系。一方面，定量调查的结果依赖于统计，希望通过对相对较多的个体测量推测由大量个体构成的总体的情况；定性调查则更多侧重于问题的选项而非变量的分布。另一方面，从调查顺序来看通常是定性调查在先，定量调查在后。如问卷是定量调查的工具，但在问卷设计的过程中，为了完善问卷的内容、措辞乃至结构，普遍做法是进行数次访谈，也就是定性调查。

表 6-1 比较了定性调查与定量调查的主要特点。具体的问卷设计方法详见本书第 7 章"问卷设计及调查技术"。

表 6-1 定性调查与定量调查的特点比较

比较项目	定性调查	定量调查
问题类型	探索性	有限的探索性、描述性
样本	少量样本、目的性强	大量有代表性的样本
数据收集	低度结构化或非结构化	高度结构化
分析方法	主观的、解释的	统计分析
优点	·能够深层次、多角度、多途径地发掘消费者的购买动机 ·允许客户根据项目的进展调整研究重点 ·项目所需的时间短 ·最适合做探测性调研	·研究结论可以推断市场的整体情况 ·通过统计分析可以找出主要的影响因素 ·可提供跟踪对比分析 ·研究结果可以作为决定依据
缺点	·不能推断总体，很难对整个市场下结论 ·研究结果受到研究人员的经验、能力影响较大 ·提供"软性"的信息而非"硬性"的信息	·耗时长、不能快速得到最终结果 ·项目费用相对高昂 ·研究过程中内容不可更改 ·操控性相对较差 ·无法发掘深层原因

6.1.2 市场调查的作用

任何企业，只有在深入了解市场情况后，方能制定出切实有效的市场营销策略和企业经营发展策略。在企业管理部门和有关人员要针对某些问题进行决策时，如进行产品策略、价格策略、分销策略、广告和促销策略的制定，通常要了解的情况和考虑的问题是多方面的。主要包括本企业产品在什么市场上销售较好，有发展潜力；在某个具体的市场上预期可销售数量是多少；如何才能提高企业产品的销售量；如何掌握产品的实际销售价格；如何制定产品价格，才能保证在销售和利润两方面都能提升；怎样组织产品推销，销售费用又将是多少，等等。这些问题都只有通过具体的市场调查，才可以得到具体的答复，而且只有通过市场调查得来的具体答案才能作为企业决策的依据。否则，就会形成盲目的和脱离实际的决策，而盲目则往往意味着失败和损失。

另外，由于现代化社会大生产的发展和技术水平的进步，商品市场的竞争变得日益激烈。市场情况在不断地发生变化，而促使市场发生变化的原因，不外乎产品、价格、分销、广告、推销等市场因素和有关政治、经济、文化、地理条件等市场环境因素。这两种因素往往又是相互联系和相互影响的，而且在不断地发生变化。因此，为适应这种变化，企业唯有通过广泛的市场调查，及时地了解各种市场因素和市场环境因素的变化，从而有针对性地采取措施，通过对市场因素(价格、产品结构、广告等)的调整，来应对市场竞争。对于企业来说，能否及时了解市场变化情况，并适时适当地采取应变措施，是企业能否在竞争中取胜的关键。

6.2 访谈调查法

访谈调查有正式的，也有非正式的；可以逐一采访询问进行个别访谈，也可以开小型座谈会进行团体访谈。

1. 访谈调查的一般步骤
(1) 设计访谈提纲。
(2) 恰当进行提问。
(3) 准确捕捉信息，及时收集有关资料。
(4) 适当地做出回应。
(5) 及时做好访谈记录，一般还要录音或录像。

2. 访谈调查收集资料的主要形式
访谈调查收集资料的主要形式是"倾听"。"倾听"可以在不同的层面上进行。
(1) 在态度层面上，访谈者应该是"积极关注的听"，而不应该是"表面的或消极的听"。
(2) 在情感层面上，访谈者要"有感情的听"和"共情的听"，避免"无感情的听"。
(3) 在认知层面上，要随时将受访者所说的话或信息迅速纳入自己事先设定的调查结构中加以理解和同化，及时进行对话交流，充分理解被调查者表示的真实含义。

访谈调查法主要有焦点小组访谈、深度访问和入户调查等方式。

6.2.1 焦点小组访谈

1. 焦点小组访谈的含义

焦点小组访谈法又称为小组座谈法，是市场研究中一个常用的重要调查方法，其所需费用大概占定性调查总费用的 85%～90%。焦点小组访谈法具体做法是选取一组具有代表性的消费者或客户，在一个装有单面镜和录音录像设备的房间里，在经过训练的主持人的组织下，以一种无结构的自然的方式与整个小组的人就某个专题进行讨论，从而获得对于一些有关问题的深入了解。这种方法的价值在于常常可以从自由进行的小组讨论中收获一些意想不到的发现。从市场研究的实践经验来看，那些跻身美国《财富》杂志世界500强的企业，如通用、AT&T 和 IBM 等企业，都将焦点小组访谈方法作为他们市场研究的有效方法，主要应用于消费者使用与态度测试、产品测试、概念测试等领域。

焦点小组访谈法的主要目标包括：
(1) 深入了解消费者对某类产品的认知、偏好及其行为模式，为后续的定量研究做准备；
(2) 协助构建定量研究中对消费者进行调查的问卷；
(3) 提供产品的全面背景信息；
(4) 为新产品开发提供初步的市场反馈信息参考；
(5) 发掘一些对现有产品的创新观点和改进建议；
(6) 探究消费者对全新概念的反应；
(7) 对之前得到的定量研究的信息进行解读；
(8) 理解消费者对品牌的情绪反应。

2. 焦点小组访谈的特点

1) 焦点小组访谈的优点

焦点小组调查访问方法往往是市场营销问题研究过程中的第一步，常常被用在市场调查研究过程的早期和探索的阶段。它的主要用途是提供定性的、描述性的信息，这些信息将有助于公司对市场和消费者有一个最初的了解。焦点小组访问的优点具体如下。

(1) 取得的资料更广泛、深入。相对于结构化的调查表调查，焦点小组调查访问方法能够获得对相关问题更复杂的一系列回答。
(2) 速度快、效率高。四到五周就能完成三至四个地理上散布的小组访问及最终报告。
(3) 科学监测。相关企业人员可以亲自观看座谈的情况，获得第一手资料，还可以将讨论过程录制下来用作后期分析。
(4) 费用较少。焦点小组访谈的成本相对定量研究来说较少，但也要根据访问的时间长度和目标人数的多少来调整。
(5) 方式灵活。在调查访问过程中，可以不断完善和更新调查的主题。

2) 焦点小组访谈的局限性

(1) 对主持人要求较高，调查结果的质量依赖于主持人的主持水平，而挑选理想的主持人又往往是比较困难的。
(2) 因回答结果相对散乱，使用者对资料的分析和说明有一定的困难。
(3) 由于会议时间的限制，有时难以展开深入细致的交流。有些讨论内容涉及隐私、保密等问题，也不宜在会上深入探讨。
(4) 焦点小组访谈法不会提供快速的和确定性的结论，因此不能被用于以"多少"等定量为目的的市场调查问题。
(5) 焦点小组访谈的结果不一定具有代表性，其结论的适用范围一般不大，因此，这种方法不能作为定量分析的替代方法。

3. 焦点小组访谈的步骤

(1) 明确座谈目的，准备调查提纲。会议的主题应该简明、集中，且应是与会者共同关心和了解的问题。调查提纲是小组座谈的问题纲要，既要给出小组要讨论的所有主题，还要合理安排主题的顺序。

(2) 征选参与者。焦点小组访谈的参与者一般都要经过甄别。焦点小组访谈法一般以 6 至 12 人为一个调查小组，成员要预先选聘，并满足某些限定的特性和条件，如年龄、性别、使用过某些产品和使用产品的频率等，并且对参与者分组，一般以某个参数是否同质为准，同质同组。总体而言，调查的主题越敏感或越复杂，参与焦点小组访问的人数就越少。参与者应该尽量"普通"些，如果没有必要，应该把有"专家"行为倾向的人排除在外，包括一些特殊职业(如律师、记者、讲师等)的消费者，因为他们很容易凭借自己的"健谈"过多占用发言时间，并且影响其他参与者，同时增加了主持人的控制难度。一般情况下，如果有专业人士参与其中，小组的人数规模通常是 7~8 人。焦点小组访问的参与者是被雇佣的，组织者须向参与者支付一定的报酬和费用。

(3) 选择主持人。拥有合格的受访者和一个优秀的主持人是焦点小组访谈法成功的关键因素。合格的主持人应该是训练有素的调研专家，对调研背景、调研目的、调研程序、分组情况都应该了如指掌。主持人应有如下职责：与参与者建立友好的关系；说明座谈会的沟通规则；告知调研的目的并根据讨论的发展灵活变通；探寻参与者的意见，激励他们围绕主题热烈讨论；总结参与者的意见，评判对各种参数的认同程度和分歧。

(4) 实施焦点小组访谈。焦点小组座谈的实施一般可分为以下三个阶段。

① 建立融洽的气氛。在座谈会开始之前，应准备糖果、茶点。座谈会一开始，主持人入座，进行自我介绍并把调研目标清楚地传达给座谈成员，把活动规则解释清楚，然后请座谈成员一一自我介绍。

② 促使小组成员一起开始热烈讨论。主持人在讨论阶段要做好以下三方面工作：要善于紧扣访谈的主题，避免访谈的讨论内容偏离课题的核心；做好小组成员之间的协调工作，鼓励小组成员畅所欲言，解决冷场或某个成员控制整个谈话等问题；做好访谈记录。

③ 小结。当所有相关问题都经过充分的讨论后，可以简要地概括一下讨论的内容，并向参与者表示谢意，发放礼金或礼品。

(5) 编写焦点小组访谈报告。首先要分析资料和数据，通过回顾和分析访谈情况，检查记录是否准确、完整，是否需要其他方法继续深入调研。其次是根据需要做必要的补充调查，对一些关键事实和重要数据进一步查证核实。最后是编写访谈报告，包括解释调研目的、调查的主要问题、访谈过程、总结发现及提出建议。

4. 焦点小组访谈的其他形式

(1) 电话焦点小组访谈法。这种技术的产生是因为某种类型的小组受访者(比如医生)常常很难征集到。采用这种方法，受访者就不必再到测试室进行访谈了。

(2) 双向焦点小组访谈法。这种方法是让目标小组观察另一个相关小组。

(3) 视频会议焦点小组访谈法。

(4) 名义编组会议。在一些特定的情况下可使用名义编组会议取代焦点小组访谈法。名义编组会议是焦点小组访谈法的变异形式，对于编制调研问卷和测定调研范围尤其有价值。名义编组会议是根据目标消费者认为的重点问题进行研究，而不是让受访者讨论调研者所认为的重点。

(5) 儿童焦点小组访谈。儿童组成的焦点小组与成人的有很大不同，原因在于儿童比成年人更爱提出疑问、更为真诚和放松。

5. 焦点小组访谈的应用

(1) 焦点小组访谈实际应用于如下几个问题的研究：了解消费者关于某一产品种类的认知、偏好行为；获得新产品概念的印象；产生关于旧产品的新观点；为广告提出有创意的概念与文案素材；获得有关价格的印象；获得关于特定营销项目的消费者的初步反应。

(2) 焦点小组访谈在方法上的应用：更准确地定义问题；提出备选的行动方案；提出问题的研究框架；得到有助于构思消费者调查问卷的信息；提出可以定量检验的假设；解释以前得到的定量结果。

【案例6-1】基于焦点小组访谈的老年知识分子需要层次分析

1) 小组参与者的选取及构成

采用职业标准对老年人进行分层，即依据退休时工作单位性质，分为老年干部阶层(党政机关干部)、老年知识分子阶层(事业单位职工)、老年工人阶层(企业职工)、老年军人阶层(部队指战员)、老年农民阶层(农牧渔民等)与老年个体阶层(个体户、自由职业者及其他)。该研究重点研究老年知识分子阶层，兼顾年龄与身体健康标准，从知识分子聚集的事业单位选择不同年龄段的健康老人进行质性研究。

锁定高文化、高收入、高(自理)能力的"三高"老人，对H事业单位离退休干部处推荐的10名60~90岁老人进行焦点小组访谈。10名退休干部组成两个焦点小组，每个小组由5人构成，在内容相同的一份讨论大纲指引下，分两次就问题进行讨论，每次3小时左右。由于小组在成员构成和个人特质上的差异性，在相同的访谈大纲下进行的焦点小组访谈时间长短并不相同。两个小组均有男性4人、女性1人，10名老人出生年份在20世纪20年代至20世纪50年代之间。

2) 焦点小组访谈的实施

两个小组访谈先后实施，研究者担任两个小组的讨论主持人，同时，聘请了一名速录员协助进行笔录和录音工作。两个小组的访谈均在H单位离退休干部管理中心完成。焦点小组在主持人的启发和引导下，围绕研究的主要问题展开讨论。这些主题包括：小组成员的需要、小组成员的支出结构、小组成员未被满足的需求及原因。

具体程序和步骤为：①选择研究助理和速录员，帮助联系访谈对象、录音和速录；②检查和试用录音笔、速录机，包括电量、录音和打字功能等；③准备记录所需的笔记本电脑与纸笔；④焦点小组开始前，主持人说明，为了研究需要，讨论过程中将进行录音，录音材料仅用于研究目的，小组成员若不接受可自由离开；⑤访谈结束后，根据录音资料，整理速录材料，最终得到5.5万字的访谈记录。

资料来源：孔伟艳，曾红颖. 关注老年知识分子需求 撬动银发消费市场——基于焦点小组访谈的老年知识分子需要层次分析[J]. 宏观经济管理. 2022(07).

6.2.2 深度访问

深度访问方法经常用于"一对一"的调查，用来揭示消费者潜在的对敏感问题的动机、偏见、态度等。深度访问就像心理咨询分析，一般通过一个专业的调查人员来组织实施，由他(她)来组织调查问题的引导、提问和记录。

深度访问经常被用于品牌名称研究，用来了解消费者对品牌名称的感觉和反应，以及对广告创意的评价等。例如，向被调查者询问其在听了一则广告后联想到什么或者他们的感受。

深度访问必须严格遵循一定的规则，具体如下。

(1) 避免表现出优越或使用带着优越感表示关心的用语，尽量使用访问者熟悉的专业术语。

(2) 不直接地提问。

(3) 保持独立、公正和客观，在提出"为什么"的问题之前，首先让被调查者描述他对某个调查问题的观点和感觉。

(4) 不接受简单的"是"或"不是"的回答。

(5) 探查所有细节和潜在的感觉。

(6) 鼓励被调查者围绕主题自由地表达。

深度访问试图揭示目标市场的特征群体对市场问题的理性、公开和明晰的解释，从而了解被调查者对市场问题的态度和动机。深度访问采用精神分析和精神治疗的方法，同时在访问中需使用录音器材及其他相关设备，并且访问会持续较长一段时间，最后记录也必须由一个掌握研究技术和对市场问题有经验的心理学专家来分析，因此费用是比较昂贵的。

在某种特殊的情况下，调查者可以利用一定的访问技巧得到被调查者对相关问题的感觉和潜意识里的想法，这种技巧一般来源于临床的心理学。在调查中，被调查者也被允许通过在了解其他人的行为后，说出他们自身的感觉和观点。

6.2.3 入户调查

入户调查法是指调查者从被调查者中选择一些样本家庭，面对面地进行访问调查的方法。入户调查法是所有数据收集方法中最灵活、涵盖最广泛的一种方法，可以包含家庭成员在内的"焦点小组访问"，针对某一家庭成员的"深度访谈"，或者最简单直接的问卷调查。其中，入户调查中调查表长度和内容安排具有较大的自由度。一份设计完善且复杂的调查表，包括它的省略模式、问卷的规模、重点强调的部分、调查的详尽程度、反向查询和不同的终止点等，都可以被经验丰富的访问者轻松高效地使用。使用入户调查法，访问者的职责主要包括：①挑选适当的样本；②向被调查者提出一系列问题；③记录被调查者的回答。

1. 入户调查的优点

(1) 访问者在入户调查时可以直接观察被调查者，以确保所提问题得到充分的理解，并且访问者能够及时注意到哪些调查问题是被调查者最为感兴趣的或是最为反感的，入户调查能产生比电话访问更深入的回答和更完整的数据。

(2) 入户调查法能够收集到的数据的信息量超过了其他各种数据收集方法。同时，该方法以家庭作为抽样的基础，通过运用可能的样本设计，可以抽取到能够充分代表总体的样本家庭。特别需要指出的是，采用家庭私人访问法，研究者可以有效地确定访问对象，即访问哪些样本家庭中的哪些成员。

(3) 入户调查最具吸引力的特点在于访问者能够向被调查者呈现产品的视觉效果。因为在访问调查中，访问者和被调查者是相互作用的，被调查者除了回答访问者提出的问题之外，还会提供其他有价值的信息。例如，在包装测试研究中，访问者可以记下被调查者是否会像设想的程序那样打开包装，以及被调查者认为包装设计是否存在缺点。如果样本能有效地分布在几个市场内，并且每个市场范围的访问能够同时进行，可能会相对快速地完成一项大的调查。总的来说，入户调查相较于邮件调查更为迅速，但其速度可能不及电话调查。与邮件调查和电话调查相比，入户调查的成本相对要高一些。

入户调查中的回答率一般都会达到或超过80%。在这里，回答率等于已联系家庭中访问数量除以完成的访问数量、被拒绝的数量及终止的数量三者之和。通过增加回访可以获得更高的回答率。有关"回答率"的详细论述可参见本书第4章"市场调查的抽样理论与实践"。

2. 入户调查的局限性

(1) 在入户调查过程中，因为访问者与被调查者之间的相互作用，被调查者可能不愿意精确地回答一些尴尬的问题，并且对于敏感性问题可能给出基于社会上普遍接受的观念而非自愿的答案。另外，在调查过程中，访问者可能会调整问题，改变问题的顺序和提法，并且通过他们的语气、措辞给出故意或非故意的提示，这些变化可能导致每个被调查者对调查文件产生不同理解。

(2) 一些迹象表明，访问者的年龄、性别、种族、社会等级、权威性或观念会影响被调查者对问题的回答；访问者也可能有目的地歪曲访问。但所有这些潜在的影响均可以通过适当的控制和设计使调查出现的差错最小化。

对于入户调查最好的建议是：雇用经过训练的有经验的访问者。虽然由访问者引起的偏差在某种程度上不可能避免，但是可以运用主观上的控制和统计学上的知识加以调整，从而降低误差对调查结果的影响。为了防止访问者的欺骗行为，一般性的做法是通过对调查样本中的几个或少部分家庭再次提出之前的几个调查问题来证实访问者的工作，这一做法也能用来帮助确定访问是否实际发生和准确实施了。

随着回访的增加，入户调查的成本猛涨，因为访问者为了完成一份访问可能不得不重复拜访一个遥远的城市住户。同时，社会治安问题使得很多人拒绝让陌生人进入家门，甚至连为陌生人开门都变得很谨慎。从前，由于电话拥有率低和不存在购物中心区域，访问者经常使用家庭个人访问这种方式；如今，则多采用街头拦截访问这种方式。

6.3 固定样本调查

固定样本调查，又称连续样本调查，是社会和经济问题研究中常用的一种数学方法，它可以直接利用截面数据和时间序列数据进行定量分析，因此在市场调查领域有较好的应用前景。我国最早的固定样本调查出现在我国台湾地区，是1968年由国华广告公司开始做的，大陆最早做固定样本调查的则是央视。国内许多知名调查企业都拥有自己的固定样本组，足以说明固定样本调查方法的重要性。

6.3.1 固定样本调查的含义和特点

所谓固定样本调查，即是对固定的调查对象在一定期间内施以反复数次的调查。其主要目的在于明确消费者的习惯在长时间内的变化及其变化的原因、商品销售情形的长期变化及其变化原因等问题。至于其调查的实务程序则与一般访问调查或观察调查法相同，只不过是将实务程序的部分重复若干次而已。

固定样本调查一般常用的方式是利用调查日志记录，即将日志分送给随机选出的受访者，如家庭主妇，请她将每日购买的日用品逐日据实记录，项目可包括种类、品牌、包装单位、价格、数量、购买场所、购买者、赠品名称，以及所收看的电视节目或所收听的广播节目的名称，或者所订阅的报纸、杂志等名称。

消费者固定样本调查有如下特点。

1. 固定样本调查的优点

固定样本调查的优点具体如下。

(1) 可以了解变化事项的动态变化。对于长期趋势调查而言，其利用价值很大，此点是其他仅以记忆或统计预测方法寻求长期资料的调查法所无法比拟的。

(2) 调查表回收率较高。因为固定样本连续调查的调查次数不止一次，通常都会安排调查预算，用于逢年过节向被调查人赠送礼品使得调查人与被调查人之间逐渐建立起深厚的友谊，因此回收率较高。

(3) 利用固定样本调查可以连续观察一群消费者的活动形态，从而了解消费者行为态度的规则性或变动趋向。这是其他调查方法难以办到的。

(4) 只对同一样本进行连续的、多次的调查，不需要每次都重新找样本，可以减少许多抽样上的麻烦。

(5) 利用固定样本调查无须每次重复收集样本的基本分类资料，如性别、年龄、职业、教育程度等，可使研究人员专注于特定需求下的关键信息。

2. 固定样本调查的局限性

固定样本调查的局限性具体如下。

(1) 调查时间长、费用高，因此时效性较差。

(2) 被调查户由于成年累月接受调查，容易产生倦怠，从而发生敷衍了事的情形。

(3) 由于调查时间长，中途常会发生被调查者搬家或拒绝接受调查等不合作情况，导致无法继续进行调查，不得不另外补充新的样本，遂失掉固定样本的原意。

(4) 发生记录误差。主要原因包括被调查者不知道其家人的购买；忘了调查活动而漏记了应记录的事项；因记忆模糊而记错；伪造或曲解问题；发生反应误差。

人们还可能因为参与了固定样本调查而改变了原有的习惯和行为模式。例如，某家庭平常偏好收看综艺类电视节目，但在加入一项收视率调查的固定样本后，由于意识到其收视行为将被记录器自动记录下来，便转而选择观看新闻类节目。

6.3.2 固定样本调查的应用

消费者固定样本调查可利用的范围相当广泛，并且可提供相关市场的信息。

1. 新产品的渗透情形

固定样本连续资料调查是长期且不间断的，因此可得到一种趋势分析，该分析用于追踪新产品到达消费者手中的时间，从而揭示产品渗透市场的过程。

2. 广告投资与购买的关系

对于企业所投广告费用的市场效果，这是营销管理者迫切想要了解的重要资料，事实上这种资料不易获得。但是借助固定样本连续数据调查，将所获得的连续资料加以分析，则可获得客观的结果。

3. 品牌忠诚度

品牌忠诚度包括购买者的诚意和意志，此种数据唯有从不断的固定连续样本中才可获得。品牌忠诚度的高低深受被调查者家庭特性(包括出身、兴趣、娱乐及年龄等因素)的影响，需将忠诚度与家庭的特性相结合，进行研究分析。

4. 购买路线及购买方法的推定

消费者的购买路线、购买方法等购买习惯虽然相对固定，但有时也会有变化，尤其是随着网络购物市场的发展，消费者的购买渠道在不断发生变化，成为企业不可忽视的市场问题之一。从固定样本连续调查中，可以获得购买路线及购买方法的资料。

5. 购买期间与累计购买频率

大部分的调查资料仅代表家庭个别的购买率和使用率。只有通过固定样本连续调查，才能获得每隔几天购买一次、单位量可使用几天，以及累计购买的情况等信息。

6. 每户购买率分析

可根据统计数字绘制统计图表分析每户对各商品购买率的高低，以比较各商品的销售情况。

7. 每户购买金额分析

由每户购买金额的合计数字可以了解该户花在该项商品上的费用，更可根据统计总数计算同一种商品不同品牌的个别市场占有率。

8. 知名度分析

知名度高的商品，表示其广告效果高或商品品质好，反之则差。

9. 购买原因分析

分析消费者购买某一品牌的商品是受到哪一因素的影响，从而决定其广告政策，或提供企业从事促销活动的参考。

【案例6-2】2018年度全国股票市场投资者状况调查

中国证券投资者保护基金有限责任公司2019年3月29日发布了《全国股票市场投资者状况调查报告(2018年度)》，通过对有关数据进行多维分析和交叉验证，描述了全国股票市场投资者的总体特征。

这份报告基于2018年9月到10月开展的首次"全国股票市场投资者状况调查"，通过问卷调查固定样本库的万名固定样本投资者及16.2万名互联网随机样本投资者来完成。

截至2018年8月底，全国股票投资者数量达1.42亿，其中自然人投资者占比99.77%。该报告显示，受调查投资者把股票变现的盈利区间集中在10%~50%。面对亏损，投资者更愿意选择短期通过"高抛低吸"来弥补亏损，以及卖掉一部分，并考虑换股来处理。而最容易产生焦虑情绪的亏损比例集中在10%~30%(含)和30%~50%(含)两个区间。

工资收入是股民们炒股最重要的来源之一。近八成的投资者主要收入来源是工资、劳务报酬，年度税收收入在10万元到50万元、10万元以下的占比分别为49.2%、43.5%。

有意思的是，很多人固有观念中，认为学历会影响炒股的风格，在这次调查中却显示，这种区别基本没有。然而，年龄是决定股票操作的重要因素。随着年龄的增长，投资者的操作风格更倾向于长线投资，而且，老年人更喜欢打新。

受调查投资者整体证券知识掌握程度一般，近七成属于新手上路或具备基础的投资知识，年龄越小的投资者知识程度越低。

资料来源：陈薇.1.4亿股民的"日常"：理财主要靠炒股，炒股主要靠工资[EB/OL]. (2019-03-29). https://baijiahao.baidu.com/s?id=1629339924904625544&wfr=spider&for=pc.

6.4 问卷调查

问卷调查也称问卷法，它是调查者运用统一设计的问卷向被选取的调查对象了解情况或征询意见(如什么因素影响顾客满意度)的调查方法。

问卷调查是以书面提出问题、收集信息的一种研究方法。调查者将所要研究的问题编制成问题表格，以各种不同的方式让被调查者"填答"，从而了解被调查者对某一现象或问题的看法和意见，所以又称问题表格法。问卷调查的运用关键在于编制问卷、选择被试和结果分析。有关问卷设计详见本书第7章"问卷设计及调查技术"的相关内容。

问卷调查根据载体的不同，可分为纸质问卷调查和网络问卷调查。纸质问卷调查是最传统的问卷调查方式，调查公司必须通过问卷的发放和回收，才能获取信息。网络问卷调查通常是依靠被调查者登录在线调查网站，完成问卷填答，调查公司以此获取信息。

根据问卷填答者的不同，问卷调查还可分为自填式问卷调查(如信函调查、网络调查)和代填式问卷调查(如街头拦截访问、电话调查)。

6.4.1 街头拦截访问

街头拦截访问调查法是在购物中心的路上或在机场、中央广场对路人拦截访问的一种调查方法。这种访问方法的基本原理是：让被调查者到访问者这里来比让访问者到被调查者那里去更有效率。这种方法已使用了50多年，最早可以追溯到第一条被围起来的位于美国的购物林荫路。

街头拦截访问调查相较于入户调查，具有更多的灵活性和多样性。拦截访问调查的主题可以是观念、产品、包装或广告(通过视觉和展示)。与入户调查相比，由于被调查者通常很匆忙，街头拦截访问的时间相对有限，一般应把访问时间控制在5~10分钟以内。

由于访问者要确定拦截哪些被调查者，这里就产生了两个问题。其一，经常前往购物中心的人有更大的机会被包含在调查的样本中；其二，一个潜在的被调查者可以故意避免或主动与访问者发生联系。但街头拦截访问的一个显著优势在于其易于接近被调查者，这使得在入户调查中常遇到的很多限制得以消除。如果调查有年龄、性别的限定，街头拦截访问也更容易确定迎面走过来人群中的哪个人是可以成为被调查者的。

来自街头拦截访问调查数据的整体质量与电话访问相当。另外，因为具有对访问过程严密监督的机会，使得访问者的偏见得到缩减。与电话访问相比，街头拦截访问调查更容易获得更为精确且较少被歪曲的回答。但其缺点是在食品测试和广告测试的调查中，周边嘈杂的环境会潜在地影响被调查者做出偏离真实、准确的回答。另一个影响街头拦截访问总体质量的因素被称为"林荫路火灾"，即同一个人可能被重复访问。还因为有时候只有三分之一被拦截的人同意参与调查，选择样本的偏差可能性相当高。

街头拦截访问的回答率通常可以与入户访问调查的回答率相当。拒绝接受调查的百分数一般在10%~30%之间变动，这相对于电话调查稍低一些。街头拦截访问即使是中等规模(如5000个被调查者)也可以在几天内完成。除电话调查外，街头拦截访问是最快捷的调查方法。从调查成本来看，街头拦截访问的费用总体而言要比入户调查低。

6.4.2 信函调查

信函调查需要对样本中的每个被调查者发出一份结构性较强的调查表，调查表直接以信函(普通纸质信件、网络邮件)的方式传至被调查者，要求被调查者将完成的答卷以邮递或网络邮件的方式送回调查企业。信函调查表也可以附属在产品上，随着产品质量保证卡一起发出去或作为杂志的插页发出。

从信函调查的样本选择来看，可以分为直接信函调查和固定样本邮寄调查。

1. 直接信函调查

直接信函调查是指将调查表送给一组陌生的、事先没有同意参与这项调查的人的调查方法。因为信函调查是由被调查者实施完成的，因此调查表必须简单、易懂，问题必须以固定的顺序出现。同时由于没有调查者当面向被调查者澄清他们不能理解的问题，所以，每个问题都必须经过仔细设置与复核。尽管产品的图画和照片可以被应用在信函调查的问卷中，但是无法提供产品原型给被调查者参照，所以信函调查的方式缺乏直观的效果。

确定谁将成为直接信函调查样本中的一员是困难的。信函调查要求列出符合样本条件的个人或家庭的明确清单，这张清单称为样本结构。其中，采用纸质信件邮寄必须有被调查者的姓名和详细地址；通过网络邮件发送则必须有被调查者的网络邮箱。然而在很多实例中，信函调查的清单要么没有，要么不完整或是过时的。

直接信函调查的特点具体如下。

(1) 直接信函调查的优点。采用直接信函调查的方法可以消除人员调查访问中调查人员的主观导向，剥离了问卷中有变动的问题、克服了外貌或语言对被调查者的影响；避免了调查者不合理的提问方法或欺骗所造成的影响，也就是消除了一个调查者对调查活动全部或部分歪曲所导致的调查失真。并且，直接信函调查也不包含调查者与被调查者之间任何社会性的相互影响。事实表明，对于敏感性的或令人尴尬的问题(如有关饮酒习惯、银行借贷的问题)，直接信函调查比面对面访问或电话访问调查能够获得质量更高的数据。又因为直接信函调查是自我实施的，被调查者能以自己的节奏来回答。

直接信函调查相对便宜的成本是这种方法最具吸引力的特点之一。对于信函调查来说，采集数据的成本(不包括调查结果分析和报告的费用)可以低至每一次完成访问的费用只有几元(包括邮费和印刷费)。但如果返回率低，则需要将追踪邮递的费用计入成本，导致其实际成本可能会超过其他调查方法。

(2) 直接信函调查的局限性。由于没有了调查者，被调查者对调查问题的疑惑不能得到澄清和解释，所采集数据的质量可能因迷惑性的问题而导致不准确。就直接信函调查来说，被调查者在回答调查表之前可以自由地通读整个调查表，并且，因为核心问题的回答结果一般是在靠近问卷末尾处出现的，被调查者可能会改变前面问题的答案。另外，由于缺乏对样本中反馈对象的控制，那些交回完成问卷的被调查者往往并不一定是总样本中最具代表性的。例如，对一个新产品的直接信函调查中，交回问卷的被调查者可能是对这种新产品具有极端好恶的人。

在实施过程中，低返回率是困扰直接信函调查最严重的问题。返回率是指完成调查表的被调查者人数与符合条件的被调查者人数之间的比值。这里符合条件的被调查者人数等于送出的调查表数量减去因为地址不准确、被调查者死亡等原因而退回的数量。由于直接信函调查返回率的高低与被调查者对调查主题的兴趣有关，被调查对象可能选择不回答也是直接信函调查的一个严重缺陷。对随机选择的被调查者名单发出的直接信函调查，如果没有任何事前或事后的邮件衔接，那么一般情况下调查表的返回率不超过10%。如果具有事前或事后邮件，可能产生80%的返回率，甚至可能更多。

通常完成的调查表返回过程可能要花上几周的时间。如果要求追踪邮件，那么完成一个直接信函调查需要花费更多的时间，每一个追踪邮件可能需要两周或更长时间来确定能被接受的返回率是否被实现。这样，一个较大规模的直接信函调查可能要花费几个月来完成。

直接信函调查的方式经常用于行政措施、工业产品或医学技术等资料的收集，出版商与读者关系的研究通常也采用直接信函调查方法来进行。这些被调查者一般对调查主题抱有较大兴趣，并且调查的样本很小，在地理位置分布上是分散的。直接信函调查方法通常很少应用于关于消费品、服务态度和商品使用功能方面的市场调查，原因在于其低返回率可能导致调查结果缺乏足够的可信度。

2. 固定样本邮寄调查

固定样本邮寄调查是对在某区域范围或全国范围内的、数量较大的、具有代表性的家庭样本实施的调查。这些样本家庭一般已同意定期参与邮递问卷、产品测试或电话调查。因此，固定样本邮寄调查是给政府和企业提供集中被调查者的一个重要来源。这些被调查者已准备好参与调查研究，并且在被要求的任何时候回答问题。为提高调查的质量，调查机构可以采取不同形式的激励方式，对那些同意参与固定样本邮寄调查的家庭经常给予一定的补偿。

6.4.3 电话调查

1. 电话调查的含义

电话调查是从符合某些特征的人口集合中抽取被调查者样本，通过打电话的方式请他们回答一系列问题的调查方法。

2. 电话调查的特点

(1) 电话调查的优势。第一，与邮件调查相比较，电话调查的问题更趋向于不包括有关收入和个人财务的信息。第二，因被调查者和访问者之间的相互作用，对敏感性和令人尴尬的问题被调查者往往会给出社会能接受的回答。就此而言，电话调查的失败率介于邮件调查和个人访问之间。第三，一方面，访问者减少了被调查者的困惑，允许被调查者澄清他们的回答。另一方面，即使调查者在访问过程中并不与被调查者面对面，他们也可以传递导致被调查者偏差的提示。访问者能够呈现出热心的或冷漠的声音"形象"，或者通过说话的语气等来传达自己的态度。第四，电话访问允许监管此调查的人员对每一个调查者的一部分工作进行监听，从而保证调查表得到很好的管理并且没有欺骗行为发生。

在电话调查中，回答率是一个重要的指标。回答率是指成功完成的访问数量占被联系者总尝试次数的比例，即成功完成访问数量除以(完成访问的数量+被拒绝的数量+访问终止的数量)。电话调查中一般回答率在 60%~80%范围内变动，这样高的回答率是通过与潜在的被调查者建立联系来获得的，就电话调查来说，几乎不用什么成本，答案回收就可完成。

(2) 电话调查的局限性。电话调查可以采用省略模式、彻底调查、回头打听等方法，以及信函调查不可能具有的不同的终止点等方式进行调查。然而，电话调查并不能达到个人访问所具有的复杂度和多样性。在对被调查者进行面对面的访问调查的过程中，通过观察可以确认所需调查的问题已被对方所理解，而通过电话，复杂的、较大规模的或没有一定结构的问题是难以进行调查的。另外，在电话调查中无法向被调查者展示任何东西。因此，一些测试的调查，如广告测试或包装测试等一系列依靠视觉提示来进行的调查则不能通过电话来进行。在一定距离范围内，电话调查的这一缺点可通过在进行电话访问前邮递给被调查者一个视觉上的提示信息加以克服。然而，不能运用视觉上的提示仍是电话调查的一个固有的问题。

电话调查的时间一般仅能持续几分钟。一是被调查者可以根据他们自己的意愿结束电话交谈；二是被调查者可能不信任电话交往，而拒绝电话调查。当然，如果被调查者对调查的主题极其感兴趣，他们可能会延长电话交谈的时间。从调查样本的区域来看，电话调查就像直接信函调查一样，可以到达地理位置上分散的被调查者及人员访问难以到达的地区。但是电话调查是无法对一些没有电话的家庭实施调查的。

3. 电话调查的样本设计

在电话调查中，通常以姓名、地址录为基础进行抽样设计。抽样时，电话号码是按一些规定的方式从姓名、地址录中选取的，如果样本仅限于电话号簿上有印刷的电话号码的家庭或个人(手机)，那么新移入此电话号簿覆盖地区的家庭和个人可能不被包括在样本中。而且，如果被抽样的区域并不与电话号簿覆盖的区域一致，那么必须检查每个被选择的电话号码的地址是否符合调查群体的条件，这是一个麻烦而又容易出错的过程。

4. 电话调查系统运作方式

计算机辅助电话访问系统(CATI)是目前最为常见的电话调查的运作方式，其大大提升了电话调查的工作效率。计算机辅助电话访问系统包含着一个计算机化的市场调查方案和调查表。调查表被输入一个大型的计算机系统或者是个人电脑，而调查者则在计算机终端前进行访问。调查者从屏幕上读出问题后，通过运用终端键盘或光感屏幕将被调查者的答案直接记录进计算机数据库中。另外，CATI 能提供节省劳动力的功能，如自动控制等。CATI 允许每个被调查者运用"个人化"的调查表，这就是说，每位被调查者基于对以前问题的回答而接收到一系列问题。另外，问题的表达、版式和顺序易于变化，并且回答选项的顺序可以轮换，而额外成本几乎不发生。数据被收集的同时，数据分析和报告形成也可以展开。因为数据直接被输入内存，中间报告每天可以产生，而且初步的数据分析(如框架报告)可以以一个更及时的方式产生。

5. 电话调查的适用性

当调查对象是分散在各个地区时，电话调查可能是接触到他们的唯一可行的方法。电话调查已经代替了很多对消费态度和产品使用研究的挨家挨户的个人上门访问，特别是应用在定期了解消费者心理、态度和使用行为的市场跟踪方面的研究。同时，电话调查也用于产品被试用后的意见调查。当被访者通过邮件调查或个人访问都被联系过后，电话调查更多地被认为是回收调查问卷的一个有效方法。

各种不同的问卷调查方法有各自不同的特点，适用于不同的市场调查目的。几种问卷调查方式对比，如表 6-2 所示。

表 6-2　几种问卷调查方式对比

问卷种类	街头拦截访问	信函调查	电话调查	报刊调查	送发问卷
调查范围	较窄	较广	可广可窄	很广	窄
调查对象	可控制和选择，代表性较强	有一定控制和选择，但回复的代表性难以估计	可控制和选择，代表性较强	难控制和选择，代表性差	可控制和选择，但过于集中
影响回答的因素	便于了解、控制和判断	难以了解、控制和判断	不太好了解、控制和判断	无法了解、控制和判断	有一定了解、控制和判断
回复率	高	较低	较高	很低	高
回答质量	不稳定	较高	很不稳定	较高	较低
投入人力	多	较少	较多	较少	较少
调查费用	高	较高	较高	较低	较低
调查时间	较短	较长	较短	较长	短

6.5　网络调查

网络调查起源于 20 世纪 90 年代，并在 21 世纪初逐渐兴起并受到广泛关注。1994 年，美国佐治亚理工学院 GVU Centre 进行的关于互联网使用情况的调查被认为是最早的网络调查。1998 年搜狐网与零点调查公司携手进行的网络调查被业界视为中国调查业步入网络时代的标志。近 20 多年来，随着互联网的迅猛发展，我国网络调查也得以在市场营销、图书馆学、旅游、体育、新闻传播等领域广泛应用。

6.5.1 网络调查的含义和特点

网络调查是一种以网络为载体，收集、整理和分析特定对象统计资料的新型调查方式。具体而言，它是一种以各种基于互联网的技术手段为研究工具，利用网页问卷、电子邮件问卷、网上聊天室、电子公告板等网络多媒体通信手段，收集调查数据和访谈资料的新型调查方法。

1. 网络调查的优势

(1) 调查范围扩大。被调查者可以不受地域和时差限制参与调查，利于开展国际性调查项目。

(2) 调查时效性强。网络调查可以 24 小时不间断地进行，并且借助计算机的高速数据处理能力和迅捷的信息反应速度，其效率是传统调查方法无法匹敌的。

(3) 调查成本低廉。与传统调查方式相比，网络调查的发放、回收、数据录入等大部分过程由计算机辅助完成，而且网络调查实现"无纸化"操作，节省了大量的人员、材料等费用。

(4) 匿名性强。降低社会期待效应，有效减少调查中的故意回答误差。网络调查条件下，被调查者无须面对访员，在一种相对轻松和从容的气氛下接受调查，较好地保全了被调查者的隐私，有效避免了被调查者因被问及敏感性等问题不愿意做出真实回答而产生的误差，从而保证了调查结果的客观性。

(5) 可操控性强。在网络调查方式中，利用 IP、Cookie 等技术手段，以及编写特定的程序，在受访者答题过程中同步进行题目空答识别验证(即当被访者未完成全部题目而选择提交时，系统会自动跳出提示窗口，提示被访者缺答的题目)，以保证问卷回答的完整性和有效性。

(6) 人为误差小。由于网络调查采用计算机代替手工处理，所以大大减少了人为造成的登记、汇总、计算等过程中的计量误差。

(7) 问卷形式丰富，具有较强的互动性。一是通过应用计算机多媒体技术，可以在问卷中加入图片、声音、视频、动画等，使调查内容更加广泛，调查主题更加鲜明，辅助解释调查问题；并且使问卷界面更加友好、人性化，从而吸引更多网民参与调查。二是通过将计算机程序技术与问卷设计相结合，实现交互式问卷设计。例如，实现"自动跳答"，可以根据被调查者前面回答问卷的情况或已有的问卷统计分析结果动态调整后续问卷的调查内容；自动辨别被调查者的输入错误并给出相应的提示内容等。三是可利用计算机获取更多关于问卷的额外辅助信息。例如，用户回答某一问题的时间、修改次数、完成问卷的总时间及问卷回答者的 IP 地址等，从而实现智能化问卷技术。

2. 网络调查的局限性

(1) 网络普及程度不足，限制了调查取样的范围。随着我国经济的发展，互联网的用户量也在以惊人的速度增长，但是用户分布不均，经济发达地区相较于欠发达地区拥有更庞大的用户群体。在进行全球范围的调查时，各国网络普及程度也存在差异，这在一定程度上影响取样范围。

(2) 调查样本缺少代表性。在假设没有出现其他误差的前提下，样本数量越大，测量精确度越高。但是在网络调查中，调查实施者却经常忽视上述调查准确度与样本量之间关系的假设前提，片面地强调样本量的规模。另外，由于网络对于用户的资料具有一定的保护，所以很难知道调查者的职业、年龄等个人资料，即使知道，也不一定是真实资料。这样容易造成网络调查的抽样框难以界定，抽样难以实现调查目的，从而产生代表性误差问题。

(3) 网络调查的安全性得不到保障。由于现阶段网络技术安全还没到完美的地步，仍存在技术漏洞，一旦遭遇电脑病毒或黑客侵入，调查系统和数据安全将面临严重威胁，调查资料容易被盗取或被篡改。

(4) 网络调查的无应答误差问题。网络调查面临的另一个误差问题就是无应答问题。有研究表明，网络调查的问卷反馈率非常低，而且受到调查主题和反馈技术等因素的制约。

综上所述，相较于传统市场调查，网络调查具有时间短、费用低、调查覆盖面广、形式多样化等特点，但如果实施的是互联网随机调查，则可能面临问卷回收时间无法控制的问题。在明确调查对象的前提下，传统市场调查中的多种调查方式，如小组调查访问、上门访问、深度访问、投射调查和固定样本调查都可以通过互联网调查来实施。

6.5.2 网络调查的类型

按照研究方式，可将网络调查划分为网络定量调查研究和网络定性调查研究两类。

1. 网络定量调查研究

1) 电子邮件调查方式

电子邮件调查是以电子邮件为传输媒介，内嵌电子版的问卷，将问卷直接发送到被访者的电子邮箱中，引起被访者的注意和兴趣，从而主动填答并将问卷通过电子邮件方式传回。电子邮件调查方式覆盖面大，是几种网络调查方法中相对较快、较简单的。但是，这种调查方式需要收集目标群体的电子邮件地址作为抽样框。由于电子邮件调查只限于平面文本格式，格式较为固定，无法实现跳答、随机化、错答校验等较为复杂的问卷设计；而且调查的质量在很大的程度上取决于抽样框的完备性和回收率的高低。

2) 网站(页)问卷调查方式

网站(页)问卷调查方式，即应用网站制作技术做问卷调查，被访者一般只需轻松移动、点击鼠标，即可实现问题的填答和提交，并且这样的问卷结合网页设计技巧，将配色、图片、表格应用其中，使其更具吸引力，从而提高问卷的填答率。该方式可与其他方式结合应用，例如，使用电子邮箱向被访者发出邀请信，附上调查问卷的网址，被访者直接单击网址或将网址复制到 IE 地址栏直接参与调查。网站(页)式网络调查方法还可以应用数据库技术，将网页式调查问卷的题目和答案进行编码，写入数据库，一旦被访者参与调查并提交答案，数据库便会自动获取该问卷数据进行保存，形成固定数据表格。也就是说，在网络问卷编制过程中编码工作便已同步完成，而且问卷填答和数据回收同步进行，从而大大缩短调查周期。同时，统一格式的电子数据也便于快速处理。但这种类型调查的缺点主要是主动回答的样本可能不具有代表性，为此需要采用有效的邀请方式、奖励方式等提高被访者兴趣，从而优化样本代表性。为了保证是所邀请的人在答卷，同时防止一人回答多次，在技术上常采取的方法主要有以下两种：注册用户方式——要求答卷者在调查问卷的首页输入其用户名和所给的密码；给每一个答卷者一个唯一的网络调查问卷地址链接。

3) 定向弹出窗口方式

网民浏览到某网站时，可能会弹出一个窗口，弹窗中有邀请网民参与调查的说明、地址链接或直接进入调查的按钮。如果网民有兴趣参与，可单击链接地址或按钮，然后进入含有网页式调查问卷的窗口，填答过程同网站(页)式调查方式相近，同样支持线上提交调查数据。该方式的独特之处在于有一个专门抽取被访者的软件或程序，可按照一定的方法(如等距、随机或一定比例)自动地抽取被访者。这种调查类似于传统的拦截式调查，所获取的样本并非严格意义上的随机样本。由于"拦截"是基于"访问"行为而非"访问者"本身，因此经常访问者被拦截抽中的可能性要大于偶尔访问者。此类调查较为适用于了解网站使用情况的调查，因为网站可能更重视其经常浏览者的意见，并且为了保证一个访问者最多只能填答一次问卷，常采用跟踪文件的方式(Cookie)进行验证。

4) 移动终端调研

目前，因受访者上网多使用手机等移动终端，因此适合手机浏览并参与的问卷调查越来越多，很多问卷可以利用链接或二维码在微信等社交软件上大量转发，更好地在目标人群中传播。此外，很多企业建立了官方公众号或者微信小程序，随着用户关注或购买商品，累积了很多注册用户，不仅可以在自己的用户群体中进行各种形式的调研，也可以根据用户的浏览记录、购买行为、购后评价、社区论坛留言等大数据的分析来优化产品和服务，乃至开发新产品。

5) 全程跟踪方式

全程跟踪方式是主要针对网络用户获取其网上活动的基本数据而采用的一种调查方法。法国的 Net Value 公司就采用此方法进行调查。其重点在于监测网络用户的网上行为，是一种"基于互联网用户的全景测量"。它的具体操作是：首先通过大量"计算机辅助电话调查"获得用户基本数据，然后从抽出的样本中招募自愿受试者，下载软件到用户的电脑中，由此记录被调查者的全部网上行为，获取相关数据。该方式会涉及较多个人隐私，被调查者一般会有所顾虑，因而该方式应用范围不是很广。

6) 网上固定样本

此方法将互联网技术与传统调查技术相结合，通过随机的抽样调查(如电话或入户访问)，征集目标总体的一个有代表性的固定样本(panel)，样本户可能是网民，也可能不是网民。对不是网民的样本户提供电脑和上网的条件(对已上网者可考虑不再提供电脑)，对这个样本进行定期的网上调查(利用 E-mail survey 或 web-survey)。这种调查类似计算机辅助调查(CAPI)的固定样本，不过这种固定样本一般不用于调查网上行为。如果固定样本的抽样和征集质量较好，这种方式的调查则具有较好的代表性，而且快速、可靠，利用多媒体技术还可以增加调查的趣味性。当然，开始建立固定样本所需投入的费用也是相当高的。采用该方式的调查机构有美国的 INTERSURVEY INC.公司等。

2. 网络定性调查研究

虽然目前网络调查在实际应用中较多地使用定量研究的方式，但实际上还是很适合开展定性研究的，而且常常能得到较高质量的数据。

利用互联网技术进行定性研究的方法主要有：在线焦点小组访谈、一对一的在线深度访谈。网络技术的飞速发展使得焦点小组访谈、深度访谈可以通过网络技术实现跨地区的在线"交流"。例如可以利用即时通信软件、"网络视频会议系统"软件或在网络论坛上进行实时的访谈会，或利用电子邮件开展非实时的"交流"，提问和回答均通过电子邮件来实现。

另外，网络文献资料分析也是常用的网络定性调查的方式之一。网络文献资料分析是指从研究对象的一些电子文档资料中，补充和加深研究者对所研究问题或现象的理解。这些资料主要包括：记录每天活动或时间的日记或日志、个人的传记、自传、博客等。优点是资料均为电子文档，避免因手写造成的模糊、字迹不清、手写体难以辨认等问题，并且易于保存和收藏，不占空间，便于复制和备份；可跨地区收集，范围覆盖广。而且，这类资料可以是文字、图片、表格、数据、音频、视频等多种形式，内容丰富、具体、生动，具有很好的参考价值。

收集这些资料的方法有两种：请示式的和非请示式的文献资料征集。请求式的征集是直接向研究对象提出征集请示，希望他们能提供相关内容的自传资料或日记式记录的资料。非请示式的征集是通过各种可能的手段去收集有关的资料。传统的文献资料研究主要通过图书馆、档案馆、个人收藏品等来收集资料。与传统的方法相比,网上的资料(如个人信件等)要比写在纸上的资料"短命"得多,但是互联网提供了在众多公共网站上寻找相关资料的极好条件。利用现有的网络技术,有可能搜索到许多相关的甚至是保密的资料。不过网上资料的著作权问题可能是一个更难解决的全球性挑战。此外,关于资料的可靠性和真实性问题也同样存在。

【案例6-3】2022年小红书饮料行业用户洞察

小红书官方发布的《2022年饮料行业用户洞察报告》,基于上千名用户网络定量问卷调研,帮助饮料行业读懂用户心,其他行业亦可借鉴参考。

关注饮品饮料的小红书用户,58.7%的用户年龄在25岁以下;79%的用户学历在大学及以上,有在校学生也有职场一族;30%以上用户每月可支配收入超5000元。这些小红书用户年轻、有文化、身居高线城市,具备一定消费力。

饮料行业平台用户心智可分为4种:获取创意喝法、认识新品、了解饮用感受和评价、获得饮品推荐。

1. KOL(关键意见领袖)、KOC(关键意见消费者)偏好

用户既喜欢能提供专业推荐的博主,也喜欢真情实感的普通素人。在博主中,用户格外关注美食博主(占比94.4%)和探店博主(占比42.6%)。众多博主中,用户偏好真实、有个人特色、有创意的。博主发布的自制新喝法(65.7%)、饮用感受分享(65.3%)、饮品测评(48.5%)位列用户爱看的内容前三。其中,74.4%的18岁以下人群喜欢自制新喝法,67.2%的18~25岁人群喜欢饮用感受分享。年轻人关注的内容类型更为丰富,越年轻越容易被博主种草。

品牌可参考对应博主—内容—受众群体年龄层次,精准搭配投放。品牌更要注重挖掘富有奇思妙想、创造力强的博主,为产品创造话题和提升曝光度。品牌投放KOC时,可侧重饮用感受、新喝法及专业测评,抢占年轻市场。若想拓展受众群体,不妨增加对感受分享类内容素人的投放比例。

2. 浏览习惯偏好

小红书数据显示,比起主动搜索,饮料用户种草更习惯看首页推送。58.7%的用户会通过推荐页浏览饮料内容,几乎全年龄段都青睐首页推送的方式。搜索饮料品类占比48.5%,位列第二,也是用户获取饮料内容的主要渠道之一。

品牌投放注意选择高质量笔记和符合内容的热搜词,以获得系统个性化推荐,精准触达兴趣人群。在推荐页辅以信息流提升曝光,并在搜索页做好内容承接。

3. 消费决策——场景化、主题性是催化剂

饮料本身是快消品,用户决策周期短。小红书数据调研显示,近3成用户被种草后,会产生购买想法并立刻购买,近6成用户会在3天内购买。

调查数据显示,50.4%的用户认为场景化、主题性的饮品/饮料推荐,最能激发他们的购买意愿,其次是创新喝法,占比47.3%。

场景化、主题性的饮品推荐,能精准催化消费反应,让用户在特定场景、特定需求下,想要饮用享受该产品。品牌可根据产品优势及当下热门主题场景,搭建内容,促进消费决策。

资料来源:千瓜数据. 小红书饮品行业用户洞察|官方报告解读[EB/OL]. (2022-10-26). https://m.163.com/dy/article/HKKB3BHI0538PWEU.html.

6.5.3 网络问卷的设计原则和方法

1. 网络问卷的设计原则

为了提高受访者参与填写的积极性,网络问卷设计在打造友好的反馈界面时应遵循以下几个原则。

(1) 技术兼容性原则。在设计网络问卷时,必须充分考虑调查对象在计算机设备、浏览器及网速等方面的差异,防止受访者因问卷使用了一些高级的技术手段而无法读取、填写问卷。

(2) 操作方便性原则。在设计网络问卷时,必须充分考虑和权衡计算机本身的操作方法与受访者预先设想的问卷填写操作方法两者之间的逻辑一致性。

(3) 混合应用性原则。设计的网络问卷要求既可用于网络调查,同时也适用于传统问卷调查方式。

2. 网络问卷的基本设计方法

网络问卷的设计主要包括:如何在网络问卷调查中充分利用电子媒体的诸种优势;如何设计出简洁明快的问卷版面,以及如何设计用户界面、方便问卷填写等。

1) 首页的设计

(1) 在问卷首页增加一个欢迎页面,强调本问卷填写的便捷性特点,以便提高受访者的参与动机。

(2) 问卷的第一个问题应能在一屏内完全显示,无须使用滚动条。同时,问题措辞应简洁明了,问题选项含义一目了然。

(3) 不要在问卷页首单独提供冗长的问卷操作指南,而应在调查问题之后加入相应的操作说明。

2) 版面设计

(1) 问卷中每一个问题的版面编排格式应尽量与通常的印刷问卷保持一致。

(2) 尽量避免冗长的问题提问方式,控制每行问题的长度,以减少调查对象在计算机屏幕上阅读问题时视线来回移动的幅度。

(3) 在设计网络问卷时,应尽量采用单页形式的问卷,以便使调查对象能够自由上下浏览问卷中的每个问题。

(4) 在设计问卷时,当问题选项所占的位置超出一屏所能显示的范围时,可以考虑将选项设置为平行排列的格式,但同时应增加适当的指导说明。

3) 导航和续填设计

(1) 在设计问卷时,可利用图形标志或文字来随时提示问卷填写的进度情况。但应注意的是尽量避免使用各种高级编程技术,以免影响问卷的下载和填答速度。

(2) 问卷设计应允许调查对象在中断回答之后能够再次续填。

4) 提醒的选择与设计

(1) 在设计问卷中,应谨慎使用那些已被证明在印刷问卷中可能会导致测量误差的问题结构,如"可全选"题和"开放"题型等。

(2) 精心选择问题选项类型以减少反馈误差。

5) 数据检验功能的设计

许多网络问卷设计软件都提供了类似的功能,即在问卷填写过程中,调查对象若未完成当前问题,则会被限制无法进入下一题。但此功能无形中迫使受访者去回答那些他们确实不知道如何回答的问题。因此，在设计网络问卷时，调查者可以为每一个问题都增加"不愿回答"或"不知道"选项。不过，这个原则也有一个例外，那就是在问卷开始填写之前的筛选题通常都应设置为必答。另外，从理想的角度来说，为受访者提供的错误提示信息应被置于出错问题的正上方或正下方，以便受访者能够很容易发现错误所在之处。

6) 隐私保护声明

在网络问卷设计中，确保受访者的隐私权，并在调查中突出强调这一问题，将可能对消除受访者的疑虑和提高反馈率有一定帮助。为了防止网络传输数据时被他人截获，网络问卷应被置于一个经过数字加密保护的网页之上，并在受访者填完问卷尚未离开加密网页前提供一条提示，告知其填答的问卷已经被安全传递至数据库，点击"确定"按钮即可进入其他未加密的网页。

6.5.4 提高网络调查的反馈率[①]

与信函调查类似，问卷的反馈率一直是影响调查数据质量的一个关键因素。影响网络调查反馈率的因素除了有效的问卷设计(详见本书第 7 章"问卷设计及调查技术")外，主要包括网络调查的说明、网络调查页面外观设计、网络页面操作设计和网络调查的实施方式等。

1) 网络调查的说明

在网络调查中有关调查项目的介绍和说明同样对调查的反馈率有重要的影响。精心设计的调查简介和说明有助于提高调查的反馈率，如参与调查将给予红包奖励或可以抽奖等的文字说明。

2) 网络调查页面外观设计

调查页面的文字、颜色、排版等都直接影响被调查者完成网络调查的意向，视觉增强型的网络调查页面相较于文本型的页面，对被调查者的吸引力更大。有研究表明，网络调查中使用非白色的调查网页背景与服装图形设计可以增加5%以上的回收率。因此，网络调查的实施者应该站在被调查者的角度考虑网页的视觉设计，而不是单纯按照调查的内容和性质来定位页面的视觉效果。

3) 网络调查页面操作设计

研究发现，网络调查页面操作的响应速度很大程度上影响着被调查者完成网络调查的意愿。答题操作的顺畅、图片或 Flash 的加载速度、问卷提交的快慢都是决定被调查者完成网络调查的关键因素。因此，网络调查实施者应该考虑网络调查页面设计中响应速度的设计，在保证网络调查效果的基础上加快网络调查页面的响应速度。例如，尽量避免使用下拉式的回答形式，以减少操作时间；使用自动逻辑跳转的设计，从而节省答题时间，使网络调查更加轻松高效。

4) 网络调查的实施方式

统计结果显示，运用预先联系的方式会提高调查反馈率并使反馈的时间比较集中。通常利用商业数据库、网站或论坛等方式获得调查对象的电子邮箱并不困难，但若直接与受访者联系，一般得到的反馈都比较低，因此，最佳的方式是事先通过电子邮件与受访者事先打声招呼，这样不仅可以使受访者感觉更为舒适，还能增加他们参与调查的意愿。

---

① 资料来源：赵国栋. 网络调查研究方法概论[M]. 北京：北京大学出版社，2013.

【资料 6-1】潜意识全程市场调查——直击灵魂最深处

根据认知神经科学家的理论,很多时候人的大脑的信息处理过程并不受意识的控制,人们在日常生活中 5%的认知活动是有意识的。换言之,人们的认知活动有高达 95%是无意识的。也就是说,人们的决定、态度、情绪乃至行动很多是超出了自身的意识。由此可知,人们对于传统的市场调查所做出的回答很大一部分并不是自己的真实心理反应。传统的市场调查手段如问卷调查、电话访问调查、专家组调查、集体座谈调查等都只能得到准确度很低的测量数据,难以为企业提供精确的营销指导。那么,究竟什么样的市场调查方式能够触摸到人的潜意识,直击人们灵魂的最深处呢?

在整个潜意识全程市场调查的过程中,各种调查方式由于技术、设备、资金,以及调查后处理的不同,使得其较之传统调查方式表现出各种优点与不足,且应用领域也各不相同。详情如表 6-3 所示。

表 6-3 潜意识全程市场调查

	搜索引擎调查	神经调查	体验调查	评论式调查
定义	通过如百度、Google 等搜索网站特有的搜索引擎,记录消费者对自身感兴趣商品的关键词输入而形成的数据资料所进行的调查	运用脑部成像技术(如核磁共振波谱法、脑电图扫描等)对消费者脑部活动信息进行测量并绘制出图形,通过分析比较出脑部图形信息可以准确地了解人们对于各类营销信息的真实心理反应,从而洞悉消费者的偏好	以无偿赠送产品、提供服务或者有偿为顾客提供产品和服务为基础,通过合作者提供的反馈数据进行的市场调查	借助网络平台和反馈调查问卷对消费者关于商品的评论的调查
优点	性价比高、针对性强、可控性强、低成本、见效快,以及与消费者形成互动,数据的纯度更高	深层次挖掘人们的潜意识,洞悉消费者的偏好	信息准确度高,消费需求极其明确,是积极有效的营销传播方式	可进行全方位、全视野、客观的评价,并且调查价格最为低廉,获取途径最为简便
缺点	技术要求高,只能在像 Google 和百度这种专业性较强的搜索引擎网站实现	调查费用高昂,且易受环境的影响	体验效果受到体验者年龄、收入、消费能力和社会地位的约束	评论的开放性,使得该调查不能形成数据而不方便进行处理
应用	在新产品研发期间,洞悉消费者的潜在需求,将隐性需求转化为显性需求	在产品导入市场前所需进行的营销传播期间,选择广告播出时段和广告内容	在产品导入市场后并开始渗入市场时期,通过结合问卷调查获得消费者对产品需求的信息	在产品销售得以实现后,根据评论对产品进行改进和升级,从这些评价中看到和把握动态中的市场走向,及时调整营销策略,并且迅速将一切消费者提出的隐患消灭在萌芽状态

资料来源:申星. 新七月,潜意识全程市场调查——直击灵魂最深处[J]. 市场研究,2009(6).

6.6 观察法

观察法是指调查者在现场对被调查者的情况直接观察、记录，以取得市场信息资料的方法，主要是凭借调查人员的直观感觉或是借助于某些摄录设备和仪器来跟踪、记录和考察被调查者的活动和现场事实，来获取某些重要的市场信息。另外，利用这一调查方式可以有效地掌握销售渠道运营情况的第一手资料，而且也能较好地观察竞争对手产品的市场表现。观察法具有直接性、客观性、全面性的特点。

> **【案例6-4】跨文化视野下幼儿外教英语课堂的观察研究**
>
> 研究者通过观察法从跨文化的角度对某幼儿英语培训机构特定班级外教英语课堂进行观察，了解授课外籍教师、幼儿及陪同家长在知识(认知层面)、技能(行为层面)及态度(情感层面)三个跨文化视野下课堂活动的交际能力呈现特点，以期探索幼儿英语课堂跨文化交际过程中存在的现实问题，并提出解决对策。
>
> 该研究采用参与式观察法。研究者本人作为其中一名孩子的陪同家长，也是研究对象，能更细致、更深入、更近距离、无障碍地观察到课堂活动及研究对象的表现。
>
> 1. 设计观察指标
> - 主题：跨文化交际能力。
> - 一级指标：认知维度、情感维度及行为维度。
> - 二级指标：具体语境中思维方式、行为规则；开放性、无偏见及解释、调节能力。
> - 三级指标：礼貌(如见面、告别时的交际规则)；隐私；非语言交际(身体接触、微笑、眼神交流等)；时间概念(准时/准确或模糊的时间概念)；集体/个人导向(如对任务的理解与解决)；共同点；有无刻板印象；面子；灵活调解人角色的能力；让他人认识自己及自己的文化。
>
> 2. 研究过程
>
> 本次观察选取一个纯外教幼儿英语教学班级进行。观察对象为两名外籍授课教师(一人为英国女性教师，一人为美国男性教师)、4名4～5岁儿童(请假时会导致人数减少情况)、陪同家长(培训机构要求每次一名家长参与课堂，但不能参与知识性教学，主要是规范孩子行为、维持课堂秩序、了解授课情况，因此陪同家长会有变更)。
>
> 观察持续了8周，研究者对每周2次课(共16次课、16个小时)进行全程观察，因为观察内容烦琐，且各项内容有相关或交叉的地方，观察者同时也是参与者，该培训机构不允许进行影像拍摄，出于伦理道德考虑，观察者在课程结束后通过笔录记录情况，然后再做书面整理，特别是对发生的关键事件进行书面详细记录。
>
> 资料来源：王颖. 跨文化视野下幼儿外教英语课堂的多主体交际能力探索——一项基于观察法的研究[J]. 海外英语. 2023(13).

观察法经常用于以下方面。

(1) 商品资源和商品库存观察。用于判断商品资源数量，提出市场商品供应数量的报告。

(2) 顾客行为观察。用于了解顾客的构成、顾客的行为特征、偏好及成交率等重要的市场信息资料。

(3) 营业状况观察。用于综合分析判断企业的经营管理水平、商品供求情况。

(4) 人流量观察。借以评定、分析该地域的商业价值或交通情况。

观察的过程大致可以分为三个步骤：感知、记录、描述。感知就是收集对象所呈现出来的现象；记录就是记述观察所得；描述就是对现象间的关系进行说明，形成观察报告或做出有关对象的事实判断。

一般来说，进行科学的观察必须遵循以下几个基本原则：

(1) 具有明确的目的性和计划性；

(2) 坚持观察的客观性；

(3) 观察应系统、周密。

此外，在观察过程中要做好记录。这样才能为归纳和分析提供科学的基础。如果仅凭记忆，会使许多重要的情况被忽略和遗漏，影响观察结论的可靠性。

观察方法也有它的局限性。这不仅表现在观察受到感官的生理条件和特定时期的技术手段的限制，而且由于观察是在自然发生的条件下考察对象的，观察者不能变革客体、不能控制某个过程的条件和进程，只能对调查对象在自然状态下所呈现出来的情况进行感知和描述，无法超出被观察对象所处的运动状态的限制。然而人们对客观事物的认识，是不能仅仅停留在这种静观默思的认识方式上的。观察的这些缺点将在其他的认识方法中得到克服。

观察法常用的方法是神秘顾客调查。神秘顾客可以通过观察和询问，以检验企业营销策略的市场表现和有效性。但是，由于秘密访问者在调查时不是当场而是事后填写一份问卷，这就会因潜在的遗忘而导致调查报告缺乏准确性。读者可扫描右侧二维码，阅读移动通信集团某公司神秘顾客调查案例。

移动通信集团某省公司神秘顾客调查案例

神秘顾客

神秘顾客的相关内容，可扫描右侧二维码获取。

课程思政：使用观察法时的伦理道德问题

一般来说，观察法对被研究者影响是相对较小的，但也要考虑伦理问题，基本考虑以下三点。

1. 观察不能影响被观察者的生活

研究者对被观察者的风俗、生活习惯和文化传统应事先了解和学习，在异国或有宗教信仰地区或少数民族聚居地进行观察时尤其应该注意，避免触犯被观察者的公共行为禁忌，造成尴尬或伤害，产生矛盾冲突；同时避免因为偏见而对观察结果进行曲解。

在观察中，应注意不要干扰被观察者的正常生活，不给被观察者造成压力，避免导致对方产生焦虑或伪饰自身的行为或语言。

2. 不可偷录、偷拍

观察者在使用现代化技术手段，如拍照、录音、录像时，应合乎道德和尊重人的隐私。在非公共场合进行录音录像，应征得被观察者的同意。观察高龄老人或未成年人前，须征得监护人许可。

3. 不可泄露和传播被观察者个人信息

使用观察结果撰写的报告和发表的文章中一般都不应列出被观察者和相关参与人的姓名、住址等个人信息(当事人同意的除外)，也不应披露被观察者群体内部不愿外界所知的敏感事务或秘密情况。

6.7 投射调查

6.7.1 投射调查的含义

投射调查是一种无结构、非直接的定性调查技术,来源于临床心理学。投射调查的目的是通过激励将被调查者的动机、态度或情感投射出来,一般用于了解消费者对敏感议题的态度。投射技术的具体操作方式是提供给被调查者一种无限制的、模糊的情景,要求其做出反应,让被调查者将其真实情感、态度投射到"无规定的刺激"上,绕过其心底的心理防御机制,透露其内在情感。

投射调查的优点在于真实性强,有利于收集关于敏感或秘密问题的信息。由于投射技术测试目的的隐蔽性及被调查者的反应较少受到情境线索和他人观点的影响,往往会表现出其真实的感受和想法。

投射调查的缺点就是投射技术要求有一个专业的、高技巧的访问人,并且调查的内容须经过有经验的专业人员分析和解释。与其他类型的研究访问方法相比,投射访问法每次的花费是相当高的,因此,除了词的联想经常使用在品牌名称的研究上,投射访问法通常不是很广泛地被用在商业营销研究中。

6.7.2 投射调查的分类

投射调查的测试情景可以是一些没有规则的线条、一些有意义的图片、一些有头没尾的句子,也可以是一个故事的开头,让被调查者来编故事的结尾。常用的投射法包括联想法、完成法、结构法和表达法。

1. 联想法

联想法是在被调查者面前设置某一刺激物,然后了解其最初联想事物的一种方法。

(1) 罗夏墨迹测验。罗夏墨迹测验是瑞士精神科医生 H. 罗夏于 1921 年首创的一种测验,因利用墨渍图版而又被称为墨渍图测验,是一项著名的人格测验,在临床心理学中使用非常广泛。罗夏墨迹测验通过向被调查者呈现标准化的由墨渍偶然形成的模样刺激图版,让被调查者自由地观察并说出由此所联想到的东西,然后将这些反应用符号进行分类记录,加以分析,进而对被调查者人格的各种特征进行诊断。罗夏墨迹测验来源于荣格和精神分析派的思想,以知觉与人格之间存在着反映和被反映关系的基本假说为理论前提。当调查者要求被调查者描述自己在偶然形成的墨渍刺激中"看到了什么"并说出自己的知觉体验时,被调查者必然以自己独特的方式进行反应。在这些反应中,被调查者会无意地或不知不觉地将真实的自己暴露出来,有时甚至会反映出连自己也完全意识不到的某些人格特征。

(2) 词语联想法。词语联想法是最常用的联想方法,其操作方法是调查者提供给被调查者一系列单词,每给一个词语都要求被调查者说出最先联想到的词语。根据回答的频度、所费的时间和不能在允许时间内回答的人数,调查者记录和分析被调查者对相关问题的反应。所费的时间是很重要的,因为一次犹豫就可能说明被调查者正在搜寻一个社会性的、可接受的回答,而不是反映其真实想法和态度的回答。

2. 完成法

完成法是指给出不完全的一种刺激情景,要求被调查者来完成。具体分为以下两种。

(1) 句子完成法。与词的联想相似，完成句子的测试是基于自由地联想，要求被调查者完成一些仅有一个词或词组的不完整的句子，然后通过分析回答句子的内容得出调查结果。例如，购买苹果手机的人是……

(2) 故事完成法。被调查者被要求完成故事的结尾，或说出为什么故事中的角色会那样做。

3. 结构法

结构法要求被调查者根据他所看到的图画等，编造出一个包括过去、现在和未来发展的故事，可以从故事中探测其个性。

(1) 主题统觉测验。在调查时，调查者提供给被调查者一系列黑白的图片和漫画，其中围绕消费者和产品主题展开。该测验要求被调查者指出什么正在发生或什么将会是下一个发生的，这种方法使被调查者能够自由地把他们的感觉和观念融入图片和漫画所描绘的情境之中。因此，主题统觉测验之所以能够被应用在市场调查中，其核心前提在于该方法用图片和漫画的形式充分地表现了调查主题。

(2) 卡通测试法。该测试是提供给被调查者一个特定情境的卡通形象，要求他们联想一个卡通角色对另一个卡通角色进行评论。

4. 表达法

表达法是指给被调查者提供一个语言或视觉场景，要求将场景与别人的感受和态度联系起来。表达法是一种相对容易使用的投射调查方法。

(1) 角色扮演法。营造一个文字或模拟现实的环境，要求被调查者叙述其中假定角色的感觉和观念，例如，作为一个朋友、一个邻居或是一个"典型"的人。让被调查者按照这种预先设定的情况回答，而不是直接地表达其自身对环境的感觉和观念。

(2) 第三人称法。第三人称法给被调查者提供一个语言或者视觉的情景，询问被调查者与第三人相关的信念与态度，而不是直接表达个人的信念与态度。由于被调查者反映的是第三人立场，因此减轻了被调查者个人的压力，得到的答案也更真实。

【案例6-5】大学生幸福感现状的调查研究——基于房树人的投射心理分析

房树人测验(Tree-House-Person)，又称屋树人测验，属于投射测验中绘画测验的一种。它开始于John Buck 的"画树测验"。美国心理学家Buck 于1948 年在美国《临床心理学》杂志上对其做了系统的论述。其测验过程就是让被测者用铅笔分别描绘出房子、树木和人物，其中房子和树被认为分别代表被试者对家庭和环境的感知的投射，而人则代表被试者的自我认知。在之后的几十年中，许多学者对该测验进行了补充、完善及再开发，因此房树人绘画测验成为一种常用的心理测量及治疗工具。与自陈量表相比，房树人绘画测验具备目的隐蔽，操作简单，趣味性强，不受语言限制的特点，可以有效测量被试者的无意识成分。

此次研究中被试者均来自某中医院校在读大学生。向每位学生发放一张A4 纸，要求被试者在指导语下完成绘画测验。指导语为："请将纸横放，在上面画房子、树和人，要包括这三样东西，其他东西可以任意添加，注意人不能画成火柴人和漫画人。如有疑问，可以举手示意。时间为12 分钟。"在学生完成绘画测验后，进行收集。

通过查阅相关文献资料及与专家讨论，将房树人绘画测验进行绘画特征列表，最终共列出了44项房树人绘画测验特征条目，如表6-4所示。

表 6-4 绘画特征条目及解释

	绘画特征条目	解释		绘画特征条目	解释
1	人物是否符号化	画的是否是漫画人物、卡通人物或者火柴人	23	房子的类型	是传统平房、楼房、城堡还是庙宇
2	画占纸张的比例		24	屋顶	尖的还是平的
3	人物数量		25	瓦片	是否画了瓦片
4	人物大小	人物所占画面的相对大小	26	门	有无门及门相对于房子的大小
5	人物完整性		27	门锁	有无锁
6	人物角度	人物所呈现的是正面、侧面还是背影	28	窗的数量	
7	人物性别		29	窗的状态	打开、关闭或者没有窗
8	头和身体的比例		30	房子的透视度	能否看到房子内部的陈设
9	五官的完整性		31	烟囱	画中有无
10	头发长短		32	烟	画中有无
11	头发密度		33	路	画中有无
12	眉毛	是否画了眉毛	34	花木	画中有无
13	眼睛	有没有眼睛及是否是正常的还是只是画一条线	35	山	画中有无
14	鼻子	有无鼻子及鼻子相对大小	36	围墙	画中有无
15	嘴	有无嘴巴及嘴巴的形状	37	水沟	画中有无
16	耳朵	是否画了耳朵	38	太阳	画中有无
17	躯干	看上去是静态的还是动态的	39	星月背景	画中有无
18	躯干完整性		40	云	画中有无
19	树冠	形状是圆的、尖的、有树枝或者都有	41	护栏	画中有无
20	树干	树干的粗细	42	边界	
21	树叶	是否画了树叶	43	动物	画中有无
22	树上的动物	树上是否画了动物	44	花朵	画中有无

编码方式：记录某个条目有无，比如太阳，如果有，记为 1，没有就记为 0。记录某个条目的特征，比如房子的类型，传统平房记为 0，楼房记为 1，城堡记为 2，庙宇记为 3。所有条目的编码方式以此类推。将所有的数据录入 SPSS 22.0，并进行描述性检验、t 检验、单因素检验、卡方检验等。

资料来源：李淼. 大学生幸福感现状的调查研究——基于房树人的投射心理分析[J]. 池州学院学报，2019，33(03)：75-79. (节选)

6.8 实验法

实验法是指从影响调查对象的许多因素中选出一到两个因素，将它们置于一定条件下进行小规模的实验，然后对实验结果做出分析的调查方法。如某种商品在改变品种、包装、设计、价格、广告、陈列方法等因素后，观察这些因变量对商品销售量的影响。实验法的最大特点是把调查对象置于非自然状态下开展市场调查，将实验变量或所测因素的效果从多因素的作用中分离出来，并给予鉴定。实验法是研究特定问题各因素之间的因果关系的一种有效手段，可提高调查的精度，但是其结果不可用于预测。

实验法可用于产品试验，主要是对产品的质量、性能、规格式样、色彩等方面的市场反应进行调查，其基本方法是举办产品试用实验(试穿、试戴、试尝、试喝等)。实验法也可以进行新产品的试销实验。新产品在大量上市之前，可以先在具有代表性的市场范围内进行有限规模的试销，以评估其销售效果。其中，商店试销是最简单、成本最小的实验方式。

实验法的特点如下。

(1) 实验法的结果具有一定的客观性和实用性。

(2) 实验的内容具有可控性。实验法可以有控制地分析、观察某些市场现象之间是否存在着因果关系及其相互影响程度。

(3) 通过合理的实验设计可以提高实验结果的精确性。

(4) 其运用有一定的局限性并且费用较高。实验法只适用于对当前市场现象的影响分析，而对于历史情况和未来变化的影响则相对较小。由于实验所需的时间较长，而且实验中要实际销售、使用商品，因而费用也较高。

6.8.1 实验法常用的变量

实验法是了解和研究因果关系的主要方法之一，其常用的不同类型的变量如表 6-5 所示。

表 6-5 实验法常用的变量

变量种类	内容
自变量	其又称独立变量(X)，是指可以被操纵的、对特定因变量有影响的变量。例如，价格水平、产品/包装设计、广告诉求类型、促销方法和力度等
因变量	受自变量影响的变量(Y)，即是对实验过程中的结果的测量，包括销售额、市场份额、利润、顾客满意度、品牌偏好和忠诚度等
控制变量	被调研者控制的变量，它的存在不会影响实验中包括的自变量和因变量之间的函数关系，即不允许自由变化或随有关的自变量系统地变化的变量
外生变量	其又称无关变量，是指除自变量以外的可能对因变量产生影响的所有变量。外生变量的存在会干扰自变量对因变量的测量，导致实验结果无效或变弱

6.8.2 实验法的有效性

用实验法调研，首先要考察直接影响调查设计的效度问题。其原因是外生变量的存在可能对所调查的函数关系造成污染，进而影响实验结果的有效性。效度是指实验所得结论的正确程度，即通过操纵自变量发现的因变量的不同是否真正反映了因果关系。有关测量效度的方法详见本书第 5 章"量表设计"相关内容。

1. 内部效度

内部效度是指研究设计是否准确说明因果关系，也就是说能否排除其他因素对实验的干扰。影响内部效度的因素，如表 6-6 所示。

表 6-6　影响内部效度的因素

内部效度影响因素	内容
历史	不受研究者控制,发生在实验的开始和结束之间,并影响因变量数值的任何变量或事件。开始和结束之间的时间间隔越长,实验受外部干扰的可能性越大。例如,促销前后销量的变化,受宏观经济环境的变化、竞争对手的营销策略、季节性波动等的影响
成熟	实验对象在实验过程中随着时间流逝而发生的变化,这些变化并不是由自变量引起的。在长期实验中,被调查者随着时间的推移变得更有经验、疲倦、厌倦或不感兴趣时,即成熟了,进而会影响实验结果。例如,对品牌的了解,商店的外观、装饰的变化等
测试效应	其又称前测效应,是指测试可能影响被调查者的行为,进而干扰实验结果。例如,一般来说,被调查者在进行第二次测试时都会变得较为敏感,因而都会比第一次测验做得更好
工具化	测量工具、方法或标准发生了变化,从而影响实验结果的有效性。例如,实验前后采用了不同的量表或测量指标,问题的措辞、访员的变化等
统计回归	在某一次观察中处于极端状态的个体有向平均水平回归的趋势
选择偏差	由于不正确地将被调查者分派到不同的处理组,而导致的偏差
死亡	实验过程中由于被调查者拒绝参与实验或失去联系而导致的被调查者流失
含糊性	由于不清楚的因果关系确认造成的对实验结果的干扰

2. 外部效度

外部效度是指实验结果发现的因果关系可以推广到目标总体的程度,即实验结果能否应用于现实世界。实验的外部效度主要取决于实验条件能否很好地反映现实情况,以及实验对象是否对目标人口具有代表性。

(1) 实验情景。实验情景与现实差距越大,实验的外部效度越差。例如,在新产品试销时,由于我们选择的是特定的而非常规的渠道,这使得我们更容易获得渠道的配合,从而可能取得更为乐观的结果。

(2) 样本的代表性。样本的代表性越好,实验的外部效度越好。

3. 提高外部效度的方法

外生变量的存在会对因变量产生影响,进而干扰实验结果的准确性。因此,我们应当对外生变量进行控制,以提高实验的外部效度。具体方法如下。

(1) 随机化分组,即通过将被调查者随机分派到实验组和控制组,同时,处理条件也随机地分配到各个组,从而控制外生变量的干扰。例如,测试不同广告对目标受众的品牌态度和偏好的影响时,将被调查者随机分摊到不同组中,每组接触不同的广告版本,然后测量其品牌态度和偏好。

(2) 匹配分组,即将被调查者分派到各组之前,按照关键变量对它们进行匹配,目的是保证实验组和控制组在这些变量上没有差异。例如,在销售展示实验中,我们可以根据年销售额、营业面积和位置等因素对各家商店进行匹配,然后将每对匹配的商店分别设定为实验组和对照组以确保实验分配的公正性与准确性。

(3) 统计控制,是指采用统计分析的方法去测量外生变量并修正其影响。

6.8.3　实验法的分类

常用的实验方法有以下几种。

1. 前后无控制对比实验

事前对正常情况进行测量记录,然后再测量记录实验后的情况,通过进行事前事后对比,观察了解实验变化的效果。这种实验观察简单易行,一般用于测试产品功能、规格、款式、包装、价格、广告投放等因素变化后的市场效果,从而评估这些变化对市场的具体影响。

2. 前后有控制对比实验

在同一时间周期内,随机抽取两组条件相似的单位,一组作为实验组,另一组作为控制组(即非实验组,与实验组对照比较的),在实验后分别对两组进行测定比较。例如,某电脑公司欲测定不同黑白两色笔记本电脑的市场效果,选定 A 数码城作为实验组,销售黑色笔记本电脑,B 数码城作为控制组,经销白色笔记本电脑,实验期为两周,通过实验前后的销售量的统计来判断哪个颜色更受市场青睐。这种实验方法由于变数较多,更有利于排除实验期间外来因素的干扰,进而显著提高实验结果的准确性。

3. 控制组与实验组对比实验

即同一时间内对控制组与实验组进行对比的实验调查法。其中,实验组按给定实验条件进行实验,控制组按一般情况组织经济活动。例如,控制组在实验前后均经销原产品,实验组在实验前经销原产品,实验期间经销新产品,然后通过数据处理得出实验结果。

4. 单因子随机对比实验

前后无控制对比实验、前后有控制对比实验,以及控制组、实验组对比实验,一般是在对调查对象比较熟悉,实验单位数目不多的条件下,通过判断分析选择实验单位进行的。但是,当实验单位较多时,按照主观判断选择就比较困难。因此,在这种情形下,可以采用正规实验设计,采取随机抽样法选择实验单位,从而保证实验结果的有效性。

完全随机对比实验就是随机地选取实验单位进行实验。例如,为了测试一款饮料的视频广告脚本效果,随机选择 30 名消费者分组观看两个视频广告,并给不同广告效果评分。

5. 双因子随机对比实验

研究者除了考察基本自变量因素的影响外,还可将某个主要的外部因素孤立起来研究。双因子随机实验是同时考察两种因子对实验变量的影响,借以寻找两种因子的最佳组合。例如,研究商店规模和价格条件两个因子对产品销售量的影响,寻找商店规模和价格的最佳组合。

【案例6-6】运用"实验法"探索市场中的不明因果关系

益兴饮料厂生产的饮料销路一直不是很好,该厂市场调查人员经过调查分析,认为影响销路的主要因素是包装问题,于是决定将原来的纸盒包装改为瓶装,但对新设计的瓶装效果如何没有把握。为了弄清楚新设计的瓶装对其销量的影响程度,企业决定运用现场"实验法"来考察实验结果,探明包装与销量两者的关系。常用的现场"实验法"有以下三种。

1) 单一实验组前后无控制对比实验

实验程序(步骤):选择实验对象;对实验对象进行实验前检测(前检测);对实验对象进行实验(实验刺激);对实验对象进行实验后检测(后检测);测定实验效果(即做出实验结论)。

(绝对)实验效果=后检测结果-前检测结果

(相对)实验效果=(后检测结果-前检测结果)/前检测结果×100%

益兴饮料厂若决定选择 A、B、C 三个经销商场作为实验对象,实验时间为两个月,前一个月经销原来的纸盒包装饮料,后一个月经销新设计的瓶装饮料,即采用"单一实验组前后对比实验。对三个商场改变包装的前一个月和后一个月的销售量进行了检测,得到的实验结果如表 6-7 所示。

表 6-7 单一实验组前后对比　　　　　　　　　　　　　　　　　　　　　　　　　　单位：万瓶

经销商场	实验前销量(Y_0)	实验后销量(Y_n)	实验效果(Y_n-Y_0)
A、B、C	80　65　60	90　72　63	10　7　3
合计	205	225	20

实验效果=150-136=14
(绝对)实验效果=225-205=20(万瓶)
(相对)实验效果=(225-205)/205×100%=9.76%(万瓶)

从表 6-7 中的实验结果可知，采用新设计的瓶装饮料比采用原来的纸盒包装饮料销售量大，说明顾客不仅注意饮料的口味，也对其包装有所要求，饮料的包装与其销量有直接的因果关系。因此断定，改变饮料包装，采用新设计的瓶装以促进其销售量增加的研究假设是合理的，厂家可以推广新包装。但应注意的是，市场情况千变万化，市场现象受许多因素的影响，20 万瓶销售量的增加，不一定只是改变包装引起的，还有可能是天气变得炎热等因素引起的。因此单一实验组前后对比实验，只有在实验者能有效排除非实验变量的影响，或者是非实验变量的影响可忽略不计的情况下，实验结果才能充分成立。但实际上，实验者要想有效排除如天气变化等非实验变量的影响是不可能的，于是就提出了第二种实验方法——实验组与控制组对比实验。

2) 实验组与控制组对比实验

采用"实验组与控制组对比实验"的实验程序：选择实验对象；在相同或相近的条件下将选择对象划分为实验组与控制组；对实验组进行实验；分别对实验组和控制组进行实验后检测；测定实验效果。

实验效果=实验组实验后检测结果-控制组检测结果

益兴饮料厂若为了排除不在同一时间段做实验(如季节变化)对其销量的影响，决定选择 D、E、F、I 四个经销商场作为实验对象，其中 D、E 两个经销商场为实验组，与 D、E 两个经销商场相似的 F、I 经销商场为控制组进行观察；实验组经销新设计的瓶装饮料，控制组仍然经销原来的纸盒包装饮料，即采用"实验组与控制组对比实验"，实验期为一个月，其检测结果如表 6-8 所示。

表 6-8　实验组与控制组对比　　　　　　　　　　　　　　　　　　　　　　　　　　单位：万瓶

经销商场	实验组		控制组	
	D	E	F	I
销售量	86	64	78	58
合计	150		136	

从表 6-8 中的实验结果可知，一个月内控制组 F、I 两个经销商场共销售了 136 万瓶，实验组 D、E 两个经销商场共销售了 150 万瓶。这说明使用新设计的瓶装包装增加了 14 万瓶销售量，进一步说明采用新设计的瓶装以促进其销售量增加的研究假设是合理的，厂家可以推广新包装。但需要进一步说明的是采用"实验组与控制组对比实验"，对实验组和控制组都是采取实验后检测，无法反映实验前后非实验变量对实验对象的影响，客观上就要求实验组与控制组两者必须具有可比性，即两者的业绩、规模、类别、地理位置、服务质量、管理水平等各种条件差异不大，甚至没有差异，只有这样，实验结果才有较高的准确性。如益兴饮料厂增加的 14 万瓶销售量，是假定实验组 D、E 与控制组 F、I 除了饮料的包装不一样外，其他影响因素完全相同的情况下，饮料销售量的增加才可以看成是新包装影响的结果。但由于市场受多种因素的

影响，在市场实验期间，除了实验变量不相同，其他因素(非实验变量)要想完全相同是不可能的，甚至相似都是很难做到的，如消费者的偏好及竞争者的策略等都有可能发生改变，从而影响实验的结果，为弥补这一点，可将上述两种实验进行综合设计。

3) 实验组与控制组前后对比实验

采用"实验组与控制组前后对比实验"的实验程序：选择实验对象；将选择对象划分为实验组与控制组；对实验组和控制组分别进行实验前检测；对实验组进行实验；对实验组和控制组分别进行实验后检测；测定实验效果。

实验效果=实验组变动量-控制组变动量

实验组变动量=实验组后检测结果-实验组前检测结果

控制组变动量=控制组后检测结果-控制组前检测结果

益兴饮料厂为了弄清楚新设计的瓶装包装对其销量的影响程度，如果采用的实验法是从众多经销商场中随机抽取 M、N 两个商场作为实验组，T、L 两个商场作为控制组进行观察，实验时间为 5 月份。在 5 月份控制组经销原来的纸盒包装饮料，实验组经销新设计的瓶装饮料，对其月销售量进行实验前后对比，即采用"实验组与控制组前后对比实验"，得到的实验结果如表 6-9 所示。

表 6-9　实验组与控制组前后对比　　　　　　　　　　单位：万瓶

		实验前(4月)销量	实验后(5月)销量	变动量	变动量合计
实验组	M	110	122	12	19
	N	75	82	7	
控制组	T	90	96	6	11
	L	82	87	5	
		实验效果=19-11=8			

从表 6-9 中的实验结果可知，实验组的变动量 19 万瓶，包含实验变量(即新设计的瓶装包装)的影响，也包含其他非实验变量的影响；控制组的变动量 11 万瓶，不包含实验变量的影响，只有非实验变量的影响，因为控制组的包装未改变。实验效果是从实验变量和非实验变量共同影响的销售量变动量中，减去由非实验变量影响的销售量变动量，反映新设计的瓶装包装这种实验变量对销售量的影响。以上各结果说明不论如何做实验都反映出新设计的瓶装包装对饮料的销量是有促进作用的，两者有明确的因果关系。

资料来源：胡成江. 运用"实验法"探索市场中的不明因果关系[J]. 现代商贸工业，2012，24(05).

关键词和概念

定性调查　定量调查　访谈调查法　焦点小组访谈　深度访问　固定样本调查
问卷调查　街头拦截访问　信函调查　电话调查　网络调查　投射调查　实验法

本章复习题

一、思考题

1. 简述定性调查与定量调查的区别。
2. 访谈调查法有哪些不同形式？试述访谈调查法的优缺点。

3. 分析网络调查的优劣势及其应用领域。
4. 问卷调查的不同方式各适用于什么情境？

二、实践题

1.【在校学生生活费用调查(续)】请根据已拟订的"在校大学生每月生活费用支出情况"市场调查与预测工作计划，讨论各类市场调查方式的可行性，确定最终的市场调查方法，并进一步修改完善工作计划。

2. 某商品在同时进行了包装更新和价格调整后，销售量急剧增加。可能是价格原因，也可能是包装的改变导致的结果，或者还有促销的因素。请设计一个实验调查方案，可以用来分析该商品销售量急剧增加的原因。

3. 观察法实践：运用神秘顾客法调查肯德基店面服务的质量。

(1) 目标。结合当地肯德基店面分布的实际情况及店面服务的特点，利用神秘顾客调查法的相关知识并借助相应的工具，设计测试肯德基店面服务质量的流程和测试重点。

(2) 实验准备具体如下。

① 当地肯德基店面分布图。

② 神秘顾客内容对照表，如表 6-10 所示。

表 6-10 神秘顾客内容对照表

1. 时间和地点
2. 店铺名称
3. 进店时目测雇员总数量
4. 进店后等候多长时间才有人招呼
5. 有多少员工跟你打招呼
6. 打招呼是否友好真诚
7. 顾客通过提问是否能找到合适的产品
8. 给你出示的产品类型
9. 该员工是否尝试达成交易，如何做的
10. 该员工是否邀请顾客再次光临
11. 店内环境的整洁度和装饰如何
12. 服务速度怎样
13. 对服务、店铺外观及问候、展示等标准的满意程度评价

(3) 步骤与要求具体如下。

① 以小组为单位，共同商议完成神秘顾客调查方案设计。

② 要求小组成员在开始设计之前必须至少前往观察地点进行预调查一次。

③ 要求提供整体观察方案和一套完整的观察提纲，方案整体设计必须包括如何选择观察地点、观察内容、观察人员和设备设置、观察数量等详细信息，同时还要求给出整个调查的预算和具体日程安排。

④ 观察提纲设计完毕之后，需要小组成员实地测试；希望能够为神秘顾客提供事先准备好的肯德基店面服务评价表，可以参考表 6-11 列出的参考项目来进行设计。

(4) 实验结果。完成肯德基店面服务质量的报告。

(5) 讨论。采用神秘顾客调查法实施对肯德基店面服务质量的调查时碰到了哪些困难？如何克服了这些困难？是否有更好地克服困难的办法？

4. 访谈调查实践：手机品牌形象测试调查方案设计。

(1) 实验目的具体如下。

① 通过调查研究，对手机品牌外在形象进行评价，包括价格、质量、性能、规格、款式、档次、包装设计等。

② 通过调查研究，对手机品牌内在形象进行评价，包括使用者心理满足程度、产品创新能力等。

③ 该手机品牌的消费者形象定位。

④ 掌握焦点小组访谈的"全过程"。

(2) 实验步骤及要求。采用焦点小组访谈完成以下内容。

第一阶段：

① 明确调查目的和要求；

② 拟定调查计划和方案，包括组织实施计划；确定样本标志和容量、调查小组数量等；

③ 设计调查提纲。

第二阶段：

① 制定"焦点小组访谈"执行手册；

② 组成督导小组、调查小组(调查进行过程中可以互换"角色")；

③ 完成调查提纲测试，并修正。

第三阶段：

① 实施正式调查；

② 汇总、分析调查数据；

③ 撰写并完成"焦点小组访谈"调查报告。

(3) 实验结果。完成手机品牌形象测试"焦点小组访谈"调查报告。

(4) 讨论以下问题。

① 评价焦点小组访谈对品牌形象测试的优势和局限性，对于同一个调查主题，是否还存在其他更适合的调查方式？为什么？

② 讨论本次焦点小组访谈的样本构成理由。

(5) 完成本次实验总结。

第 7 章
问卷设计及调查技术

◎ 学习目的与要求
    1. 理解问卷设计的意义;
    2. 明确问卷设计的基本目标;
    3. 了解问卷设计的基本程序;
    4. 学会运用问卷设计的要点;
    5. 如何处理问卷调查中遇到的问题。

 引入案例　调查结果能否用于开发大学生的生活计划

    某高校管理者推出了"生活在学校"计划,旨在完善校内生活设施,提供高质量的在校生活体验,从而吸引更多的学生报考该校,使学生宿舍实现100%入住率,使学生的居住满意度得到提升,增加学生延长住校合同的可能性。MPC咨询集团是一家本土公司,专长于校园住房评估项目。此次,该高校特邀其来监督这个项目。尽管该公司在业界享有良好的声誉,但他们对于如何进行基本的市场调研并不了解。

    在"生活在学校"这一计划的目标被确定之后,MPC决定使用自填问卷式的调查方式来获取学生对于在校生活体验的信息、态度和感受。这一调查的实施将借助学校最近流行的"黑板"电子邮件系统。采取这种方式的主要依据是43 000名学生都有使用电子邮件的机会,而且可以节省时间和成本。MPC咨询团队经过精心挑选出的问题有59个,这些问题将面向最近注册入校的住校生和非住校生。这份问卷先提出个人人口统计学特征方面的问题,随后提出与学生宿舍的当前情况相关的问题,并要求对宿舍情况做出评价;然后提出一系列关于宿舍特征的重要性的问题;之后了解学生住校或不住校的意向及原因,其中有一些是关于婚姻情况和孩子的问题,以及对住房结构和设施的期望;最后,询问被调查者对儿童照看服务要求的个人看法。

    通过电邮发给学生的问卷长达24页,内含6个筛选登记表,在答题过程中,被访者需要频繁地在不同部分和题目间进行切换和跳转。问卷发出后的3周里,对问卷做出回答的学生只有17人,其中还包括未将问卷全部完成的8人。学校负责人对于这样的回答率感到很失望,向MPC提出了3个问题,这些问题看似简单,却都是关键性的问题:

    (1) 为什么会有这么低的回答率?
    (2) 使用问卷是收集所需资料的最佳方式吗?
    (3) 所收集的数据有利于既定目标的实现吗?

    请你根据自己的知识及对良好的数据收集方式的理解,回答上述问题,并找出MPC实施调查过程中存在的潜在问题。

    资料来源:小约瑟夫·海尔,罗伯特·布什,戴维·奥蒂诺. 营销调研——信息化条件下的选择[M]. 4版. 北京:清华大学出版社,2012.

问卷调查法也称问卷法，它是调查者运用统一设计的问卷向被选取的调查对象了解情况或征询意见的调查方法。研究者将所要研究的问题编制成问题表格，以邮寄方式、当面作答或者追踪访问方式填答，从而了解被调查者对某一现象或问题的看法和意见。问卷调查的运用，关键在于问卷设计、选择被调查者和结果分析。

7.1 问卷设计的意义、目标与程序

7.1.1 问卷设计的意义

获取足够的市场信息资源是市场调查与预测的基础，其中，第一手资料的获取具有重要的作用。无论采用哪种市场调查的方法获取市场第一手资料，都不可避免地要使用到问卷。当研究人员准备进行问卷设计时，应该用一系列调查型问题来替代原来的市场问题，这些调查型问题应采用调查对象所熟悉的语言和词汇来表述，同时通过有效的、合乎逻辑的组合形成(设计)一份有效的、合乎逻辑的问卷，以期望取得有价值的调查结果。

市场调查是否能够获取足够、适用和准确的信息资料，很大程度上取决于调查问卷的设计质量，进而影响市场调查与预测的结果。所以，有效的调查问卷设计是成功的市场调查的基础。

7.1.2 问卷设计的目标

问卷设计的根本目的是设计出符合调查与预测的需要，能够获取足够的、适用的和准确的信息资料的调查问卷，以确保访问调查工作能正确、顺利、圆满地完成。为实现这一目的，调查问卷的设计至少应满足以下具体要求。

(1) 调查问卷中问题的设计要与所需资料相适应。不应增加一个调查问题去取得不需要的资料，也不应减少一个问题以造成所需的资料残缺不全。

(2) 便于调查人员展开调查。要使调查人员能够顺利发问、记录，并确保所取得的信息资料正确无偏差。

(3) 便于被调查者回答。要使被调查者充分理解调查问题，能够回答，乐于回答，正确回答。

(4) 便于问卷结果的处理。问卷在调查完成后，所获得的调查结果要能够方便地检查其正确性和适用性，便于对调查结果进行整理和统计分析。

总之，一份好的问卷要求它的设计人员透彻了解调查计划的主题，并能拟出适当的调查问题，以便能从被调查者那里获得尽可能多的、较为准确和有效的资料。同时，还需要设计人员能够对整个调查问卷进行总体的优化。

7.1.3 问卷设计的程序

拟定问卷的过程必须遵循一个合乎逻辑的顺序，其基本步骤如下。

1. 明确调查主题与所需的资料

在市场调查项目中，委托人通常只提供一个大致的问题范围，调查机构需要为之明确调查的主题及设计调查方法。问卷设计时，必须充分明确调查项目的主题是什么，以及调查时需要收集哪些方面的资料等问题。在拟定问卷之前，调查人员往往先着手收集比较容易获取的第二手资料，因此问卷设计必须建立在掌握第二手资料的基础上，明确问卷所需进一步得到的资料内容。而对于已掌握的第二手资料，除非存在需要进一步证实的情况，否则通常不再出现在问卷之中，从而

确保问卷的严谨性和篇幅的精练。

2. 明确调查对象的类型

不同的调查对象具有不同的特点，问卷必须针对调查对象的具体特点进行设计，才能确保问卷设计的合理性。为此，在正式设计调查问卷时应明确调查对象是企业还是个人，是生产商还是经销商，是现实消费者还是潜在消费者等，并掌握各类调查对象的特征。

3. 设计问卷

按照调查对象的特点，根据调查目标，将所需收集的资料转化成问题形式，形成若干题目，以便于调查的实现。问题与问卷的设计将在本章 7.2 和 7.3 节中进行阐述，此处不再赘述。

4. 测试问卷

测试问卷的具体内容将在"7.4 问卷的编码与测试"中重点论述。

7.2 问卷设计的技术

对于缺乏经验的调查者来讲，调查提问看似是一项简单的工作，因为日常交往中人们常常提出各种问题。但实际上，调查问题和提问方式的微妙变化会对被调查者的回答产生巨大的影响。调查问题的设计被认为是调查问卷设计中最为关键的部分，而问题用词的选择将直接影响调查所获得的资料是否有效。

7.2.1 问卷设计的一般准则

在构思问卷时，要经常问自己："我为什么提这个问题？"必须能够解释每个问题同所要调查的市场问题存在的关系。

遵循以下三个一般准则将有助于设计出一份好的问卷：

(1) 在对所调查的主题做了完整的思考后才能写下所需调查的具体问题；

(2) 在编写每一个问题时，都要不断地考虑问题与所调查主题之间的关系；

(3) 在编写每一个问题时，都需要解释一下从这些问题中所得到的信息对所要调查的主题有何帮助。

也许同类调查问题已经存在令人满意的问题设计，所以在开始编写新的调查问卷之前，阅读一下以往其他调查者对类似课题所制作的问卷将会对问卷设计有所帮助，因为一些过去曾用过的调查问题常常能够被有效地融入新的调查问卷中。事实上，甚至一些新设计的问题也可能是过去调查问题的翻版。在市场调查中，对于过去使用过的调查问题进行翻版是被允许的，同时在市场调查理论和社会学中，也鼓励使用翻版的问题。在市场研究中重复地使用已使用过的问题有助于提高调查结果的可靠性和有效性，并且这样的重复可使调查工作具有：①减少测试所需的时间；②可以同其他相关调查做比较；③提高调查结果的可靠性等优点。

7.2.2 问卷设计的基本原则

问卷应具有逻辑性，并能清晰、全面地呈现给被调查者回答。在日常生活中，我们经常被问做了些什么，接着讨论一些细节问题，然后才可以将话题转移到另一不相关的事物上去。这也是在市场调查中典型的流程，调查问卷是合乎逻辑地逐步展开的。比如，在一项产品观念的测试中，当消费者已经对此新产品有了一定了解之后，才能考虑下面一系列问题：评估该新产品的购买意向；诊断该新产品的购买意向产生的原因、唯一性、信任程度、希望的使用频率和产品优点的排序；细分该新产品的人口特征，如年龄、婚姻状况、家庭人数、学历、职业和收入等。

在提问时，一些方法有助于调查活动的进行，并能够取得预想的效果，主要遵循以下一些基本原则来设置和提出问题，这些基本原则也被称作提问的艺术。

1. 简洁明了

所提问题应定义明确，问题的含义对调查者和被调查者来说理解是一致的，并且问题的回答能同预期设想的可能结果相一致。

【案例7-1】问卷设计示例1

比较以下两个对咖啡消费量的提问。
(1) 在一个工作日内，你喝了多少杯咖啡？
(用数字表示)
(2) 你喝咖啡的频繁程度(请选择)
极频繁　1
经　常　2
一　般　3
从　不　4

我们可以发现第二题是不明确的，它既没有指明消费的时间，即指的是每日、每周或每月，而且其结果的度量也是不确定的。第二题所产生的次序性质的回答，对于市场调查来讲，只会产生毫无实际意义的数据。对于第二题，由于每一个回答相同答案的调查者所指的消费量极有可能是不同的，因此该调查问题的设计不能对被调查者的实际消费做出合理的比较。相反，第一题产生的结果反映了咖啡消费的实际数量，因此其结果更具有市场价值。

2. 答案不可相互重叠

在问卷中，要求可选择的答案清晰、界定明确、相互排斥，不允许出现两个答案相交叉的问题，即每个问题可能的选择答案不能相互重叠。

【案例7-2】问卷设计示例2

比较以下哪一个选择描述了你家2023年的总消费。
(1) 少于人民币 30 000 元
(2) 介于人民币 30 000～50 000 元
(3) 介于人民币 50 000～80 000 元
(4) 大于等于人民币 80 000 元

对上述问题，你会发现对于收入刚好30 000元或50 000元的家庭就有可能产生两种选择。所以这里问卷的选择(2)和(3)应改成30 000～49 999元和50 000～79 999元，或者在调查前就明确"(1)少于人民币 30 000 元"中的30 000其实际的含义就是29 999.99，"(2)介于人民币 30 000～50 000 元"中的50 000其实际含义就是49 999.99，依此类推。对于调查问题来讲，如果答案不是相互排斥的，那么市场调查就很难找到"真正"的答案。

3. 使用自然熟悉的语言

在调查中要根据调查样本群体的特点，用通俗的、调查对象所习惯的语言来设置和提出问题。同一个问题或概念不仅在不同宗族和不同社会团体之间存在各不相同的表述和认识，即使是同一国家中不同地区的人们也可能会产生不尽相同的理解。例如，用面包制成三明治，在一个国家的不同地区会被称为"夹心面包"等。这并不是说我们要用家常闲聊式的语言来组织问卷，而是要求在调查中以清晰、明确的方式来表达调查问卷的意图，并且能够准确地将信息传递给被调查者。从市场调查的实践来看，利用被调查者熟悉的语言，确实有助于被调查者对既定的问题做出精准有效的回答。但同时，当被调查者熟悉的日常用语出现在问卷中时，有时会引发理解偏差，在某些情况下会导致被调查者对一些问题的回答效率降低。

【案例 7-3】问卷设计示例 3

以调查醉酒问题为例。标准形式的问题应是：在过去的一年里，你饮用带酒精的饮料时喝醉的频繁程度是多少？

被调查者有以下可选项：
(1) 从不
(2) 一年一次或更少
(3) 每隔几个月一次
(4) 每隔几个星期一次
(5) 一星期一次
(6) 一星期内多次
(7) 每天

【资料 7-1】问题答案是问题措辞的一个函数

一个早期的盖洛普民意测验(Gallup Poll)显示，问题的答案通常是问题措辞的一个函数。"人们被问到是否拥有某种股票(stock)。在美国西南部的访问中，股票的拥有率出人意料地高，因为那里的应答者很自然地想到牲畜(stock)。这个问题就不得不重新进行措辞，以指称为'在任何一家证券交易所上市的有价证券'"。

很多调研专家都认为，问题措辞的改进可以更大程度地提高精确度。实验已经显示，由于模糊问题或是含混词语的使用而导致的误差范围，可能达到 20 或 30 个百分点。想想下面这个说明选择具有正确含义的词语的极端重要性的例子。下列问题的差异仅仅体现在应该、可能、可以这些词语的使用上。

(1) 您认为应该做任何事情，来让人们为医生或医院账单付费变得更容易吗？
(2) 您认为可能做任何事情，来让人们为医生或医院账单付费变得更容易吗？
(3) 您认为可以做任何事情，来让人们为医生或医院账单付费变得更容易吗？

从匹配的样本中得到的结果：82%的人回答说应该做些事情，77%的人认为可能做些事情，而63%的人觉得可以做些事情。在应该和可以这两个极端之间相差了 19 个百分点。

资料来源：张灿鹏，郭砚常. 市场调查与分析预测[M]. 2 版. 北京：清华大学出版社，北京交通大学出版社，2013.

4. 避免使用引导性问题

如果所提的问题暗示了调查者的观点和见解，或者指出了调查者的立场，将可能诱使被调查者的回答偏向于调查者，那么所提的问题就是引导性问题。在这种情况下，被调查者失去了公正地表达自己意见的机会，就可能会造成调查结果的偏差。

【案例 7-4】问卷设计示例 4

以问卷调查中的一个问题为例："在试用这种产品后，你觉得本产品有何不足之处？"假如被调查者并没有觉得该产品存在不足之处，那么这样的问题就没有给被调查者另外一种回答的可能。更好的提问方式是：

试用后，你觉得本产品是否存在不足之处？
A. 有　　　B. 没有

5. 避免交叉提问

如果提出的问题中有两个观点交织在一起就叫作交叉问题。这样的问题会使得被调查者必须同时回答两个问题,甚至问题包含的两个观点是背道而驰的。

【案例7-5】麦当劳服务调查

你认为麦当劳是否提供了快速、礼貌的服务?

A. 是的   B. 没有

这个问题就涉及了调查问题的两个不同的方面:麦当劳快餐的服务速度和服务态度。如果被调查者认为麦当劳提供了快速的服务,却未提供礼貌的服务,他该选择哪一个答案呢?

6. 可选项陈述明确

是否存在明确陈述的可选项对调查回答的结果具有很大的影响。

【案例7-6】美国人对坛装意大利通心粉进行测试的两组提问

(1) 假如在你经常光顾的商店里有坛装意大利通心粉,你是否会购买?

A. 购买   B. 不买

(2) 假如在你经常光顾的商店里,同时有坛装意大利通心粉和罐装意大利通心粉,你会:

A. 只买罐装   B. 只买坛装   C. 都买

第二种提问方式用可选项提供了对问题可能产生的答案的明确陈述。在实际调查中,如果采用第一种问卷,则有42%的被调查者提出他们会购买坛装意大利通心粉;而当调查采用第二种问卷时,指出会购买坛装意大利通心粉的被调查者人数占比跌至24%。

7. 问题是有效的、可靠的

为了保证调查活动顺利展开,调查所提的问题对于被调查者来说应该是生活中有所经验的和能够理解的,否则,被调查者不能准确地回答调查问题,调查的有效性与可靠性也会大打折扣。对此,在调查时要注意以下两个方面。

(1) 恰当性。向一个对所提问题一无所知的人提问,并企图获得答案,那是不现实的。因为这样的被调查者从未接触过此类事物,这样的问题对于被调查者是不恰当的。此外,被调查者在回答问题时,如果没有设计提示他们对某方面情况缺乏了解的问题,就可能会降低该调查的有效性。此类问题可通过以下方法避免:①选择恰当的目标群体;②通过解释问题或在选项中增加"不知道"一栏,从而允许被调查者指出他(她)在某方面缺乏了解。

(2) 记忆。在许多情况下,被调查者会被问及一些过去发生的事情,而他(她)可能对此已经遗忘。遗忘会造成以下三种类型回答:遗忘、缩紧、臆造。遗忘是指被调查者不能记起已发生过的事情。缩紧是指被调查者收缩了事情发生的时间,或认为事情发生要比实际发生得早。臆造是指被调查者"想到"从未发生过的事情。一方面,对过去事件的提问,如果没有提示问题,即不提供线索,可能导致调查可靠性的下降;另一方面,对被调查者过去事件的提问也可能形成有提示的问题,即提供线索的问题能帮助被调查者确切地回忆,但同时可能会增加收缩时间和臆造的错误。对此可通过以下方法进行消除:①仅对在近期内发生的重要问题进行提问;②告诉被调查者对于有提示问题的回答允许包含一些不精确的成分。

7.2.3 问题的形式

在进行问卷调查的实践中,往往按照是否给出回答选项来区分调查问题的形式。大体上可分为两种形式：开放式问题和封闭式问题。

1. 开放式问题

开放式提问又称自由回答题，调查者事先拟出问题，被调查者可以在问题所涉及的范围内自由地给出其认为恰当的回答。

【案例 7-7】相关广告调查提问

(1) 广告中说了什么？
(2) 广告中放映了什么？
(3) 在你刚看过的广告中你喜欢什么？

这些问题允许被调查者在描述广告时选用自己的语言。

调查采用开放式提问一般在一份调查表中只能占小部分，也并不是所有的问卷都必须有无约束问题。但是，在调查问卷中一旦出现此类问题，那么它的意图主要是获得被调查者对某一事物的描述、理解和反应。例如，有关广告、广告节目、包装、产品、观念等方面的问题。

(1) 开放式问题的优势，具体如下。

① 被调查者可以充分发表个人的意见。
② 可以用来检验封闭式问题的结果，同理，开放式问题也可以用来找到比封闭式问题更宽领域内的回答和反应。
③ 当在同一测试中存在两个以上的话题(事物)(如产品、价格)，开放式问题可以用来获得直接的对比和对该话题(事物)更为细致的评判。
④ 可以用来检验特定的传播手段(如广告节目、消费观念)是否传递了预期的信息。无约束问题也可以用来确定被调查者对一些刺激(如广告节目、产品包装)的情感反应。

(2) 开放式问题的劣势，具体如下。

① 不适合自行实施的调查，因为大多数的被调查者不太可能会做详尽的回答。
② 在运用开放式问题进行调查时，常常会在调查中出现对问题看法的分歧。
③ 开放式问题编辑和诠释的难度较大。
④ 被调查者受其表达能力的影响，回答可能含义不准确，每个被调查者的回答偏差程度可能较大，加以归纳分析存在一定的难度等。

以下是一个开放式问题的例子：

请问您近期购买的洗发水的品牌？

在被调查者指出近期购买的品牌之后，调查者可以将获得的回答与其预先开列的常用品牌进行核对，那么，这种形式的无约束问题从调查者的角度来看，是被当作了封闭式问题来对待。

【案例 7-8】智能门锁品牌调查问题的两种形式

(1) 在下列智能门锁品牌中，你听说过的是哪些？还有其他听说过的智能门锁品牌吗？

　　A. ASUS 华硕　　　　　　B. Yale 耶鲁
　　C. Samsung 三星电子　　 D. VOC
　　E. 第吉尔　　　　　　　 F. 亚太天能
　　G. 其他(请详细填写)_____、_____

(2) 在智能门锁品牌中，你听说过的有哪些？

_____、_____、_____、_____

2. 封闭式问题

所谓封闭式问题就是被调查者已被提供了一个或几个答案的备选方案，并且仅仅被要求去选择其认为最恰当的一个或几个答案的提问形式。封闭式问题可采取很多种形式，如判断题、多项选择题和标度回答题及成对比较题等。

调查采用封闭式问题的优点在于应用和实施时比较简单和方便，有助于减少调查时可能带来的分歧。封闭式问题假设预先设定的答案备选方案能够包含被调查者一切可能的、相关的回答，因此为了使调查有效，要求调查者在设计封闭式问题时能够基本把握封闭式问题可能出现的答案，且不会引起数据上的歪曲。

封闭式问题又有如下几种形式。

(1) 判断题，也称为二项选择法。这种方法适合于只有两种答案的问题，被调查者可以用"是"或"否"，"有"或"无"来回答。

【案例 7-9】网络游戏《王者荣耀》调查

(1) 您是否玩过《王者荣耀》？
(2) 您认为《王者荣耀》的皮肤购买价格合理吗？

(2) 多项选择题，也称为多项选择法。调查者事先对要调查的问题拟定几个可能的回答，供被调查者选择其中一个或几个。

【案例 7-10】消费品牌调查

(1) 您使用的手机是什么品牌的？请在答案选项旁的括号内打"√"。

苹果(　)　　荣耀(　)　　华为(　)　　OPPO(　)
Vivo(　)　　小米(　)　　三星(　)　　其他(　)

(2) 您知道哪些品牌汽车在提供新能源汽车车型吗？请在答案选项旁的括号内打"√"。

比亚迪(　)　丰田(　)　　吉利(　)　　本田(　)　　奇瑞(　)
奥迪(　)　　奔驰(　)　　雷克萨斯(　)　宝马(　)　　大众(　)

多项选择可以缓和二项选择法的强制性，能够区分出意见不同的程度。采用选择题时应注意设计答案编号，以便统计；事先拟定的答案既要尽可能包罗所有可能的情况，又不能重复；被选择的答案不宜过多，一般不超过10个。

(3) 标度回答题，也称顺位法。此类问题要求被调查者根据自己的专业知识或生活经验，对调查者给出的答案或选项按照一定的标度排出先后顺序。

【案例 7-11】新能源汽车相关调查

请您根据自己对新能源汽车以下问题的关注与不关注的程度进行排序：

A. 价格　　　　　B. 技术　　　　　C. 安全
D. 维修保养　　　E. 配套设施　　　F. 动力性能

从关注到不关注的顺序是：

调查也可不预先给出各种可能的答案，而完全由被调查者根据自己的认识顺序写出各种答案。在使用顺位题进行调查时，让被调查者决定顺位的答案数目不宜过多，一般不超过10个。有时也让被调查者根据自己的认识，在众多的答案中筛选出几项，然后再排出顺序。

(4) 成对比较题，这种方法是请被调查者将几个类似的产品或服务按给定的标准进行比较。

【案例 7-12】轿车耐用程度调查

请比较表 7-1 右边与左边各种品牌轿车在耐用程度上的差异。

表 7-1　各种品牌轿车在耐用程度上的差异

耐用							不耐用
品牌	非常	相当	稍微	相等	稍微	相当	非常	品牌
奔驰								别克
别克								大众
大众								尼桑
尼桑								本田
本田								奔驰

这种方法的优点就是可以让被调查者对不同的对象进行直接的比较，也便于被调查者回答；其缺点是工作量较大，例如有 10 种产品进行比较，则需要进行 $C_{10}^2 = 45$ 次的比较。另外，此类问题的答案整理、统计的工作量也较大。

课程思政：问卷设计中要避免歧视性措辞

设置问题语言时应该从受访者角度出发，要避免带有歧视性的词语。比如，询问老年人"不曾参加过文化学习活动"的原因时，"没钱参加""体弱多病"等就被视为歧视性答案，如果将答案分别改成"活动费用过高""身体状况不佳"，则更容易被受访者所接受，从而得到他们的配合。

不同的文化背景会塑造人们的语言习惯和沟通方式，因此来自不同文化的人可能因为问卷语言表达的差异而产生误解。因此在问卷设计中，需要注意跨文化沟通问题。若是需要把问卷翻译成他国语言，则更需要注意遣词造句。比如在西方，女权主义者很反感"chairman"(主席)这个单词，因为它给人的感觉是，只有男人才能坐头把交椅，因此英语中又增加了"chairwoman"和"chairperson"这两个单词，以避免性别歧视。再比如用"human beings"代替"mankind"(人类)，用"work-hour"代替"man-hour"(工时)，都是出于同种原因。又比如"aged"(年老的)，在西方人的理解中，也是一个消极、负面的单词，许多老年人不喜欢它，因而通常用"senior"来代替它；类似的，还有用"older"代替"senile"(衰老的)，用"weak"代替"feeble"(虚弱的)，等等。

资料来源：
① 江云轩，林祺皓，王生云. 关于老年人学习需求调查问卷设计的思考[J]. 国际公关，2023，(12)：30-33.
② 张宏. 浅谈怎样避免性别歧视和年龄歧视[EB/OL]. (2004-08-18). https://www.51test.net/show/14803.html.

7.3　问卷结构及相关问题

7.3.1　问卷结构

一份完整的问卷是由下列部分组成的。

1. 问卷的介绍

问卷的介绍也称说明词。许多被调查者在最初会有一些疑问，为什么被调查的是他们。因此在问卷的开头，必须对问卷进行相应的介绍。在问卷介绍中应阐明调查的目的、调查的性质和方法。在个人采访中，调查者要首先明确自己的身份和所代表的组织，应当用一至两句话来描述此次调查的目的。而在信件调查中，这些性质和目的被放在问卷前段。问卷介绍一般包括以下几点。

(1) 调查的内容及调查的意义。
(2) 被调查者参与调查的重要性。
(3) 信守保密，以及对问卷中问题的介绍。
(4) 对于参与调查的奖励办法。
(5) 如何解决调查中出现的问题。
(6) 致谢。

2. 收集资料部分

这是问卷最主要的，也是占最大篇幅的部分，是整个问卷的主体，由一个个具体的调查问题组合而成。

3. 样本特征分类资料部分

这部分是被调查者的基本资料部分，包括年龄、性别、职业等人口特征的相关资料。样本特征分类有助于依据调查的目的来选择符合特征的调查对象的答案，并做进一步的分析之用。

4. 计算机编号

这部分资料是调查者为便于将来数据分析和数据保存而为每份调查问卷设定的编号。

5. 作业证明记载

这部分内容主要满足调查访问管理的需要，通常包括被调查者的姓名、访问地点、调查员的姓名、访问时间等。

7.3.2 问题的顺序

1. 问卷开始的问题

问卷开始的一些问题应当是简单的、无危险性的，如果可能的话，应具有对该调查的一定意义。一些调查专家建议，问卷开始可以用简单有趣而无针对性的问题开头，甚至可以是一些与调查无关的问题，比如，关于天气的问题。而将回答难度较大的，或具有很强针对性的问题置于问卷的尾部。在个人访问调查中，通常提问是从有关调查主题的无约束问题开始的。这就要求被调查者首先集中回答有关的无约束问题，并给予他们阐述自己观点的机会，而在邮件调查及其他一些自行调查问卷中，提问通常是以封闭式问题开始的。

2. 敏感问题

例如，人口统计的问题是有针对性的，在有些人看来人口统计的问题是个人隐私，因此，此类问题往往会被置于问卷的最后。很明显，假如收入是问卷的最后一题，那么被调查者拒绝回答也不会影响调查的结果。总之，避免一开始就提出此类敏感的问题。

3. 漏斗形、倒置漏斗形顺序

当确定被调查者对调查主题有所了解以后，调查经常采用漏斗形的提问顺序，也就是首先问一些最普通的问题，之后才是一些要求比较严格的问题。这种方法避免了前后问题可能产生的分歧。当调查者知道并能确定被调查者回答问题的基本框架时，采用漏斗形的提问顺序是有效的。在个人调查中使用漏斗形的提问顺序可以有效地降低干扰。对于一些无明显主题的问题，可以用一般的问题开头然后转向特定的问题，在问一个总的观点之前先问一些分支问题是必要的。

在另一些情况中，倒置漏斗形顺序也是有效的，倒置漏斗形的提问顺序就是以特定的问题开始，然后让被调查者扩展他的想法和观点，再由调查者加以归纳和总结成不同的调查结果。这种方法有利于调查者确定所有被调查者的评估是否基于相似因素的基础上。倒置漏斗形的提问方式对无明显特征的问题最为有效，即被调查者对话题没有鲜明观点的一类问题。

值得注意的是，漏斗形问题仅限于应用于个人调查和电话访问，而倒置漏斗形问题的方法既能用于个人调查，也能用于邮寄调查。

4. 过滤型问题

过滤型问题是用来明确下一步提问内容的问题。一个简单的做法就是为过滤型问题做一个逻辑流程图来确定是否所有的情况和可能都包括在问题中。然后在这张流程图的基础上，编写过滤型问题并设计结构。图 7-1 就是一张用于新品牌市场测试的过滤型问题的流程图。

图 7-1　过滤型问题的流程

过滤型问题不要占据很多空间以致被调查者需要浏览一页以上的问卷(翻页)。它也不要求被调查者记住前面问题的答案。过滤型问题在问卷中的放置位置是很重要的。假如只有一个过滤型问题，应将它置于有关分支问题的前面，或者越近越好，尽量避免调查者前后翻页；如果有多个过滤型问题，应将其置于更为详细的问题前面。

另外，假如有多个话题，问卷应在开始新的话题之前结束前一个话题的所有问题。在转换话题时，使用转折短语以帮助被调查者调整思维。

7.3.3　问卷设计的注意事项

(1) 使用调查小册子。使用调查小册子这种形式的优点有：①可以避免问卷内页遗失或乱放；②便于调查员和被调查者翻阅；③可以使两页的内容在一个平面展示，有助于阅读；④在调查中使用小册子看起来更专业和易于行事。

在自行调查时，调查问卷的封面设计至关重要，直接关系着被调查者是否配合调查。问卷的封面要体现专业性，应注明日期、调查科目及进行调查的组织名称等信息。

(2) 一份邮寄调查或自行问卷应是便于回答的，并且应有专业的设计和印刷。日期、调查题目、调查组织者的名字应在问卷的第一页中列示。

(3) 问题不要排得太挤，间距要适中。对于无约束问题要留有一定的回答空间，预计的答案一般不应超过所提供的空间范围。有留白的问卷看起来简单，在减少差错的同时可以得到更高的合作率。

(4) 使用色彩对于调查者是有帮助的。用色彩对比的方法来设计问卷可以使调查工作简单化，也使得数据整理的过程加快。

(5) 问题编号。在问卷中给问题编号至少有两个原因：第一，问题编号便于发现问卷中的问题是否被遗漏了；第二，问题编号提供了一个可辨识的系统，这个系统在提高问题提示方面，特别是在跳跃式问题中被证明是有效的，对所有的封闭式问题预先编号有助于数据收集和分析。

(6) 避免割裂问题，割裂一个问题或割裂回答的选项都是不可取的。假如存在割裂的问题，被调查者就会认为这个问题在这一页已经结束了，结果会引起回答的不完整和潜在的误导。

(7) 问卷中提供的访问指导，应尽量地置于靠近问题的地方。其通常是放在问题的前面或紧接着问题，假如是介绍有关怎样回答和问题的形成，那么访问指导应置于问题的前面；假如是介绍答案该怎样记录或者调查者该怎样提问，那么访问指导应置于问题的后面。为了区别介绍和问题，经常用的方法是区分字体，以避免将介绍认为是问题的一部分。

(8) 回答栏使用垂直形式。初次设计问卷的人倾向于将栏目横置，认为这样可以节省空间。但通常采用的形式是垂直式的，这样调查者和被调查者只需阅读垂直的一栏。

(9) 将跳跃问题的回答指导置于答案后面。跳跃问题的指导有两种形式：字面的指导或指向另一问题的箭头。两种方法都是可取的。在使用跳跃问题指导时，应遵循两个原则：第一，指导应紧跟在答案后而不是问题后，以免被遗漏和忽略；第二，当两个问题之间还有问题时，不要将跳跃问题指导置于后面的问题之前，以免造成混乱。

例如，被调查者如果回答第 11 题"是"的，要求其转到第 15 题，回答"否"则转到第 12 题。这样的指导如置于第 15 题前，就可能会使被调查者回到第 11 题。对于这种情况，跳跃问题的指导应置于过滤型问题的回答后面，相应的回答栏应置于系列问题的前面。

2022 年《经济日报》读者问卷调查相关内容可扫描右侧二维码获取。

7.4 问卷的编码与测试

7.4.1 问卷的编码

不管采用何种调查方式，当市场信息通过问卷被收集起来以后，各种数据资料总是分散的、不系统的。因此，必须对这些通过市场调查收集到的数据进行整理，使其形成统一、完整的数据库，以便于计算机进行统计分析。因而，建立完整的数据库是市场调查之后资料整理阶段的核心内容。在此基础上对调查资料进行定性和定量分析，是整个调查最为重要的工作之一。

组建数据库的程序为制定编码方案、编码和录入、检查、验收等 4 个环节，下面将分别介绍。

1. 制定编码方案

编码方案是一组将市场调查数据资料转化为容易为计算机判读的数字规则，即何种数字代表何种回答或资料。编码方案应能使转化后的数据完全保持原始资料的特性，并为减少编码过程和统计过程的误差打下坚实的基础。编码方案的基本要求和操作要点包括如下几方面。

(1) 对无回答或无效回答的编码。在调查中，产生漏答、拒答、误答或按要求可以不答某个问题是很难避免的。为了保持原始市场调查资料的完整性，并为以后在统计分析时很好地识别它们，在指定编码方案时必须明确规定如何对待无回答或无效回答编码。在实际操作上至少应分三种情况：①对不确定的无效回答的编码，即对应当得到回答的问题没有提供回答的编码(空项)，其产生的原因可能是调查对象拒答、漏答，也可能是由于调查人员工作失误造成的漏填或漏记。②对"误答"的编码，即有回答但该回答属于明显的错误回答，例如，不符合上下文逻辑关系，比如，没有去过医院，但回答住院天数，或从来没有得过某种疾病，但回答了得某种疾病的年龄。③对"不知道""不好说"等确定性的无效回答的编码，一般来说这类回答可以看作拒答。有时这种回答是无意义的，可依据调查的目的给予鉴别。总之，一定要分配给各种无效回答以特定的编码，过于空洞和笼统是在制定编码方案中常见的失误。

(2) 使编码的内容保持一致性，通常的操作技巧是用固定的数字顺序表示问卷回答项的次序。

例如对所有测量等级、程度内容的项目答案，都以从小到大的原则分派编码。比如，"1"表示最次、最差或最不喜欢；"2"表示较次、较差或不太喜欢等。此外，可以用固定的数字表示无回答或无效回答。例如对所有项目中的无效回答都有"0"或"00"等编码；而对各种误答用"9"或"99"等。总之，编码的意义越一致，就越能减少在编码过程中产生误差的可能性。

(3) 尽可能用真实的数字作为编码，例如，对年龄、收入等调查时获得的真实数字，在编码时，就以这些真实数字作为编码。如"45岁"就编码为"45"；"570元"就编码为"570"。这样做的目的是保持数据库资料的"原始"性质。

(4) 对于"自由回答"或"开放性问题"的处理，要先分类后编码。对这类文字性的回答编码，首先要阅读部分(当然最好是全部)的回答，记录和分析出所包括的类别。这些类别应该是相互独立的并包括所有的可能性。然后，对这些类别编码。当然，在实际操作中，也可以在调查之前就已经定出所关心的类别及其编码，而对问卷或其他形式收集到的超出已经制定的编码范围时，一律作为"其他"类别编码。

总之，制定编码方案是组建数据库的第一步，其质量的高低将决定今后编码过程的难易，更为重要的是决定了数据库的类型和质量。依据编码方案，编制出编码手册，即以准确的语言和清晰的格式说明每一个问题、每一种回答的编码是什么。或者说，在该次调查资料数据库中，每个数字或每组数字代表的含义是什么。

2. 编码和录入

在现代市场调查中，尤其是在大型调查中，编码过程和输入编码过程是两个相互独立的过程，在人员配置上也相应地分为"编码员"和"录入员"。

编码员的任务是严格依据"编码手册"的规定，对各类原始的市场调查资料，如经检验合格的问卷或访谈记录等逐题逐项地编码。这一环节要做到准确无误，一般要建立严格的复查制度。

录入员的任务是将"编码"输入计算机。目前通用的方式是直接用计算机输入编码，这一环节也要求做到准确无误。一般控制录入质量的方法有三种。

(1) 重复录入两次或更多次，指示计算机将两者比较检查。当发现同一位置的数字前后录入不同时，计算机将将提示，以便纠正。

(2) 阈值控制，即事先依据编码手册规定输入编码的范围值，并编制自动对照程序。当输入的数字超出该范围值时，计算机自动拒绝接受并发出警告的信号。

(3) 对于数值类报表、统计表进行输入时，可采用平衡检测法控制输入的质量，即把报表中某组数值相加作为平衡项。如果录入的平衡项数值与计算机的数值相同时，则计算机接受；如果数值不等，计算机则不接受并发出警告信号。

3. 数据库的检查

当完成输入编码的工作后，数据库就组建起来了，但是，应当对其进行严格的检查和验收，才能提交做下一步分析使用。

检查的内容和要求包括以下几点。

(1) 单位完整性的检查。需要依据调查的整体方案，检查调查单位的数量，看有无遗漏。

(2) 逐个问题进行频数统计，以确保数据库的每个数字都在合法的数值范围之内，例如，性别的合法数值分别为1(男)、2(女)、9(无效回答编码)，那么就不应该出现"3"或其他数字。这对没有设定"阈值控制"的录入过程是很重要的一项检查项目。

(3) 对于具有相互关系的问题做交互分类统计，以确保数据库的每个数据是合法的。

(4) 对一定比例调查单位进行全面检查，通常比例可取1%。即将一小部分数据取出，与原始的市场调查数据全面核对。如果误差率较大，则需进一步深入检验。

4. 数据库的验收

经过严格检验的数据库仍不能立即用于统计分析，还需对其进行验收。数据库的验收是以抽样方案为参照物，检查和验证用于市场分析资料的代表性。其主要内容为：检查数据库的构成结构与抽样方案所规定的结构是否一致。只有验收合格的数据库，方能用于分析。

7.4.2 问卷的测试

问卷精心设计与编排之后，仍不能直接使用。投入现场工作之前，有必要将问卷进行小范围的试验。第一，必须将问卷交付委托单位审核，听取委托方(客户)的意见，力求问卷能够全面、清楚地表达委托人的调查意向。第二，可以在同事中或经挑选的普通用户中进行小组试验。一般来说，问卷测试选择 20 个访问对象即可，要求具有一定的代表性，不过不必像抽样设计那样严格、正规。一个完整的问卷测试可以对调查问卷潜在的错误做出修正。

(1) 问卷测试的内容。它包括所有的问卷问题、问卷构思、问题顺序、问题难度、问卷指导等。

(2) 问卷测试的目的。鉴定调查问题是否能被调查对象充分理解，鉴定问卷内容是否能够充分反映所需资料的内容，提供可能有助于多项选择问句的答案，同时也可以确定调查访问所需花费的平均时间。

(3) 问卷测试的方式。问卷测试应被置于一个正式环境中进行测试。在进行问卷测试的过程中，一项重要的工作是汇总和备忘录分析。在被调查者回答完问卷后，我们要对答案进行汇总，总结的内容包括被调查者是如何解释他们的答案的，是如何陈述每个问题的含义的，以及如何看待他们所做的题目的。备忘录分析就是让被调查者在回答提问时设想一些在实际调查中可能遇到的问题和解决方法，以及将这些方法应用在实际调查活动中的效果评估。

(4) 问卷测试的组织。通过电话和个人访问，可以邀请一定数量的调查者参与问卷测试。调查项目负责人应当负责自行的问卷测试，同时也应该遴选一些有调查经历的人和相对陌生的调查者共同参与问卷测试。

(5) 问卷测试的被调查者。在邀请问卷测试中的被调查者时，应尽量选择那些对主题具有一定熟悉程度的，且在与主题相关的态度、行为、背景等方面具有相似性的对象，这对于问卷测试的有效性是至关重要的。

(6) 问卷测试的样本。问卷测试的样本需多大，目前还没有一致的看法。但是有这样一种观点，问卷测试的样本在很大程度上依赖于将来实施调查的样本的大小。如果调查样本是不同种类的，问卷测试就会采用较大的样本。此外，对于复杂的问卷采用较大样本也不失为一个好的选择。

通过测试的问卷经过整理和完善就可以应用到实际的市场调查研究活动中去了。但是，要指出的是，并不是通过问卷测试的问卷就能获得最有效的市场调查结果。要获得有效的市场调查结果还需要其他相关工作的协同配合。

7.5 处理问卷调查中的问题

7.5.1 不响应

没能从选进样本的作为目标群体的被调查者处获得信息，这就是调查中的不响应问题。对于不响应的情况，其一要考虑是不是预定的研究问题设置得不对，其二要考虑在调查中方法是否有差错,以便在今后的调查中予以纠正。图 7-2 显示了试图通过电话取得联系的几个可能的结果。

图 7-2　电话联系可能的结果

7.5.2　不在家(不在场)

由于被调查对象不在家(不在场)导致的低回答率是个人上门调查和电话调查中的一个严重的问题。然而,可以运用一系列的回访来大大减少不在家的比例。

消费者调查中最小数量的回访一般是 3 到 4 次。不在家的比例按照以下因素变动:①被调查者的属性。相较于单身或离婚的人,最可能在家的人是结过婚、有孩子的人。②拜访的日期和时间。周末比其他日子更可能成功取得联系,晚上比下午的调查更有效。③访问情况。如果其他方面相等,通过电话或邮件提前约定可以增加成功取得联系的机会。

回访的成功使用基于两个假设:①如果通过回访使回答的可能性增加,减少不在家的数量,那么证明此努力是正当的。如果肯定不合作的人的零回答数量很大,那么回访也将无结果。②回访对象应该与那些已包括在样本中的被调查者有所区别。

制订回访计划可以实现对回访的控制。在电话调查中用一个回访记录单记录每一次试图联系的结果。一般情况下,大多数的回答在第一次访问时可以获得,在第二次和第三次的拜访中可以有更进一步的回答。在回访发动和完成时,应对被回访的被调查者与已包括在样本中的被调查者之间的差异进行评价。如果差异较小,或趋势显现出其对调查结果的影响的不确定性,那么就几乎没有理由再发动回访或者根本没有深入回访的必要了。

7.5.3　拒绝

导致低回答率的第三个原因是拒绝。被调查者根本不愿意或无法回答特定的问题或者不愿意参与调查就称为拒绝,它是入户访问、邮件、电话和街头拦截访问调查中一个潜在的问题。拒绝的比例依赖于一系列不同的因素，如同前面所讨论的，个人调查和电话调查的拒绝率比较高。在这些调查中要减少拒绝的可能性，就要把重点放在预先通知、激励被调查者、恰当设计调查表和管理调查问题等工作上来。

(1) 预先通知是指通过提前发送一封信件给潜在的被调查者，以通知他们即将进行的电话或个人联系事宜。事先发出信件的做法有助于产生提高总体样本回答率的积极影响。这种做法的理论基础很简单：当被调查者在接到一个意想不到的电话，或在家里，或在购物街头被作为访问者时，他们经常会产生怀疑。这种怀疑和不确定的因素会导致拒绝并降低被收集到的数据的整体质量。事先发出的信件可以在减少调查者潜在的紧张情绪的同时，尽力营造一种合作的氛围。事先通知并不是在所有例子中都能使用。例如，它不可能运用在随机选择的电话拨打中。

(2) 为了增加被调查者的兴趣或参与并获得他们的合作，就需要激励被调查者。一种方法叫作"踏进家门"技巧，它首先让被调查者完成一个相对短的、简单的调查表，接着，在以后的时间里，请他们完成有关同样主题的较长的调查表。这个方法的基本原理是以自我感觉理论为基础的，此理论认为个人是通过解释他们行为的原因来逐步了解自己的态度的。当一个人的行为是由于内因，而不是外部压力引起的情况下，对行为的积极态度就容易产生。这样的态度或称自我感觉对后来的行为会施加一个直接的影响。因此，自我感觉良好的被调查者如果预见到先按照小的、简单的要求做，那么他们就会把自己看作从事这种活动的人，因此，更可能完成相似的、更多的活动。但是迹象表明这种方法总的来说能增加回答率，但会导致大量附加费用，这种方法可能在实践中意义就不大了。

(3) 恰当地设计和管理调查过程，与设计和管理调查表的人的技能、专业知识有关。如果访问者掌握了在怎样的程度上寻根问底、触及被调查者的秘密、考验被调查者的耐心，同时又不会伤害到他们的调查技巧，就可能大大缩减拒绝的比例。有技能的访问者能够不用附加请求，通过应用相关语言和劝说技巧，婉转地获得信息来减少拒绝比例。这种方法被称为拒绝转化或劝说。

在减少拒绝的措施中也包括可以在发出调查表的同时，增加一份附信。附信对邮件调查来说是必要的组成部分，并且可能是最符合逻辑的和效率最高的提高回答率的手段。附信是被调查者可能读到的将要参与调查的第一部分，它介绍调查项目并激励被调查者填写调查表并将其尽可能快地寄还给调查组织者。

7.6 提高问卷回答率的方法

7.6.1 研究成果综述

为了减少市场调查被拒绝的可能，相关人员提出了一些提高回答率的技巧。

(1) 调查表的长度可能与回答率近于毫无关联。实际的调查迹象显示，调查表长度和回答率之间存在非常弱的相关性。

(2) 不管是提前支付的或承诺的金钱刺激，都会增加回答率。提前支付的金钱刺激比承诺的更能增加回答率。另外，支付的数量与回答率之间有很强的积极的关系。但是，大量金钱刺激的使用可能完全超过了通过回答率的增加而获得的额外信息的价值。

(3) 在一些研究活动中发现，非金钱刺激，即提供奖励和奖品(如钢笔、铅笔或书)也可增加回答率。

(4) 调查人员在以下几个方面的工作可以提高回答率：①预先的通知；②个人化；③跟踪信件。

但是，促进调查表回答的某些因素并不会对回答率产生积极的影响，它们包括：附信、匿名、期限设定、邮费、呼吁(既无社会效用也无助于调查组织者)。

7.6.2　处理不回答

几种不同的针对不回答偏差的纠正法已被提出，下面讨论处理它的 5 种方法。

(1) 估计影响。调查者应努力估计不回答对市场调查产生的影响。一种有效的方法是把不同的回答率与不回答行为所造成的影响关联起来。

其一，不回答率应该当始终被记录和报告。正如前面所指出的，虽然高的回答率自身不足以说明不回答偏差很小，但它减少了不回答行为对结果产生影响的可能性。在大多数例子中，有理由假设较低的不回答率不会对样本的中间值(平均值)产生较大影响。其二，要估计不回答的影响，必须结合不回答的规模来估计被调查者与不愿被调查者之间的差别。关键在于获取关于这些差别的信息，这个信息可以通过样本自身获得，例如，从对不愿被调查者的一个子样本的跟踪中获得，或从通过提问发现的差别中推断这些信息。有关这些差别的信息的另一个主要来源是过往研究中积累的知识基础。

(2) 简单的加权。加权程序旨在通过为数据分配权数来帮助寻找不回答的原因从而消除不回答偏差。假设在一个全国性的调查中，在 4 个主要地区的回答率是不同的。假设东部的回答率是 80%，南部是 50%，北部是 75%，西部是 60%；对东部来说，权数将是 1.25(100/80)，南部是 2.00(100/50)，北部是 1.33(100/75)，西部是 1.67(100/60)。与他们回答率相反的加权子集能纠正他们之间的差别，然而，这种加权有可能损坏了样本设计的自我加权性质。

(3) 替换。对不回答的替换实际上是简单地用被其他的被调查者来代替不回答的被调查者。这种方法基于把整体样本分成子集，一旦这个子集建立起来了，那么就可以识别出与特定的不愿被调查者相似而且尚未纳入样本中的被调查者作为替代。如果不是这样，而是错误地用一个与已存在于样本中的被调查者相似的单位来替代非被调查者时，那么这种方法将无法有效减少不回答偏差。

(4) 转嫁责任。这种方法以一系列被调查者与非被调查者所共有的特性为基础，把不回答归因于特定的问题或整张调查表。转嫁责任基于这样的观点：如果在一定的条件下，回答的答案之间是相互关联的，利用这种相关也可以对遗漏(不回答)的答案进行合理的预测，从而得到更为准确的调查结果。在很多调查中，转嫁责任是通过调整引起不回答的被调查者的权数来进行的，与前面描述过的简单加权方法相似，或通过一个替换程序，用以前已经回答的调查表来代替现在的一个不回答的调查表。

(5) 代替。如果这次的调查存在不回答时，可用一个在早期的相似的抽样程序中没有被调查者的地址来代替这个不回答的被调查者的地址。这个方法最初在家庭(住所)个人调查中提出，通过较小的修改也能用于其他调查环境。显而易见，这种代替方法在企业开展的包含相似的调查抽样程序情况下最为适用。

为了使代替方法获得成功，必须具备三个条件：①早期调查中的没有被调查的对象的地址必须足够多并且有非常高的回答机会而使努力不白费；②早期调查中的没有被调查的对象的地址必须与已包含在样本中的被调查者不同；③当前调查的不回答与获得代替地址的早期调查的不回答在性质上具有相似点，正式调查和代替调查的时间间距要短并且两个调查应该用相似类型的被调查者。

一般情况下，如果调查过程中，不回答的被调查者样本数量超过 30%，那么代替方法也是无效的，必须重新进行调查设计的整个过程。

关键词和概念

问卷调查　　问卷设计　　开放式问题　　封闭式问题

本章复习题

一、思考题

1. 简述问卷设计的基本原则。
2. 用示意图表示问卷设计的步骤及过程。
3. 举例说明问卷设计中各种提问方式的适用性。
4. 如何应对问卷调查中出现的问题?
5. 如何提高问卷的调查和回答(反馈)率?

二、实践题

1.【在校学生生活费用调查(续)】请根据已拟定的"在校大学生每月生活费用支出情况"市场调查与预测工作计划,拟定一份调查问卷。包括:引导词;用3种以上不同的提问方式提出20~25个问题(含调查量表)。

2. 根据案例7-13"某连锁餐饮公司市场营销调查问卷"回答下列问题。
(1) 为"某连锁餐饮公司市场营销调查问卷"编写一份问卷说明词。
(2) 指出"某连锁餐饮公司市场营销调查问卷"中问题设计的种类及方法。
(3) 分析"某连锁餐饮公司市场营销调查问卷",指出其需要完善之处。

【案例7-13】某连锁餐饮公司市场营销问卷调查

该连锁餐饮公司市场营销问卷调查的主要目的是了解顾客对该餐饮公司营销策略方面问题的看法,具体可扫描右侧二维码进一步了解。

资料来源:巩喜阳. A连锁餐饮公司的营销策略研究[D]. 西南交通大学,2021.

某连锁餐饮公司市场营销问卷调查

3. 根据案例7-14中湿巾新产品上市市场调查研究项目的背景及研究目标,设计一份完整的市场调查问卷。

【案例7-14】湿巾新产品上市市场调查

项目名称:湿巾新产品上市市场调查研究项目

研究类型:消费者U&A研究、购物需求挖掘等

归属行业:日用品

项目背景与研究目的:福建AL集团是一家专业生产销售生活用纸、生活用品的集团企业,集团拥有9个系列子品牌,涵盖手帕纸、有芯卷筒卫生纸、无芯卷筒卫生纸、抽取式面巾纸、方巾纸等健康产品,深受广大代理商及消费者的喜爱。

此次定性可行性调研,来解决以下问题:

(1) 了解消费者购买婴儿湿巾的行为习惯(U&A研究);
(2) 了解消费者购买婴儿湿巾的主要影响因素、驱动因素(功能属性、情感属性);
(3) 了解消费者购买婴儿湿巾未满足的显性需求、隐性需求等;
(4) 通过对设计好的婴儿湿巾产品的概念测试,分析其与竞品的优劣势;
(5) 通过产品概念测试,了解其独特性、相关性和购买的可能吸引力等;
(6) 根据概念测试结果,对现有产品概念做进一步完善。

资料来源:湿巾新产品上市市场调查研究项目[EB/OL]. http://www.51diaocha.com/typical/product/10003.shtml.

第 8 章
数据处理与分析

◎ 学习目的与要求
1. 了解数据分析的作用;
2. 明确数据分析的基本要求及技术原理;
3. 掌握交叉列表分析中变量的确定技术及方法;
4. 了解基本统计量及其分布;
5. 掌握利用统计量进行检验的基本原理和方法;
6. 掌握方差分析的基本原理和方法。

> **引入案例** 数据揭秘抗衰老护肤品行业背后的"百亿生意"

1. "颜值经济"加持,抗衰老护肤品市场需求不断扩大

抗衰老化妆品指可以抵抗衰老、抗氧化、抗皱类的化妆品,亦称为抗衰老护肤品。在小红书、抖音、快手等平台上对大众护肤需求进行统计,可以看出除基础保湿护肤外,抗衰老需求超越美白,成为消费者最关注的功能性护肤需求。

对抗衰老途径进行统计发现,"护肤品"成为公众最关注的选择,以 58.3 的热度指数排在第一位。"医美"以 28.72 的热度指数位列榜单第二位。除此之外,运动健身和保健品等也是公众预防衰老的重要方式。

对选购抗衰老护肤品时的影响因素进行统计发现,公众越来越"实际",对"产品功效""成分""价格"和"技术"的关注度更高。"品牌""优惠力度""产品口碑"也是影响消费者选购的重要因素。

2. 品牌活动助推关注度提升,"虚假宣传"成负面信息主要来源

通过关键词云可见,"年轻"一词被提及 1752.4 万次,体现出消费者的强烈诉求。"赫莲娜""OLAY""迪奥""悦木之源""丸美"等品牌收获的关注度同样较高。经分析,除了品牌自身的高影响力外,品牌营销活动成为品牌声量上涨的主要原因。"淡纹""弹力""紧致""抗老""抗初老"等产品功效成为影响消费者购买的重要因素。"按摩头""肌活""科技""改善"等成为传播热词,侧面体现出消费者对产品技术及成分的关注。

在统计时间段内,抗衰老护肤品行业相关信息整体呈正面态势,敏感信息占比仅为 0.58%。"虚假宣传""皮肤反黑""烂脸"等相关问题成为负面信息的重要来源,其中雅诗兰黛、希芸、益恩喜等公司因为虚假宣传被行政处罚的新闻报道引发舆论关注。

3. 90 后成抗衰老护肤品消费主力,二线及以上城市声量更高

对抗衰老护肤品相关信息进行地域分析可见,北京、广东等经济发达地区的消费者抗衰老意识更强，对相关信息关注度更高。从信息量TOP10的地域来看，南方城市占据6席，北方城市仅占据4席，侧面体现出南方消费者对抗衰老问题更为重视。

从关注抗衰老行业相关信息城市分布可见，一线及新一线城市合计占比超五成，二线城市占比为15.77%，二线以下城市占比相对较少。

从人群画像来看，抗衰老概念已向年轻群体渗透，引发"提前抗衰老"潮流，21~30岁的90后人群对抗衰老护肤品相关信息最为关注，占比高达60.81%；其次31~40岁的人群，占比达21.3%。值得注意的是，20岁以下的00后人群抗衰老意识明显增强，占比达10.65%。

从性别比例方面看，女性占比为54.26%，男性占比为45.74%，两者差距较小。由此可见，男性抗衰市场蕴含的潜力同样可观。

4. 精华液成为消费者抗衰老最优选

随着抗衰老理念的渗透，消费者认知程度加深，对抗衰老护肤品的需求呈现多元化。微热点研究院统计显示，消费者对功效针对性较强的面部精华液品类关注度最高，以43.66的热度指数排在榜单第一位；作为日常生活所需的面膜类产品也是消费者关注的重点，以23.99的热度指数排在榜单第二位；防晒霜的热度指数达21.11，位列榜单第三位。值得注意的是，消费者对精华油的关注度高于面霜、眼霜等以往热门品类，消费趋势明显增加。

资料来源：微热点. 数据揭秘抗衰老护肤品行业背后的"百亿生意"[EB/OL]. (2021-09-08). https://baijiahao.baidu.com/s?id=1710322862792334742&wfr=spider&for=pc.

8.1 数据分析的作用与要求

8.1.1 数据分析的含义与作用

数据分析是指对市场调查过程中收集到的各种原始数据进行适当的处理，使其显示一定的含义，进而反映不同数据间及数据与原数据间的联系，并通过分析得出结论。数据分析所采用的方法主要是一些基本的统计分析技术。

单独的一个数据不代表任何市场信息。例如，数字1500就是1500，它并不能说明什么；如果一个数据反映的是某企业家电产品的价格为1500元，它就具有了一定的经济含义，如果把这一价格数据同其三个竞争对手的同类产品价格：1600元、1700元和1750元联系起来，则说明该企业的产品具有价格优势。如果是经营管理供应链的企业，可通过预测分析了解世界哪个区域最有可能遭遇自然灾害或其他灾害，从而分布你的供应商在风险较小的区域，主动管理风险。如果是大型工业公司，可以用数据分析对数以百万计制造所需要的设备进行远程管理和维护，构建属于自己的服务收入模型。上述例子表明，数据分析可使原有的数据信息资料能够更好地反映出客观经济事物的本来面貌和内在联系。

有人认为，数据资料的收集是数据分析的核心，但事实上，数据分析工作既重要又复杂，仅有数据资料而缺乏正确的分析技术，是无法正确地了解和认识市场的。

【案例8-1】亚马逊的数据价值

如果说全球哪家公司从大数据发掘出了最大价值，截至目前，答案可能非亚马逊莫属。亚马逊同样需要处理海量数据，而这些交易数据的直接价值更是巨大。作为一家"信息公司"，亚马逊不仅从每个用户的购买行为中获得信息，还将每个用户在其网站上的所有行为都记录下来，诸如页面停留时长、用户是否查阅了评论、每一次搜索的关键词和浏览过的商品等细节。

这种对数据价值的高度敏感和重视,以及强大的挖掘能力,使得亚马逊早已远远超出了它的传统运营方式。

亚马逊CTO(首席技术官)Werner Vogels(沃纳·威格尔)在CeBIT(德国汉诺威国际信息及通信技术博览会)上关于大数据的演讲,向与会者描述了亚马逊在大数据时代的商业蓝图。长期以来,亚马逊一直通过大数据分析,尝试定位客户和获取客户反馈。"在此过程中,你会发现数据越大,结果越好。为什么有的企业在商业上不断犯错?那是因为他们没有足够的数据对运营和决策提供支持,"Vogels说,"一旦进入大数据的世界,企业的手中将握有无限可能。"从支撑新兴技术企业的基础设施到消费内容的移动设备,亚马逊的触角已触及更为广阔的领域。

亚马逊推荐:亚马逊的各个业务环节都离不开"数据驱动"的身影。在亚马逊上买过东西的朋友可能对它的推荐功能都很熟悉,"买过X商品的人,也同时买过Y商品"的推荐功能看上去很简单,却非常有效,同时这些精准推荐结果的得出过程也非常复杂。

亚马逊预测:用户需求预测是通过历史数据来预测用户未来的需求。对于书、手机、家电这些东西——亚马逊内部叫作硬需求产品,你可以认为是"标品"——预测是比较准的,甚至可以预测到相关产品属性的需求。但是对于服装这样的软需求产品,亚马逊干了十多年都没有办法预测得很好,因为这类东西受到的干扰因素太多了,比如:用户对于颜色款式的喜好,穿上去合不合身,家人朋友喜不喜欢……这类东西太易变,买的人多反而会卖不好,所以需要更为复杂的预测模型。

亚马逊测试:你会认为亚马逊网站上的某段页面文字只是碰巧出现的吗?其实,亚马逊会在网站上持续不断地测试新的设计方案,从而找出转化率最高的方案。整个网站的布局、字体大小、颜色、按钮及其他所有的设计,其实都是在多次审慎测试后的最优结果。

亚马逊记录:亚马逊的移动应用让用户有一个流畅的无处不在的体验的同时,也通过收集手机上的数据深入地了解了每个用户的喜好信息;更值得一提的是Kindle Fire平板电脑内嵌的Silk浏览器可以将用户的行为数据一一记录下来。

以数据为导向的方法并不仅限于以上领域,亚马逊的企业文化就是冷冰冰的数据导向型文化。对于亚马逊来说,大数据意味着大销售量。数据显示出什么是有效的,什么是无效的,新的商业投资项目必须要有数据的支撑。对数据的长期专注让亚马逊能够以更低的售价提供更好的服务。

资料来源:数据分析最具价值的49个案例[EB/OL]. (2019-01-04). https://blog.csdn.net/weixin_44099558/article/details/85782339.

8.1.2 数据分析的要求

实际的数据分析过程一般发生在数据收集之后,但在市场调查和预测的过程中就应对数据分析早做考虑。特别是在市场调查的设计阶段,应根据整个项目的目的、特点,预先确定数据分析计划。进行数据资料收集工作之前,更需对数据分析的计划心中有数。

数据分析计划应包括确定需分析的主要变量、测量这些变量的方法、数据分析的过程及分析技术等。

【案例8-2】抖音电商直播间的核心数据指标

直播间的核心数据指标可以分为四大类:人气指标、互动指标、商品指标和交易指标。人气指标反映的是直播间的流量,互动指标反映的是直播间的内容指标,商品指标反映的是商品的兴趣,交易指标反映的是直播间的变现能力,也就是直播间的成交转化。下面我们具体分析这四大指标的各个关键性指标。

(1) 人气指标，要关注看播率、总观看人次、总观看人数、最高在线人数和平均在线人数。看播率通常反映的是直播间的第一视觉，也就是直播间的曝光进入转化率。观看人次和观看人数分别代表的是 PV(页面浏览量)和 UV(独立访客数)。观看人次是用来对各个流量渠道的流量规模、流量的效率进行分析的核心指标，而观看人数则是对于直播间内的运营分析的核心指标。最高在线人数代表当前直播间获取流量的最大能力，而平均在线人数则可以反映直播间承接流量的核心能力。

(2) 互动指标分为互动率、增粉率、加团率和人均观看时长。在这四大指标中，可以分为三个层次去查看。

① 人均观看时长。一般意味着用户的停留，用户停留是最基础的互动门槛。

② 互动率。互动率指的是点赞评论分享行为的用户占总观看人数的占比，其体现的是用户对于直播内容的喜欢程度。

③ 增粉率和加团率。增粉率和加团率反映的是直播间最终所得到的获取粉丝的能力，做内容的最终目标就是为了获取粉丝，加团是比增粉更加被用户认可的行为。

(3) 商品指标是用户对于商品的兴趣，商品指标包含以下三个具体的数字：商品的点击人数、商品的曝光率、商品的点击率。

(4) 交易指标，是直播间整体的变现效率，里面有两个核心点，分别是看播成交转化率和客单价。如果按次数来看，看播成交转化率结合客单价得到的是 GPM(每千次曝光产生的购买量)的指标；如果按人数来看，看播成交转化率结合客单价得到的是 UV 价值。

以上四大指标反映的情况是各不相同，商家一定要了解每一个指标背后的意义，通过数据分析看到直播运营的本质。

资料来源：丝路赞学院. 抖音直播间的复盘思路与自播诊断数据分析[EB/OL]. (2022-12-07). https://baijiahao.baidu.com/ s?id=1751513251778493019&wfr=spider&for=pc.

8.1.3　数据的审核

市场调查的最终目的是第一时间、全面准确地反映市场现状，揭示市场发展规律和趋势，为市场营销决策提供依据。市场调查数据应具备准确性、完整性、及时性等特点，因而数据审核尤为必要。

1. 调查数据的审核

在数据分析前需经过相应审核，应遵守以下原则。

(1) 完整性。审核调查数据资料是否齐全。如有遗漏，应及时查明原因加以填补。

(2) 准确性。审核是否存在人为地"干预"、修改、调整调查数据的现象。

(3) 及时性。审核调查数据资料特别是二手资料的时效性。

(4) 协调性。检查各部分调查数据资料之间是否连贯、是否一致、是否相互矛盾、是否有明显的差异性。

2. 调查误差及控制

市场调查结果与市场客观实际情况间的偏差就是市场调查误差。这部分误差通常与调查者、回答者、资料收集方式和问卷等因素有关。

按调查误差的来源可将误差划分为登记性误差和代表性误差。

登记性误差是调查过程中调查者或被调查者的人为因素所造成的。其包括调查者的填报错误、数据整理者的编码录入、汇总错误等；被调查者有意虚报或瞒报调查数据等。理论上，登记性误差可通过制定和严格执行严密的调查实施计划来消除，也可对调查数据进行信度检验。

代表性误差又可分为系统性误差和随机误差。系统性误差主要是由调查方法、抽样方案(样本选择)、问卷设计、数据处理方法、分析报告撰写等出现偏差所导致的。产生这类偏差的最主要原因可能是缺乏对调查目的的透彻理解。理论上，系统性误差也可以通过制定严密的调查方案而消除，处于调查阶段的系统性误差也可进行效度检验。

另外，随机误差是由采用样本数据推断总体数据而产生的。其产生的主要原因是总体单位之间的标志差异。理论上，除非做到全面调查，随机误差通常无法消除，但可以通过调整抽样组织方式、扩大样本容量进行控制和降低。

8.2 统计图表法

8.2.1 常用的统计图

统计图是依据市场调查数据，利用不同的几何形状绘制出的各种图形，具有直观、形象、表达具体等特点。常用的统计图包括饼图、柱状图、折线图、散点图、雷达图和气泡图等。

1. 饼图

饼图用于显示一个数据系列，每个数据系列具有唯一的颜色或图案，并在图表的图例中表示。饼图可明确显示数据系列中各分项的大小及其占各项总和的百分比，可显示成二维或三维。

【案例8-3】饼图使用示例

利用饼图，对某城市居民人均消费支出情况(见表8-1)进行图示(见图8-1)。

表8-1 某城市居民人均消费支出

分组	2019年		2020年		2021年		2022年	
	人均消费支出/元	比重/%	人均消费支出/元	比重/%	人均消费支出/元	比重/%	人均消费支出/元	比重/%
低收入户	6272	14.08	12 555	10.67	13 700	10.77	15 095	11.36
中低收入户	7516	16.87	15 970	13.57	18 449	14.51	18 232	13.71
中等收入户	8555	19.20	21 611	18.37	23 228	18.27	22 946	17.26
中高收入户	9445	21.20	26 773	22.76	30 387	23.90	29 575	22.25
高收入户	12 763	28.65	40 744	34.63	41 397	32.55	47 092	35.42
合计	44 551	100.00	117 653	100.00	127 162	100.00	132 940	100.00

图8-1 2022年各分组人群人均消费支出构成

2. 柱状图

柱状图(直方图)以长方形的长度为变量,由一系列高度不等的纵向条纹表示数据分布情况,用来比较两个或以上的变量,可显示成二维或三维。柱状图与折线图可组合成"组合线柱图"。

【案例 8-4】柱状图使用示例

利用柱状图,对某城市居民人均消费支出情况(见表 8-1)进行图示(见图 8-2)。

图 8-2 历年各分组人群人均消费支出构成(2019—2022 年)

3. 折线图

折线图可显示随时间而变化的连续数据,适用于显示在相等时间间隔下数据的趋势。其中,类别数据沿水平轴均匀分布,所有值数据沿垂直轴均匀分布。

【案例 8-5】折线图使用示例

利用折线图,对某城市居民储蓄存款年末余额构成情况(见表 8-2)进行图示(见图 8-3)。

表 8-2 某城市居民储蓄存款年末余额构成

年份	储蓄存款余额/亿元	其中		人均储蓄存款余额/元
		定期储蓄/亿元	活期储蓄/亿元	
2007	2 109.18	1 843.25	265.93	14 165.00
2008	2 372.94	2 017.16	355.78	15 540.00
2009	2 597.12	2 119.82	477.30	16 574.00
2010	2 627.07	2 084.21	542.86	16 331.00
2011	3 109.50	2 301.33	808.17	19 266.00
2012	4 915.54	3 603.05	1 312.49	30 249.00
2013	6 054.60	4 260.87	1 793.73	35 386.00
2014	6 960.99	4 904.93	2 056.06	39 956.00
2015	8 432.49	6 071.83	2 360.66	47 416.00
2016	9 480.28	6 701.97	2 778.31	52 223.00
2017	9 326.45	6 185.85	3 140.60	50 194.00
2018	12 083.66	8 555.64	3 528.02	63 987.00

(续表)

年份	储蓄存款余额/亿元	其中		人均储蓄存款余额/元
		定期储蓄/亿元	活期储蓄/亿元	
2019	14 357.65	9 733.13	4 624.53	74 728.00
2020	16 249.29	10 853.11	5 396.19	70 918.00
2021	17 958.22	12 032.83	5 925.39	77 989.00
2022	20 247.24	13 603.13	6 644.11	85 057.00

图 8-3 历年某城市居民储蓄存款年末余额构成走势

4. 散点图

散点图表示因变量随自变量而变化的大致趋势,据此可以选择合适的函数对数据点进行拟合。散点图用两组数据构成多个坐标点,每个数值由"点"在图表中的位置表示,类别由图表中的不同标记表示,通常用于比较跨类别的聚合数据。

【案例 8-6】散点图使用示例

利用散点图,反映某城市居民储蓄存款年末余额(见表 8-2)中历年人均储蓄存款余额的变化情况(见图 8-4)。

图 8-4 历年某城市居民人均储蓄存款年末余额走势

5. 雷达图

雷达图(蜘蛛网图)可非常形象地比较不同的时间状态下，同一现象数据指标的变化情况。

【案例 8-7】雷达图使用示例

利用雷达图，对某城市居民人均消费支出情况(见表 8-1)中 2019—2022 年的各类家庭状况进行图示(见图 8-5)。

图 8-5 2019—2022 年某城市居民人均消费支出分布

除上述统计图外，还有类似气泡图、组合图等可用在"市场研究报告"中，详见本书第 13 章相关内容。

8.2.2 交叉列表分析

1. 交叉列表分析的含义

交叉列表分析是指同时将两个或以上具有有限分类和确定值的变量，按照一定顺序对应排列在一张表上，从中分析变量之间的相关关系，得出科学结论的技术。变量之间的分项必须交叉对应，从而使得表中每个节点的值反映不同变量的特征。

我们以某项对企业业务增长同企业经营年限长短之间相关联系所进行的研究为例。把所有被调查的企业按经营年限的长短分成小于 10 年、10~30 年和 30 年以上；对企业业务的增长情况分为增长速度快和增长速度慢两类(有许多具体指标可以用来区分快和慢，此处不再赘述)。调查结果如表 8-3 所示。

表 8-3 经营年限与业务增长之间的关系表

单位：个

业务增长	经营年限			行总计
	小于 10 年	10~30 年	30 年以上	
增长速度慢	45	34	55	134
增长速度快	52	53	27	132
列总计	97	87	82	266

在表 8-3 中，45 个被调查者的经营年限不满 10 年，且其业务增长速度较慢；而 52 个经营年限不满 10 年的调查对象则增长速度较快。在 266 个有效的调查对象中，共有 134 个业务增长慢，132 个业务增长快；从经营年限看，小于 10 年的 97 个，10～30 年的 87 个，30 年以上的 82 个。

交叉列表分析技术在市场调查的数据分析中得以广泛应用的原因如下。

(1) 交叉列表分析及结果即使是不具备深厚统计知识的经营管理人员也能轻松掌握和理解。
(2) 许多市场调查项目中棘手的数据处理可以依赖交叉列表分析得以解决。
(3) 通过交叉列表分析，可深入了解和认识复杂事物或现象。
(4) 清楚明确的解释，能使调查与预测结果快速成为实施经营管理措施的有力依据。
(5) 技术简便易行，对于一般的市场调查人员来说，更易接受。

2. 变量的选择和确定

在运用交叉列表分析时，变量的选择和确定正确与否非常关键。如果交叉列表法使用不当，就可能产生错误的结论。

例如，国外某保险公司对 14 030 个用户进行的关于交通事故调查的最初记录显示，该公司的投保用户中有 62%从未在驾车时出过事故，如表 8-4 所示。

表 8-4 小汽车驾驶员的事故比率

分类	占总体百分比
从未在驾驶时出过事故占比	62%
驾驶时至少出过一次事故占比	38%
合计	100%

上述数据进而被分列为男性和女性的事故比率，以确定性别和事故的发生是否存在某种联系，如表 8-5 所示。

表 8-5 男性和女性小汽车驾驶员的事故比率

分类	男性	女性
从未在驾驶时出过事故占比	56%	68%
驾驶时至少出过一次事故占比	44%	32%
被调查总人数	7080 人	6950 人

表 8-5 反映出男性的事故发生率要高于女性。当然也有人(尤其是男性)开始怀疑这种分析的正确性，觉得应加入其他可能因素：男性开车开得多，所以事故也多。因此将"驾驶里程"作为第三个变量加入上述列表进行分析，如表 8-6 所示。

表 8-6 男性和女性小汽车驾驶员的驾驶里程与事故比率

分类	男性驾驶里程		女性驾驶里程	
	大于 10 000 英里	小于 10 000 英里	大于 10 000 英里	小于 10 000 英里
驾驶时至少出过一次事故占比	52%	36%	39%	25%
被调查总人数	5010 人	2070 人	1915 人	5035 人

表 8-6 显示，事故发生率取决于驾驶里程而非性别。表 8-5 中显示的男性驾驶员的事故发生率要高于女性，这实际上是由男性驾驶里程多于女性造成的。可见，选择和确定交叉列表分析中

的变量,包括其内容和数量,应根据调查与预测项目特征来确定。

在基础性的调查、预测项目中,应把所有与问题相关的因素都选作交叉列表分析的变量分别进行分析;在某些应用型项目中,研究人员具有较多的选择和确定交叉列表分析变量的自由度,在此类情况中,交叉列表变量的选取取决于客户要求和研究人员的分析判断;在简单的事实收集型调查与预测的项目中,需考虑的变量因素通常在调查与预测要求中已明确列出,研究人员只需按要求把各项数据列入已设计好的表格之中。

变量因素的确定必须是在资料收集之前,以保证相应的交叉列表分析能够进行。

3. 双变量交叉列表分析法

双变量交叉列表分析法是最基本的交叉列表分析法。通常,先把双变量交叉列表中各项调查数据的绝对数转换成百分数。百分数可按列或行计算,但并非两种形式的计算结果都具有现实意义。基本原则是以自变量为基准来计算百分数。例如,在表 8-3 中经营年限可看作自变量,经营业务的增长速度则可看作因变量。以自变量为基准,即按列计算百分数,如表 8-7 所示。

表 8-7　按经营年限计算的经营业务增长速度

各企业占同类 企业数的比重	经营年限		
	小于 10 年	10～30 年	30 年以上
业务增长慢	46.4%	39.1%	67.1%
业务增长快	53.6%	60.9%	32.9%
合计	100%	100%	100%

表 8-7 表明,经营年限在 10 年以下的企业中 53.6%的企业和经营年限在 10～30 年的企业中 60.9%的企业,经营业务增长快;而经营年限在 30 年以上的企业中只有 32.92%的企业,经营业务增长较快。似乎能得出结论:企业的经营时间超过一定年限,其经营业务的增长速度反而可能下降。该结论表面看起来同一般的预想相矛盾,但现实可能不然。比如经营时间较长的企业,容易产生组织结构、生产设备、技术、产品结构等老化,从而导致经营状况出现问题。也不排除老企业业务增长的基数会比新企业大,同样的增长速度比新企业各方面的投入要大得多,而造成老企业增长比较"慢",但并不一定意味着增长少。

另外应注意,很可能还有第三个变量在起作用。所以,进一步的分析是必要的。

对表 8-3 按行计算百分数,得到内容如表 8-8 所示。

表 8-8　按经营业务增长速度计算的经营年限

企业占同类增长速度的 企业总数的比重	经营年限			合计
	小于 10 年	10～30 年	30 年以上	
业务增长慢	33.6%	25.4%	41.0%	100%
业务增长快	39.4%	40.1%	20.5%	100%

表 8-8 显示,按行计算实际上是以因变量为基准的计算,其结果可能产生歧义。其说明的是:企业经营业务的增长速度将影响企业的经营时间,显然违背逻辑。

4. 三变量交叉列表分析法

在实际调查工作中,往往需要加入第三个变量做进一步分析。通过加入第三个变量,原有二变量交叉列表分析的结果将可能出现 4 种情况,如图 8-6 所示。

图 8-6 交叉列表引入第三变量后的可能结果

(1) 更精确地显示原有变量之间的联系。以某项研究时装购买状况和婚姻状态之间关系的市场调查项目为例，时装购买数量的变量情况分为多和少两种状态。婚姻状态的变量分为两种：已婚和未婚。对 1000 个消费者进行调查，以二变量交叉列表分析，如表 8-9 所示。

表 8-9 婚姻状态与时装购买状况之间的关系

时装购买状况	婚姻现状	
	已婚	未婚
购买较多比重	31%	52%
购买较少比重	69%	48%
合计	100%	100%
被调查者人数	700	300

表 8-9 显示，被调查者中 52%的未婚者属于时装购买多的，而已婚者中只有 31%属于时装购买多的。结论是未婚者比已婚者购买更多的时装。

当购买者的性别作为第三变量引入后，得到三变量交叉列表分析结果，如表 8-10 所示。

表 8-10 婚姻状态、性别与时装购买状况之间的关系

时装购买状况	性别			
	男性		女性	
	已婚	未婚	已婚	未婚
购买较多比重	35%	40%	25%	60%
购买较少比重	65%	60%	75%	40%
合计	100%	100%	100%	100%
被调查者人数	400	120	300	180

表 8-10 显示，女性中 60%的未婚者属于时装购买多的，而已婚女性中的比例只有 25%，就男性而言，40%的未婚者和 35%的已婚者属于时装购买多的，两者比例接近。显然，引入性别变量后，原有结论得到了更精确的反映。

(2) 显示原有变量之间的联系是虚假的。某项商品房购买意向的市场调查最初以调查者受教育程度和高档商品房购买意向两个变量进行分析，对 1000 人用二变量交叉列表调查分析，如表 8-11 所示。

表 8-11　教育程度与高档商品房购买意向之间的关系

高档商品房购买意向	被调查者受教育程度	
	大学程度	低于大学
购买占总体比重	32%	21%
不购买占总体比重	68%	79%
合计	100%	100%
被调查者人数	250	750

表 8-11 显示，大学程度的被调查者中 32%有高档商品房购买意向，低于大学程度的被调查者中只有 21%有购买意向。当把收入水平作为第三个变量引入，得到的分析结果如表 8-12 所示。

表 8-12　教育程度、收入水平与高档商品房购买意向之间的关系

高档商品房购买意向	被调查者收入水平			
	低收入		高收入	
	大学程度	低于大学	大学程度	低于大学
购买占总体比重	20%	20%	40%	40%
不购买占总体比重	80%	80%	60%	60%
合计	100%	100%	100%	100%
被调查者人数	100	700	150	50

表 8-12 显示，收入水平是主要影响高档商品房购买意向的因素，教育程度并非关键影响因素。分析结果表明，之前通过二变量交叉列表分析得出的结论是虚假的。

(3) 显示出原先被隐含的变量之间的联系。以某项研究年龄和出国旅游愿望之间的关系的调查分析为例，如表 8-13 所示。

表 8-13　年龄与出国旅游愿望之间的关系

出国旅游愿望	被调查者年龄	
	小于 45 岁	45 岁或以上
有出国旅游愿望的比重	50%	50%
没有出国旅游愿望的比重	50%	50%
合计	100%	100%
被调查者人数	500	500

表 8-13 显示，年龄不是影响人们是否愿意出国旅游的主要因素，但当把性别作为第三个变量加入以后，却得到新的结果，如表 8-14 所示。

表 8-14　年龄、性别与出国旅游愿望之间的关系

出国旅游愿望	性别			
	男性		女性	
	小于 45 岁	45 岁或以上	小于 45 岁	45 岁或以上
有出国旅游愿望的比重	60%	40%	35%	65%
没有出国旅游愿望的比重	40%	60%	65%	35%
合计	100%	100%	100%	100%
被调查者人数	300	300	200	200

从表 8-14 可知，在加入第三个变量以后，原先隐含的年龄与出国旅游愿望之间的关系得到了明确的反映。在男性中，小于 45 岁的被调查者中有更多的人有出国旅游的愿望，女性则相反，大于 45 岁的被调查者中有更多的人有出国旅游的愿望。

(4) 不改变原先反映出的变量之间的联系。以某项调查家庭规模和经常外出吃快餐之间关系的项目为例，二变量交叉列表分析的结果如表 8-15 所示。被调查者的家庭被分为小、大两种规模，各调查 500 户，总共 1000 个调查单位。分析结果表明家庭规模与是否经常外出吃快餐之间没有直接的相关联系。

表 8-15 家庭规模与经常外出吃快餐之间的关系

分类	被调查的家庭规模	
	小	大
经常外出吃快餐的比重	65%	65%
不经常外出吃快餐的比重	35%	35%
合计	100%	100%
被调查家庭户数	500	500

把收入水平作为新变量加入分析以后，结果如表 8-16 所示。

表 8-16 家庭规模、收入水平与经常外出吃快餐之间的关系

分类	被调查家庭的收入水平			
	低收入		高收入	
	家庭规模小	家庭规模大	家庭规模小	家庭规模大
经常外出吃快餐的比重	65%	65%	65%	65%
不经常外出吃快餐的比重	35%	35%	35%	35%
合计	100%	100%	100%	100%
被调查家庭户数	250	250	250	250

显然，收入水平作为新变量的引入并未改变原先得出的结论。

8.3 基础数据指标分析

8.3.1 综合指标分析法

综合指标分析法是根据一定时期的资料和数字，从静态关系上对总体的各种数量特征进行分析的方法，主要形式有总量指标、相对指标、平均指标等。它可以说明总体的规模、水平、速度、效益、结构、比例关系等综合数量特征。

1. 总量指标

总量指标反映经济现象在具体时间、空间条件下的总规模或水平，一般以绝对数表示，又称基础指标，绝对数或绝对指标。

按其反映的时间状态不同，分为时期指标和时点指标；按其反映的内容不同，分为总体单位总量和总体标志总量；按其计量单位不同，分为实物单位、价值单位和劳动量单位。

2. 相对指标

相对指标是指两个有联系的指标数值对比的比值，用抽象化的数值表示两个指标之间的相互关系或差异程度。它能说明现象的比重、比率、速度、程度；也可以使原来不能直接对比的指标找到共同比较的基础。

按反映的内容不同，可分为计划完成相对指标、结构相对指标、比较相对指标、比例相对指标、强度相对指标和动态相对指标。

计量形式有千分数、百分数、成数和系数(倍数)等。计量形式的选用需根据它所表示的内容而定。

3. 平均指标

平均指标是指在一定条件下同质总体内各单位某一数量标志的一般水平。平均指标能用来：①对同一总体的某些数量特征在时间上的变化进行比较，反映其变动的过程和发展趋势；②作为数量推算和考核事物变化、发展的依据；③分析现象之间的依存关系等。

计算形式有算术平均数、调和平均数、几何平均数、众数和中位数等。

8.3.2 动态分析法

动态分析法是指把反映经济现象发展变化的一系列数字按时间先后顺序排列，组成一组数列，并对此进行分析。

运用动态分析法时必须注意：各指标所属的时间长短要相同，指标内容、计算方法、计量单位等要统一，有些指标还要根据具体情况进行调整。动态分析法要计算一系列动态指标如发展水平指标、动态比较指标、动态平均指标等。

1. 发展水平指标

发展水平指标指某一个指标数值在各个不同时期(或时点)上发展所达到的水平，又称时间数列水平。发展水平一般是指总量指标，也可用相对指标或平均指标来表示。

时间数列中第一项指标数值叫作最初水平，最后一项叫作最末水平，其余叫作中间水平。进行动态对比时，作为对比基础时期的发展水平叫作基期水平，与基期水平进行对比的那个时期的发展水平称为计算期水平或报告期水平。如用符号 $A_0, A_1, \cdots, A_n$ 代表数列中各个发展水平，A_0 是最初水平，A_n 是最末水平，其余为中间水平。

最初水平和最末水平，以及基期水平和报告期水平，随人们研究的目的和要求不同而改变。发展水平习惯用"增加到(为)""下降到(为)"等语句来表达。

2. 动态比较指标

动态比较指标是根据两个发展水平的比较计算得来的。这种比较可以是相除或相减的关系，或是两者的结合，可用绝对数或相对数表示。

(1) 绝对数中如果报告期水平与基期水平之差是正值，则为增长量，负值则为减少量。

(2) 相对数是报告期水平与基期水平对比而得的发展程度的相对指标，可用百分数或倍数表示。根据基期，发展速度又分为定基发展速度和环比发展速度。定基发展速度是指报告期水平与某一固定时期水平(通常为最初水平)之比，表明该现象在较长时期内总的发展速度，故又称"总速度"，符号表示为 $A_i/A_0 (i=1,\cdots, n)$；环比发展速度是指报告期水平与前一期水平之比，符号表示为 $A_i/A_{i-1} (i=1,\cdots, n)$。定基发展速度与环比发展速度间存在着一定的换算关系：定基发展速度等于相应时期内各个环比发展速度的连乘积；两个相邻的定基发展速度相除，即得相对应的环比发展速度；这两种发展速度如果各减100%可得增减速度，发展速度大于100%时叫作增长速度，反之，称为下降速度。

3. 动态平均指标

动态平均指标是把时间数列中各个指标数值在时间上的变动值加以平均,计算出的平均指标。计算平均发展速度一般采用几何平均法。动态平均数分为时期平均数、时点平均数、平均发展速度等,可以用来反映某种现象在一段时间内的平均速度或一般水平。

8.3.3 数据资料的概括技术

概括技术适用于对单个变量的数据资料进行概括,属于单变量分析。单变量总体中的所有单位和次数分布有集中趋势和离中趋势之分,所以数据的概括技术也包括两个方面。

1. 集中趋势的概括技术

次数分布的集中趋势是指次数分布趋向集中于一个分布的中心,其表现为次数分布中心附近的变量值和次数较多,而相距次数分布中心较远的变量值,其次数较少。

【案例8-8】在校大学生月均生活费调查

某项对236名大学生进行的月均生活费的调查所得的数据经整理,如表8-17所示。

表8-17 在校大学生月均生活费统计表

生活费开支/元	学生数/人	各组人数比重/%
200~249	11	4.66
250~299	20	8.47
300~349	37	15.68
350~399	46	19.49
400~449	52	22.03
450~499	42	17.80
500~549	21	8.90
550~600	7	2.97
合计	236	100.00

以上资料显示,月均生活费开支额在400元~449元附近各组的学生人数较多,是次数分布的中心区域。从整个次数分布状况来看,次数集中趋向于变量值为400元~449元这个组。

集中趋向数据的特征是:总体中各单位的次数分布既有差异性,又有趋中性。它反映了社会经济现象总体的数量特征存在着差异性,但客观上存在着一个具有实际经济意义的能够反映总体中各单位数量一般水平的数值。概括技术是找出这一数值所采用的方法。

常用的反映总体中各单位数量的一般水平的数值有众数、中位数和平均数三种。

(1) 众数。众数是总体中各单位在某一标志上出现次数最多的变量值。

(2) 中位数。中位数是总体中各单位按其在某一指标上数值的大小顺序排列后,居于中间位置的变量值。由于这些方法在统计学课程中都有介绍,此处不再赘述。

(3) 平均数。平均数是总体中各单位数值之和除以标志值项数所得到的数值。

平均数的具体计算方法有简单(加权)算术平均数、简单(加权)调和平均数及简单(加权)几何平均数等。

2. 离中趋势的概括技术

次数分布的离中趋势是指次数分布在呈集中趋势的状态下，同时存在的偏离次数分布中心的趋势。例如，表 8-17 的资料显示大学生月生活费开支额在 200 元～600 元这一范围中，尽管大多数大学生的开支额在 350 元～500 元之间，但也有少数学生的开支额偏高或偏低，而使次数分布呈离中趋势。

在市场调查与预测过程中，除了需对集中趋势进行概括以反映事物的一般水平，也需要对离中趋势进行概括，以反映各单位标志值之间的差异程度，从而能更为全面深刻地认识事物的特征。

离中趋势通常由全距、平均差、平均差系数、标准差、标准差系数等反映。

(1) 全距(R)。全距是所有标志值中最大值和最小值之差，即

$$全距 = 最大标志值 - 最小标志值 \tag{8-1}$$

以表 8-17 为例，全距=600-200=400(元)。

由全距的计算方法可知，全距只受最大值和最小值的影响。如有特殊原因出现特别大或特别小的数值，全距就不能确切反映各个标志值真实的差异程度。因此，全距只是一个粗略地测量离中趋势的指标。

(2) 平均差($A.D.$)。平均差即平均离差，是将离差数值的总和除以离差的项数。计算公式为

$$A.D. = \frac{\sum_{i=1}^{N}\left|(x_i - \overline{X})\right|}{N} \tag{8-2}$$

式中，$(x_i - \overline{X})$——离差，即每一个标志值(x_i)与平均指标($\overline{X}$)间的差数；

N——离差的项数。

由于平均指标处于各项标志值的中点，正离差的和与负离差的和正好相等，它们相加的结果为零，因而无法计算离差的平均数。解决办法是将所有的离差做绝对值处理。

平均差数值的意义在于：平均差越大，则表示平均指标的代表性越小，反之，平均差越小，平均指标的代表性就越大。

(3) 平均差系数($V_{A.D.}$)。平均差系数是将平均差除以相应的平均指标，计算公式为

$$V_{A.D.} = \frac{A.D.}{\overline{X}} \times 100\% \tag{8-3}$$

式中，$A.D.$——平均差；

$\overline{X}$——平均指标。

平均差是总体平均指标与各个标志值间的平均差额，同时受到标志值的差异程度和总体平均指标的共同影响。因此，当两个总体的平均指标水平不同时，就不能将他们的平均差进行对比。此外，由于平均差具有与平均指标相同的计量单位，所以，不同现象因其计量单位不同，总体的平均差也不能直接比较。平均差系数解决了上述平均差的局限，从而能用以比较平均指标水平不同或经济现象不同的总体之间的标志差异程度。

【案例8-9】平均差和平均差系数使用示例

A、B 两组各含 5 个企业的某月销售收入(万元)资料如下。

A 组：161，163，165，167，169。

B 组：73，74，75，76，77。

平均差和平均差系数计算结果如表 8-18 所示。

表 8-18 平均差和平均差系数表

组别	平均销售收入($\overline{X}$)/万元	平均差(A.D.)/万元	平均差系数($V_{A.D.}$)/%
A	165	2.4	1.45
B	75	1.2	1.60

从表 8-18 可知，两组的平均数不相同，应该用两组的平均差系数进行比较。A 组的平均差系数较小，说明 A 组中各企业之间的差异程度较小。

(4) 标准差(σ)。标准差是各个离差平方的算术平均数的平方根，也称均方根或均方差，计算公式为

$$\sigma = \sqrt{\frac{1}{N}\sum_{i=1}^{N}(x_i - \overline{X})^2} \qquad (8\text{-}4)$$

式中，σ——标准差；
$\overline{X}$——平均指标；
N——离差的项数。

计算标准差的基本原理及其含义与平均差相同，是采用对离差进行平方来消除正负号。

(5) 标准差系数(V_σ)。标准差系数是标准差与相应的平均指标相比而得出的相对数值，计算公式为

$$V_\sigma = \frac{\sigma}{\overline{X}} \times 100\% \qquad (8\text{-}5)$$

与平均差一样，标准差也是反映标志差异程度的绝对指标，受标志值的差异程度和平均指标两个因素的影响。对于不同标志值的平均水平或不同的现象总体，不能直接用标准差来进行比较。而标准差系数与平均差系数相似，它们都克服了这些局限。

【案例 8-9(续)】标准差系数使用示例

以案例 8-9 的数据为例计算标准差系数，如表 8-19 所示。

表 8-19 标准差系数计算表

组别	平均销售收入($\overline{X}$)/万元	标准差(σ)/万元	标准差系数(V_σ)/%
A	165	2.83	1.72
B	75	1.41	1.88

由表 8-19 中可见，两个组的平均指标不同，只能以标准差系数作比较。A 组的标准差系数小于 B 组，说明 A 组的平均销售收入的代表性比 B 组大。

8.4 概率统计的基础数据分析

市场调查数据的基本分析方法并不局限于对一些数据的交叉分组和集中趋势、离中趋势等的计算，它还涉及一些数理统计的方法。例如，时间序列分析、因果分析模型的区间预测及模型检验等。所以，掌握数据统计分析的技术有助于进行市场调查和市场预测的分析。

8.4.1 常用的统计量

把握调查数据分布的特点需要了解更多的统计量，如正态分布、t 分布、χ^2 分布、F 分布等。在介绍以下统计量之前，我们假设：

(1) 市场调查中调查样本的建立符合随机原则；
(2) 市场调查所获得的数据在其分布未知的情况下，符合大数定律和中心极限定理；
(3) 在对来自两个样本的调查数据进行对比时，这两个样本相互独立。

1. 正态分布

常用的正态分布的统计量包括：

$$\overline{X} \sim N\left(\mu, \frac{\sigma^2}{n}\right) \tag{8-6}$$

式中，$\overline{X}$ ——调查样本数据的均值，$\overline{X} = \frac{1}{n}\sum_{i=1}^{n} X_i$ ；

X_i ——样本单位(观察值)；
μ ——调查总体的均值；
σ^2 ——调查总体的方差；
n ——调查样本的单位数。

$$\frac{\overline{X} - \mu}{\sigma/\sqrt{n}} \sim N(0,1) \tag{8-7}$$

$$\frac{(\overline{X} - \overline{Y}) - (\mu_1 - \mu_2)}{\sqrt{\frac{\sigma_1^2}{n_1} + \frac{\sigma_2^2}{n_2}}} \sim N(0,1) \tag{8-8}$$

式中，$\overline{X}, \overline{Y}$ ——两个样本调查数据的均值；

μ_1, σ_1^2, n_1 ——调查总体(X)的均值、方差和调查单位数；
μ_2, σ_2^2, n_2 ——调查总体(Y)的均值、方差和调查单位数。

给定置信度或显著性水平，在调查总体方差已知的情况下，正态分布主要用于调查总体均值(均值之差)的参数估计或假设检验。例如，在某一地区居民消费差异程度已知的情况下，对该地区居民的平均消费水平进行估计和检验等。

2. t 分布

$$\frac{\overline{X} - \mu}{S/\sqrt{n}} \sim t(n-1) \tag{8-9}$$

式中，$\overline{X}$ ——调查样本数据的均值，$\overline{X} = \frac{1}{n}\sum_{i=1}^{n} X_i$ ；

X_i ——样本单位(观察值)；
μ ——调查总体的均值；
S ——调查样本的标准差；
n ——调查样本的单位数。

$$\frac{(\overline{X}-\overline{Y})-(\mu_1-\mu_2)}{\sqrt{\frac{(n_1-1)S_1^2+(n_2-1)S_2^2}{n_1+n_2-2}}\sqrt{\frac{1}{n_1}+\frac{1}{n_2}}} \sim t(n_1+n_2-2) \tag{8-10}$$

式中，$\overline{X},\overline{Y}$ ——两个样本调查数据的均值；

μ_1, S_1^2, n_1 ——调查总体(X)的均值、样本的方差和调查单位数；

μ_2, S_2^2, n_2 ——调查总体(Y)的均值、样本的方差和调查单位数。

给定置信度或显著性水平，在调查总体方差未知(两个调查总体时方差未知但相等)的情况下，t 分布主要用于调查总体均值(均值之差)参数估计或假设检验。例如，在某一地区居民消费差异程度未知的情况下，对该地区居民的平均消费水平进行估计和检验等。

3. χ^2 分布

$$\frac{(n-1)S^2}{\sigma^2} \sim \chi^2(n-1) \tag{8-11}$$

式中，σ^2 ——调查总体的方差；

S^2 ——调查样本的方差；

n ——调查样本的单位数。

在给定置信度或显著性水平的情况下，χ^2 分布主要用于单个调查总体方差的参数估计和假设检验，如对某一地区居民消费差异程度进行估计和检验。

4. F 分布

$$\frac{S_1^2/\sigma_1^2}{S_2^2/\sigma_2^2} \sim F(n_1-1, n_2-1) \tag{8-12}$$

式中，S_1^2, σ_1^2, n_1 ——调查总体(X)的样本方差、总体方差和调查单位数；

S_2^2, σ_2^2, n_2 ——调查总体(Y)的样本方差、总体方差和调查单位数。

$$\frac{S_A/n_A}{S_E/n_E} \sim F(n_A, n_E) \tag{8-13}$$

式中，S_A/n_A ——方差分析中因子 A 的均方和；

S_E/n_E ——方差分析中随机误差的均方和。

在给定置信度或显著性水平的情况下，F 分布主要用于两个调查总体方差比的参数估计和假设检验，以及模型检验和方差分析。

8.4.2 参数估计及 SPSS 应用

在对人均消费水平、商品质量、品牌的市场占有率等市场信息缺乏了解时，我们会采用市场调查的方法并根据调查样本的数据对未知的市场现象(即调查总体)的数据进行推断。这种通过调查样本的数据对实际总体的数据进行推断的方法，我们称之为参数估计。

参数估计分为以下两种。

1. 点估计

点估计是依据调查样本数值推断总体未知参数的具体数值，在坐标轴上具体表现为一个点，即根据调查样本选择一个合适的统计量，并利用调查所获得的样本数据代入该统计量中，求得总体的未知参数的值。例如，预测某一品牌的市场占有率为 8.3%。

2. 区间估计

区间估计是依据调查样本数值推断总体未知参数在某一个范围之内，在坐标轴上具体表现为一个区间，即根据调查样本选择两个合适的统计量(一个为区间估计的下限，一个为区间估计的上限)，并利用调查所获得的样本数据分别代入这两个统计量中，在置信度的控制下求总体的未知参数的区间估计值。例如，预测某一品牌的市场占有率在 8.1%至 8.5%范围内波动。

另外，在参数估计中通常我们采用调查样本的某一指标的平均数来推断总体的该指标的平均数，如人均消费额，平均价格等；用调查样本的某一指标的成数(比重)来推断总体的该指标的成数(比重)，如商品合格率、市场占有率等。一般情况下，不用调查样本某一指标的绝对数来推断总体的该指标的绝对数。

【案例 8-10】参数估计及 SPSS 应用示例

已知 A 产品销售价格服从正态分布，其样本销售数据如下：
2300 1800 1780 1750 1950 1950 1650 1780
1700 1650 1650 1900 1680 2000 2100

将置信度设为 95%，请估计其总体的平均销售价格。具体操作视频可扫描右侧二维码获取。

操作步骤讲解视频

1. SPSS 主要操作步骤(见图 8-7、图 8-8)

图 8-7 "区间估计"步骤一

图 8-8 "区间估计"步骤二

2. SPSS 分析数据及结论

应用 SPSS 统计分析软件，得到以下分析结果(见表 8-20、表 8-21)。

表 8-20 单个样本统计量

项目	N	均值	标准差	均值的标准误
A 产品价格	15	1842.67	189.528	48.936

表 8-21 单个样本检验

项目	检验值 = 15				
	t	df	Sig.(双侧)	均值差值	差分的 95%置信区间
					下限 / 上限
A 产品价格	37.348	14	.000	1827.667	1722.71 / 1932.62

根据"单样本检验"数据，A 产品 95%置信度的价格区间为(1722.71，1932.62)。

8.4.3 假设检验及 SPSS 应用

一般来说，对总体某项或某几项做出假设，然后根据样本对假设做出接受或拒绝的判断，这种方法称为假设检验。

关于假设检验，我们来看下面这样一个例子：有一批商品共 200 件，按规定次品率不超过 1%才能认为合格。在一次市场调查中随机地抽取 5 件该商品，发现有 1 件次品，试问该批商品是否合格？要判断这批商品是否合格，即要检验商品的不合格率 $p \leqslant 0.01$ 是否成立。根据调查样本推断假设是否可以接受，这类问题就是市场调查中的假设检验问题。

假设 $p \leqslant 0.01$ 成立，那么在 200 件商品中次品数应该不超过 2 件，于是可以计算出事件 A "任意取 5 件有 1 件次品的概率"：

(1) 200 件商品中有 1 件次品 $p(A)=1-\dfrac{C_{199}^5}{C_{200}^5}=0.025$；

(2) 200 件商品中有 2 件次品 $p(A)= 1-\dfrac{C_{198}^5}{C_{200}^5}=0.05$。

由此可见，在商品的不合格率 $p \leqslant 0.01$ 的假设前提下，事件 A 发生的概率没有超过 0.05。0.05 是一个小概率事件。概率中小概率原理认为，概率很小的事件在一次试验中几乎是不可能发生的，而实际上事件 A 竟然发生了，这是不合理的。所以导致这不合理现象产生的根源在于一开始"假设 '$p \leqslant 0.01$'"。因此，我们认为不能接受"$p \leqslant 0.01$"这个假设，也就是说这批商品的不合格率是大于 1%的。

在处理以上问题时，使用了一种类似于"反证法"的推理方法，它的特点如下。

(1) 先假定总体某项假设成立，计算其会导致什么样的结果。若导致不合理现象产生，则拒绝原先的假设；若没有导致不合理现象产生，则接受原先的假设。

(2) 所谓不合理现象的产生，并非源于形式逻辑上的绝对矛盾，而是基于小概率原理，这是人们从实践经验总结出的原则，并且最后的判断也不一定意味着对原假设的否定。

通常将概率不超过 0.05 的事件称为"小概率事件"，也可视具体情形取 0.1 或 0.01 等。在假设检验中常记这个概率为 α，称为显著水平，而把原先设定的假设称为原假设，记作 H_0。

不难看到，最后推断的结果并不能保证百分之百正确，其可能性的大小是以统计规律为依据的。可能误判的情况有以下两类。

(1) 原假设 H_0 为真而误判为拒绝 H_0，即弃真错误，称为第一类错误。它的大小就是显著水平 α。

(2) 原假设 H_0 不真而误判为接受 H_0，即取伪错误，称为第二类错误。用 β 表示犯第二类错误的概率。

在假设检验中，对一定容量的样本而言，当 α 变小时 β 就会变大，反之亦然。一般总是先控制 α，同时通过增大样本容量来达到控制 β 的要求。

【案例 8-11】假设检验及 SPSS 应用示例

某企业对 A 产品进行营销策略调整，现针对营销策略 1 与营销策略 2 分别选择了 15 位消费者，每位消费者的产品成交价格如表 8-22 所示。要求：分析两种营销策略对 A 产品销售价格有无影响。

操作步骤讲解视频

表 8-22　A 产品销售价格明细　　　　　　　　　　　　　　　　单位：元/件

营销策略	成交价格														
策略1	2850	1760	2250	1880	2550	1900	2080	1850	2540	2070	2180	1850	1780	2050	2020
策略2	2300	1800	1780	1750	1950	1950	1650	1780	1700	1650	1650	1900	1680	2000	2100

1. SPSS 主要操作步骤(见图 8-9、图 8-10)

图 8-9　"假设检验"步骤一

图 8-10　"假设检验"步骤二

2. SPSS 分析数据及结论

应用 SPSS 统计分析软件，得到以下分析结果(见表 8-23、表 8-24)。

表 8-23　A、B 组统计量

项目	营销方案	N	均值	标准差	均值的标准误
销售价格	营销方案 A	15	2107.3333	319.40719	82.47058
	营销方案 B	15	1842.6667	189.52824	48.93598

表 8-24　独立样本检验

分类	均值方程的 t 检验						
	t	df	Sig.(双侧)	均值差值	标准误差值	差分的95% 置信区间	
						下限	上限
假设方差相等	2.760	28	.010	264.666 67	95.896 44	68.231 72	461.101 62
假设方差不相等	2.760	22.771	.011	264.666 67	95.896 44	66.179 44	463.153 89

说明：从分析结果来看，不同的营销方案对销售价格的影响有差异。根据统计量表(见表 8-23)的结果选择营销方案 A 较优。另外，两个营销方案价格均值差的 95%置信区间为：方差相等时(68.231 72，461.101 62)，方差不等时(66.179 44，463.153 89)。

8.4.4　方差分析及 SPSS 应用

在新产品上市前，经营者希望能够找到一种最优组合(商品包装、价格、营销策略等)获得最大商品销售额，这就要先找出对商品销售额具有显著影响的因素。方差分析就是鉴别各因素效应的一种判断统计方法。

1. 方差分析的基本概念

假设检验解决了两个具有同方差(未知)正态总体的期望有无差异的判断问题。而多个同方差(未知)正态总体的期望之间有无差异的判断同样可以用统计分析方法解决。通常称这种方法为方差分析。

在消费市场中，影响商品销售的因素有很多方面。为了寻求最佳的商品销售条件，需在多种因素不同的状态下进行调查试验，方差分析即是从观测变量的方差入手，研究诸多控制变量中哪些是对观测变量有显著影响的变量。

2. 方差分析的基本原理

方差分析的目的是通过数据分析找出对该事物有显著影响的因素、各因素之间的交互作用，以及显著影响因素的最佳水平等。

方差分析认为，造成不同因素水平控制下的若干个对比组的均值差的基本原因有以下两个。

(1) 随机误差。如测量误差造成的差异或个体间的差异，称为组内差异。用变量在各组的均值与该组内变量值之偏差平方和的总和表示。

(2) 实验条件。实验条件(不同的处理)造成的差异，称为组间差异。用变量在各组的均值与总均值之偏差平方和表示。

$$总偏差平方和 = 组内偏差平方和 + 组间偏差平方和$$

方差分析是通过分析研究不同来源的偏差对总偏差的贡献大小，从而确定控制因素对研究对象的影响力大小。

方差分析主要可用于：①单因素多个样本均值间的显著性检验；②多因素多个样本均值间的显著性检验；③含交互作用的多因素多个样本均值间的显著性检验；④方差齐性检验。

基本步骤如下。

(1) 建立检验假设。

H_0：多个样本总体均值相等。

H_1：多个样本总体均值不相等或不全等。

显著性水平：$\alpha = 0.05$。

(2) 计算检验统计量 F 值。

(3) 确定 p 值并做出推断结果。

若要了解更为详细的方差分析的内容，可查阅数理统计学或应用统计学的相关内容。

【案例 8-12】方差分析及 SPSS 应用示例

某产品上市前进行测试，其中包括 4 种广告推广方式，8 种不同的包装并进行 2 次重复测试。相关组合的销售额如表 8-25 所示。

操作步骤讲解视频

表 8-25 某新产品市场测试数据

单位：万元

项目	广告1		广告2		广告3		广告4		小计
包装1	75.00	68.00	69.00	54.00	63.00	58.00	52.00	41.00	480.00
包装2	57.00	75.00	51.00	78.00	67.00	82.00	61.00	44.00	488.00
包装3	76.00	83.00	100.00	79.00	85.00	78.00	61.00	86.00	496.00
包装4	77.00	66.00	90.00	83.00	80.00	87.00	76.00	75.00	504.00
包装5	75.00	66.00	77.00	74.00	87.00	70.00	57.00	75.00	512.00
包装6	72.00	76.00	60.00	69.00	62.00	77.00	52.00	63.00	520.00
包装7	76.00	70.00	33.00	68.00	70.00	68.00	33.00	52.00	528.00
包装8	81.00	86.00	79.00	75.00	75.00	61.00	69.00	61.00	536.00
小计	628.00	572.00	580.00	460.00	532.00	492.00	444.00	356.00	4064.00
共计	1200.00		1040.00		1024.00		800.00		

1. SPSS 主要操作步骤(见图 8-11、图 8-12)

图 8-11 "方差分析"步骤一

图 8-12 "方差分析"步骤二

2. SPSS 分析数据及结论

应用 SPSS 统计分析软件,得到以下分析数据表(见表 8-26)。

表 8-26 主体间效应的检验

源	III 型平方和	df	均方	F	Sig.
校正模型	7821.938^a	31	252.321	2.506	.006
截距	308 858.063	1	308 858.063	3 067.492	.000
广告	2 018.563	3	672.854	6.683	.001
包装	3 951.438	7	564.491	5.606	.000
广告*包装	1 851.937	21	88.187	.876	.618
误差	3 222.000	32	100.688		
总计	319 902.000	64			
校正的总计	11 043.938	63			

说明:R 方=0.708(调整 R 方=0.426),因变量为销售额,显著性水平=0.05。

分析结果显示,广告、包装对销售额的影响均高度显著,广告*包装(交互作用)的影响不显著。因此,根据单一因子水平,该新产品营销组合建议为广告 1、包装 8。

8.4.5 因子分析及 SPSS 应用

1. 因子分析的基本概念

因子分析是多元统计分析的基础。因子分析的基本思想是通过对变量(或样本)的相关系数矩阵内部结构的研究,找出能控制所有变量(或样本)的少数几个随机变量去描述多个变量(或样本)之间的相关(相似)关系,也就是用少数集成后的变量去解释大量的统计变量的一种统计方法。这少数几个随机变量是不可观测的,通常称为因子。这种方法能以最小的集成变量和最小的信息损失来解释变量之间的结构。

因子分析最常用的分析方法有以下两种。

(1) 主成分分析方法。这种方法将会重新构造原始变量的结构。

(2) 一般因子分析法。通常所说的因子分析指的就是这种方法,即通过原始变量的方差去构造因子。对于一般因子分析而言,如何正确解释因子将会比主成分分析更困难。

使用因子分析有一个潜在的要求，就是原有变量之间要有较强的相关性。如果原有变量之间不具有较强的相关性，那么就无法从中得出能反映某些变量共同特性的少数公共因子变量。因此，在进行因子分析前必须对原有变量做相关分析，计算相关系数矩阵。如果大部分相关系数都小于0.3，并且都没有通过统计检验，则这些变量不适合进行因子分析。

2. 因子分析的一般步骤

(1) 收集数据并生成一个相关矩阵。因子分析的前提是数据变量要彼此相关，而且输入的数据也是相关的。

(2) 初步因子分析。所谓的初步因子分析，其主要任务是挑选出有效因子的数量。确定有效因子即要选择协方差矩阵的特征值大于1的因子作为被选择的因子。在运用这个原则进行因子选择时，应留意：当所有变量的数量很少时，分析可能产生的因子要少于实际应该有的因子；当变量的数量较多时，可能产生的因子会多于实际具有意义的因子数量。按照协方差矩阵的特征值选择因子是目前统计软件所普遍默认的通用模式。

(3) 矩阵旋转和对因子进行解释。一般在进行因子分析后，可以生成两张表，一张表是特征值表，另一张表是因子载荷矩阵。我们可以先根据特征值表选择所要分析的因子，然后根据因子载荷矩阵判断因子矩阵是否需要旋转。

(4) 为进一步分析构造因子得分量表。

3. 因子分析的基本模型

$$\begin{cases} x_1 = a_{11}F_1 + a_{12}F_2 + ... + a_{1m}F_m + a_1\varepsilon_1 \\ x_2 = a_{21}F_1 + a_{22}F_2 + ... + a_{2m}F_m + a_2\varepsilon_2 \\ \quad\quad\quad\quad \cdots \\ x_p = a_{p1}F_1 + a_{p2}F_2 + ... + a_{pm}F_m + a_p\varepsilon_p \end{cases} \tag{8-14}$$

式中，$x_1, x_2, \cdots, x_{p-1}, x_p$——$p$个原有变量，并且其均值为零，标准差为1；

$F_1, F_2, \cdots, F_{m-1}, F_m$——$m$个公共因子变量，$m$小于$p$；

a_{ij}——因子载荷，表示第i个原有变量在第j个公共因子变量上的负荷，相当于多元回归中的标准回归系数；

ε_i——特殊因子，表示原有变量不能被公共因子变量解释的部分，相当于多元回归中的残差部分。

式(8-14)又可表示为矩阵

$$X = AF + a\varepsilon \tag{8-15}$$

式中，F——公共因子变量；

A——因子载荷矩阵；

ε——特殊因子。

4. 因子分析中几个基本统计量的作用

1) 因子载荷(a_{ij})

在各个因子变量不相关的情况下，因子载荷(a_{ij})就是第i个原有变量和第j个公共因子变量的相关系数，即x_i在第j个公共因子变量上的相对重要性。因此，a_{ij}绝对值越大，则公共因子变量F_j和原有变量x_i之间的关系越强。

2) 变量共同度(h_i^2)

变量共同度也称为公共方差，反映全部公共因子变量($F_1, F_2, \cdots, F_{m-1}, F_m$)对原有变量

($x_1, x_2, \cdots, x_{p-1}, x_p$)的总方差的解释说明比例。原有变量$x_i$的共同度为因子载荷矩阵$\boldsymbol{A}$中第$i$行元素的平方和，即

$$h_i^2 = \sum_{j=1}^{m} a_{ij}^2 \tag{8-16}$$

原有x_i的方差可以表示成两个部分：h_i^2和ε_i^2。h_i^2反映了公共因子对原有变量的方差的解释比例；ε_i^2反映了原有变量中无法被因子变量解释的部分。所以，h_i^2越接近1，说明公共因子解释了更多的原有变量的信息。各个变量的共同度是衡量因子分析效果的一个指标。

3) 公共因子(F_j)的方差贡献(S_j)

公共因子(F_j)的方差贡献定义为因子载荷矩阵$\boldsymbol{A}$中第j列元素的平方和，即

$$S_j = \sum_{i=1}^{p} a_{ij}^2 \tag{8-17}$$

公共因子(F_j)的方差贡献反映了该因子对所有原始变量的总方差的解释能力，S_j值越高，说明因子(F_j)的重要程度越高。

5. 因子变量的构造和命名解释

(1) 主成分分析模型。主成分分析是通过坐标变化手段，将原有p个相关变量x_i做线性变化，转换成另外一组不相关的变量y_i，表示为

$$\begin{cases} y_1 = u_{11}x_1 + u_{21}x_2 + \cdots + u_{p1}x_p \\ y_2 = u_{12}x_1 + u_{22}x_2 + \cdots + u_{p2}x_p \\ \cdots \\ y_p = u_{1p}x_1 + u_{2p}x_2 + \cdots + u_{pp}x_p \end{cases} \tag{8-18}$$

式中，$u_{1k}^2 + u_{2k}^2 + \cdots + u_{pk}^2 = 1$ ($k=1,2,3,\cdots,p$)；

$y_1, y_2, \cdots, y_{p-1}, y_p$——原有变量的第一、第二、……、第$p$个主成分。

式(8-18)中，y_1在总方差中占的比例最大，综合原有变量的能力也最强，其余主成分在原有变量中所占的比例逐渐减小，也就是综合原有变量的能力依次减弱。主成分分析就是选择前面几个方差最大的主成分，以此达到减少分析变量的目的，同时又能以较少的变量来反映原有变量的绝大部分信息。

(2) 主成分分析步骤，具体如下。

① 数据的标准化处理，计算公式为

$$x_{ij}^{'} = \frac{x_{ij} - x_j}{S_j} \tag{8-19}$$

式中，n——样本单位数；(i=1, 2, $\cdots$, n);

p——样本原变量数；(j=1, 2, $\cdots$, p)。

② 计算数据$\left[x_{ij}^{'} \right]_{n \times p}$的协方差矩阵$\boldsymbol{R}$。

③ 求R的前m个特征值($\lambda_1 \geq \lambda_2 \geq \lambda_3 \geq \cdots \geq \lambda_m$)，以及对应的特征项量($u_1, u_2, \cdots, u_{m-1}, u_m$)。

④ 求m各变量的因子载荷矩阵。

$$\boldsymbol{A} = \begin{bmatrix} a_{11} & a_{12} & \cdots & a_{1m} \\ a_{21} & a_{22} & \cdots & a_{2m} \\ \vdots & \vdots & \vdots & \vdots \\ a_{p1} & a_{p2} & \cdots & a_{pm} \end{bmatrix} = \begin{bmatrix} u_{11}\sqrt{\lambda_1} & u_{12}\sqrt{\lambda_2} & \cdots & u_{1m}\sqrt{\lambda_m} \\ u_{21}\sqrt{\lambda_1} & u_{22}\sqrt{\lambda_2} & \cdots & u_{2m}\sqrt{\lambda_m} \\ \vdots & \vdots & \vdots & \vdots \\ u_{p1}\sqrt{\lambda_1} & u_{p2}\sqrt{\lambda_2} & \cdots & u_{pm}\sqrt{\lambda_m} \end{bmatrix} \tag{8-20}$$

确定 m 有两种方法：一是根据特征值的大小确定，一般取大于 1 的特征值；二是根据因子的累计方差贡献率来确定。

前 m 个因子的累计方差贡献率的计算公式为

$$Q = \frac{\sum_{i=1}^{m} \lambda_i}{\sum_{i=1}^{p} \lambda_i} \tag{8-21}$$

如果数据已经标准化，则

$$Q = \frac{\sum_{i=1}^{m} \lambda_i}{p} \tag{8-22}$$

6. 计算因子得分

在因子变量确定后，每一个原有的变量在不同因子上的具体观察值就是因子得分，它和原有变量的观察值相对应。

【案例 8-13】因子分析及 SPSS 应用示例

依据 1997—2018 年某地居民消费价格指数(见表 8-27)，进行"因子分析"。

操作步骤讲解视频

表 8-27 某地居民消费价格指数(以 1996 年价格为 100)

单位：%

年份	居民消费价格指数	食品指数	烟酒指数	衣着指数	家庭设备用品及维修服务指数	医疗保健和个人用品指数	交通和通信指数	娱乐教育文化用品及服务指数	居住指数
1997	110.5	113.5	103.0	105.7	112.5	113.1	108.5	96.9	129.3
1998	121.6	128.7	113.0	115.7	115.4	132.7	108.9	93.8	153.9
1999	146.1	157.2	124.5	137.3	126.4	151.8	127.5	115.7	206.8
2000	181.0	207.1	139.5	158.8	140.2	180.9	149.5	136.1	249.4
2001	214.9	261.2	149.1	172.8	145.5	199.0	171.5	158.2	300.0
2002	234.6	288.6	149.1	187.8	144.2	210.9	181.9	187.6	329.1
2003	241.2	288.6	134.6	189.9	131.8	215.4	210.3	205.6	396.9
2004	241.2	282.3	129.2	178.5	121.9	219.5	218.1	218.6	450.9
2005	244.8	274.9	129.2	175.5	117.5	223.6	245.1	244.1	477.5
2006	250.9	270.0	126.1	167.2	112.5	223.4	271.9	296.6	493.3
2007	250.9	270.8	124.7	165.4	109.3	217.6	266.7	302.8	504.5
2008	252.2	278.6	123.4	161.2	106.8	212.4	258.4	305.3	504.6
2009	252.5	282.3	123.1	157.2	105.1	212.4	248.9	306.2	510.2
2010	257.8	305.6	121.0	148.1	102.8	212.2	240.4	306.0	518.5
2011	260.3	319.4	120.6	136.4	103.6	212.9	234.3	300.8	533.7
2012	263.4	327.5	120.9	145.2	106.4	215.2	227.8	295.5	549.2
2013	271.7	358.3	121.7	147.1	109.9	215.7	220.8	287.4	573.9
2014	287.4	413.1	123.7	149.5	119.0	222.5	215.3	282.3	588.4

(续表)

年份	居民消费价格指数	食品指数	烟酒指数	衣着指数	家庭设备用品及维修服务指数	医疗保健和个人用品指数	交通和通信指数	娱乐教育文化用品及服务指数	居住指数
2015	286.3	421.6	124.7	148.5	120.8	221.3	210.0	276.5	568.1
2016	295.2	454.1	126.1	146.4	122.1	229.5	204.5	279.0	587.9
2017	310.4	503.1	127.8	152.7	130.8	238.8	204.8	276.7	619.6
2018	319.2	532.4	129.6	157.2	135.3	240.3	206.5	274.9	637.2

1. SPSS 主要操作步骤(见图 8-13～图 8-16)

图 8-13 "因子分析"步骤一

图 8-14 "因子分析"步骤二

图 8-15 "因子分析"步骤三

图 8-16 "因子分析"步骤四

2. SPSS 分析数据及结论

SPSS 分析数据及结论详情可扫描右侧二维码进一步了解。

应用 SPSS 软件,得到以下分析结果(见表 8-28～表 8-30)。

1997—2018 年某地居民消费价格指数因子分析

表 8-28 描述统计量

各类指数	均值	标准差	分析 N
食品指数	306.314	108.8142	22
烟酒指数	126.600	10.1867	22
衣着指数	154.732	20.5788	22

(续表)

各类指数	均值	标准差	分析 N
家庭设备用品及维修服务指数	119.991	13.2502	22
医疗保健和个人用品指数	205.505	32.5970	22
交通和通信指数	205.982	47.3851	22
娱乐教育文化用品及服务指数	238.482	74.1694	22
居住指数	449.227	153.5095	22

表 8-29 成分矩阵与旋转成分矩阵指数

指标	成分(成分矩阵)			成分(旋转成分矩阵)		
	1	2	3	1	2	3
食品指数	.800	.065	.593	.991	.118	.032
烟酒指数	.257	.934	−.115	.089	.966	−.106
衣着指数	.539	.705	−.423	.110	.906	.366
家庭设备用品及维修服务指数	−.161	.927	.324	.059	.736	−.667
医疗保健和个人用品指数	.978	.186	.049	.767	.417	.482
交通和通信指数	.887	−.199	−.405	.415	.151	.892
娱乐教育文化用品及服务指数	.924	−.352	−.067	.669	−.068	.729
居住指数	.950	−.214	.220	.870	−.007	.489

说明：成分矩阵提取方法为主成分，已提取了 3 个成分。旋转成分矩阵提取方法为主成分。旋转法为具有 Kaiser 标准化的正交旋转法，旋转在 6 次迭代后收敛。

从表 8-29 中"成分(成分矩阵)"的数据可以得到原始资料的因子分析模型。

假设：x_1 为食品指数，x_2 为烟酒指数，x_3 为衣着指数，x_4 为家庭设备用品及维修服务指数，x_5 为医疗保健和个人用品指数，x_6 为交通和通信指数，x_7 为娱乐教育文化用品及服务指数，x_8 为居住指数。

$$x_1=0.800f_1+0.065f_2+0.539f_3$$

$$x_2=0.257f_1+0.934f_2-0.115f_3$$

$$x_3=0.539f_1+0.705f_2-0.423f_3$$

$$x_4=-0.161f_1+0.927f_2+0.324f_3$$

$$x_5=0.978f_1+0.186f_2+0.049f_3$$

$$x_6=0.887f_1-0.199f_2-0.405f_3$$

$$x_7=0.924f_1-0.352f_2-0.067f_3$$

$$x_8=0.950f_1-0.214f_2+0.220f_3$$

式中，f_1——第一个成分因子；

f_2——第二个成分因子；

f_3——第三个成分因子。

另外，从表 8-29 中"成分(旋转成分矩阵)"的数据可以明显地看出第一个因子(f_1)主要用于解释"食品""医疗保健和个人用品""居住"等原有变量，第二个因子(f_2)主要用于解释"烟酒"

"衣着""家庭设备用品及维修服务"等原有变量,第三个因子(f_3)主要用于解释"交通和通信""娱乐教育文化用品及服务"等原有变量。

因此,可以将第一个因子(f_1)定义为个人生活内在体验类因子,第二个因子(f_2)定义为个人生活外在表现类因子。

表 8-30 因子得分系数矩阵

各项指数	成分		
	1	2	3
食品指数	.578	−.105	−.391
烟酒指数	−.056	.400	−.009
衣着指数	−.236	.422	.315
家庭设备用品及维修服务指数	.204	.242	−.425
医疗保健和个人用品指数	.198	.112	.062
交通和通信指数	−.153	.097	.480
娱乐教育文化用品及服务指数	.109	−.059	.229
居住指数	.327	−.091	−.024

说明:提取方法为主成分。旋转法为具有 Kaiser 标准化的正交旋转法。构成得分。

表 8-30 为因子得分系数矩阵,表明在因子构成中各原有变量相对因子的权重。

$f_1 = 0.578x_1 - 0.056 x_2 - 0.236 x_3 + 0.204 x_4 + 0.198 x_5 - 0.153 x_6 - 0.109 x_7 + 0.327 x_8$

$f_2 = -0.105 x_1 + 0.400 x_2 + 0.422 x_3 + 0.242 x_4 + 0.112 x_5 + 0.097 x_6 - 0.059 x_7 - 0.091 x_8$

$f_3 = -0.391 x_1 - 0.009 x_2 + 0.315 x_3 - 0.425 x_4 + 0.062 x_5 + 0.480 x_6 - 0.229 x_7 - 0.024 x_8$

因子得分均值为 0,标准差为 1,正值表示高于平均水平,负值表示低于平均水平。

8.4.6 聚类分析及 SPSS 应用

聚类分析是根据样本(或指标)之间距离或相似系数对样本(或指标)进行分类的一种多元统计方法。

聚类分析在市场调查中用得最多,其基本思想是:把 n 个样本(或 p 个指标)各自看成一类,规定样本(或指标)之间的距离及类与类之间的距离,选择距离最小的一对聚成一个新类,计算新类与其他类的距离,再将距离最小的两类合并,每次并类至少减少一个类,直到所有的样本(或指标)都聚成一类为止。

聚类分析可以分为系统聚类分析、有序样本聚类分析、模糊聚类分析、动态聚类分析等。要注意:①所选择的变量是否能够反映所需要的特征;②变量值不应该有数量级上的差异,否则将无法"聚类";③各个变量之间不应有较强的线性相关关系,否则将导致聚类结果产生偏向。

在系统聚类分析中,将根据分类对象的不同分为 Q 型聚类分析和 R 型聚类分析两大类。

1. Q 型聚类分析

Q 型聚类分析是对样本进行分类处理,其特点如下。

(1) 其可以利用多个变量的信息对样本进行分类。

(2) 其分类结果直观,通过聚类谱系图可清楚表现数值分类结果。

(3) 相较于传统分类方法,Q 型聚类分析得到的结果更细致、全面、合理。

2. R 型聚类分析

R 型聚类分析是对变量进行分类处理,其特点如下。

(1) 其可以同时了解个别变量之间的关系亲疏程度和各个变量组合之间的亲疏程度。

(2) 根据变量的分类结果及它们之间的关系,可以选择主要变量进行回归分析或 Q 型聚类分析。

3. 凝聚方式聚类

凝聚方式聚类的过程如下。

(1) 每个样本单位自成一类。

(2) 测量所有单位的"亲疏程度",并按"亲疏程度"聚成($n-1$)个小类(所谓小类是指在聚类过程中根据样本之间的"亲疏程度"形成的中间类)。

(3) 再次测量剩余单位和小类之间的"亲疏程度",并将最"亲密"的单位或小类再聚成一类。

(4) 重复上述过程,直到所有单位聚到一起。

在凝聚方式聚类的过程中,"类"内的"亲密程度"在降低。

4. 分解方式聚类

分解方式聚类的过程如下。

(1) 所有样本单位都属于一大类。

(2) 测量所有单位的"亲疏程度",将大类中彼此最"疏远"的单位分离,形成两类,但其中一类只有一个样本单位。

(3) 再次测量剩余单位和小类之间的"亲疏程度",并将"类"中彼此最"疏远"的单位再分离出去。

(4) 重复上述过程,直到所有样本单位都自成一类为止。

在分解方式聚类的过程中,"类"内的"亲密程度"在提高。

【案例 8-14】K-均值聚类分析及 SPSS 应用示例

依据 1997—2018 年某地居民消费价格指数(见表 8-27),进行"K-均值聚类分析"。

操作步骤讲解视频

1. SPSS 主要操作步骤(见图 8-17、图 8-18)

图 8-17 "K-均值聚类分析"步骤一　　图 8-18 "K-均值聚类分析"步骤二

2. SPSS 分析数据及结论

SPSS 分析数据及结论详情可扫描右侧二维码进一步了解。

应用 SPSS 软件,得到以下分析结果(表 8-31~表 8-33)。

表 8-31 中给出了三类初始聚类中心的情况。可见,第二类指标优于第一类指标。

1997—2018 年某地居民消费价格指数 K-均值聚类分析

第8章 数据处理与分析

表 8-31 初始聚类中心

各项指数	聚类		
	1	2	3
居民消费价格指数	110.5	319.2	146.1
食品指数	113.5	532.4	157.2
烟酒指数	103.0	129.6	124.5
衣着指数	105.7	157.2	137.3
家庭设备用品及维修服务指数	112.5	135.3	126.4
医疗保健和个人用品指数	113.1	240.3	151.8
交通和通信指数	108.5	206.5	127.5
娱乐教育文化用品及服务指数	96.9	274.9	115.7
居住指数	129.3	637.2	206.8

从表 8-32 中可以看出居民消费指数的聚类分组情况，分别是第一类 1997—1999 年；第二类 2004—2018 年；第三类 2000—2003 年。

表 8-32 聚类分组

案例号	年份	聚类	距离
1	1997	1	50.664
2	1998	1	16.042
3	1999	1	63.926
4	2000	3	109.655
5	2001	3	26.207
6	2002	3	40.401
7	2003	3	100.161
8	2004	2	137.584
9	2005	2	113.682
10	2006	2	107.060
11	2007	2	100.884
12	2008	2	92.387
13	2009	2	85.056
14	2010	2	61.464
15	2011	2	46.492
16	2012	2	33.798
17	2013	2	37.075
18	2014	2	80.570
19	2015	2	79.498
20	2016	2	118.473
21	2017	2	178.070
22	2018	2	213.067

表 8-33 给出了各指标指数在不同类中的均值比较，各数据项的含义依次为组间均方、组间自由度、组内均方和组内自由度。从方差分析表下方的描述可以知道，显著性水平 Sig.并不能

说明各类的均值存在显著性差异情况，但仍可以看出各指数的均值在各类中的差别。

表 8-33　ANOVA 分析

各项指数	聚类		误差		F	Sig.
	均方	df	均方	df		
居民消费价格指数	27 018.421	2	590.348	19	45.767	.000
食品指数	65 326.559	2	6 210.414	19	10.519	.001
烟酒指数	823.852	2	27.971	19	29.453	.000
衣着指数	2 883.409	2	164.547	19	17.523	.000
家庭设备用品及维修服务指数	1 033.323	2	85.279	19	12.117	.000
医疗保健和个人用品指数	9 855.108	2	137.034	19	71.917	.000
交通和通信指数	18 867.586	2	495.641	19	38.067	.000
娱乐教育文化用品及服务指数	51 968.081	2	609.844	19	85.215	.000
居住指数	220 005.069	2	2 887.270	19	76.198	.000

说明：F 检验应仅用于描述性目的。因为选中的聚类将被用来最大化不同聚类中的案例间的差别。观测到的显著性水平并未据此进行更正，因此无法将其解释为是对聚类均值相等这一假设的检验。

【案例 8-15】系统聚类分析及 SPSS 应用示例

依据 1997—2018 年某地居民消费价格指数(见表 8-27)，进行"系统聚类分析"，进一步了解该地区居民消费价格指数在各区间的走势特征情况。

操作步骤讲解视频

1. SPSS 主要操作步骤(见图 8-19～图 8-22)

图 8-19　"系统聚类分析"步骤一

图 8-20　"系统聚类分析"步骤二

图 8-21　"系统聚类分析"步骤三

图 8-22　"系统聚类分析"步骤四

2. SPSS 分析数据及结论

应用 SPSS 软件，得到以下分析结果(见表 8-34)。

表 8-34 聚类表

阶	群集组合		系数	首次出现阶群集		下一阶
	群集 1	群集 2		群集 1	群集 2	
1	18	19	.074	0	0	6
2	12	13	.098	0	0	8
3	10	11	.141	0	0	8
4	16	17	.247	0	0	9
5	21	22	.309	0	0	15
6	18	20	.321	1	0	15
7	14	15	.378	0	0	9
8	10	12	.553	3	2	13
9	14	16	.598	7	4	13
10	8	9	.633	0	0	14
11	5	6	1.104	0	0	16
12	1	2	1.696	0	0	18
13	10	14	2.075	8	9	17
14	7	8	2.196	0	10	17
15	18	21	2.468	6	5	19
16	4	5	4.683	0	11	20
17	7	10	6.976	14	13	19
18	1	3	7.201	12	0	21
19	7	18	7.912	17	15	20
20	4	7	21.689	16	19	21
21	1	4	42.601	18	20	0

表 8-34 中，"阶"表示聚类分析的步数；"群集组合"中的群集 1、群集 2 表示这一步聚类中哪两个样本或小类聚成一类；"系数"是个体距离或小类距离；"首次出现阶群集"中的群集 1、群集 2 表示这一步聚类中参与聚类的是个体还是小类，0 表示个体，非 0 表示由第 n 步聚类生成的小类参与本步聚类；"下一阶"表示本步聚类的结果将在以下第几步中用到。

8.5 统计分析软件介绍

8.5.1 SPSS

SPSS(statistical product and service solutions，统计产品与服务解决方案软件)是世界上最早采用图形菜单驱动界面的统计软件。SPSS 的基本功能包括数据管理、统计分析、图表分析、输出管理等。

SPSS 软件简介

8.5.2 SAS

SAS(statistics analysis system，统计分析系统)是美国 SAS 软件研究所研制的一套大型集成应用软件系统，提供了包括统计分析、经济计量分析、时间序列分析、决策分析、财务分析和全面质量管理等工具。在数据处理和统计分析领域，其被誉为国际上的标准软件和最权威的优秀统计软件包。

SAS 软件简介

由于 SAS 系统的操作至今仍以编程为主。因此，系统地学习和掌握 SAS 需要花费一定的时间和精力，但 SAS 已成为专业研究人员进行统计分析的标准软件。

8.5.3 其他统计软件

1. Excel

Excel 即 Microsoft Office Excel，是微软公司的办公软件 Microsoft Office 的组件之一，它可以进行各种数据的处理、统计分析和辅助决策操作，广泛地应用于管理、统计财经、金融等众多领域。

2. SYSTAT

SYSTAT 由美国 SYSTAT 公司于 20 世纪 70 年代推出，因方法齐全、速度快、精度高、软件小、处理数据量大而大受欢迎。目前，SYSTAT 几乎可以完成统计研究者所需要的任何统计方法，软件配备了包括世界地图、三维图、经纬图等在内的各种普通与特色图像模型，它虽然还没有 SPSS 这样的软件包先进，但其价格比 SPSS 便宜得多，而且对硬盘容量的需求更低。

3. S-Plus

S 语言是由 AT&T 贝尔实验室开发的一种用来进行数据探索、统计分析、作图的解释型语言。其主要特点是它可以交互地从各个方面去发现数据中的信息，并能轻松实现新的统计方法。其丰富的数据类型(向量、数组、列表、对象等)有利于实现新的统计算法，其交互式运行方式及强大的图形、交互图形功能使得用户能方便地探索数据。

4. STATISTICA

STATISTICA 是一个整合数据分析、图表绘制、数据库管理与自订应用发展系统环境的专业软件。STATISTICA 不仅提供使用者统计、绘图与数据管理程序等一般目的的需求，更提供特定需求所需的数据分析方法(如数据挖掘、生物研究或工业工程等)。

关键词和概念

数据分析　统计分析软件

本章复习题

一、思考题

1. 简述统计图的类型及使用方法。
2. 举例说明交叉列表分析法。
3. 综合指标分析法和动态分析法包含哪几类基本指标？
4. 反映总体中各单位数量的集中特征的指标有哪些？
5. 在数据分析中，如何合理运用区间估计、假设检验、方差分析？

6. 何种情况可以利用因子分析进行数据处理？数据处理方法有哪些？

7. 何种情况可以利用聚类分析进行数据处理？数据处理方法有哪些？

二、实践题

1. 【在校学生生活费用调查(续)】根据已拟定的"在校大学生每月生活费用支出情况"调查问卷进行调查，并利用 SPSS 软件，进行被调查对象的基本数据整理和分析。

2. 根据案例 8-16 资料利用 SPSS 软件分析 A、B、C、D 四家企业销售基础分析指标，并用文字分析各家企业产值数据的特点。

【案例 8-16】A、B、C、D 企业 2022 年销售资料

某集团有 A、B、C、D 四家企业，这四家企业 2022 年的销售资料如表 8-35 所示。

表 8-35 A、B、C、D 四家企业 2022 年的销售资料

单位：百万元

月份	A	B	C	D
1	145	231	231	256
2	180	189	199	228
3	203	202	242	269
4	199	223	245	248
5	232	239	257	273
6	220	214	242	237
7	213	227	240	231
8	243	221	250	223
9	190	189	209	171
10	213	229	254	190
11	256	283	297	274
12	416	404	435	420

3. 【在校学生生活费用调查(续)】根据调查结果，利用 SPSS 软件，对影响大学生消费支出的因素进行因子分析和聚类分析等。

4. 某地区欲对居民消费结构进行分析。现调查了 31 位居民，了解他们 2022 年全年在食品、衣着、医疗保健等 8 个方面的消费支出情况，如表 8-36 所示。要求根据表 8-36 所示信息，进行因子分析。

表 8-36 被调查者 2022 年全年的消费支出情况

单位：元

居民	食品	衣着	家庭设备	医疗保健	交通通信	文化娱乐	居住	其他
1	3522	906	704	994	1688	1964	955	388
2	2963	579	467	697	721	1083	1095	258
3	1912	587	365	550	607	660	595	159
4	1712	725	314	367	478	799	561	146

(续表)

居民	食品	衣着	家庭设备	医疗保健	交通通信	文化娱乐	居住	其他
5	1705	793	297	425	596	770	618	212
6	2394	637	257	534	631	747	630	244
7	1957	666	245	462	550	742	669	198
8	1783	696	217	456	499	644	539	178
9	4102	750	792	602	1258	1833	1280	418
10	2566	587	452	493	686	971	715	233
11	3558	830	592	738	1223	1486	953	329
12	2238	558	257	318	502	536	487	165
13	3104	576	440	348	867	898	878	240
14	1979	480	351	264	465	664	573	133
15	2051	790	461	444	638	931	551	200
16	1662	602	345	443	533	629	566	157
17	2279	669	383	397	571	843	655	162
18	2179	621	420	391	680	993	586	209
19	3583	559	658	616	1272	1437	1196	311
20	2305	373	376	322	608	797	801	177
21	2463	279	318	413	601	630	604	190
22	2702	735	475	459	790	1025	741	187
23	2240	536	399	425	586	823	580	166
24	1968	524	286	291	561	714	422	179
25	2506	594	269	545	763	735	445	162
26	3542	1129	444	310	1183	596	468	369
27	1960	559	383	491	528	950	609	184
28	1908	645	302	434	531	793	505	178
29	1986	612	370	451	509	713	559	196
30	1919	585	363	450	585	644	560	221
31	1987	783	271	357	601	806	499	233

第 9 章

大数据驱动的市场调研

◎ 学习目的与要求

1. 掌握并理解大数据、小数据的定义及差异特征；
2. 掌握并理解大数据驱动的市场调研与传统市场调研的区别；
3. 了解并逐步掌握大数据驱动的市场调研的内容；
4. 了解并逐步掌握大数据驱动的市场调研的方法；
5. 通过案例学习，逐步掌握大数据驱动的市场调研的应用；
6. 充分认识到，在进行市场调研时，必须合法合规地使用大数据，以求更好地应用大数据技术服务社会。

引入案例 大数据挖掘技术是否可用于预测赛事结果

预测大学足球比赛结果(乃至任何体育赛事)既充满趣味，又极具挑战性。学术界与工商界中敢于挑战的研究人员都想方设法预测体育赛事的结果。不同的媒体(通常是公开的)会报道大量的历史数据，这些数据都是关于体育赛事的结构与结果，以不同的数字或符号出现，其中存在着有助于推算结果的因素。然而，虽然存在大量关于体育赛事的文献(基于数字文献数据库超过 43 000 次点击访问)，只有少量文献聚焦赛事预测特点，大部分文献都是有关体育市场效率的。以前大部分博彩市场研究都与市场经济效率有关，并不评估与那些赛事相关的实际预测。而事实证明，从测试市场经济效率的研究中获取大量有关预测与预测程序的信息是可能的。

在美国，赛季末的超级碗比赛对于其大学的经济(带来上百万美元的额外收益)与声望(为其体育项目招收优质生源)都有非常重要的意义。参加超级碗比赛选拔的团队会分配收益，收益的多少取决于超级碗比赛规模的大小，有些比赛名声较大，参加比赛的两个团队也会获得更高的红利。因此，在美国，获得超级碗比赛的邀请是所有的大学橄榄球俱乐部的目标。超级碗比赛的决策人员有权力选择并邀请杰出的团队(在当年赛季赢得其 I-A 对手 6 次的团队)参加激动人心、竞争激烈的超级碗比赛。这一比赛会吸引双方学校的球迷来观赛，剩下的球迷会通过各种媒体来了解赛事。

超级碗比赛受到了来自学校、球迷等各方的关注，无论是比赛双方还是球迷热衷于对比赛结果进行预测，传统的预测手段大多依靠经验及对双方选手实力的判断，那么在大数据时代，如何利用数据挖掘技术对赛事结果进行预测呢？

资料来源：杜尔森·德伦. 大数据掘金：挖掘商业世界中的数据价值[M]. 北京：中国人民大学出版社，2016.

9.1 大数据概述及大数据调研与传统调研的区别

9.1.1 大数据的定义及特征

如今,移动互联网越来越发达,每时每刻都有大量的数据通过百度、微信、微博等网站和 App 实时地上传到云端。2015 年 5 月 26 日,马云在贵阳国际大数据产业博览会上指出,中国正迎来从 IT 时代进入 DT(date technology,数据处理技术)时代的变革。

"大数据"这个术语最早期的使用可以追溯到 apache org 的开源项目 Nutch。当时,大数据用来描述为更新网络搜索索引需要同时进行批量处理或分析的大量数据集。随着 Google Map Reduce 和 Google File System(GFS)的发布,大数据不再仅用来描述大量的数据,还涵盖了处理数据的速度。2008 年 9 月发表的《Big Data: Science in the Petabyte Era》一文中,"大数据"一词被拿来描述和定义信息爆炸时代所产生的海量数据,并开始广泛流行。

国内外的许多学者和专家现在对大数据都有自己的定义和分析,但是没有一个统一的、官方的标准。有学者认为,大数据是指其数据量、采集速度或数据表示方式限制了使用传统关系型数据库方法进行有效分析的能力,或需要使用重要的水平缩放技术来实现高效处理的数据。而在维克托·迈尔-舍恩伯格(Viktor Mayer-Schönberger)和肯尼斯·库克耶(Kenneth Cukier)一同编写的《大数据时代》中,大数据指不用随机分析法(抽样调查)这样的捷径,而采用所有数据进行分析处理。研究机构高德纳(Gartner Group)对大数据做出如下定义:大数据是指需要新处理模式才能具有更强的决策力、洞察发现力和流程优化能力的海量、高增长率和多样化的信息资产。全球咨询公司麦肯锡(McKinsey Company)则定义大数据为"无法在一定时间内用传统数据库软件工具对其内容进行采集、存储、管理和分析的数据集合"。

在这里,我们进行一个归纳总结。从物理量上说,一般情况下达到 PB 级别的数据才真正称之为大数据。举一个简单的例子,将华盛顿国家历史博物馆里面所有的藏书全部数字化,可能也就几百或上千个 PB 的数据。由此可以看到,PB 级别所包含的数据量是多么庞大。根据 IDC 发布的《数据时代 2025》报告,随着 5G、物联网的发展,2010—2021 年数据呈现爆发式增长状态,2020 年全球数据量为 60ZB,初步统计 2021 年达到 70ZB;预计 2025 年全球数据量将达到 175ZB。从处理方式上说,大数据在一定时间范围内无法用常规软件工具进行捕捉、管理和处理,需要一种高端、精细的软件和技术才能对其进行相关处理与分析。综上,大数据是指数据量达到 PB 级别的数据,是在全新的、以移动互联网等技术支持的处理模式下,才能具有更强大的引导能力、挖掘能力、决策能力及流程优化能力等超越客观数字本身能力的,海量、高增长率、多样化的信息资产。而大数据技术是指从各种各样类型的数据中,快速获得有价值信息的能力。

IBM 提出了大数据的"4V"特征,即数据量巨大(volume)、数据种类繁多(variety)、价值密度低(value)、流动速度快(velocity)。

(1) 数据量巨大。上文提到过,一般数据量达到 PB 级别的数据方可被称为大数据。这一特征亦指非结构化数据的超大规模和增长。信息时代,手机、电脑、互联网等使用范围广、频率高,成为我们生活中不可或缺的一部分。我们浏览页面、登录应用时,都会产生一系列数据。谷歌副总裁 Kent Walker 在哈佛大学演讲时提到,人类每天产生的数据达到 2EB(1 EB=1024 PB)之多,如今两年产生的数据甚至就可以超过从人类记事以来数据总量的 90 倍。零散的数据被一些企业或部门加以整合、分析、利用并储存,这就发挥了大数据的价值。

(2) 数据种类繁多。随着科技水平的不断提升，各种智能设备、传感器日新月异，购物及社交网络等生活方式发生翻天覆地的变化。越来越复杂、多样的数据接踵而至，表现形式有但不限于图片、视频、文本语言、机器语言等。使用传统的方法很难相应地分析这些异构且多样化的数据，因此，结构化处理是十分必要的。

(3) 价值密度低。数据量以几何指数的速度不停增长，但是其中可以被利用的信息却少之又少。例如，企业当想通过分析顾客消费行为来试图预测其未来消费决策，从而进行精准营销时，就需要从顾客近几个月，每天成百上千的数据记录里准确地定位到相关信息，而后进行统计、计算和分析。毫不夸张地说，这就相当于大海捞针，海量数据中只有一小部分数据是真正对我们有用的，因此先进的处理软件和技术始终占据着重要的地位。即使如此，大数据的高价值程度是空前的，其价值体现在对未来趋势与模式的可预测分析、深度复杂分析。同济大学经济与管理学院的前任顾问院长，第九届、十届全国人民代表大会常务委员会副委员长成思危先生说过："大数据就是未来的石油战略。"他把大数据比作一个能源级的资产，是除了传统三大能源之外的第四大能源，可见大数据的价值多么惊人。

(4) 流动速度快。在当前互联网高速发展的时代，数据输送速度快，具备较高的能力来采集、分析和处理海量数据，因此，我们开始强调数据的快速流动，即实时性。大数据与传统数据最大的区别就在于，以往的研究都是通过传统数据进行事后评估和分析，而大数据的诞生使实时采集、实时跟踪、实时分析、实时调整变为可能。

课程思政：数据安全

大数据时代，巨量数据在互联网企业生成、汇聚、融合，在释放数据价值的同时也带来了巨大的数据安全风险，跨境数据流动、用户数据泄露等问题，也受到广泛关注。一方面，目前过度收集、滥用用户个人信息的情形依然高发，造成侵犯公民个人信息的风险；另一方面，互联网企业在运营过程中产生的巨量数据，通过大数据分析，能够反映出我国整体经济运行情况等涉及国家秘密的信息，这些信息若未经妥善处理，可能对总体国家安全构成重大安全威胁。

2021年6月10日，《中华人民共和国数据安全法》(以下简称《数据安全法》)由第十三届全国人民代表大会常务委员会第二十九次会议通过，并自2021年9月1日起施行。随着《数据安全法》的正式出台，我国网络法律法规体系进一步完善，为后续立法、执法、司法相关实践提供了重要的法律依据，为数字经济的安全健康发展提供了有力支撑。数据安全已被提升至国家安全的层面，充分体现我国维护数据主权和国家安全的决心。

9.1.2 大数据思维方法的转变

大数据的核心是预测，是把数学算法运用到海量的数据上来预测事情发生的可能性。IT时代带来的是生活方式的转变，而在大数据时代，大数据所创造的价值深刻改变了我们的思维方式。大数据有如下三种基础思维的转变。

(1) 从随机抽样分析到全数据分析。以前做市场调查的时候，由于时间、金钱成本等客观因素的限制，只能选择较为可行的抽样调查的方法，但这样做难免会产生误差。另外，在进行简单随机抽样分析时，我们往往无法采集到每个个体的全样数据，会存在部分数据出现遗忘或遗失等问题。虽然这些偏差可以被调整到我们能接受的水平，但误差始终存在，得到的始终不是一个最精确的结果。随着大数据时代的到来，一切出现过的数据都会被完整地采集起来，使我们得以进行全数据的分析。全数据包含了从数据产生到流动的整个过程和所有方面。全数据分析可以发现样本无法揭示的细节信息，比以前的传统分析更加精准、更加完善，也更加科学。总之，样本分析是以点带面、以偏概全的思维，而全量分析真正反映了全部数据的客观事实。海量数据带来采集并分析全体数据的可能性，以获取更全面的信息。

(2) 从精确性到模糊性。在大数据时代之前，鉴于收集到的样本信息量有限，我们必须确保记录下来的数据尽量结构化和精确化，否则，分析得出的结论在推及总体时就可能产生巨大偏差，导致最终结果的准确性大大降低，从而造成推导的结论与实际情况大相径庭。简而言之，就像在数学中，必须要同时知道两个加数，才能正确地计算出和数。

然而，在数学中，还有一个分支，叫作模糊数学。在模糊数学中，一个至关重要的概念便是隶属度，即描述这件事情发生的概率。它可能发生，也可能不发生，具有不确定性，是一种模糊的状态，并不精准。回到大数据，其中存在很多这种处于模糊状态的数据。但事实上，这个模糊的状态在某种意义上才反映了这个事物存在的一种真实的状态，表现得更加精准。

在大数据时代，思维方式要从传统的精确思维向模糊性思维转化。当拥有海量即时数据时，绝对的精准不再是追求的主要目标。少量不精确的数据对于海量数据分析影响不大，允许不精确的数据存在，可以使分析效果更贴近实际应用。适当忽略微观层面上的精确度，容许一定程度的错误与混杂，反而可以在宏观层面获得更全面深入的知识和洞察力，发挥出更大的价值。

(3) 从因果关系到相关关系。在大数据世界出现前，人们往往执着于现象背后的因果关系，尤其是做学术研究的时候，一定要强调由 A 推出 B。但不可否认的是，当数据量比较小的时候，仅运用有限的样本是无法凭借因果逻辑推导出事物之间的普遍性关系的。而到了大数据时代，人们可以通过大数据技术挖掘并分析出事物之间隐蔽的关联关系，获得更多的认知与洞见，运用这些认知与洞见就可以帮助我们捕捉现在和预测未来。

举一个经典的例子，20 世纪 80 年代，沃尔玛曾经做过一个"啤酒与尿布"的研究。沃尔玛的工作人员在按周期统计产品的销售信息时，发现了一个非常奇怪的现象：每到周末的时候，超市里啤酒和尿布的销量就会突然增大。通过观察和走访之后，他们了解到，在美国有孩子的家庭中，妻子经常嘱咐丈夫下班后要为孩子买尿布，而丈夫们在买完尿布以后又顺手带回了自己爱喝的啤酒，因此周末时啤酒和尿布销量一起增长。随后，沃尔玛打破常规，尝试将啤酒和尿布摆在一起，结果使得啤酒和尿布的销量双双激增，为公司带来了巨大的利润。这个故事中运用了一个逻辑，即消费者是男性。他们与女性的不同之处在于，他们购物追求的是便利性。通过大数据的方法梳理出这一潜在关联，将本来风马牛不相及的啤酒和尿布联系起来，就会产生出人意料的效果。

综上，通过关注线性的关联关系及复杂的非线性关联关系，人们可以看到很多以前不曾注意的数据之间存在的某些联系，还可以掌握以前无法理解的复杂技术和社会动态。关联性关系甚至可以超越因果关系，成为我们了解这个世界的新的视角。相关关系思维就是通过事物之间的相关关系把握其中某一事物的发展动态，是运用大数据进行预测的基础。

9.1.3 大数据调研与传统调研的区别

调研是调查研究的简称，指通过各种调查方式系统客观地收集信息并研究分析，对各产业未来的发展趋势予以预测，为投资或发展方向的决策做准备。调研是认识某一事物或现象的基本手段，应用甚是广泛。由于大数据技术的诞生和发展，传统调研模式各方面都产生了不同程度的更新和变革。

大数据调研与传统调研的区别具体如下。

(1) 在调研对象上，传统调研针对特定目标受众，但因为调研时间、技术和费用的限制，这部分群体必须有一个适当的数量或处在一个适当的地区等。这些技术和时空的限制使得传统调研只能获得片面的数据。而任何一个使用手机、电脑等智能设备及互联网的用户都可以成为大数据调研的对象，客观限制微乎其微。

(2) 传统的调研方法受限于时空和物质条件，通常只能采用问卷、电话、访谈等传统形式，因而效率较低。而大数据调研通过高端的技术可以实现对个体的"追踪定位"，包括 PC 端的 Cookie 追踪及移动端的 App 追踪。这种方法能够确保每个消费者的信息呈现个性化、精准对应的状态，从而让网络系统更加均衡有序，更有价值。此外，值得注意的是，传统调研结果准确性很大程度上取决于被调研的人，他是否有遗忘、是否说谎，都会对结果有明显的影响。而大数据会替你准确地记录过往的一言一行，确保数据客观真实。

(3) 大数据调研和传统调研对于数据质量的要求也不尽相同。传统调研要求数据专且深，精确程度要高，能够对某个个体或事物进行正确、深入的描述与研究。而大数据调研强调数据的广且全，容错能力较好，个别的错误几乎不会引起最终结果的重大偏差。

(4) 在收集数据后的分析方法上，传统的做法是基于抽样的传统统计分析法，例如线性回归等的实证研究。而大数据调研的分析去除了抽样的环节，并运用高级机器分析法(如云计算等)直接对整体进行分析。大数据无疑提供了一个近乎完美的解决方案，将误差降到最低。

(5) 传统调研的目的大多是验证某一猜想或者假设的真伪，研究人员在心中设定了一个理想的、想要达到的结果。而大数据调研的目的则是在海量数据信息的基础上，找到事物之间潜在的关联性，进而以此预测未来发展趋势，其得出的结果可能是意料之外的。

(6) 大数据调研与传统调研所获得结论的视角往往存在不同，前者是中宏观和客观视角，后者多为微观和主观视角。传统调研更多是针对某一个人物、事件的微观细致调查，主要通过典型案例由点及面地把握全局。针对中宏观的调查研究有众多限制因素，常常心有余而力不足。而大数据调研的结果更加能够从宏观与中观的层面动态把握某一事物的动向、趋势。大数据不是一两个数据而是全部数据的抓取分析，是多个维度的信息交叉复现，因此大数据调研中宏观层面的把控更胜一筹。当然由于海量数据越来越丰富，所以大数据针对微观个体的分析也可以越来越精准和优化。

(7) 在研究人员素质要求方面，大数据调研需要高精尖的综合型人才，精通经济管理、数学统计和 IT(如 Python、R 语言)等专业知识。相对而言，传统调研对研究人员的要求较低。这也就引发了如今我国大数据专业技术人员缺乏与需求量大之间的矛盾。

表 9-1 是对于大数据调研与传统调研的区别进行的一个简单总结与梳理。

表 9-1 大数据调研与传统调研的区别

	大数据调研	传统调研
调研对象	智能设备及互联网用户	小范围的特定目标受众
调研方法	利用网络的"追踪定位"	问卷、电话、访谈等传统形式
数据质量要求	广且全，容错能力强	专且深，高精确度
分析方法	无须抽样的高级机器分析法	基于抽样的传统统计分析法
调研目的	挖掘相关性，预测未来	验证猜想或假设
结论视角	中宏观	微观
人才要求	高精尖的综合型人才	传统调研统计人才

9.1.4 大数据与小数据的区别与联系

与大数据概念相对应的，就是所谓的小数据。尽管大数据的确给我们的社会、生活和思维带来了前所未有的变革，但是小数据的存在和价值绝对不可忽视，它具有大数据不可替代的商业应用和学术研究价值。比如，智能家电、智能手机等都是小数据的用武之地。小数据(small data)，或称个体资料，并不是指数据量小，而是指以个人为中心全方位的数据及其配套的收集、处理、分析和对外交互的综合系统。

大数据和小数据之间存在较为显著的区别。

(1) 量级上的区别。大数据一般要达到 PB 级别以上，而小数据的物理量一般都在 PB 级别以下。

(2) 数据与个体地位的区别。这一点从大小数据各自的定义就可以看出。大数据关注的是剥离个体之后的数据集合，发现客观数据和信息之间的关联关系，至于是谁产生的数据并不关心。而小数据可被称作"个体数据"就表明，它始终围绕着个体的一言一行，并以此分析个体的特征、倾向等，因此是谁的数据、数据是多少都显得格外重要。

(3) 处理方式的区别。对于小数据的分析通常采用的是传统的统计分析方法，是一种自上而下的实证研究方法论。小数据往往依托数理统计的大数定律，描述了抽样理论下样本最终服从中心极限定理的正态分布理论，强调描述性统计学和推断统计学。而大数据需要全新的处理模式来解决，如机器学习算法和云计算技术等，当然也包括多变量高级统计技术。

(4) 精准度要求的区别。如上文所述，大数据是崇尚模糊性思维的，即认为模糊的状态才是最为真实且有价值的。而小数据强调的是绝对的精准，因为只有高准确度才能支撑小数据的实证分析获得一个理想的结果，如企业的财务报表等。

(5) 核心逻辑关系的区别。小数据偏重传统的因果关系，将个体现有的数据和信息结合起来作为"因"，进而推导或验证"果"及其合理性。而大数据所依托的逻辑关系则是相关关系，即事物之间深层的、潜在的、更为普遍的联系。

(6) 决策和思维过程的区别。传统的小数据注重实证研究，强调在理论的前提下建立假设，收集数据，证伪理论的适用性。这是一种自上而下的决策和思维过程，导致小数据重在解释，是一种事后行为。而大数据注重发现知识，预知未来，为探索未知的社会现象和发展规律带来机遇。这种预见性是一种自下而上的知识发现过程，是在没有理论假设的前提下去预知和洞察社会现象、趋势和规律。由此使得大数据注重预测，产生一种事前行为。

表 9-2 对大数据与小数据的区别进行了简单总结与梳理。

表 9-2 大数据与小数据的区别

	大数据	小数据
量级	PB 级别以上	PB 级别以下
数据与个体地位	数据重要，个体不重要	数据与个体都重要
处理方式	全新的处理模式(如机器学习算法、云计算技术、多变量高级统计技术等)	传统的统计分析方法
精确度要求	允许模糊性	高精确度
核心逻辑关系	相关关系	因果关系
决策和思维过程	自下而上的知识发现	自上而下的实证研究
功能及其性质	事前的预测	事后的解释

当然，大数据与小数据之间也存在着一定的联系，两者相互依存，相互弥补，不可偏废。这里要指出一个误区，即认为大数据是众多小数据的集合，其实只有从物理量的角度这么说还能够接受。

第一，小数据可以通过抽样调查和实验研究创造数据和信息，进而大数据就可以在此基础上收集并深入挖掘这些已经客观存在的行为信息。小数据进行具有理论意义和理论突破的研究，大数据则据此进行具有实践价值的研究。因此，从某种程度上说，小数据是大数据的基础。

第二，由于大数据关注的是庞大数据本身，因此是处于一个较为宏观的视角看待问题。而当我们进行某一项研究的时候，可能不需要如此宏观，反而需要较为精确的数据进行参考，这便需要用到小数据，以打开微观的视角。先利用大数据进行宏观环境分析，随后通过小数据深入挖掘微观个体的数据与信息，这是当前一种较为完整的调查研究方法。

第三，大数据扩充了小数据的数量级，而小数据则弥补了大数据的漏洞。大数据通常是通过网络进行收集的，但这也导致其涵盖的范围虽然数量庞大，却仅局限于总人口中的网络用户这一特定群体。小数据的存在恰好弥补了这一选择范围的空白，通过问卷调查等形式，小数据可以获得几乎所有群体的数据信息。

综上，只有将大数据与小数据相结合，才能最准确地通过数据与信息在研究人员脑海中勾勒出贴近真实的市场情况，从而帮助他们了解如用户需求等相关事物。

9.2 大数据驱动的市场调研内容

9.2.1 大数据驱动的消费者研究

1) 大数据用户画像

用户画像(persona)最早由 Alan Cooper 提出，是"基于用户真实数据的虚拟代表"。通过对用户各个方面维度分析，如人口属性、网购特征、产品品牌偏好等，形成对用户的价值分析，包括用户的人口统计学特征、用户习惯态度、行动轨迹等方面的差异分析。在电子商务领域，用户画像特征主要包含[①]：①用户基本信息，包括性别、年龄、婚否、收入等；②用户行为偏好，比如访问内容偏好、网络行为特征、业务使用、应用使用排名等；③用户交易数据，包括消费的数量、种类、金额、频率等。用户数据主要来源于用户行为日志、企业后台数据库、客户关系管理系统等。构建用户画像需要进行数学建模，需从已有的海量数据中挖掘出更深层次的用户潜在信息，并通过数据可视化技术展示有价值的用户信息。

用户画像通过虚拟用户的特征全貌，能够帮助企业全方位、多层次地了解用户行为特征，把握用户行为方向。目前，建立用户画像成为大数据驱动的用户行为分析的基础及流行方式之一。具体而言，用户画像可以帮助企业进行：①用户信息统计，如全国分城市消费者指数；②用户研究，通过用户分析可以了解消费者偏好及动态，以帮助企业及时了解消费者需求，更好运营其产品及服务；③业务决策，用户画像分析可以了解行业动态，进行地域及竞品等分析，指导企业制定战略发展方向；④精准营销，根据用户画像特征，精准地为潜在消费者进行广告投放。

2) 大数据购买意向研究

互联网时代，消费者行为模式从传统的 AIDMA 模式转变为 AISASR 的社会化营销模式。消

---

① 资料来源：李佳慧，赵刚. 基于大数据的电子商务用户画像构建研究[J]. 电子商务，2019(1).

费者在看到产品广告并产生兴趣之后,第一步要做的事情就是直接到搜索引擎或各类应用程序上去搜索,然后找到自己想要的东西,才会产生购买行为。购买行为完成后,消费者会有一个分享的过程,然后才会产生再购的行为。在新型的社会化营销模式(见图9-1)中,搜索和分享这两个行为非常重要,为企业提供了大量的消费者数据,包括像百度、360、谷歌等拥有的大量的搜索大数据;而消费者的分享行为又产生了大量的口碑数据。

图9-1 社会化营销模式

基于搜索数据和消费者的用户画像,通过大数据的分析方法找到它们之间的关联关系,进而可以判断潜在消费群体的购买意向。另外,口碑数据对消费者后续的购买行为将产生很大的影响,通过口碑数据可以进行精准的用户意向和使用体验分析。例如,好的口碑代表了积极的购买体验与消费者情绪,因此现有消费者的再购意向会更强烈;而消极的口碑暗含着消费者存在极低的再购倾向。此外,口碑数据也将对潜在消费者的购买意向产生影响。

利用大数据研究消费者购买意向可以提高企业成交率。比如,用大数据的方法给每个潜在用户的购买意向评分,再把高意向的消费者挑选出来进行精准营销,能为企业创造额外的销售增量。大数据购买意向研究能够挖掘用户的再购需求,可以通过大数据的方法,结合一套算法和数据分析,精准地判断用户是否有再购需求,然后将用户打上标签识别,再进行精准营销,这个模式已经在实践中得到了很好的应用。

3) 大数据精准营销

大数据精准营销即利用大数据技术,通过多维度了解消费者的特性和喜好,建立在多维度上充分与消费者沟通互动基础上的营销,以实现在对的时间,通过对的渠道,针对特定目标消费者,提供合适的信息。大数据精准营销能够通过现代互联网数据系统,完成对特定消费人群的研究分析,更好地服务和满足消费者的特定需求,最终为企业带来更多的营销收益,真正将营销能力转化为盈利能力。[①]

大数据精准营销的步骤为:①辨别目标消费者;②接触目标消费者;③影响目标消费者。辨别目标消费者需要企业根据消费者行为信息建立消费者数据资产库,随后利用数据挖掘技术对单一消费者建立用户画像,从多维度定义与理解消费者,探索消费者需求、偏好及购物习惯等。当企业了解了消费者的需求和消费偏好后,企业就可以更好地引导产品和营销活动的方向,以投用户所好,进而接触和影响目标消费者。

大数据及用户数据库为企业提供了更快更有效的方式去接触并影响目标消费者。RTB(real time bidding)广告模式,作为一种新的广告投放模式,实现了广告与不同目标消费者之间的精准投放。RTB模式下的系统由以下4个部分组成:①DMP(data-management platform)是数据管理的平台;②DSP是需求分析的平台;③SSP是广告主供应的平台;④AD Exchange是广告交易竞价平台。在RTB模式里,DMP会第一时间把消费者过去所有的历史浏览记录提取出来,并进行数据分析以识别需求。接着,DSP会抓取这些消费者的需求信息,随后SSP会依据这些信息提供相应

---

① 资料来源:盛小丰,盛晓旻. 大数据环境下企业在电商平台的精准营销策略研究[J]. 现代商业,2018,506(25):24-26.

的产品广告信息,在 AD Exchange 广告交易平台上进行交易竞价,从而使广告精准投放到消费者面前。RTB 运作过程虽然复杂,但实际上仅在几微秒的时间内发生。例如,当一位消费者打开新浪网页时,DMP 会立即启动,发现该消费者正在浏览汽车相关内容, DSP 抓取到这个需求信息传递给 SSP,然后 SSP 会通过 AD Exchange 平台竞价,最终,网页上便会展示竞价最高的广告主的广告。RTB 运作模式如图 9-2 所示。

第1步：DMP获取浏览行为记录
第2步：DSP获取需求信息,并传递至SSP
第3步：广告主通过 AD Exchange 平台竞价
第4步：广告呈现

图 9-2　RTB 运作模式

RTB 模式不仅使广告变得越来越精准,还确保了广告投放的及时性和动态化。它在消费者需要的时候,推荐他想要的商品,它可以根据时间、内容、人群、地域等定向,以保证每一次点击、每一次投放都精准无误。RTB 定向模式如图 9-3 所示。

图 9-3　RTB 定向模式

9.2.2　大数据驱动的竞争情报研究

在大数据、移动互联网时代,市场竞争相比传统竞争格局发生了变化,对竞争对手的监测和研究变得越来越重要。因为在竞争中将你打败的可能不是本行业的竞争对手,而是第三方,比如微信抢夺了三大运营商的短信彩信业务市场。但是,在大数据时代企业可以利用大数据的方法更好地去研究分析其竞争对手,以应对来自各方竞争者的威胁。

大数据驱动的竞争情报分析有以下几个步骤：①建立舆情系统;②采集信息,把竞争对手在市场上所有可能透露的信息采集起来;③大数据实时分析,对所有采集到的信息进行文本分析、情感分析等数据挖掘,并进行每日实时分析;④针对性研究,企业根据每日的大数据实时分析,进行针对性的研究,可以得到竞争对手的动态信息,包括竞争对手推出的产品、市场定位、竞争区隔等;⑤制定相应策略,基于以上的针对性研究结果制定相应的竞争策略,例如,制定怎样的策略或采取何种措施才能有针对性地打击竞争对手，甚至实现降维的打击。大数据竞争情报研究步骤如图9-4所示。

图9-4 大数据竞争情报研究步骤

降维打击是指当用大数据的方法去监测竞争对手的时候，可能还要考虑一下来自非该行业、外来行业的其他竞争对手。比如，做外卖业务的美团和做打车业务的滴滴之间产生了竞争；全部做线上业务的阿里，现在已经入股大润发，而腾讯则入股了家乐福，甚至买下了中国的家乐福市场。可见现在的竞争格局发生了很多新的变化，企业所面对的竞争对手或许之前并未想到，因此这要求企业更加全面地洞察竞争对手的行为，然后有针对性地展开自身的品牌传播或精准营销。如今，企业可以通过大数据分析方法，在更广阔的领域内精准捕捉这些潜在的竞争对手，并制定应对策略。因此，身处在大数据互联网时代，对竞争对手的监测不应仅限于当前行业内的，更应挖掘潜在的竞争对手，以及未来可能涌现的新势力，全面地分析每一个竞争对手。

9.2.3 大数据驱动的市场预测

利用大数据的方法可以精准地进行市场预测和趋势的判断和分析。例如，医疗行业拥有大量的病例、病理报告、治愈方案、药物报告等，在未来，借助于大数据平台我们可以收集不同病例、治疗方案和病人的基本特征，可以建立针对疾病特点的数据库。又如，谷歌公司专门开发了一个电影票房预测模型，它根据电影上映预告片的搜索量，结合同时期同类电影的票房数据，构建一个回归算法模型，能有效地对电影票房进行预测。目前，大数据驱动的预测在很多领域都得到了应用，通过数据的算法，准确地预测到未来发生的一种情况，能使企业在降低成本的同时，将其营销策略及投入的效果无限放大。

接下来，将从销量、市场容量、宏观环境、价格、网点及用户流失概率6个方面简要介绍如何利用大数据进行市场预测。

1) 销量预测

销量预测是在充分考虑未来各种影响因素的基础上，根据历史销量及市场上对产品需求的变化情况，对未来一定时期内产品销量的变化进行科学的预测。基于大数据的精准销量预测，可以指导企业的运营策略，包括其原料采购、生产计划、生产运输的优化和定价等；可以帮助企业制定战略决策，如明确发展规模、确立经营方针，以及判断资金投向等；还可以使企业掌握市场规律，及时应变，以提高企业的竞争力。①

大数据驱动的销量预测需要经历预测目标、收集数据、建立模型、评价指标4个基本步骤(见

---

① 资料来源：柠檬红茶 cc. 大数据 Clouder 认证：使用时间序列分解模型预测商品销量[EB/OL]. (2018-05-18). https://www.jianshu.com/p/c7587af871c9.

图9-5)。预测目标需要对预测的对象、时间及业务目标进行确定。数据收集需要包括目标数据(包含企业自身的内部数据与外部数据),以及额外数据(比如天气情况、节假日安排、CPI 指数等)。数据收集后需要对已有数据进行简单分析,从而更好地发现数据的规律,对应用建模提供指导方案,如对结果变量和预测变量的分析等。然后对数据进行包括缺失值处理、数据转换等数据预处理,以便在后期的模型分析中能提供更合理有效的数据信息。销售预测的基本方法包括:①主观预测,专家法;②时间序列预测,包含指数平滑法、自回归移动模型;③机器学习预测,包含线性回归、决策树、随机森林、梯度提升树(XGBoost)、神经网络和支持向量回归。企业可以根据自身需求与技术合理地选择销量预测方法。销量预测的最后一步需要依据各种评估指标判断预测效果的精确性问题,包括RMSE、MAPE等定量评价指标或者AIC、BIC等模型评价指标。

图9-5 大数据销量预测步骤①

2) 市场容量预测

市场容量是指一个特定市场供给品的使用或者购买人数。估算市场容量,即是对需求的市场进行预测。市场容量预测能够帮助企业判断目标市场潜力,直接决定企业是否要对该产品进行创新实验和投资等决策问题,如是否投厂、是否投资、是否开发产品、投资回报如何等。

市场容量测算的方法按出发点而言,可以粗略地划分为自上而下和自下而上两大类。自上而下的测算法②包括源推算法、强相关数据推算法、需求推算法;自下而上的测算法包括抽样分析法、典型反推法、拍脑袋法。大数据的方法能够为市场容量的预测提供大量的数据信息,有助于自上而下的测算法更精准地进行。

(1) 源推算法。源推算法是将本行业的市场规模追溯到催生本行业的源行业。例如想要计算我国建筑材料、家具、家电等产业的市场容量,只需要知道我国房地产的数据,因为我国是房地产驱动型经济,而且这些产业都根植于房地产,因此这些行业的市场容量只需利用我国房地产行业的数据便可以推算得知。计算方法如下:

$$目标行业市场规模\ MSt = 源行业市场规模\ MSr / 源行业产品均价\ Pr \\ \times 目标行业产品均价\ Pt \times 两行业产品数配比\ n$$

(2) 强相关数据推算法。该方法需要查找与本行业相关的其他行业的数据。所谓强相关,即两个行业的产品的销售有很强的相关关系,比如买了球拍必须要买相应的球。因此,此时就可以先测算强相关行业的市场容量,再根据两个行业产品的平均价格换算成目标行业的市场规模。计

---

① 资料来源:浪尖聊大数据-浪尖. 基于机器学习对销量预测研究[EB/OL]. (2018-04-23). https://blog.csdn.net/rlnLo2pNEfx9c/article/details/80059362.

② 资料来源:无知红. 一文看懂市场规模(市场容量)测算[EB/OL]. (2018-01-24). https://zhuanlan.zhihu.com/p/33255296.

算方法如下：

$$目标行业市场规模\ MSt = 相关行业市场规模\ MSr / 相关行业产品均价\ Pr \times 目标行业产品均价\ Pt \times 两行业产品数配比\ n$$

(3) 需求推算法。需求推算法通过估计产品的目标人群的需求，测算目标市场的规模。该方法需要有明确的目标人群或者需求，再去获取其相应的用户数据。计算方法如下：

$$目标市场规模\ MSt = 目标需求人群数量\ Pot \times 购买率\ n \times 目标行业产品均价\ Pt$$

3) 宏观环境预测

长期以来，对影响总供需、国内生产总值、物价水平、就业率、财政收入等宏观经济的信息的收集处理是各国政府都非常关注的对象。有效地掌握这些宏观经济的数据信息能够在很大程度和范围内解决经济运行中的"市场失灵"，解决许多市场机制难以解决的问题。过去，受制于科学技术的局限性，政府在宏观调控中能获得的往往只是部分且滞后的信息，这导致政府的宏观调控往往会出现"市场失灵"的问题。而大数据时代，对大量、多维度和完备性的大数据进行收集、整合、分类、加工和处理，为政府获得实时且完备的信息提供了可能，能有效缓解由于信息不足而导致的调控失灵问题。

基于大数据的宏观经济预测，相较于传统的宏观预测方式将发生多方面变革，且体现出明显的优势。其一，随着信息量的扩大和信息处理技术的提高，宏观经济分析将不再局限于统计分析模式，而是将抽样分析转变为总体分析，这将会极大地提高宏观经济分析的准确性和可信度；其二，大数据宏观经济预测为小模型预测转变为大模型预测创造了可能；与此同时，大数据宏观经济预测建立在数据的相关性分析上，可以比传统预测更容易、快捷且清晰地分析各变量之间的关系；其三，大数据的实时性为迅速准确地预估宏观经济提供了可能。

大数据宏观环境预测包含类别较多，方法不尽相同，但大多都采取大数据搜索，再通过模型建构来进行预测。现有研究已从各方面探究如何进行大数据宏观环境预测[①]。例如，目前利用大数据预测国内生产总值(GDP)走势主要是综合使用网络搜索数据、网络爬虫数据等大数据及传统政府统计数据，结合经典时间序列模型、计量经济模型及新型的高维数据模型、机器学习等方法进行预测。而通过谷歌提供的关键词搜索或网络搜索数据，采用改进的逐步回归方法分层建立模型，能够有效预测失业率。尽管大数据宏观经济预测相比传统的预测方式有突出的优势，但由于数据来源、技术研发等多方面的限制，以大数据为基础的宏观经济分析仍不能完全取代传统的宏观经济分析。

4) 价格预测

价格预测是指对价格变化趋势做出预见性的测算和判断。企业通过掌握未来时期市场上某种甚至是全部商品价格的变动及幅度，可以把握商品价格变动的趋向及可能会产生的各种影响，从而能够合理有效地制定策略，比如合理定价、提高预算编制水平、优化采购等，最终减少成本，提升竞争力。相比传统的价格预测，大数据的价格预测基于大量数据的理论支撑，且考虑到了一段时间内的价格变动，及时性、全面性的数据能提升预测的准确性和可靠性。

大数据价格预测可以分为5个步骤：①确定分析目标；②挖掘相关数据集；③探索性分析及样本集构建；④构建分析模型；⑤模型评估。在进行大数据价格预测的原始数据收集时，对预测目标相关的信息获取越多，目标预测值就越趋于真实，因此数据收集往往要考虑多方面可能影响价格变化的因素，包括原材料、供求关系、竞争关系，以及政治、经济、社会环境等。现有基于大数据的价格预测技术可以分为三类：第一类是时间序列模型，如差分自回归移动平均模型

---

① 资料来源：姜疆. 基于大数据的宏观经济预测和分析[J]. 新经济导刊，2018(9).

(ARIMA)，是从时间关联性的角度去预测价格；第二类是简单回归分析模型，例如多元回归、灰色预测等，这类预测模型相对简单，对复杂数据难以归纳其规律；第三类是复杂的分类回归模型，这类模型能够在很大程度上提高预测精度，并可以更好地归纳概括复杂数据，如梯度提升树(XGBoost)、随机森林、深度神经网络、支持向量机(SVM)等。

5) 网点预测

商业服务网点布局对于企业的经营盈利尤为重要，好的选址从某种意义上决定了企业经营战略及目标实施的成功程度。传统的网点预测多采用人工的方法收集数据，例如，以前麦当劳要开一家门店，会专门委派市场人员在门店的门口统计每天各时段经过的客流人数。目前也有基于统计数据和问卷调查等传统数据对消费者行为的空间分布和网络集散特征进行研究，但这些传统数据的收集与统计要花费较长时间，且数据精确度不高，也无法实现对数据的快速更新。而大数据的方法可以解决传统数据收集的弊端，精确地帮助运营商、汽车厂家、零售门店等进行网点预测、精准选址。例如，移动运营商能够通过各移动端信号自动监测各时刻经过某一位置的人流情况，基于此数据去判断该位置是否适合设立门店。

基于大数据的网点预测主要包含人口热度指数、消费指数、自干扰指数、区域贡献指数、通勤便利指数、综合指数六大指数(见图9-6)。

区域人口热点分析——人口热度指数
- 从居住、工作、到访三个维度对各区域客户聚集热点进行统计，得出热点区域

区域客户消费属性分析——消费指数
- 对区域客户通信消费力、属性特征等进行综合分析，得到区域消费分析信息

区域干扰竞争分析——自干扰指数
- 对区域内的自有商铺、竞争商铺密度、网点业务量进行干扰分析

区域贡献分析——区域贡献指数
- 对区域内商铺的营收进行分析，分析其贡献情况，并对指定区域进行预测分析

区域通勤便利分析——通勤便利指数
- 对区域交通设施数量、交通网络街口数量等进行分析

综合指数评估建议——综合指数
- 结合前五项，综合得出评估指数，根据综合分析的各方面情况给出建议

图9-6 大数据网点预测六大指数

(1) 人口热度指数，主要是监测一个区域的人口分布热点，包括该区域的居住人口、流动人口、工作人口情况，人口越多，其人口热度指数越高。

(2) 消费指数，代表了该区域的消费能力。有的地方的居住流动人口都是企业的高管，那么这个地方的总体消费指数将比较高，用大数据的方法可以进行消费指数分析。

(3) 自干扰指数，代表了该地区的竞争干扰情况，即它的竞争数据，主要包含竞争对手的数据，比如竞争对手是否在该区域设立门店，其布局情况怎样，等等。

(4) 区域贡献指数，主要是评估该区域能为企业带来多少贡献，考察该区域是否有一些商圈店铺，以及其带来的营收状况如何。

(5) 通勤便利指数，主要是该区域的交通设施情况，交通网络街口数量等分析，考察其是否方便顾客流动。

(6) 综合指数。综合前五项的数据，得出区域的综合评估指数，并根据综合评估给出相应的意见。

基于以上六种数据分析，大数据网点预测会绘制出该区域的热力图，最终将呈现出一张完整的地图。该地图将会依据综合指数评估建议，为企业显示哪些地方适合选址。

6) 用户流失概率测算

有研究表明，发展一个新客户的成本是维护一个老客户的3～8倍，一个老客户贡献的利润是新客户的10倍以上。事实上，用户流失是对企业利润的最大破坏。用户流失率是指用户的流失数量与全部使用或消费产品(或服务)的用户数量的比例，直接反映了产品的市场接受程度如何，以及运营工作的好坏。利用大数据技术，通过对用户数据进行处理，对用户流失建模，以便实现对潜在可能流失的客户进行预测，帮助企业准确掌握用户流失情况，以便及时发现并解决其客户关系、运营管理等问题。

基于大数据的用户流失概率测算一般分为5个步骤，分别为收集用户数据、数据预处理、特征选择、建立模型、模型评估。[①]

(1) 收集用户数据。收集用户留下的过往数据信息，如用户留下的日志信息、交易信息等。

(2) 数据预处理。其包括对缺失数据(空值)、不一致数据、错误异常数据、重复数据的处理。

(3) 特征选择。从原始数据维度中挑选出最具价值的子集，结合有效的算法来实现数据的聚类、分类及检索等任务。

(4) 建立模型。基于大数据的用户流失概率测算模型包括机器学习和神经网络模型。机器学习算法包含决策树、随机森林、逻辑回归、SVM、AdaBoost、KNN等。神经网络模型包括多层感知机(MLP)、长短期记忆网络(LSTM)等。

(5) 模型评估。可以运用AUC值对模型进行评估，AUC被定义为ROC曲线下的面积，对应的数值越大，模型效果越好。

9.2.4 大数据驱动的媒体监测与广告效果调研

移动互联网时代，互联网广告投放及其效果监测都发生了巨大的变化，给广告主及监测方带来了新的挑战。在电子商务的快速发展下，新的竞争环境迫使广告主们开始关注广告投放带来的实际收益；如今，以人为中心的广告投放更多地要求投放的精准度，对于流量质量和曝光环境等方面的监测需求也日益凸显；同时，互联网的"快"使得广告主需要根据消费者快速变化的需求及时调整营销策略。大数据技术的出现颠覆了传统广告效果的评估，解决了进行互联网广告媒体监测及广告效果调研的必要性问题。企业和监测方可以通过对内容加码，获取用户行为数据，再根据广告主的需求进行数据分析，实时了解广告的传播和销售效果，还能对广告效果进行未来预测，并辅助广告主进行决策等。

根据用户行为，互联网广告效果监测可以依据三类指标：流量指标、互动指标和转化指标。[②]

1) 流量指标

流量指标是描述广告展现情况和到达情况的一类指标，可以反映广告活动覆盖情况和媒体端展现的广告内容对用户的吸引力，包括点击前流量指标，曝光量(impression)、点击量(click)、点

[①] 资料来源：WANG_DD. 基于大数据的客户流失预测流程[EB/OL]. (2018-07-04). https://blog.csdn.net/qq_27802435/article/details/80917384.

[②] 资料来源：元导. 数据驱动的互联网广告效果监测研究[EB/OL]. (2017-10-17). http://www.360doc.com/content/17/1017/10/672723_695634130.shtml.

击率(CTR)等；点击后流量指标，页面浏览量(PV)、访问量(visit)、独立访客(UV)。

2) 互动指标

互动指标描述的是用户的参与深度，可以反映广告投放的精准程度及广告质量的优劣，在一定程度上间接反映了用户的心理状态。其标准化程度较低，除部分通用的标准化指标外，广告主还会根据自身的推广目标，设定个性化的互动指标。标准化互动指标包括跳失率(Bounce Rate)、二跳率(2nd-click rate)、访问深度(PV/V)、访问时间(Time On Site)；而个性化互动指标可以是社会化营销中的评论、转发、点赞、关注等。

3) 转化指标

转化指标是对企业而言最有价值的监测指标，它直接反映了广告活动为企业带来的收益情况。不同行业对转化效果的定义不同，对于销售类转化指标而言，销售量(sales)是通常使用的衡量指标，但对于一些很难通过一次性广告促成购买的产品，如汽车产品，则以销售线索(leads)作为转化指标。

互联网时代的媒体和广告效果监测模式，首先需要基于既有数据实现对消费者行为的洞察，利用各种数据追踪技术，获取并分析目标消费者数据和渠道数据，然后再进行海量内容生产与实时效果监测，并根据效果监测数据及时进行营销策略调整与优化。广告效果的监测基本贯穿了整个互联网广告的作业流程，每一流程都需要进行数据的收集与应用。互联网广告作业模式，如图9-7所示。

图9-7 互联网广告作业模式[①]

课程思政：大数据战略

互联网时代，数据即意味着生产力。2015年8月19日，国务院常务会议通过《关于促进大数据发展的行动纲要》，这不仅表明中国大数据发展将迎来黄金时代，而且还会对政府、经济与社会运行产生革命性影响。近来，大数据逐渐受到各个国家的重视，像美国、英国、法国等国也将其提升到国家战略的高度。这是因为，大数据技术带来的颠覆远远超过其作为技术所带来的变革，它不仅是可以广泛应用于一个国家各个层面和行业的数据解决方案，而且更重要的是带来一套全新的数据思维模式。这套数据思维模式同样对国家治理产生了重要影响，并进而成为国家治理理念进一步创新的催化剂。从这个意义上说，实行大数据战略，成为技术创新驱动的国家治理的新路径。

9.3 大数据驱动的市场调研方法

9.3.1 大数据采集方法

大数据采集是指针对数据源性质的不同选择对应的方法，从市场中获得各种类型的结构化、

---

① 资料来源：王淼. 数据驱动的互联网广告效果监测研究[EB/OL]. (2017-10-10). http://www.sohu.com/a/197204401_99962318.

半结构化及非结构化的原始海量数据的过程。不恰当的数据采集方法将影响后续的数据处理和分析过程,以致最终无法得到有价值的结果。因此,面对市场里如此丰富的数据量,如何收集这些数据并将其转化为所需要的形式,显得尤为重要。

在市场中,数据产生的途径有很多,数据的组织形式也存在多种类型。根据数据源的不同,可以采用不同的工具和手段来进行数据采集。一般来说,常用的数据采集方法可分为以下三种:传感器采集、日志文件采集和网络数据采集。

1) 传感器采集

传感器通常用于采集声音、温度、振动、距离、压力、水流等物理量。其工作原理是将传感器探测到的数据回传,通过有线或无线网络传递到信息处理中心,集中储存和管理。

随着传感器移动化的普及,基于传感器的大数据采集应用广泛。通常可应用于分析门店客流量的地理位置信息采集、城市人流和车流的移动轨迹采集、汽车座椅舒适性调节的座椅压力传感器采集等场景。

2) 日志文件采集

系统日志文件是由数据源系统或平台产生,以特定格式组织而成的文本文件,记录系统的运行活动。通过对日志文件信息的采集和分析,往往能获得系统或平台业务里的潜在属性和价值,为企业的决策和服务性能的提高提供数据保障。其工作框架大致可分为三个部分:采集日志文件信息的客户端服务器、集中所有日志文件信息的收集中心服务器和存储信息的存储层。

目前,常用的日志文件采集系统有 Syslog-ng、Flume、Scribe、Logstash 等。其主要应用于社交平台的流量监控和管理、系统平台的监控和运营情况分析等场景。

3) 网络数据采集

网络数据组织格式多样,存在大量非结构化和半结构化的数据,通常需要借助网络爬虫技术来进行数据提取。通过网络数据采集,可以获取或更新网站访问页面的内容信息。其工作框架主要由分配任务的控制器、下载网页并进行数据处理分析的解析器和存储网页资源的资源库三个部分组成。

目前,常用的网络爬虫框架有 Nutch、Crawler4j、WebMagic、WebCollector、Scrapy 等,主要涉及 Hadoop、Java 和 Python 等程序框架。随着互联网时代的更迭,网络数据采集广泛应用于互联网搜索引擎领域、购物平台的商品信息采集、人员地理空间分布信息采集等场景。

综上所述,大数据采集方法总结如表 9-3 所示。

表 9-3 大数据采集方法总结

采集方法	工具/手段	数据结构	应用
传感器采集	传感器	结构化或非结构化	门店客流量的地理位置信息采集、城市人流和车流的移动轨迹采集、汽车座椅舒适性调节的座椅压力传感器采集等
日志文件采集	Syslog-ng、Flume、Scribe、Logstash 等	结构化或半结构化	社交平台的流量监控和管理、系统平台的监控和运营情况分析等
网络数据采集	Nutch、Crawler4j、WebMagic、WebCollector、Scrapy 等	结构化、非结构化和半结构化	互联网搜索引擎领域、购物平台的商品信息采集、人员地理空间分布信息采集等

> **课程思政：国家规范大数据采集工作**
>
> 党的十八大以来，我国深入实施网络强国战略、国家大数据战略，积极出台相关法律，推动数字经济蓬勃发展并取得了举世瞩目的发展成就。国家相继颁布实施《中华人民共和国网络安全法》《中华人民共和国电子商务法》等法律，标志我国网络空间治理框架逐步完善，网络空间法治进程迈入新时代。公安部也立足于信息安全和数据安全，积极参与有关政策法规的制定工作，成功推动并出台了《中华人民共和国个人信息保护法》与《中华人民共和国数据安全法》，对公众广泛关心的数据调取、收集、使用等作出了明确的规范。同时，公安部协同中央网信办等部门，制定了《App 违法违规收集使用个人信息认定方法》与《常见类型移动互联网应用程序必要个人信息范围规定》等文件，明确了个人信息的认定标准、行业规范及企业责任。此外，公安部还督导互联网头部企业完善用户数据的采集、存储与使用制度。完善的政策法规也对企业进行大数据采集工作起到指引规范作用。

9.3.2 大数据清洗方法

当我们采集了大量的数据之后，我们就可以对数据进行直接分析吗？当然不是。采集的数据由于存在多样性和不一致性，因而具有不同的质量情况。通常，我们通过数据清洗的方式将不准确、不完整或不合理的数据进行修补或移除，从而提高数据质量以利于后续分析。

根据 Megan Squire 在《干净的数据：数据清洗入门与实践》[①]一书中介绍，通常有以下几种软件工具和方法可用于清洗数据。

1) 基于电子表格和文本编辑器的数据清洗

电子表格和文本编辑器是常用的办公软件，它们其实也具备简单的数据清洗功能。例如，电子表格可以实现文本分列、字符串的拆分与拼接、数据排序和异常数据的查找与格式化等功能，而文本编辑器则具备文本调整、列选模式、查找与替换和文本排序与去重处理等功能。通过上述基本功能，我们可以在小型数据清洗项目中实现数据的提取、调整和转换，从而获得所要的分析数据。

2) 基于工具和编程语言的数据转换

作为数据清洗的步骤之一，数据转换使得不同组织形式的数据均能以同一种格式储存，便于实现数据间的合并和分析。其中，比较常见的数据格式有 JSON 格式和 CSV 格式。那么，我们如何实现数据转换呢？通常我们可以直接通过转换工具实现数据转换，也可以通过 Python 或 PHP 编程语言来生成所需格式的数据文件。

对于数据量较小的数据，最便捷的数据转换方式是利用 Excel 和 Google Spreadsheets 等电子表格工具直接将数据转换为 CSV 或 JSON 格式。此外，通过 SQL 语句或数据库扩展工具也可以实现从 MySQL 数据库中导出 JSON 和 CSV 两种格式的数据。

而基于 PHP 和 Python 等编程语言的数据转换往往具备更丰富的数据转换功能。比如，上述两种编程语言均能实现 CSV 格式与 JSON 格式间的相互转换，而 PHP 甚至还可以从数据库 SQL 查询结果直接导出 CSV 或 JSON 格式的文件。

3) 基于 HTML 页面的数据清洗

对于 HTML 页面的行集合结构和树形结构，通常可以采用不同的清洗方法来对症下药。比如，利用 Python 和正则表达式可以识别 HTML 文件中的分隔符，从而实现所需数据的提取和清洗工

---

① 资料来源：Megan Squire. 干净的数据：数据清洗入门与实践[M]. 北京：人民邮电出版社，2016.

作。然而,这种方式对随时处于变化状态的网页而言是不稳定的。正则表达式完全依赖 HTML 页面结构,需根据页面结果随时进行调整。对于树形页面结构,Python 编程语言的 Beautiful Soup 库可被用于解析该结构页面。另外,基于浏览器的工具也可以实现网页数据的收集和清洗工作,比如 Chrome 浏览器的扩展工具 Scraper 便是其中的便捷工具之一。

4) 基于 PDF 文件的数据清洗

众所周知,以 PDF 格式存储的文件比一般文本文件更难提取信息。在进行 PDF 文件的数据清洗过程中,复制粘贴是最基础却也是最烦琐的一种方法,并且对于复杂的表格也不奏效。更多的是借助转换工具实现从 PDF 文档中抽取数据。例如,Python 语言下的 PDFMiner 包、Tabula 程序和 Adobe Acrobat 软件等工具。

数据清洗实则也是对数据进行预处理。有学者将大数据预处理分为数据合并、数据清理、数据转换和数据简化这 4 个主要任务,其通常的处理方法如表 9-4 所示。

表 9-4 数据预处理与方法总结[①]

主要任务	子任务	普遍方法
数据合并	收集数据	SQL 查询、软件代理、网络爬虫、数据处理 API
	选取并过滤数据	领域专家、SQL 查询、统计测试
	整合数据	SQL 查询、领域专家、以本体论为基础的数据配置
数据清理	处理数据中的遗漏值	用近似值(平均值、中值、最小值/最大值、调试值)补充遗漏值、用如 ML 等的常数对遗漏值重新编码,去掉遗漏值或不予理睬
	确定并降低数据噪声	用简单的统计方法或聚类分析(如平均值与标准差)确定数据异常值,用舍弃法、回归或简单的平均值法处理异常值
	找出并消除错误数据	确定数据中诸如不一致的分类标签、异常分布等的错误值(非异常值);利用领域专家修正错误值或直接去掉错误值
数据转换	规范数据	用不同的规范法将数值化变量的数值范围缩小并标准化
	离散或整合数据	用以范围或频率为基础的筛选方法将数值型数据转换为离散数据;分类变量中,用恰当的概念等级减少数据量
	确定新属性	运用不同的数学函数(简单的有加法与乘法,复杂的有对数变换组合)根据已知变量确定新变量
数据简化	减少属性数量	主要成分分析、独立成分分析、卡方检验、相关性分析、决策树
	减少数据量	随机抽样、分层抽样、以专业知识为基础的抽样
	平衡偏斜数据	对代表较少的数据类别过度抽样或对代表多的数据类别减少抽样

9.3.3 大数据建模与算法

数据经采集、清洗之后,就会输入设计的模型和算法中进行分析运算,最终输出一个结果,供我们结合问题实际情况做进一步的分析和评价。在这一环节,通常需要不同的数据分析模型和算法来帮助我们挖掘大数据中的价值。根据杜尔森·德伦在《大数据掘金:挖掘商业世界中的数据价值》一书中介绍,他把数据挖掘任务分为预测、关联和分组三类分析任务。从数据挖掘的三个分析任务来看,预测分析主要利用市场现有数据来预测未来的市场走向,供管理者做出相应的市场决策;关联分析旨在找出市场中变量或对象之间的相关关系,以便商家了解消费者的行为喜

[①] 资料来源:杜尔森·德伦. 大数据掘金:挖掘商业世界中的数据价值[M]. 北京:中国人民大学出版社,2016.

好，从而做出相应的营销活动；分组分析主要是将目标对象根据属性进行分组或聚集，将属性联系较强的目标对象聚集在同一小组中，以此来实现对不同属性目标的管理。依据不同的挖掘任务，有对应不同的方法和算法，如表 9-5 所示。

表 9-5 数据挖掘任务与对应的方法、算法

数据挖掘任务	数据挖掘方法	主要相关的数据挖掘算法	应用
预测分析	分类	决策分类树、人工神经网络(ANN)、支持向量机(SVM)、K-近邻算法(KNN)、贝叶斯、遗传算法(GA)	信贷审批、目标市场营销、欺诈检测等预测离散结果的应用
	回归	线性/非线性回归、ANN、回归树、SVM、KNN、GA	预测股票在当天结束时的价值差异等预测数值的应用
	时间序列	自回归法、平均法、指数平滑法、差分自回归移动平均模型(ARIMA)	预测股市指数收盘价、某一杂货店的日销量等，预测由时间决定，是数值序列的应用
关联分析	市场篮子	演绎法、OneR、ZeroR、Eclat、GA	交叉营销、店面设计、电商网站设计、销售/促销配置、分析汽车企业产品价格、供应商评价、退货原因间的关联关系等
	联系分析	期望值最大化(EM)、演绎算法、以图表为基础的匹配	
	序列分析	演绎算法、FP-Growth、以图表为基础的匹配	
分组分析	聚类	K-均值、EM	客户关系管理系统、图像分割或分类等
	偏差值分析	K-均值、EM	

根据上述分析任务，我们通常在大数据建模过程中会有分类模型和回归模型、关联规则分析模型和聚类分析模型等。①下面，将简单介绍其中几种比较常见的算法及其应用。

1) 决策树分类算法

决策树运用递归方法将训练集按属性划分至不同类别，以此构造具备分支和节点的树形结构。其中，分支表示根据某个属性进行分类的测试结果，叶节点表示一种类别。决策树的构建算法主要有 ID3、C4.5、CART、随机森林等，其中 ID3 是最基本的构建算法。

以预测贷款用户是否具有偿还贷款能力为例。贷款用户主要具备三个属性：是否拥有房产、是否结婚、平均月收入。根据该前提条件构建决策树，如图 9-8 所示。

每一个内部节点都表示一个属性条件判断，叶子节点表示贷款用户是否具有偿还能力。例如，用户甲没有房产，没有结婚，月收入 5000 元。通过决策树的根节点判断，用户甲没有房产，符合根节点右边分支；再判断是否结婚，用户甲没有结婚，符合左边分支；然后判断月收入，用户甲月收入大于 4000 元，符合左边分支，该用户落在"可以偿还"的叶子节点上。所以预测用户甲具备偿还贷款能力。

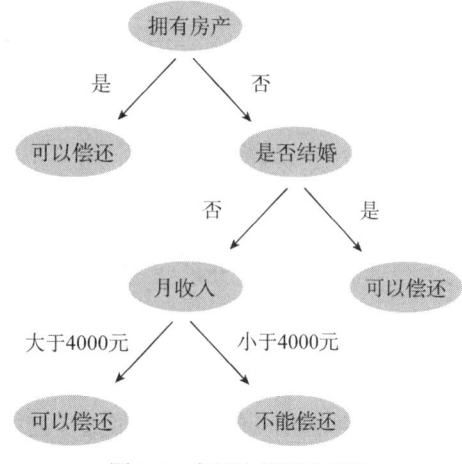

图 9-8 案例决策树示意图

---

① 资料来源：王宏志，梁志宇，李建中，等. 工业大数据分析综述：模型与算法[J]. 大数据，2018，4(05)：62-79.

2) 支持向量机算法

近年来，支持向量机(SVM)已成为机器学习技术中广受欢迎的一种算法，可应用于统计分类及回归分析中。作为一种监督学习算法，它会根据标记的训练数据建立输入向量/输出向量函数，从而建立相应的数据分析模型。

由于支持向量机具备较高的预测精确度，因而它在实际问题的解决上也表现出优越的性能，广泛应用于医学诊断、生物信息学、脸部和声音识别、需求预测、图像处理与文本分析等领域。

3) 人工神经网络算法

人工神经网络(ANN)是利用机器学习技术中的一种模式识别方法——神经计算所获得的结果。受生物神经启发，人工神经网络主要根据大脑思维过程来处理信息，具备从数据中"学习"的能力，可用于模式识别、预测与分类等方面。人工神经网络也是一种监督学习模型，它具有多层感知器，信息从输入层传递到隐藏层，隐藏层对接收的信号进行转化，并将其传输到输出层。比较临时输出层结果与所要的结果，调整权重进行重新输入，直至达到预期目标。

目前，人工神经网络已广泛应用于金融、市场、制造、运营、信息系统等领域。针对不同领域的不同问题，人工神经网络算法现已建立多个不同模型，可运用于不同实际情况。

4) Apriori 算法

在机器学习技术中，Apriori 算法最常用于挖掘关联规则，是一种频繁项集算法。它主要包括候选集生成和可信度筛选获得关联规则两个阶段，是一种无监督学习算法。前文列举的著名的"啤酒和尿布"的案例就是 Apriori 算法的一个应用。

目前，Apriori 算法的应用也比较广泛。在商业上，可用于分析消费市场价格、猜测顾客的消费习惯、制订品牌营销计划等；在网络安全上，可用于检测网络入侵。

5) K-均值聚类算法

K-均值聚类算法是最常用的聚类算法，主要将 N 个数据点分配到 K 个集群中，其分配原则是分配到与其相距最近的中心(也称为质心)所属的集群中。其算法过程各步骤如图 9-9 所示。

图 9-9　K-均值聚类算法过程

其中，第一步是随机生成 K 个随机点，作为初始聚类中心；第二步是将每个点进行分配，分配到最近的聚类中心；第三步是重新计算新的聚类中心。依次重复步骤 2 和步骤 3 直至分配的集群趋于稳定。由此可见，K-均值聚类算法也是一种非监督学习算法。

在图像分割和分类上，K-均值聚类算法具有良好的表现，可用于提取驾照上的文字信息，也可用于分析遥感影像上的地物类别。

综上所述，大数据分析的模型与算法有很多，不同模型和算法可用于不同的场景。如何根据实际问题选择最合适的模型和算法将是我们要思考的重要问题。

9.3.4 大数据分析及相关工具

大数据驱动的市场调研旨在挖掘市场数据的奥秘,因而大数据分析作为其调研步骤的最后一个环节,也是最关键的阶段。它主要基于采集、清洗的数据,建立与研究主题相关的特定模型,通过对应的模型算法来挖掘数据中隐藏的规律,进而结合研究主题得出相关的决策方案。根据不同的模型算法及分析目的,大数据分析可有多种不同的分类方式。根据数据分析的实时性划分,一般有实时数据分析和离线数据分析两种;根据数据分析的深度划分,一般有描述性数据分析、预测性数据分析和规律性数据分析三种。有学者基于大数据分析在不同应用领域的发展演化,将数据分析的研究分为结构化数据分析、文本分析、Web 数据分析、多媒体数据分析、社交网络数据分析和移动数据分析这 6 个方向,并从数据源、数据特性、数据分析方法等方面对其进行比较,如表 9-6 所示。[①]

表 9-6 大数据分析方法分类

数据分析领域	数据源	数据特性	数据分析方法
结构化数据分析	• 客户交易 • 科学数据	• 结构化记录 • 少量,实时	• 数据挖掘 • 统计分析
文本分析	• 日志文件 • 电子邮件 • 文档 • 政府法规 • 网页内容 • 网络反馈和意见	• 非结构化 • 富文本格式 • 上下文结构 • 具备语义信息 • 依赖于语言	• 文档演示 • 自然语言处理(NLP) • 信息提取 • 主题模型 • 文本摘要 • 文本分类 • 文本聚类 • 问答系统 • 观点挖掘
Web 数据分析	• 大量网页	• 文本和超链接 • 符号化 • 元数据	• Web 内容挖掘 • Web 结构挖掘 • Web 用法挖掘
多媒体数据分析	• 公司和用户 • 生成多媒体 • 监督 • 健康相关媒体	• 图像、音频、视频 • 大量 • 冗余 • 语义鸿沟	• 多媒体摘要、标注 • 多媒体索引和检索 • 多媒体推荐 • 多媒体事件检测
社交网络数据分析	• 文献计量学 • 社会学网络 • 社交网络	• 富文本结果 • 社交关系 • 噪声和冗余 • 快速演化	• 链接预测 • 社区发现 • 社交网络演化 • 社交影响分析 • 关键词搜索 • 分类、聚类 • 迁移学习
移动数据分析	• 移动终端应用 • 传感器 • 无线射频识别(RFID)	• 基于位置属性 • 个性化 • 碎片化信息	• 监控 • 基于位置的数据挖掘

---

① 资料来源:李学龙,龚海刚. 大数据系统综述[J]. 中国科学:信息科学,2015,45(01):1-44.

尽管大数据分析的应用领域广泛，但通过统计分析、数据挖掘和数据可视化这一系列通用的分析方法便可以获得所要的研究结果。而现在，市面上已有很多相关的平台工具进行这一系列的数据分析。下面将从功能特点和局限性两个角度，介绍几种比较常用的大数据分析平台和工具。

1) Hadoop

Hadoop 是一个能够对大量数据进行分布式处理的软件框架，为用户提供轻松架构和使用的分布式计算平台。由于它依赖于社区服务器，因而成本较低，任何人都可以使用。

Hadoop 主要具备高可靠性、高扩展性、高效性和高容错性等优点。虽拥有良好的处理性能，但 Hadoop 也有一些不足。它不适合进行低延迟数据访问，无法高效存储大量的小文件，同时也不支持多用户写入及任意修改文件。

2) Storm

Storm 是一个分布式的、容错的连续性实时计算系统，可以处理大量数据流，可用于处理 Hadoop 的批量数据，应用广泛。它可用于实时分析、在线机器学习、分布式 RPC、大规模 Web 信息搜索、海量数据离线分析处理等场景。

Storm 主要具备实时处理数据的能力，可动态调整并行度，容错性高，实时性强。其不足之处就是吞吐量低。

3) RapidMiner

RapidMiner 是近年来受欢迎的免费数据挖掘工具之一，提供一些可扩展的数据分析挖掘算法的实现，旨在帮助开发人员更加高速、有效地达到目的。它的功能丰富，主要包括数据挖掘、数据预处理和可视化、预测分析和统计建模、评估和部署等功能模块；应用广泛，可用于文本挖掘、多媒体挖掘、数据流挖掘等领域。

RapidMiner 采用图形用户界面互动模式，数据挖掘过程简单且直观，分析过程具有极大的灵活性和扩展性。然而，RapidMiner 在行数方面存在限制，需要足够的硬件条件支撑。

4) WEKA

WEKA 也是一款免费开源的机器学习和数据挖掘软件，支持多种标准的机器学习任务，包括数据预处理、聚类、分类、回归分析及特征选择等。对于具备编程能力的高级用户，WEKA 支持 Java 编程和命令行来调用分析组件；对于普通用户，WEKA 也提供了图形化界面(WEKA KnowledgeFlow、WEKA Explorer)，供用户进行简便的操作。

KnowledgeFlow 具备可移植性，但不能进行多维关系数据挖掘，需要借助其他工具将建立联系的数据库表转换为单一表格再在 WEKA 平台上使用。

5) Software – R

R 软件是一款针对编程语言和软件环境进行统计计算和制图的免费软件，提供数据挖掘和分析功能，也提供统计和制图技术，主要由一系列数据操作、计算和图形可视化的工具构成。

作为轻量级软件，R 软件扩展性较强，可视化能力较强，但它对于大文本数据或体量较大数据的处理效率较低。

6) KNIME

KNIME 是一款基于 Java 语言的开源化的数据分析工具，具备数据提取、集成、处理、分析、转换等功能。它综合了数据挖掘和机器学习的组件，具有图形用户界面，操作比较方便。然而，

KNIME 可视化效果不佳。

7) Tableau

Tableau 是一款数据可视化开发和实现的工具，操作简便，可将数据以交互可视化的形式发布到 Web 平台以供分享。它的主要特点在于强大的可视化功能，而弊端在于其对于数据的规范化要求较高，在数据量上存在限制。

8) Python

Python 是一门面向对象、直译式的计算机程序设计语言，可以快速进行数据整理，完成数据采集、清洗、建模和可视化绘图等数据分析工作。它具有开源性、可移植性、可扩展性等特点，应用广泛。

除了上述介绍的工具以外，还有如 SAS Data Mining、Orange 数据挖掘软件、NLTK、jHepWork、Pentaho 和 Tanagra 等工具可用于进行大数据挖掘和分析。

9.3.5　大数据与小数据的融合

当我们了解到大数据驱动的市场调研方法之后，便会认识到如果能够将全面的海量数据与特征属性显著的传统数据结合的话，会得到更为精准的分析结果。这里我们引入一个"小数据"的概念。关于大数据和小数据的概念，不止是体量大小的区别而已。其中，大数据侧重于调研对象的广度，在于面面俱到，包含大量客观事实和客观现象；而小数据则侧重于调研对象的深度，在于个体的具体行为属性、社交特征、心理状态等数据，挖掘现象背后的原因。因而，小数据和大数据并不是相互孤立的，小数据的研究结果可以诠释大数据的预测结果，实现大数据与小数据的融合，更有说服力。多元化的数据融合必然是未来发展的一个趋势。

一般来说，大数据与小数据的融合有两种方式。一种是建立数据与数据之间的联系，既要跨领域融合、跨网络融合，又要做到线上线下的融合，将同一对象分散在不同平台的属性信息集中到一起，构建更为完整、立体、全面的对象。另一种是在大数据的数据库中抽样进行传统问卷调查，以补充和完善大数据库的信息，使得分析更为全面、真实。

有学者认为数据只有跨域关联才能发挥最大的价值，如国家电网智能电表的数据和地产数据交叉，可以用于估计房屋空置率；金融数据和电商数据碰撞在一起，就产生了像小微贷款那样的互联网金融；物流数据和电商数据凑在一块，可以了解各个经济领域的运行情况；电信数据和政府数据相遇，可以产生人口统计学方面的价值，帮助城市规划人们居住、工作、娱乐的场所……[①]接下来，将从两个具体的数据融合案例来进一步体会大数据与小数据融合的价值。

1) 公共安全领域的大数据融合案例[②]

公共安全领域的数据包括人员信息(如人员户籍库、重点人员库等)、人员行为轨迹数据(如飞机、火车出行数据等)、车辆信息(如车辆购买信息、违章信息等)、电信数据(如话单)等结构化数据和网页、卡口图片、重点区域的视频监控录像等非结构化数据，其主要应用场景是为公安办案提供线索。

目前采取的方案是基于超大规模复杂关联数据的管理理论建立超大规模的实体——关联图。图上的每个顶点代表自然界的一个客观对象，如人员、物品、住所等；图上的关联线表示实体之间的关系。示意图如图 9-10 所示。

[①] 资料来源：徐立军. 数据时代的未来 大数据与小数据融合的价值与路径[J]. 新闻与写作，2015(11)：11-15.
[②] 资料来源：孟小峰，杜治娟. 大数据融合研究：问题与挑战[J]. 计算机研究与发展，2016，53(02)：231-246.

图 9-10 公共安全领域大数据融合案例

这种方案总体上分为数据治理、关系构建、可视化交互分析和构建各警种的具体应用这 4 步。通过这种方式可以最终实现将割裂分布的数据整合到一个统一平台，便于进行数据管理、查询、监控和分析等服务。同时，该方案需提供事前预警服务，弥补目前事后研判的损失。当然，这种方案的实现需要实时更新数据库信息，确保数据的演化进程与实际相符。

2) 用户画像与调查问卷结合的大数据融合案例

通过汽车厂商与淘宝的数据交叉应用分析，可以更加直接精准地进行消费者图谱的分析，得到消费者的用户画像，其特征属性包括性别、年龄、地域等个人基本特征，网购平台信誉等级、网购频率等个人购物特征，以及兴趣爱好、品牌偏好等个人消费偏好。例如，科鲁兹采用这种方式发现车主购买汽车的时间与购买奶粉的时间非常一致。因此，他们采用调查问卷的形式，验证了汽车与奶粉之间的关联关系。

由此可见，根据用户画像的大数据发现的规律现象，可以以传统的方式进行数据调研，从而验证猜想的真实性。大数据和小数据相互补充，由表及里，构建更为完整的目标对象。

9.4 大数据驱动的市场调研案例

9.4.1 大数据驱动的用户画像案例

用户画像是根据用户社会属性、生活习惯和消费行为等信息而抽象出的一个标签化的用户模型。构建用户画像的核心工作即是给用户贴"标签"，而标签是通过对用户信息分析而来的高度精练的特征标识。

举例来说，如果你经常购买一些玩偶玩具，那么电商网站即可根据玩具购买的情况替你打上标签"有孩子"，甚至还可以判断出孩子大概的年龄，贴上"有 5～10 岁的孩子"这样更为具体的标签，而这些所有给你贴的标签综合在一起，就成了你的用户画像，因此，也可以说用户画像就是判断一个人是什么样的人。

用户画像的作用大体有以下几个方面。

(1) 精准营销，分析产品潜在用户，针对特定群体利用短信、邮件、推送、活动、场景广告等方式进行营销。

(2) 用户统计，如某网站 Z 世代用户占比，全国分城市奶爸指数。

(3) 数据挖掘，构建智能推荐系统。利用关联规则计算，喜欢红酒的人通常喜欢什么运动品牌；利用聚类算法分析，喜欢红酒的人年龄段分布情况。

(4) 进行效果评估，完善产品运营，提升服务质量。实际上，这也就相当于市场调研、用户调研，迅速定位服务群体，提供高水平的服务。

(5) 对服务或产品进行私人定制，即个性化地服务某类群体甚至每一位用户。

(6) 业务经营分析及竞争分析，影响企业发展战略。

下面我们通过京东的案例来探讨由大数据驱动的用户画像。

第一，为什么要做用户画像？一方面是因为海量信息的汇集。京东是一家大型全品类综合电商，海量商品和消费者产生了从网站前端浏览、搜索、评价、交易到网站后端支付、收货、客服等多维度、全覆盖的数据体系。另一方面，日益复杂的业务场景和逻辑使得信息的处理挖掘越发重要。也就是说，京东已经形成一个储量丰富、品位上乘且增量巨大的数据金矿，但在相当长一段时间，宝山空回的局面经常出现，研究人员会被反复追问，为什么促销活动做了这么久，力度也挺大，但是没有带来预期的用户增长呢？从用户画像分析来看，很可能是在错误的时间、错误的地点对错误的人做了错误的促销活动。

第二，用户画像怎么做？从理论上说，用户画像就是在解决把数据转化为商业价值的问题，是从海量数据中来挖金炼银。这些以 TB 计的高质量多维数据记录着用户长期大量的网络行为，用户画像据此来还原用户的属性特征、社会背景、兴趣喜好，甚至还能揭示内心需求、性格特点、社交人群等潜在属性。了解了用户的各种消费行为和需求，精准刻画人群特征，并针对特定业务场景进行用户特征不同维度的聚合，就可以把原本冷冰冰的数据复原成栩栩如生的用户形象，从而指导和驱动业务场景及运营，发现和把握蕴藏在细分海量用户中的巨大商机。

用户画像应用服务支持京东集团全业务需求，其下游面向不同类型、不同需求的人群，他们的需求各不相同，从技术方案到使用方法也千差万别，因此有必要采取体系化多层次服务平台进行支持。对于公司内部，针对研发、采销、市场、客服、物流等各体系不同需求分别采取统一的数据仓库、数据接口服务、产品化平台多种服务方式提供支持；针对各业务线不同的需求场景，经验不尽相同的人员，用户画像的平台化给内部使用人员打造切合自身业务场景和使用经验的操作：为经验丰富的使用者提供更深入的综合参考，使用者可自主定制或二次开发；除给经验较浅的用户提供数据之外还培养其分析意识；对"小白"用户则可建立数据化分析运营的意识与习惯；对外部用户的支持力度也在逐步放开、加大，比如POP商家(利用平台开放计划的第三方零售商)，可以满足商家针对自身店铺的个性化定制需求，并结合各种营销方式提供一站式服务解决方案。

在京东用户行为日志中，每天记录着数以亿计的用户来访及海量行为。通过对用户行为数据进行分析和挖掘，发掘用户的偏好，逐步勾勒出用户画像。用户画像通常通过业务经验和建立模型相结合的方法来实现，但有主次之分，有些画像更偏重业务经验的判断，有些画像更偏重建立模型。

业务经验结合大数据分析为主勾画的人群，由于跟业务紧密相关，更多的是通过业务人员提供的经验来描述用户偏好。根据京东业务人员的经验，基于客户对金额、利润、信用等方面的贡献,建立多层综合指标体系,从而对用户的价值进行分级,生成用户价值的画像。一方面京东的产品经理可以根据用户价值的不同采取针对性的营销策略,另一方面通过分析不同价值等级用户的占比,思考如何将低价值的用户发展成高价值的用户。或者,通过用户在下单前的浏览情况,京东业务人员可以区分用户的购物性格。有些用户总是在短时间内比较了少量的商品就下单,那么其购物性格便是冲动型;有些用户总是在反复不停地比较少量同类商品最后才下单,那么其购物性格便是理性型;有些用户总是长时间大量地浏览了很多商品最后才下单,那么其购物性格便是犹豫型。对于不同购物性格的用户,京东推荐不同类型的商品,如针对冲动型用户,京东直接推荐最畅销的同类商品,而理性型用户则推荐口碑最好的商品。并且针对每一个用户,京东都根据其购物性格定制了个性化的营销手段。

以建立模型为主勾画的人群,不能直接认为买过母婴类用品的用户家里就一定有孩子,因为这次购买很有可能是替别人代买或者送礼物。所以要判断这个用户所购买的母婴类商品是否是给自己买的。京东根据用户下单前浏览情况、收货地址、对商品的评价等多种信息建立模型,最终判断出用户家庭是否有孩子。再根据购买的商品标签,如奶粉的段数、童书适应年龄段等信息,建立孩子成长模型,在孩子所处不同的阶段进行精准营销。

京东拥有最全的品类,各品类间用户转化成为业务的重点。挖掘一个品类的潜在用户,首先要找出此品类已有的用户,然后通过这些用户的行为、偏好、画像等信息对用户细分,挖掘其独有的特征,最后通过这些特征建立模型定位出该品类的潜在用户。

另外,京东也注重验证为用户描绘的画像是否准确。比如一个用户的画像是:性别男、年龄在36~45岁之间、家里有孩子、未婚、有车一族、购买等级高。可以很快发现,家里有孩子且未婚是一个矛盾的结果。仔细查看这个用户的画像,似乎只有未婚这一条与其他画像格格不入。通过模型之间的验证,京东会发现一些错误案例并分析原因,进而改进模型。

2021年4月,京东云旗下的京东万象+团队开发了汽车行业隐私计算平台并打造汽车经销商线索智能平台,旨在提供全方位数字化解决方案。互联网与营销深度融合,实现用户行为精准画像,将互联网画像体系化,精准推荐销售业务场景,深度挖掘各方需求,使门店线索转化率由7%提升到8%,每月多卖出了4000辆车。

2022年京东净利润达到282亿元人民币,同比增长64%;全年净收入10 462亿元人民币,同比增长9.9%。2022年,京东集团的用户继续保持高质量增长,日均活跃用户数同比双位数增长,零售用户购物频次和用户平均贡献收入(ARPU)继续保持增长势头。相信这些辉煌的数据都离不开京东应用大数据驱动的用户画像技术在各方面的应用支持。

9.4.2 大数据驱动的销量预测案例

销售预测是指在充分考虑未来各种影响因素的基础上,结合以往的销售情况及使用系统内置或用户自定义的销售预测模型,获得的对未来销售情况的预测,并通过一定的分析方法提出切实可行的销售目标和计划。以下展示几个简单的案例来帮助读者更好地理解大数据驱动的销售预测。

1. 案例一:塔吉特

利用先进的统计方法,商家可以挖掘用户的购买历史记录,建立模型,以此预测未来的购买行为,进而设计促销活动和个性服务,避免用户流失转向竞争对手。美国第三大零售商塔吉特,通过分析所有女性客户购买记录,可以"猜出"哪些是孕妇。其发现女性客户会在怀孕4个月左右,大量购买无香味的乳液。由此挖掘出25项与怀孕高度相关的商品,制作"怀孕预测"指数。

推算出预产期后，就能抢先一步，将孕妇装、婴儿床等折扣券寄给客户。塔吉特还创建了一套女性购买行为在怀孕期间产生变化的模型，不仅如此，如果用户从他们的店铺中购买了婴儿用品，他们在接下来的几年中会根据婴儿的生长周期定期给这些顾客推送相关产品，使这些客户形成长期的忠诚度。

2. 案例二：潘吉瓦

大多数消费者倾向于追寻意见领袖的生活方式。潘吉瓦公司运用数据分析来预测流行趋势，以此为基础甚至撬动全球贸易。潘吉瓦曾经通过 41 次追踪《暮光之城》的徽章、袜子的运输情况，分析在这部电影中主角的服饰对流行趋势产生的影响力，并将分析结果告知用户，建议他们对自己的行动做出恰当的调整。

3. 案例三：美国运通

环球旅游公司美国运通以前只能实现事后诸葛亮式的报告和滞后的预测，传统的商业模式已经无法满足其业务发展的需要。于是，美国运通开始构建真正能够预测客户忠诚度的模型，基于历史交易数据，用 115 个变量来进行分析预测。美国运通表示，对于澳大利亚将之后 4 个月中流失的客户，已经能够识别出其中的 24%。下一步就是要针对这种情况想办法挽留客户。酒店业可以为消费者定制相应的独特的个性房间，甚至可以在墙纸上放上消费者在微博上发布的旅游心情等内容。旅游业可以根据大数据把握消费者的喜好，为其推荐本地特色产品、活动及别具一格的小众景点等来挽回游客的心。

4. 案例四：中国银行

现代商业银行通过大数据分析平台，收集客户的非结构化数据，构建全面的客户视图。中国银行建立了客户流失预警模型作为协助分行提前识别高流失率客户的强大工具。模型根据大数据给出流失客户画像，归纳出未来最有可能流失的客户的特征，为员工决策提供基于统计数据的可靠支持。此外，银行可根据模型制定预防客户流失的具体措施，进而针对不同的客户群精准制定策略，以减少客户的流失，有效降低成本。

以上 4 个简单的小案例有力地说明了销售预测的重要性，它能够在真实情况发生前进行预报，掌握未来的良好趋势有助于企业抢占市场先机，而预见到潜在的不利情况则能提醒企业提前做好准备，规划好应对方案以尽可能避免负面情况的出现。而预测的重要基础是对历史数据充分、深入的理解，这正是在大数据驱动下才有可能实现的。

9.4.3 大数据驱动的网点预测案例[①]

这部分以城市规划中快递网点服务区预测与评价作为案例来展开介绍。

城市商业网点直接关系商业功能的成功实现，随着电子商务的蓬勃发展，各电商间竞争激烈，而物流服务作为电商中的关键环节，其服务范围的准确预测涉及包括快递公司及大型电商等的多方利益。快递网点服务区的合理预测，对快递行业发展及合理布局商业网点至关重要。本案例以上海市经济发达、人口密度较高的中心城区杨浦区为例，基于道路网利用网格分析、查询最邻近设施网络分析模型对区内 82 个快递网点涉及 20 个快递公司进行服务区预测。

1) 研究数据

上海市杨浦区行政区划图(数字化)，精确到街道；人口数据来自 2013 年上海市杨浦区统计年鉴；杨浦区道路网(数字化，并赋予其属性值)；快递站点的获取，利用百度地图抓取所有快递站点地址，

---

① 资料来源：匡晓明，魏本胜. 城市规划中快递网点服务区预测与评价[J]. 江苏城市规划，2015(03).

利用地图寻址工具进行空间定位，最终整理出 82 个快递网点，涵盖不同规模的 20 个快递公司。

2) 研究方法

(1) 网络分析。对地理网络(如交通网络)、城市基础设施网络(如各类通信线路、电力线)进行地理分析建模，通过研究网络的状态及模拟和分析资源在网络上的流动和分配情况，实现对网络结构及其资源等的优化问题。

(2) 缓冲区分析与叠置分析。根据一定距离或者属性值生成点、线、面要素的影响范围，实现范围扩展，与其他图层在空间上相互叠加，生成兼有多数据层属性的新图层，从而形成新的空间关系，便于研究数据间的作用机制。

(3) 网格分析。把研究区划分为若干小格子，将大区域的问题转化为若干小格子区域问题，优点是网格面积统一，使指标便于横向比较，同时突破现有分区的影响。

3) 预测评价结果

(1) 服务面积、服务人口、快递站点三者的关系。为了在同一标准下比较快递站点个数、服务面积及服务人口规模三者之间的关系，采用计算各指标占总体的百分比作为量度标准。在本案例中，从人口规模角度，韵达优势明显，其次是圆通、申通、中通，其他快递公司如万家、祥和、快捷等则规模较小。从服务面积看，韵达依然具有明显优势，其次是圆通、申通、天天。

(2) 竞争强度。由竞争强度图易得出，研究区北部竞争压力较南部小，尤其是东北部，全峰、优速、怀翔等在这方面占据很大优势，而韵达、中通、天天等较大的快递公司处于竞争激烈区的概率较大。站点密集区各自服务范围较小，站点稀疏区竞争小，利于占有更大的服务面积。

(3) 站点利用效率和投入产出效率。站点利用效率即快递公司每个站点的平均服务人口规模，反映了快递公司建立站点的回报率；投入产出效率即付出单位距离成本所能服务的人数。通过数据计算可以得到各公司的站点利用效率和投入产出效率情况。在本案例中，从站点利用效率看，全峰快递以绝对优势处于第一位，中铁、韵达、圆通、申通、汇通处于第二梯队。在投入产出方面，效率最高的是祥和、万家等小规模公司，一些规模较大的公司效率反而较低。具体图示可扫描右侧二维码获取。

杨浦区快递网点服务区范围及竞争强度

通过对杨浦区快递网点进行数据分析预测，可以有效把握该区域物流分布情况，对于各物流公司调整网点分布及新公司进入都具有指导作用。例如，对于发展初期的快递公司，此时应该避开竞争激烈地区，而大规模公司应该在已有网点的情况下做出调整，将竞争激烈地区的网点向竞争较少的区域迁移。

9.4.4 大数据驱动的流量预测案例[①]

这部分以基于数据挖掘的高校图书馆借阅流量预测为案例来展开介绍。

在图书馆信息急剧膨胀的过程中，图书馆智能化管理程度要求越来越高，图书管理系统面临巨大的挑战。图书借阅流量预测是图书馆系统中的重要技术，为此如何对高校图书馆图书借阅流量进行建模和分析成为各高校图书馆热切关注的问题。

针对高校图书馆图书借阅流量变化的随机性和混沌性，引入混沌理论，对高校图书馆图书借阅流量原始数据进行分析，建立高校图书馆图书借阅流量建模的学习样本，然后采用数据挖掘技

---

① 资料来源：尹志强. 基于数据挖掘的高校图书馆图书借阅流量建模与分析[J]. 微电子学与计算机, 2018, 35(11): 95-99.

术构建高校图书馆图书借阅流量预测模型，对高校图书借阅流量进行预测。

1) 图书馆图书借阅流量预测模型的工作步骤

第一步，针对具体一个高校图书馆，采集其一段时间的图书借阅流量；第二步，根据 C-C 方法(混沌分析方法的一种)估计高校图书馆图书借阅流量的最优 m 和 τ；第三步，根据最优 m 和 τ 建立高校图书馆图书借阅流量预测的学习样本；第四步，确定最小二乘支持向量机的参数 γ 和 σ 值；最后，采用最小二乘支持向量机对高校图书馆借阅流量预测建模的训练样本进行学习，建立高校图书馆图书借阅流量预测模型。图书馆图书借阅流量预测模型的工作流程，如图 9-11 所示。

图 9-11　图书馆图书借阅流量预测模型的工作流程

2) 具体方法

该模型主要利用了混沌理论和最小二乘支持向量机两种方法。混沌理论(chaos theory)是一种兼具质性思考与量化分析的方法，用来探讨动态系统(如人口移动、化学反应、气象变化、社会行为等)中必须用整体、连续的而不是单一的数据关系才能加以解释和预测的行为。最小二乘支持向量机是一种较新型数据挖掘技术，建模效率高，而且继承了支持向量机的优秀泛化能力，为高校图书馆图书借阅流量预测提供了新的建模工具。

3) 样本构建

采用 C-C 方法对高校图书馆图书借阅流量数据进行混沌处理，ΔS_2 的变化曲线如图 9-12(a)所示，从 ΔS_2 的变化曲线可以看出，最优 $\tau=7$，S_{2cor} 的变化曲线如图 9-12(b)所示。从图 9-12(b)可以得到最优嵌入窗 $\tau_w=12$，从而得到最优 $m=\tau_w/\tau+1=2.71$，基于 $\tau=7$，$m=2$(最小嵌入维)对图书借阅流量数据进行重构，得到高校图书馆图书借阅流量建模的学习样本。

图 9-12　C-C 方法确定最优值

4) 图书馆图书借阅流量预测结果

确定参数 $\gamma=100$，$\sigma=1.872$，选用最后 50 个图书馆图书借阅流量数据点作为测试样本，其他的数据点用于建立高校图书馆图书借阅流量预测模型,对图书馆图书借阅流量测试样本进行一步预测(下一时刻变化特性)和提前 4 步的预测(将来一段时间变化结果),得到的变化曲线如图 9-13、图 9-14 所示。

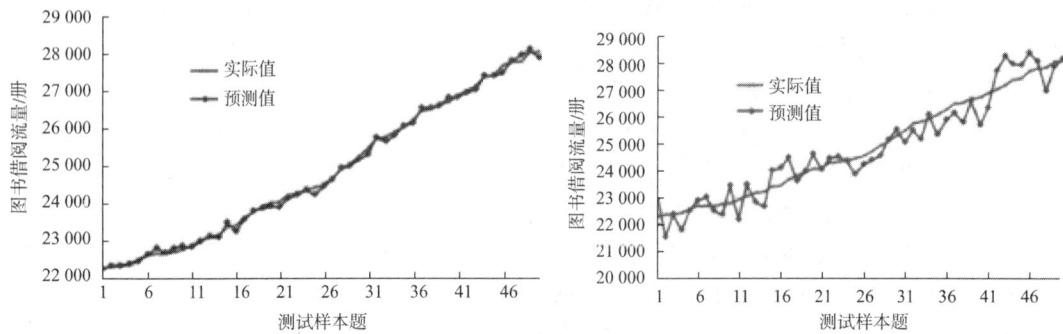

图 9-13　图书馆图书借阅流量的一步预测结果　　图 9-14　图书馆图书借阅流量提前 4 步预测结果

通过上图的预测结果可以看出,该模型对图书馆图书借阅流量的变化态势进行了准确的挖掘,高校图书馆图书借阅流量预测结果良好。基于数据挖掘的高校图书馆流量预测精度高,预测结果理想,能解决目前图书馆智能化管理的问题。

9.4.5　大数据驱动的舆情控制案例

大数据在信息管理上的风险控制与应用,通常体现在信息安全的保障和危机的预防上。通过大数据的监控与自动化分析处理,将安全防护由原先的事中、事后处理转变为事前评估,提前采取应急措施,化被动为主动。

在群体性事件舆情信息风险管理领域,大数据主要具有以下应用趋势:一是应用大数据提高对社会整体安全态势的风险感知、危机预警和应急处置能力;二是应用大数据提高群体性事件网络舆情的监测、研判、预警和应对能力,提升网络社会治理能力;三是应用大数据掌握舆情信息风险管理过程中社会公众的利益、情感需求,提供个性化、交互式的公共信息服务;四是应用大数据辅助政府进行舆情信息风险管理事务决策,进行重大决策社会稳定风险评估,并提高突发群体性事件应急决策的科学性、针对性;五是应用大数据提供社会公众参与社会治理的便捷平台,高效响应公众合法诉求,从源头化解社会矛盾和纠纷。[①]

下面举一个简单的例子来说明。在 2023 年的上海车展中,有去过展览的网友在 B 站发了一则视频表示:宝马 MINI 工作人员发放冰激凌时疑似区别对待中外访客,引发热议,舆情快速发酵。面对负面舆论,品牌方的第一反应是删评论和热搜,拉黑网友。事后宝马 MINI 官方连发两条道歉微博,回应只有短短 100 字左右,被指敷衍了事。不仅未能平息舆论,反而引发新一轮的舆论"讨伐",被指"史诗级公关灾难"。此事对宝马公司的品牌产生了极大的不良影响。由此可见,若宝马公司能通过大数据舆情监测,及时了解舆情发酵速度,分析公众负面情绪成因,控制舆情言论,给予恰当公关回应,也许就不会有这么大的负面影响。

9.4.6　大数据驱动的客户管理案例

在当前市场环境下,用户个性化需求日益显著,每个用户贡献的价值有所不同,因而企业往往对用户采取分级管理。其管理流程大致可以分为以下 4 个步骤:第一步,获取客户的线上行为

---

① 资料来源:夏一雪,兰月新. 大数据环境下群体性事件舆情信息风险管理研究[J]. 电子政务,2016(11):31-39.

数据、线下消费记录和交易行为等属性信息；第二步，设置分类规则和方法，建立一套算法和模型；第三步，将算法和模型植入客户管理平台，对客户进行分级分类的批处理；第四步，针对不同类型的用户，采取不同的营销策略。

大数据可以分析活跃粉丝的互动内容，设定消费者画像各种规则，关联潜在用户与会员数据、潜在用户与客服数据，筛选目标群体做精准营销，进而可以使传统客户关系管理结合社会化数据，丰富用户不同维度的标签，并可动态更新消费者生命周期数据，保持信息新鲜有效。

举个例子，汇丰银行借助大数据平台进行客户关系管理。通过整合大量的银行内外部数据，利用数据挖掘模型和算法挖掘其中的信息价值，构建更全面清晰的客户视图，并通过智能客户推荐、智能产品推荐、优化组合产品解决方案等业务功能，提升工作效率。该CRM(客户关系管理)系统构建了多渠道全方位的客户画像和基于关系网络的企业图谱，有利于获取高价值潜在客户。此外，它还提供了实时智能化的工作提醒、智能化推荐产品、定制化推荐资讯信息和多渠道定向化精准营销等功能，最终实现了信息流高效整合利用，降低了客户流失率并提高了新用户增长率和产品持有率。由此可见，基于大数据的个性化客户管理有利于加强客户黏性，也有利于进行精准营销。

关键词和概念

大数据　市场调研　市场预测　精准营销　数据融合　数据安全

本章复习题

一、思考题

1. 简述大数据的定义与特征。
2. 简述大数据与小数据的区别和联系。
3. 简述大数据驱动的市场调研与传统市场调研的区别。
4. 大数据驱动的市场调研可以运用于哪些领域并解决何种问题？
5. 大数据驱动的市场调研方法包括哪些步骤和过程？
6. 大数据驱动的市场调研可应用于哪些场景？
7. 请探讨在开展大数据驱动的市场调研时，如何更好地保障个人信息安全？
8. 请了解我国出台了哪些法律法规，来规范企业应用大数据的行为？

二、实践题

1. 根据案例9-1"广东省春运交通大数据预测分析平台"，说明大数据是如何发挥其价值的？通过哪些方法实现决策指导？

【案例9-1】广东省春运交通大数据预测分析平台

广东省交通运输厅携手腾讯共同构建广东省春运交通大数据预测分析平台，通过把广东省交通运输厅的现有数据与腾讯云计算和位置大数据服务能力结合，对春运期间主要客运集散地的旅客聚集情况、高速公路和国省道的通畅情况、旅客流向、各类运输方式的客运承担量进行数据分析和实时图形显示，实现宏观交通运行事前研判、事中监测和事后总结，提升春运组织协调和应急预警能力。

案例应用场景描述

(1) 交通枢纽区域热力分析。通过广东省交通运输厅提供的联网售票数据,包括客运站已发班数、发送人数等联网客运数据,结合腾讯提供数据模型,以春运数据模型进行数据深度融合,最终形成全省重要交通枢纽人流热力图。以每个场站上报的实时运力阈值定义状态颜色,以交通枢纽区域的数据为基础,以交通枢纽自定义阈值为评判标准进行场站人流预警显示。通过热力图,交通主管部门可以查看交通枢纽实时状态,为春运组织工作提供参考。

(2) 人口迁徙分析。以各地市、各交通分管单位上报的不同交通方式的客流发送量和到达量为基础数据,结合腾讯数据进行迁徙数据建模,最终形成省际和省内春运人口迁徙图,为春运工作提供指导。

案例应用范围及实施效果

2017年春运,全省共发送旅客1.34亿人次,其中道路运输完成9038.52万人次,占比67%;铁路3065.88万人次,占比23%;民航746.09万人次,占比6%;水路572.03万人次,占比4%。以广州南汽车客运站为例,春运期间共发送班车29 268班次,发送旅客622 177人次,较2016年同期分别上升18.84%和36.28%;其中共发送加班班车4740班次(占站场总体发送量的16.20%),发送旅客197 331人次(占站场总体发送量的31.72%),较2016年同期分别增长84.94%和78.02%。

通过广东省春运交通大数据预测分析平台的热力地图及迁徙分析功能,广东省交通运输厅提高监测预警能力,及时进行运力调配,在广州南汽车客运站客流较2016年大幅度提升的情况下,顺利完成了旅客疏运工作。同时,2016年广州火车站曾出现短时间旅客聚集事件并受到媒体关注,2017年春运期间,全省各大客运枢纽均未出现上述现象。

资料来源:广东省交通运输厅. 广东省春运交通大数据预测分析平台[EB/OL]. (2017-04-03). http://www.jiaotongwang.cn/guangdong/tukanjiaotong/20170403/45707.html.

2. 根据案例9-2"阿迪达斯的'黄金罗盘'",回答以下两个问题:
(1) 大数据是如何给阿迪达斯带来利润的?
(2) 大数据是否会让阿迪达斯的管理模式发生变化?请具体说明。

【案例9-2】阿迪达斯的"黄金罗盘"

厦门育泰贸易有限公司与阿迪达斯合作已有13年,旗下拥有100多家阿迪达斯门店。然而,在2008年之后,库存问题变得很严重。最初,门店只能采取降价、打折等清库存的"应急措施"。此后,育泰毅然进行大量基于外部环境、消费者调研和门店销售数据的收集、分析,最终这些收集到的数据和信息,以及分析出的结果成为将阿迪达斯引向正轨的"黄金罗盘"。

如今,每天育泰旗下门店的销售数据都会被收集起来上传至阿迪达斯。收到数据后,阿迪达斯对数据做整合、分析,再用于指导经销商卖货。研究这些数据,让阿迪达斯和经销商们可以更准确了解当地消费者对商品颜色、款式、功能的偏好,同时知道什么价位的产品更容易被接受。

阿迪达斯产品线丰富,过去,面对展厅里各式各样的产品,经销商很容易按个人偏好下订单。现在,阿迪达斯会用数据说话,帮助经销商选择最适合的产品。从宏观上看,一二线城市的消费者对品牌和时尚更为敏感,可以重点投放采用前沿科技的产品、运动经典系列的服装及设计师合作产品系列。而在低线城市,消费者更关注产品的价值与功能,诸如纯棉制品这样高性价比的产品,在这些市场会更受欢迎。另外,阿迪达斯会参照经销商的终端数据,给予更具体的产品订购建议。比如,阿迪达斯可能会告诉某低线市场的经销商,在其辖区,普通跑步鞋比添加了减震设备的跑鞋更好卖;至于颜色,比起红色,当地消费者更偏爱蓝色。推动这种订货方式,阿迪达斯得到了经销商们的认可,在很大程度上避免了经销商们的库存问题。

挖掘大数据,让阿迪达斯有了许多有趣的发现。例如,同为一线城市,北京和上海消费趋势不同,气候是主要的原因。显然,这为阿迪达斯提供了更多细分市场的选择。

实际上,对大数据的运用,也顺应了阿迪达斯大中华区战略转型的需要。库存危机后,阿迪达斯从"批发型"公司转为"零售驱动型"公司,它从过去只关注把产品卖给经销商,变成了将产品卖到终端消费者手中的有力推动者。而数据收集分析,恰恰能让其更好地帮助经销商提高售罄率。

"我们与经销商伙伴展开了更加紧密的合作,以统计到更为确切可靠的终端消费数据,有效帮助我们重新定义了产品供给组合,从而使我们在适当的时机,将符合消费者口味的产品投放到相应的区域市场。一方面降低了他们的库存,另一方面增加了单店销售率。卖得更多,售罄率更高,也意味着更高的利润。"时任阿迪达斯大中华区董事总经理高嘉礼对大数据的应用成果颇为满意。

资料来源:昝慧昉. 阿迪达斯的"黄金罗盘"[J]. 中国企业家. 2013(7).

3. 根据案例9-3"基于大数据分析的高端民宿消费行为研究",思考应如何利用大数据来进行用户行为分析,又如何利用分析结果为经营者提出有针对性的策略建议。

【案例9-3】基于大数据分析的高端民宿消费行为研究

1. 网络样本的选取

1) 样本民宿的选取

知名的民宿短租预订平台途家网于2020年11月发布新的《民宿分级标准》,并通过评估体系上线了民宿的五级分类。由于研究的对象为高端民宿,首先从途家网筛选出最高两个级别的民宿,然后筛选出评论数大于300条的热门民宿名单,共计32家。通过采集这32家民宿的地理空间、网络评论、游记、评分、入住时间、旅游伴侣等信息作为数据分析样本。

2) 网络评论和游记文本数据收集

研究选择携程网作为网络评论数据和游记数据的样本采集平台。在携程网站对上述32家高端民宿名称进行关键词搜索,并运用后羿采集器进行相关数据采集,得到原始数据共计27 039条,其中评论数据26 733条,游记数据306条。取得原始数据后经过以下处理筛选:①筛选出入住日期在2018年以后的数据;②剔除非中文评论;③筛选字数大于100字的有效评论数据和字数大于400字的详细游记数据。最后得到数据共3942条,共计741 928字。其中,评论数据3766条,共计641 128字;游记数据176条,共计100 800字。

2. 数据处理工具的选择

样本处理利用的处理软件是ROST CM6,这是一款功能强大的内容挖掘工具,既可以进行简单的分词、词频分析等,也可以进行复杂的情感分析、语义网络分析、聚类分析等,为网络文本研究提供很大的便利。其他数据例如地理空间数据、评论数统计数据、评分数据、入住时间、入住伴侣等数据分析采用的工具是Excel和ArcGIS。

3. 高端民宿消费行为分析

1) 入住时间因素

该项研究的分析样本选择的是从携程网提取的32家高端民宿的评论数的原始数据,共计27 039条。从月份统计来看,2018—2020年这三年中评论数都是从3月开始逐步上升,并且都在 7 月、8 月达到高峰。这个时间段正好是暑假的时间，也侧面反映出家庭因素在消费动机中的重要性。

2) 入住伴侣的因素

从入住伴侣的选择来看，42%的消费者是家庭亲子出游，和朋友出游散心的占比 22%，选择和情侣出行的占比 21%。由此看来，选择家庭亲子出游占大多数。可见，家庭游群体是高端民宿的重点客群。

3) 消费者的餐饮偏好

提取评论中涉及餐饮的词语中的前 50 个词，再将这 50 个词绘制成语义网络分析图可知，"早餐"这一词汇在饮食类词语的权重占比高达四分之一，说明消费者对早餐的印象最为深刻。从餐饮类型来看，消费者首先关心的是早餐问题，包括是否免费、味道、种类等；其次是下午茶、晚餐、夜宵；最后才是午餐。

4) 消费者的休闲娱乐偏好

消费者的休闲娱乐活动主要依托于景区，包括自然风光、人文景观等。除此之外，民宿消费者的大部分活动时间都是在民宿内，所以休闲活动也受民宿内设施的影响。通过统计民宿设施词频情况可知，消费者对民宿硬件设施的偏好中，"游泳池"(18.3%)占比最多，"停车场"(10.0%)占比第二。从其他如"喝茶/泡茶""拍照""温泉/泡温泉"等词语来看，高端民宿消费者的活动偏好更倾向于轻松、悠闲的慢游模式。

5) 消费者的服务偏好

通过高频词的网络语义图，分析高端民宿消费者对于服务的偏好情况，统计情况如下：高频词前 50 位的词中，涉及服务的词有"管家""服务""早餐""贴心""热情""满意""干净"等。排名靠前的词语中，"服务"占比较大，权重高。这表明在民宿消费者心中，服务分量重。对于服务的体验好坏，能直接影响消费者对民宿的评价。

资料来源：文君. 基于大数据分析的高端民宿消费行为研究[D]. 郑州大学，2022.

第 10 章

市场预测原理与步骤

◎ 学习目的与要求

1. 理解市场预测的概念、意义和原则；
2. 了解市场预测的类型；
3. 掌握市场预测的步骤；
4. 了解各种市场预测的方法；
5. 掌握市场预测方法的选择和应用。

> **引入案例**　联合国上调 2024 年全球经济增速预测
>
> 联合国经济和社会事务部于 2024 年 5 月发布的《2024 年中期世界经济形势与展望》报告指出，全球经济前景自 2024 年 1 月份以来有所改善，但仍需保持谨慎乐观。
>
> 报告预计，世界经济在 2024 年将增长 2.7%，2025 年将增长 2.8%，较 2024 年 1 月的预测分别高出 0.3 和 0.1 个百分点。总体而言，未来几年的全球增长率预计仍将低于 2010—2019 年期间 3.2% 的平均水平。
>
> 尽管利率居高不下，但美国经济仍然保持显著增长势头。预测显示，2024 年美国经济将增长 2.3%。
>
> 在欧洲，由于通胀的回落、工资增长的强劲势头和货币政策的宽松，经济活动预计将逐步回升。但地缘政治的紧张局势、经济情绪的疲软和财政支持的结束，又对经济复苏构成了阻力。2024 年，欧盟的经济增长预测略微下调至 1.0%。
>
> 中国经济预测略有回升，目前预测 2024 年增长率为 4.8%，较 2024 年 1 月的预测高出 0.1 个百分点。报告指出，房地产行业的疲软仍是一个主要的下行风险。但宽松的货币政策和积极的财政政策有望在短期内支持经济产出；从长远来看，加强政策支持有望促进制造业投资，尤其是新兴行业。
>
> 报告指出，世界主要经济体避免了严重衰退，在不增加失业的情况下降低了通货膨胀。大多数国家的通胀率自 2023 年达到峰值后有所下降。然而，随着利率的持续攀升、债务可持续风险的加大、地缘政治紧张局势的加剧及气候风险的日益恶化，这些因素不断对经济增长构成严峻挑战。
>
> 资料来源：United Nations. World Economic Situation and Prospects as of mid-2024[N/OL].(2024-05-16). https://desapublications.un.org/publications/world-economic-situation-and-prospects-mid-2024.

10.1 市场预测的概念和类型

10.1.1 市场预测的概念和作用

所谓市场预测就是依据市场的历史和现状，对影响市场变化的诸因素进行调查研究，运用科学的方法对市场发展的未来趋势进行预估、测算和判断，从而得出符合逻辑的结论的活动和过程。通过市场预测，掌握市场供求变化的规律，为市场营销决策提供可靠的依据。

市场预测是企业进行决策的前提，任何预测都是围绕决策所面对的各种环境来进行的。一个企业若想在竞争中求得生存和发展，不仅要深知过去和现在，更应该预知未来。预测就提供了一种预知未来的手段，是企业决策的基础。"运筹于帷幄之中，决胜于千里之外"，这绝不是主观臆造，而是建立在准确的信息和正确的逻辑推理(即科学预测)基础上的决策。可以说，没有正确的信息和科学预测作为前提的决策，必定是盲目的决策、无把握的决策。

1. 市场预测可以帮助人们更好地掌握企业经营活动的规律和未来的发展趋势

市场预测主要是根据预测对象过去和目前的状况，分析和研究其发展规律，把握其未来发展的趋势。因此，市场预测的核心在于掌握预测对象的发展动态及规律性。例如，人们可以通过预测掌握某项技术的产生、发展和应用的变化规律，从而了解其市场发展趋势。

2. 市场预测有利于提高企业的竞争能力

现代竞争观念认为决定企业竞争能力的关键是看企业对信息情报的占有量及其质量的高低。在激烈的竞争中，谁先占有市场情报，谁就能处于主动。如果一个企业技术先进，人才济济，但不能及时开展市场预测，不能对情报进行全面、综合利用，不能认清市场变动，就会因缺乏预见能力、判断能力，致使企业的有利因素得不到充分发挥。相反，如果条件差的企业能够及时准确地掌握市场动向，采取有效对策，则该企业在竞争中也会变弱为强。

3. 搞好市场预测有利于企业加强经营管理，提高经济效益

要充分发挥企业的潜力，提高经济效益，必须加强经营管理工作，而搞好这项工作的基础之一，首先就是要积极做好市场预测。在企业中，进行任何一项市场开发或产品开发项目，都应追求经济效益的最大化，使之达到市场有需求且经济上合理有利。例如，企业要发展某项新产品，必须首先了解国民经济的发展水平和市场对该产品的需求情况，并进行产品的生命周期分析和盈亏临界分析(或称量—本—利分析)，以便研究该产品在什么时候生产，各项技术经济指标达到什么标准才能取得较好的经济效益。这些都需要进行科学的预测。如果不做经济效益方面的预测，有可能出现研究成果在技术上是先进的，但经济上不合理，或者试制出的产品市场不需要或已经饱和，这将给企业造成很大的经济损失。

【案例 10-1】大数据分析预测在商业上的应用

1. 用户行为预测

基于用户搜索行为、浏览行为、评论历史和个人资料等数据，互联网业务可以洞察消费者的整体需求，进而进行针对性的产品生产、改进和营销。如《纸牌屋》剧组根据观众喜好选择演员和制定剧情、百度基于用户喜好进行精准广告营销、阿里根据天猫用户特征包下生产线定制产品、亚马逊预测用户点击行为提前发货，均是受益于互联网用户行为预测。

2. 体育预测

1) 球员受伤预测

可穿戴技术在体育运动中的应用越来越多,这使体育数据分析的可预测性更强。通过评估佩戴者的整体机械负荷和BMI(身体质量指数),从而更全面地了解如何预测和预防球员受伤,帮助识别受伤风险较高的球员,让教练平衡运动员整体训练难度,并在必要时制订体能训练计划。评估球员受伤概率的常见方法是用二项分布的对数回归模型。

2) 大数据预测体育赛事结果

大数据通过抓取所有运动员的运动情况,包括速度、急停、变向、加速、队员间的动态距离、运动员各个关节的动作模式及控球情况,并统计教练的决策、球员任用频次等,来为预测结果提供依据。

3. 疾病疫情预测

即基于人们的搜索情况、购物行为预测大面积疫情暴发的可能性,最经典的"流感预测"便属于此类。如果来自某个区域的"流感""板蓝根"搜索需求越来越多,自然可以推测该处有流感趋势。

新型冠状病毒感染疫情给人们的生活带来了巨大的冲击。在对抗疫情的过程中,大数据、云计算、人工智能等技术在医疗领域得到了快速的应用与发展。医疗大数据在公共卫生监测、疫情追踪、辅助医疗救治及政府决策中发挥了重要作用,成为人们对抗疫情的重要手段之一。

医疗大数据不仅可以帮助人们应对疫情,同时也将在医疗护理、公共卫生和人口健康管理方面发挥更大的作用与价值。以公共卫生监测为例,可以在智慧医疗系统预置一系列"触发点",一旦医护人员在系统中填写了某些与疾病感染者特征相仿的临床信息和数据,系统就会立刻对疑似病例发出警示,并将患者相关信息快速上报给公共卫生中心,便于及时对病源地及患者行踪进行预测和判断。同时,从全国各地上报的流行病数据,可以帮助人们清晰地洞察出不同疾病的发病率随季节变化的趋势,并对各类疾病的暴发风险进行分级和预警,公共卫生机构便可以提早采取措施进行干预,从而避免大范围流行性疾病的暴发。

4. 交通行为预测

即基于用户和车辆的LBS(基于位置的服务)定位数据,分析人车出行的个体和群体特征,进行交通行为的预测。交通运输部门可预测不同时点、不同道路的车流量,进行智能的车辆调度,或应用潮汐车道;用户则可以根据预测结果选择拥堵概率更低的道路。

百度基于地图应用的LBS预测涵盖范围更广。春运期间预测人们的迁徙趋势指导火车线路和航线的设置,节假日预测景点的人流量指导人们的景区选择,平时还有百度热力图来告诉用户城市商圈、动物园等地点的人流情况,指导用户出行选择和商家的选点选址。

资料来源:
① 洋洋新说. 体育行业的大数据技术使用[EB/OL]. (2023-01-18). http://news.sohu.com/a/631762442_121375020.
② 叶惠琦. 新冠疫情中,我们用大数据感知现在,预测未来[EB/OL]. (2021-10-01). https://baijiahao.baidu.com/s?id=1712330191427870252&wfr=spider&for=pchttps://baijiahao.baidu.com/s?id=1712330191427870252&wfr=spider&for=pc.

课程思政:合理合法合规利用大数据

大数据技术威力巨大,然而不免有不法赌球平台利用大数据技术预测球赛胜利方,不断调整球赛赔率及押注比例的大小，并将各种外在因素纳入分析，制造出一个永不亏损的盘口。同时，利用媒体炒作舆论，引导赌徒们下注，一夜赔光千万的大有人在。技术无罪，但如何利用技术是亘古不变的话题，合理合法合规利用大数据服务社会才是它最好的归宿。

10.1.2 市场预测的基本原理和原则

1. 市场预测的基本原理

预测的基本原理在于人们能够认识事物发展过程中各种因素之间相互影响的内在规律。事物总是按照过去、现在、未来的次序不断发展。在过去、现在、未来之间必然存在某种内在联系，未来总是过去和现在的延续或发展，即使是突变，也总有其一定的原因和先兆。而人们对客观规律的认识和掌握，从认识论的角度看，有其必然性和可能性。经济发展中各因素之间客观存在着质量的和数量的相互联系，运用预测的一系列定性、定量的方法对这些联系进行分析、综合，认识它们之间的关系，找出其内在规律是完全可能的。

企业的市场活动是社会整个经济生活中的重要组成部分，企业的存在与发展同样有规律可循，可被认识和掌握。只要我们运用科学的预测方法，积极开展市场预测工作，认识经济发展和企业经营的规律，并充分考虑企业外部环境、内部条件，完全可以逐渐增强我们了解未来、把握未来的预见能力，使企业的经营活动建立在科学预见的基础之上。

2. 市场预测的原则

(1) 延续性原则。经济发展过程中经济变量遵循的规律一般表现出延续性，就是说过去和现在经济活动中存在的某种规律将会持续下去，适合于未来。经济发展过程中的这种延续性，决定了市场预测工作的延续性。以时间序列分析为代表的趋势外推预测方法正是基于这一原则。

(2) 近似性原则。在经济发展过程中，不同的(一般是指无关的)经济变量所遵循的发展规律有些具有一定的近似性，这就决定了预测方法中的近似性原则。可以利用这种近似原则由已知的经济变量的发展规律，类推出另一变量的未来趋势，如类推预测方法等。

(3) 相关性原则。在经济发展过程中，一些经济变量之间往往不是孤立的，而是存在着相互依存的因果关系，即经济变量之间存在着一定的相关性。利用经济变量之间的这种相关性，可以通过对一些经济变量(自变量)的分析研究，找出受这些变量影响的另一个(或一些)经济变量(因变量)发展的规律性，从而做出预测。因果关系预测法就是基于相关性的原则。

(4) 统计规律性原则。在经济发展过程中，对于某个经济变量反复观察的结果具有某种统计规律。经济变量的这种统计规律性是应用概率论及数理统计的理论和方法进行市场预测的基础。在实际经济活动过程中，经济变量的发展过程、经济变量之间的关系是极其复杂的，经常是多种因素同时作用的结果。因此，要在分析研究统计资料的基础上，建立合适的数学模型，应用统计规律进行预测。

(5) 系统性原则。在对某一经济活动进行预测时，必须对企业内部和外部的影响因素进行系统的分析和预测。否则可能顾此失彼，导致预测的失败。以此原则为基础的预测技术有：投入产出法、多元回归分析等。

10.1.3 市场预测的类型

1. 按市场预测性质划分

(1) 定性预测法。定性预测是凭借具有丰富经验和综合分析能力的人员或专家的经验、知识，或集体的智慧和直觉，通过对预测对象内在发展规律质的分析，判断其未来发展变化趋势的一种预测方法。值得注意的是，定性预测技术一定要与定量预测技术配合使用。定性预测法的基本原理，是以市场预测对象的发展规律为基本出发点，考虑各方面因素的变化，运用逻辑学的方法，来推断预测对象未来的发展趋势。

在实际工作中，预测对象常受到企业内部和外部因素的影响，但人们却往往不掌握预测对象及其影响因素的统计资料，无法以定量的形式进行分析。人们只能凭借积累的经验、少量的数据资料和主观判断等，对事物的发展趋势和未来状态进行分析、假设、判断、推理、估计和评价。此外，有些实际问题本身就不便于或不能用定量的方法进行描述，只能进行定性推断。这些方法称为定性预测法。

定性预测法的应用范围相当广泛，可以用于产品品种的发展预测、产品销售预测等。常用的定性预测法将在本书相关章节中详细讨论。

(2) 定量预测法。定量预测法是在充分占有大量的、准确的、系统的数据资料的基础上，根据实际经验和具体情况，选择或建立合适的数据模型，通过分析和计算推断出事物未来可能发生的结果(用数据表示)。定量预测法仅仅依据事物过去和现在的统计数据资料，分析研究其发展变化规律，对未来加以预测，因而存在着一定的局限性。同时，预测结果与实际是有误差的，常常要进行定性修正。

定量方法的优点显著：由于它重视数据的作用，以数学模型作为分析手段，不易受人为的因素影响，有利于保证预测的科学性和客观性；预测结果以数值或函数形式呈现，精确度较高，能有效弥补定性预测的不足。

定量预测也存在一些不足之处：①它对预测人员的知识特别是数学知识的要求比较高；②它对数据资料完整性有严格的要求，如果资料少或承担不了保证数据的数量和质量的费用，定量预测将难以有效进行；③其时间限制性较强，它通常基于历史数据进行外延内推，如果情况发生突变，原有的数学公式就可能无法有效描述；④相较于其他方法，其费用通常较高。

常用的定量预测法有移动平均法、指数平滑法、趋势外推法等，详细内容将在本书相关章节中讨论。

(3) 综合预测法。任何一种预测方法都有其特定的适用条件和应用范围，都有一定的局限性，同时，任何一种预测方法都不可能准确无误地反映未来趋势。为了克服这些缺点，在预测时常把许多方法结合起来加以运用，特别是把定性方法和定量方法结合运用，使之互相验证，互为补充，以提高预测的准确性。这种用不同的方法对同一个预测对象进行分析和综合运算，以得出预测结果的方法就是综合预测法。

2. 按市场预测期限划分

(1) 长期预测。长期预测又称战略预测，是指预测期限在五年以上的预测，通常只能做趋势估计。它是市场预测中时间最长的一类。由于长期预测的期限比较长，不确定因素多，且时间越长，不可控的因素越多，预测中难于全面把握和预计各种可能的变化因素，因此，预测结果和实际发生的结果误差较大，需要在实际工作中不断调整预测结果。长期预测一般用于新企业的建设及扩充，添置新机器、新设备的投资计划安排，商品结构的变化，潜在市场的需求，商品的生命周期阶段等的预测。

(2) 中期预测。中期预测又称战术预测，通常指预测期限在一年以上五年以下的预测。一般对预测期内的各种影响因素考虑得比较全面和准确，因此，预测误差较小。中期预测常用于市场潜力、价格变化、商品供求变动趋势、国家政策措施等的预测，为企业的中期经营决策提供依据。

(3) 短期预测。一般指预测期限为一年以内的预测，短期预测的准确性和可靠性都比较高。

这种预测一般采用定性分析和定量分析相结合的方法。短期预测中的月度预测、逐周或逐月预测，称之为近期预测。实践中，市场预测表现为大量的近期预测。

但在这里要指出的是，基于预测企业的地位、涉及的行业、产品(商品)不同，对短、中、长期的划分也会不同。

> **课程思政：中国经济增速的预测面临挑战**
>
> 党的二十大报告指出："从现在起，中国共产党的中心任务就是团结带领全国各族人民全面建成社会主义现代化强国、实现第二个百年奋斗目标，以中国式现代化全面推进中华民族伟大复兴。"在经历长期高速增长之后，随着内外部环境变化，中国发展进入战略机遇和风险挑战并存、不确定难预料因素增多的时期，各种"黑天鹅""灰犀牛"事件随时可能发生。国际上"世纪疫情影响深远，逆全球化思潮抬头，单边主义、保护主义明显上升，世界经济复苏乏力，局部冲突和动荡频发，全球性问题加剧，世界进入新的动荡变革期"，对中国经济增长形成较大制约。国内资源环境约束趋紧、环境污染等问题突出，传统发展模式难以为继，尤其是人口老龄化加速、地方政府与企业债务大幅攀升至高位，经济逐渐由高速增长转向高质量发展，对经济发展方式转型与经济增长动力转换提出新的要求。
>
> "发展是党执政兴国的第一要务。没有坚实的物质技术基础，就不可能全面建成社会主义现代化强国。"党的二十大报告指出，"到二○三五年，我国发展的总体目标是：经济实力、科技实力、综合国力大幅跃升，人均国内生产总值迈上新的大台阶，达到中等发达国家水平"；"人的全面发展、全体人民共同富裕取得更为明显的实质性进展"。经济发展水平不断提高是实现人的全面发展、全体人民共同富裕的前提条件。因此，保持合理经济增速、推动经济持续增长，是实现现代化目标的内在要求。并且，中国只有保持较快增长，才能让世界继续分享增长红利，从而塑造国际竞合新优势，延续"东升西降"趋势，为赢得中美"持久战"增加底气。因此，客观评估未来30年中国经济增长潜力意义重大。
>
> 过去40年，中国以平均4倍于美国的增速创造了"增长奇迹"，未来30年，中国还能以平均2倍于美国的增速实现对美国经济的持续赶超吗？有关中国潜在经济增长率的测算已有不少研究。常规的预测大都认为中国GDP会在2030年左右超过美国，考虑到人口老龄化加速、新型冠状病毒感染疫情冲击与中美技术脱钩"三大新因素"的制约，上述关于中国潜在经济增速的常规预测将面临严峻挑战。
>
> 资料来源：张晓晶，汪勇. 社会主义现代化远景目标下的经济增长展望——基于潜在经济增长率的测算[J]. 中国社会科学，2023，No.328(04)：4-25+204.

3. 按市场预测内容划分

市场预测的内容包括很多方面，从宏观角度来看，它涵盖了国家宏观管理层面下的宏观市场预测，这主要侧重于研究社会总商品购买力和商品总供给量之间的动态平衡关系，分析商品供求结构的变动趋势，预测各类商品的总供给量和需求量；从微观层面来看，市场预测对企业在市场中谋求生存和发展具有重要意义。

1) 市场需求预测

市场需求预测也就是社会商品购买力及其投向预测。在市场营销学中，市场需要量的预测，也称市场需求预测；市场占有率的预测，也称销售预测。

某个产品的市场需求，指的是在特定顾客群体、特定地理区域、特定时间范围内，以及在一定的市场营销环境和市场营销方案下,消费者所购买的商品总量。市场需求包括产品、购买量、购买能力、顾客数量、地理范围、时期、市场营销环境和市场营销方案等 8 个方面。

预测市场潜量常用公式为

$$Q = n \times q \times p \tag{10-1}$$

式中,Q——市场潜量;

n——特定产品市场购买者的数目;

q——特定产品每个购买者的平均购买量;

p——产品的平均单价。

2) 企业需求预测

企业需求是在市场总需求中企业所占的份额。对企业来说,预测企业需求和预测市场需求同等重要,企业需求直接关系到企业的营销决策。企业需求的预测公式为

$$Q_i = S_i \times Q \tag{10-2}$$

式中,Q_i——企业 i 的需求;

S_i——企业 i 的市场占有率;

Q——市场总需求。

3) 消费结构变化预测

消费结构变化预测主要是预测消费品市场的产品构成及其相应的比率关系,包括消费者的消费支出在不同商品之间的分布情况。消费结构的变化趋势主要体现在反映居民消费的恩格尔系数变化情况。恩格尔系数的比率过大,说明消费大部分集中在维持日常生活方面;恩格尔系数的比率较小,说明消费大部分集中于精神文化及娱乐方面。

【案例 10-2】国潮当道,解码国人生活消费趋势

近年来,对于乐于追求时尚潮流的人们来说,国潮已经进化为日常生活中一个新的时尚风向标。目前,中国国潮主要分为国货品牌和国粹两种模式。国货品牌通常指中国自主设计、生产、创造出的商业品牌;国粹主要表现为一种文化或艺术活动,具有更为久远的发展历史,是国潮文化的典型发展领域。

随着国潮文化的兴起,"国潮"标签已经成为品牌提高知名度、增强消费黏性的商业密码。根据商务部发布的网络销售数据显示,2021 年上半年"新国潮"热度提升,在相关电商平台"618"促销活动期间,国产品牌销售额占比超过 70%;根据《百度 2021 国潮骄傲搜索大数据》,国潮在过去十年关注度上涨 528%。手机、服饰、汽车、美妆、食品、家电依次成为国货关注度增长最快的六大品类。

1. 汉服产业加速出圈

作为传统国粹结合潮流元素发展的典型代表,汉服产业规模在近几年内实现了井喷式增长。iiMedia Research(艾媒咨询)数据显示,中国汉服爱好者数量规模和市场规模快速增长。2015—2020 年,中国汉服市场销售规模实现了由 1.9 亿元到 63.6 亿元的激增。2020 年,由于疫情原因,增速放缓至 40.7%。2021 年,汉服爱好者数量规模约达到 689.4 万人,市场销售规模约达到 101.6 亿元。

但当前汉服市场规模仍较小,不足 2020 年中国限额以上单位服装类商品零售额(8824 亿元)的 1%。受古装影视作品影响及传统汉服文化普及的影响,汉服行业渗透率未来有望实现更大提升。

2. 国潮鞋服：从传统运动鞋服到国潮新品

随着李宁登上国际时装周舞台及"中国李宁"国潮系列的推出，中国运动鞋服行业内掀起了"国潮热"，国货品牌纷纷崛起。在品牌化推广的加持下，国潮鞋服品牌不断收获亮眼的成绩。数据显示，2021年"双十一"第一波销售首个小时，天猫平台20家新锐国潮服饰实现销售额近100%增长。

3. 新生代人群撑起国潮经济

目前，90后和00后逐渐走向消费舞台中央，国潮领域3/4的关注度由他们贡献。Z世代消费者对新事物的接受能力更强，意愿更旺盛；他们拥有强烈的自我表达诉求，更加具有文化理性、追求质量、热衷创意。此外，国民信息接收范围更广泛，信息内容更密集，信息渠道更多样化。国内消费风格返璞归真，由追求奢侈品牌向简约、性价比方面转变。

4. 46.2%的中国网民偏好购买国潮服装

随着我国制造业结构持续升级，工业生产配套链不断完善，国潮商品质量得到提升，中国消费者对国产商品质量的信任度也不断提高。艾媒咨询《2021年中国国潮品牌崛起研究报告》调研结果显示，有54.1%的受访网民比较信任国货产品，28.3%的受访者非常信任国货产品。

5. 新国潮品牌发展渠道融合程度加深

针对逐渐成长的年轻消费群体，国产品牌更重视数字营销渠道，并融合直播带货、KOL传播等创新模式，同时重视线上线下渠道融合，在新的发展环境下保持市场竞争力。在推广方面，国潮品牌已从传统营销向直播电商等新型模式转变；在价格策略方面，国产品牌凭借国内完整供应链的优势，在定价上更具主动性；在产品定位方面，国潮品牌开始走差异化路线，并以中国研发、中国制造、中国设计为主。国货产品质量日益精良，产品服务也更为完善。

总体来说，电商、直播等平台的兴起为国潮传播提供了多种多样的新玩法，引领了全新的生活消费趋势。未来，也希望国潮品牌在推广之余，结合国潮爱好者的文化认同心理，创造出更具中国气质的潮流产品；同时，回归到产品本身的设计、质量和服务，真正打造出高质量国潮品牌。

资料来源：张毅，田金洁. 国潮当道，解码国人生活消费趋势[J]. 现代商业银行，2021，(24)：36-43.

4) 产品生命周期预测

产品与其他事物一样，都存在产生、成长、发展、衰亡的过程。产品生命周期是指产品从实验成功进入市场开始，到被市场淘汰，直至退出市场的全过程。这里讲的产品生命指的是市场生命而非物理生命。产品生命周期包括4个阶段：导入期、成长期、成熟期和衰退期。对产品生命周期进行预测主要是对这4个阶段产品的销售量、价格、销售额和利润额等进行市场预测，根据预测的内容调整自己的生产经营计划。

5) 商品资源预测

对市场需求进行预测的同时，为了保障企业生产和经销活动的顺利进行，需要对企业现有的人力资源、原材料、能源等商品资源的供给状况及其变化趋势进行合理的预测，以保证企业在生产经销过程中能够明确资源供应数量、规格、质量、价格及渠道等，从而寻求降低资源成本的途径，提高企业在价格方面的竞争优势。商品资源变化预测主要涉及三个方面：人力资源、财力资源和物力资源变化的预测。

6) 商品饱和点预测

企业若要提升竞争力，争取良好的经济效果，就势必要对已经营的产品进行潜在的市场最大需求量的预测。商品饱和点的预测是产品市场生命周期预测中最重要的一环。饱和点有两种含义：一是原有产品社会需求量的饱和；二是有支付能力需求的暂时饱和。饱和点不是固定不变的。

此外，还有技术趋势预测、商品价格预测、经济效果预测和其他影响供求的主要因素预测等。

4. 按市场预测的空间分类

企业的经营活动不仅涉及某个地区、某个部门，而且往往涉及国际、国内的经济发展情况。因此，又可以根据预测对象的空间位置(即地理位置)将预测划分为国际性的、全国性的、区域性的预测。

国际市场预测是指以世界范围内国际市场的发展趋势为对象的市场预测。国际化经营需要了解和把握国际市场的发展变化趋势，国际市场预测日益必要。国际市场预测可以是综合性的，也可以是专题性的；可以是就整个世界市场的预测，也可以是就具体国际区域市场，甚至是国别市场的预测。国际市场预测由于预测面广，涉及范围大，变量和不可控因素多，收集资料困难，所以预测的难度很大，且范围越大，难度越大。显然，世界性的、综合性的市场预测难度最大。

全国性市场预测是以全国范围的市场状况为预测对象的市场预测。全国性市场预测可以是综合市场预测，也可以是专题市场预测。许多企业以全国市场为目标市场，有必要了解和掌握全国市场的发展趋势，需要开展全国性的市场预测。即使是以区域市场为目标，或对区域市场进行研究，也有必要掌握全国市场的发展变化趋势，为正确决策提供依据。全国性市场预测同样具有预测面广、涉及范围大、变量和不可控因素多、收集资料困难、预测难度大的特点。

区域性市场预测是指以某一个市场区域，如省市和地区为对象的市场预测。相比较而言，区域市场预测的预测面较小，涉及范围不大，变量和不可控因素较少，收集资料相对容易，预测的难度低，预测准确性高。

上面，我们讨论了市场预测的特征——市场预测的性质、市场预测的期限、市场预测的内容及市场预测的空间。根据这些特征的不同取值可以组合成多种多样的预测，可以用非完整的假四维空间来表达预测的种类，如图10-1所示。

图10-1 假四维空间的预测类型示意图

10.2 市场预测的步骤

为了保证市场预测工作的顺利进行，必须按预测工作的过程加强组织，以利于各环节的相互协调，进而取得成功。一般情况下，市场预测分为①明确预测目标；②收集和分析资料；③选定预测方法；④分析判断，用于决策等 4 个步骤。

为了能够取得好的市场预测结果，必须严格地按照市场预测步骤进行市场预测。市场预测步骤如图 10-2 所示。

图 10-2　市场预测步骤

1. 明确预测目标

明确预测目标就是根据企业经营活动的需要，确定预测解决什么问题，并根据预测所要求解决的问题，拟定预测项目、制订预测的工作计划、编制预算、调配力量、组织实施，以保证市场预测工作有计划、有节奏地进行。

2. 收集和分析资料

市场预测的资料有历史资料和现实资料两类。

历史资料，主要是各种有关社会的、经济的统计资料，如历年人口增长及构成，就业情况，居民户数及构成，平均收入的变化资料；国民收入增长，以及积累和消费的分配比例变化资料；社会购买力、货币流通量资料；生产部门基建投资和挖潜、革新和改造的资料，各种产品的产值、产量、成本、销售量、利润等资料；各种商品销售资料，库存动态资料，商品周转速度、流通费用、利润资料等。研究历史资料，分析其变化的规律性及其同市场变化的相互关系，是预测市场未来发展趋势的首要依据。

现实资料可分为以下三个方面。

(1) 预测期内有关人口构成及增长情况；居民收入及社会购买力变化情况；生产结构调整和投资方向，生产能力和各地生产动态；新产品的发展情况、价格情况；各主要生产厂商的产品及其主要经济指标在国内达到的水平；原料供应、生产技术、质量变化情况，以及进出口贸易情况等。

(2) 消费者和用户的意见反馈，它往往反映着市场需求的变化趋势。

(3) 实际调查资料，包括社会经济调查和市场动态调查的资料。实际调查资料是对市场客观现实的反映，比较接近于预测期内市场变化的实际，是进行市场预测必须十分重视的资料。收集和分析资料，要力求系统、完整和可靠。因为资料越系统、完整和可靠，预测结果则越精确、有效。

3. 选定预测方法

(1) 选择预测方法。选择什么样的预测方法是依据预测的目标、商品的特点和掌握的数据情况而定的。如对新产品的短期预测，由于缺少有关数据，一般运用判断分析法，通过分析判断来确定预测值；而对数据比较齐全的老产品的中长期预测，则要运用数量分析方法，通过数量分析来确定预测值。

(2) 制定预测模型。凡是根据定量分析的方法进行预测时，都必须根据预测目标和历史数据的变化类型来选择数学模型，确定各变量之间可能存在的联系，并通过对有关数据的运算，求得各参数，建立预测模型。同时，要计算预测模型的误差，判断预测模型的准确性。

(3) 确定预测值。确定预测值是运用预测模型的过程。如果制定的预测模型是准确的，那么运用预测模型就比较简单，只要将有关数据资料代入模型，便可求得预测值。

4. 分析判断，用于决策

分析判断是对调查和收集的资料进行综合分析，运用选定的预测方法及构建的预测模型进行预测，并得出预测结论，撰写预测报告，用于决策参考。

分析判断是市场预测的关键阶段。

(1) 分析判断观察期市场影响因素同市场需求量的依存关系。市场需求量的发展变化趋势是由多种市场影响因素决定的，即市场影响因素的变化同市场需求量之间存在着某种依存关系。这种依存关系，经过长期的历史发展会形成一定的系数，即市场影响因素的每一变化，会引起市场需求按一定系数发生相关的变化。这方面的变化有以下原因。

① 市场需求的变化与经济发展形势的依存关系。如对智能家电的需求，主要是随着经济发展、人工智能技术和信息技术的发展而变化的。

② 市场需求的变化与人民生活水平提高的依存关系。如随着居民收入的提高，不仅会引起市场需求量的增加，同时会引起所需商品的结构和质量的变化。

③ 市场需求的变化与进出口贸易发展的依存关系。

④ 市场需求的变化与异种产品或同种产品的适用性、成本、价格的依存关系。

⑤ 子体商品的市场需求同母体商品的依存关系。

(2) 分析判断预测期的产供销关系。预测期的产供销关系及其变化是调节市场供需平衡的基础，是市场预测的重要依据。其主要目的在于：

① 分析市场需求情况；

② 分析社会生产能力、可能提供商品资源量及其结构、适应市场需求的程度；

③ 分析原材料供应情况及其实现生产能力的程度。

(3) 分析判断当期的消费心理、消费需求及其发展变化趋势。

在完成相应预测工作后，还要追踪和验证预测结论，预测结果的得出、预测报告的撰写，并不意味着企业预测工作已全部结束。企业管理人员还必须对企业未来各期的经营活动进行追踪，如果预测值与实际值误差很大，则应进一步收集补充资料，重新选择预测方法再进行预测。

10.3 预测方法的选择和应用

10.3.1 市场预测方法

进行市场预测不仅需要掌握必要的资料，而且需要运用科学的方法，没有科学的方法，就不可能对市场的未来做出科学判断。

目前，经济发达国家应用的预测方法已达 150 多种(其中，广泛使用的有 30 多种，经常使用的有十几种)。而利用一定数据，运用数学模型确定预测值，则是各种定量预测法的共同特点。同时，由于市场预测是对市场未来的判断，而不是市场发展的现实，所以任何方法都不可能是十全十美的，因此，为了避免市场预测同实际变化出现较大误差，一要随着市场客观形势的变化而适时调整预测值；二要对同一预测项目运用不同的预测方法，做出几种预测方案，以供比较、鉴别，最后做出比较精确的预测。这样，无论进行什么项目的市场预测，都不会是只运用一种预测方法，而是同时综合运用几种预测方法。

市场预测方法尽管多种多样，但大体上可以把它们归结为以下三大类。

1. 判断分析法

判断分析法，也叫直观预测法。它是由预测者根据已有的历史资料和现实资料，依靠个人经验和综合分析能力，对市场未来的变化趋势做出判断。

判断分析法的优点在于不需要太多经费，比较经济，花费的时间也比较短，如运用得当还是很有实用价值的。

2. 时间序列分析法

时间序列分析法，就是以历史的时间序列数据为基础，运用一定的数字方法使其向外延伸，来预测市场未来的发展变化趋势。

时间序列分析法凭借其以过去的时间序列的统计资料为基础特性，不仅成本相对较低，而且简便易行，因此在国内外都备受瞩目并得到广泛应用。

3. 因果分析法

因果分析法也叫相关分析法，即分析市场变化的原因，找出原因同结果之间的联系，并据此预测市场未来的发展变化趋势。

因果分析法虽然是比较科学的预测方法，但需要具备一定的条件，如经营管理达到一定水平，具有系统、完整的数据，必要的市场分析手段，等等。

10.3.2 应用市场预测的条件

市场预测可用于经济活动的各个方面，为企业经营决策提供数据。但是，并不是任何条件下，仅仅运用了一些市场预测的技术和方法，就能得到准确的、可靠的市场预测结果。做好市场预测必须具备下述一些条件。

(1) 企业各级管理者要重视和支持市场预测工作的开展，并积极采用市场预测成果。企业经营决策和行事一定要建立在科学的市场预测的基础上，这样才能少走弯路，少交"学费"，减少盲目性，增强自觉性。

(2) 完善市场预测组织机构，建立一支市场预测队伍。企业应该选拔各种专业人才，通过市场预测技术的培训，建立起一支有专业知识、有实践经验、掌握市场预测理论和方法的市场预测队伍。这是开展和做好市场预测工作的前提条件。

(3) 建立起情报信息网。这是开展市场预测的基础。企业要根据经营活动的特点，建立情报信息网，以便摸清科学技术的发展趋势、各地经济的发展动态和市场竞争变化等方面的情报，这些都是开展市场预测工作的前提条件。

(4) 建立数据资料档案。建立和健全数据资料档案是搞好市场预测的基础工作。只有资料翔实，才能对内部条件和外部环境进行较为系统、周密的分析研究。在有条件的企业里，可以建立企业市场营销信息系统，为开展市场预测工作和企业经营决策创造条件。

10.3.3 选择市场预测方法的评价标准

在为特定的预测对象选择预测方法时，人们总希望能选择一种"准确"的方法。根据以往应用预测技术的经验，常用以下几个特征来判断是否选择了最适合特定预测对象情况的方法。

1. 预测方法最适合的超前时间(往往称为时间范围)

为特定预测对象选择最适用的预测技术的评定标准就是预测的时间范围。不同的预测和计划任务需要不同的超前时间，超前时间一般划分为近期、短期、中期和长期 4 种。

最适用近期预测的方法包括平均数法、加权平均数法和指数平滑法等。除指数平滑法，其他所有方法均建立在拥有大量的历史数据的基础上才能使用。在实际工作中，时间序列法是近期预测最适用的一种方法，定性预测法一般不适用于近期预测。

短期预测最关键的影响因素可能是预测对象的数据的循环变动和季节变动。因此最适用于短期情况的预测技术就是那些能够识别和预测循环变动的预测技术，如时间序列法中的季节模型和分解模型等。同时，由于宏观经济数据通常是可以按月或季得到的，因此，这种较长的时间间隔就有可能利用回归分析的模型。定性方法一般不适用于短期预测。

中期预测最有效的预测技术是回归分析法等。在实际工作中，最好能同时使用各种预测方法，以便能根据各种预测方法结果的对比来检查预测值的准确性。

长期预测多数用于编制战略性计划。最适用的预测方法有回归分析法、投入产出法和一些常用的定性分析法，如德尔菲法等。在做长期预测时，通常是把定量技术和定性技术结合起来使用，这样才能够得到最佳的预测结果。

2. 可识别的历史数据模式

在任意一工业企业的经济数据数列中，通常都存在着几种数据模式或类型的结合，具体包括：①长期趋势的数据模式；②水平的数据模式；③数据的季节性变动模式；④数据的循环变动模式。

定量技术擅长处理季节变动因素、长期趋势和水平因素，因此更适用于上述前三种数据模式。相较之下，定性技术并不依赖于识别数据中的历史模式，因而在处理这些特定模式时可能是不适当的。

3. 预测模型的类型

根据预测对象的数据特征，有两种划分预测模型的标准。一是将模型划分为时间数列和因果模型。时间数列的方法是把时间作为自变量，而因果模型则可用其他的自变量来进行预测。二是将模型划分为统计模型和非统计模型。一般来说，定量预测技术是统计模型，而定性预测技术则是非统计模型。

4. 预测方法的准确性

一种预测方法在一定情况下的价值，取决于应用这种方法所做预测的准确性。测定预测值的准确性有两种基本方法。一种方法是利用一组完整的历史数据将某种方法应用于该情况，然后测出实际值与预测值之间的误差，这种误差可用均方误差或平均绝对误差来测定。两种测定结果都能反映出，运用该预测方法处理该组数据的准确性。另一种方法是把预测值应用于一部分可以利用的历史数据上，来检验其准确性。如果测定结果是其准确性较高，我们就可以认为所选择的预测方法是适合的。

【资料 10-1】市场预测到底准不准

每年一月份，成群的高薪专家都试图预测本年的经济前景和市场走势，但随着时间的推移，绝大多数的预测都被证明是错误的。

为什么那些拥有多年从业经验、专业知识丰富、能随意接触海量资料的人，在预测未来市场走势时，会如此频繁地出错呢？

第一点也是最重要的一点是，未来充满着意外。无论有多专业，一个人不可能准确预见到未来发生的事情，以及人们将如何做出反应。1974年诺贝尔经济学奖获得者弗里德里希·哈耶克(Friedrich von Hayek)在获奖演说《似乎有知识》中说过这么一句话："市场作为一种复杂的现象，其走势取决于许多个体的行为，其结果取决于所有因素的综合作用……对市场的研究很难揭示全部的面目，难以做出准确的度量。"

预测失误的原因还在于，它们要么流于平庸，要么过于极端。对预测者来说，做出与主流意见相差不大的预测毫无意义。他们既不会因为跟大多数人站在一起而遭到解雇，也不会因为比同行稍微好一点而名利双收。因此，如果预测者想脱颖而出，可能就得走向极端。

因此，大多数专家都倾向于围绕一个安全的共识意见抱成一团，而有那么一小部分专家从事高风险但潜在收益高的买卖，做出极端看多或极端看空的预测。如果他们的预测正确，则奇迹般的准确性将令其一夜成名；而如果预测错误，人们大多很快就会忘记。

另一个问题在于：专家分析复杂资料的方式并不始终如一。给同一专家多次提供类似资讯时，他们会得出迥然不同的预测。有一个结论至少从1954年以来就为人所知，但几乎从未在华尔街公开发表过——即根据专家预测方式建立的简单电脑模型比专家本身的预测更准确。这是因为专家知道模型中的哪些变数比较重要，于是过于频繁地对各种变数做出主观调整。

无论从哪个角度来看，现在有一点都是显而易见的：你应该进一步端正态度，以更谨慎的态度对待各种市场预测。

不过，你也可以利用好这些预测，方法如下。

不要相信专家对一年后情况的预测

专家的短期预测比长期预测更准确一些。费城联储银行(Federal Reserve Bank of Philadelphia)数十年来一直在进行一项"专业预测者调查"(Survey of Professional Forecasters)，收集几十位专家对于经济前景及各种金融变数的个人预测和整体中位值，从而形成一个资料库。

与预测最新市场趋势相比，该调查在预测通货膨胀、失业率和经济增长(以实际国内生产总值的变动来衡量)等变数方面要准确得多——但只限于最近一两个季度，之后大多数预测的准确性将直线下降。

坦然面对预测失误

斯塔克说，没有经济学博士头衔的大众往往认为专家预测十分准确，就好像能直接拿去银行兑现的支票一样。人们不懂得这些预测背后隐藏着大量的不确定性。这并不意味着预测结果毫无价值，恰恰相反：通过观察预测失误的潜在区间，你可以调整自己的预期，避免做出过分自信的决策。与此同时，喜欢对冲风险的投资者可以更准确地估算自己所需要的保障。

听听市场的声音

沃顿商学院教授、《预测原理》(Principles of Forecasting)一书的作者斯考特·阿姆斯壮(J.

Scott Armstrong)说，如果一个市场里有许多交易者，那就不要试图去猜透市场。

股市似乎不像一个能够预测未来的风向标，但与其他替代方式相比，还是要好一些。标准普尔 500 指数(S&P 500)往往能相当准确地预测到未来短期内出现的经济衰退和复苏。

取不同的预测结果的平均值

提高预测品质的最有效工具也许就是把从各个独立渠道取得的预测结果简单地整合起来。一般而言，来自不同渠道的预测者所获取的资讯及使用的预测方法都不尽相同，因此其失误往往可以相互抵消。

资料来源：Jason Zweig. 市场预测到底准不准[N]. 华尔街日报，2011-02-10. (改编)

10.3.4 市场预测方法的评价

1. 定性预测法和定量预测法的评价

市场预测方法主要有定性预测方法和定量预测方法两大类。

定性预测方法主要是依赖于预测人员丰富的经验和知识及综合分析能力，对预测对象的未来发展前景做出性质和程度上的估计和判断。

定性预测方法主要有以下特点。

(1) 灵活性强。在定性预测中，人们总是能随着外界的变化而不断进行调整，并加以综合分析，推理判断。因此定性预测不仅能反映预测对象变化的一般规律，而且，它还能反映出客观外界发生突变所引起的预测对象的一系列变化，具有较强的灵活性。

(2) 具有一定的科学性。虽然定性预测主要依赖于人们的主观分析判断。然而，人们的经验智慧来自大量的实践，人们的知识来源于科学的总结，因此定性预测并非主观臆想，而是具有一定科学性的。

(3) 简便易行。一般来说，定性预测法主要依赖于人们的经验知识进行分析判断，不需要很深的数学基础，因而在实际工作中容易掌握，易于推广。

定性预测法也存在预测结果不够精确和受预测人员主观因素影响较大等不足。定性预测偏重事物发展性质上的预测，有时也做出简单的定量主观估计。它常用于历史数据资料缺乏，或影响因素复杂、难以分清主次，或对主要影响因素难以定量分析等场合的分析预测。

定量预测法主要是根据比较完备的历史统计资料，运用一定的数学方法进行加工处理。以一定的数学模型揭示变量之间的规律性，从而对预测对象的未来发展做出推测估计。

定量预测方法主要有以下特点。

(1) 预测结果较为客观。由于定量分析运用大量的历史数据资料建立预测模型，受主观因素影响较小，预测结果较为客观。

(2) 预测结果较为准确。运用统计学方法所测得的预测值较定性分析准确，而且可以在一定可信度下，指明预测方法可能发生的误差范围。

定量预测也存在一定的不足。定量预测模型机械不灵活，不易处理有较大变动的、非规律性的变化资料。因为定量预测的理论基础是假设将来与过去和现在的变化规律是一致的。其预测方法主要侧重于事物发展在数量程度上的分析预测，如速度、幅度、影响程度等，并要求有比较完备的历史数据资料。

上述分析可见，定性预测方法与定量预测方法各有所长，并有取长补短之势。故预测人员在实际预测中应考虑把定性和定量方法结合使用、发挥优势、弥补不足，从而获得较好的预测效果。

2. 各种预测方法的评价比较

在实际预测中，预测人员在选择预测方法时应全面考虑各种预测方法的优势和不足，综合平衡它们的优缺点，选择最合适的预测方法。表 10-1 是各种常用市场预测方法评价分析对照表，从中可以较为清楚地看到各种预测方法的特点。

表 10-1 各种常用市场预测方法评价分析对照表

预测方法		典型用途	预测精确度			所需信息	预测成本	所需时间
			短期	中期	长期			
定性预测法	市场调查法	对市场未来前景做性质和程度上的预测	优	良	中	根据调查表和调查报告收集信息	高	短
	对比类推法	对市场未来前景做性质和程度上的预测	良-差	良	良	类似产品的数据及其他有关统计数据	低	短
	集体经验判断法	对市场未来前景做性质和程度上的预测	中等	中等	中等	一组来自专家的信息	低	短
	德尔菲法	新产品销售、市场需求及长期预测	优-中等	优	优	以调查方式收集信息	中等	较长(>2个月)
定量预测法	移动平均法	需求预测、销售预测、库存管理预测	良	差	很差	需要两年以上历史数据(按季、月)	低	较长(>2个月)
	指数平滑法	需求预测、销售预测、库存管理预测	优	良	很差	需要两年以上历史数据(按季、月)	低	较长(>2个月)
	趋势外推法	需求预测、销售预测	优	良	中等	需要多年的历史数据	低	很短(几天内)
	回归预测法	需求预测、销售预测	优	优	中等	需要多年的历史数据	低	由模型的复杂程度决定

10.3.5 提高市场预测精度的途径

我们知道市场预测与实际值总有一定的误差，为了使市场预测工作尽量做得精确、真实，就必须提高市场预测的精度。提高市场预测精度一般应注意以下几个方面。

1. 确保原始数据与信息准确无误

预测工作需要大量的信息，若信息的质量(包括准确度、完整程度)不高，则会直接影响预测模型的质量，从而造成预测误差。

对于数据必须经过"去粗取精，去伪存真，由此及彼，由表及里"的分析处理才能应用，切忌不加识别和处理就让其直接进入数学模型。例如，对于历史上的数据，有的年份波动过大，其原因不是源于自身发展规律，而是外界干扰(如自然灾害)，这就需要经过判断，选用反映客观规律的数据；对受随机干扰的异常值，则应予以剔除；若原始数据走向具有一定规律性，但因受随机干扰，数据波动大，就应进行移动平均和指数平滑，用平滑后的数据建模。

2. 定性方法和定量方法相结合

定性分析和定量分析两大类方法具有很好的互补性，在具体应用时把这两类方法结合使用，则既能在定量的基础上对事物的方向、性质做出判断，又能使定性分析更有依据，并对事物发展程度做出量的测定。同时，由于事物的复杂性及各种具体预测方法和模型的局限性，对同一预测目标，应尽可能从多个角度(即用多种预测方法和模型)进行预测，综合各种预测方法的结果，作为预测的最终结果，这是提高预测精度的重要方法。

3. 努力提高市场预测人员的水平，充实知识和经验

一方面，人们认识市场商品供求规律需要一定的过程，当未来事物的规律性尚未充分显现时，就更难以准确预测。因此，认识与实际的完全统一是很难达到的，人们的认识总免不了带有一定的偏差。另一方面，无论是预测目标的确定，信息资料的收集、评价、判断、加工整理，还是预测方法的

选择，模型参数的估算，模型的建立，以及最终对预测结果的综合，都离不开人的主观努力。因此，预测人员的知识、经验、观察思考和判断能力，对预测结果的准确性都会有重大影响。

预测过程中不仅受到预测人员认识能力和经验水平的影响，同时还受到预测人员心理因素的影响。通常造成预测误差的心理因素有以下几种情况。

(1) 不科学的从众心理。在一些模糊性较大的预测中，小部分人往往不加深入分析就接受"大家的看法"，这可能将预测引入歧途。

(2) 对领导与权威的迷信。人们往往会因为领导或权威掌握信息多，知识渊博，经验丰富，而盲目崇拜和迷信他们，有时甚至会放弃自己的正确意见，这也是很危险的。

(3) 对个人专长或所熟悉工作的偏爱。例如，预测者容易重视自己熟悉或专长的信息，而忽视其他信息；或自觉不自觉地片面强调对自己观点有利的一面等，这必然会影响预测的客观性。

在市场预测工作中，对市场预测精度还必须有一个正确的认识。因为一切市场预测工作所得到的预测值的精度都是相对的，市场预测只是预知未来，因此，市场预测结果只能接近未来发展的情况，不可能也不必要与未来实际情况完全一致。当然，市场预测工作者还要不断总结实践经验，创造一些行之有效的方法，充分积累数据资料，为不断提高市场预测的准确性而努力。

关键词和概念

市场预测原理　市场预测方法　市场预测误差　市场预测精度

本章复习题

一、思考题

1. 选择预测方法和模型时应考虑哪些因素？
2. 简述预测误差产生的原因，以及提高预测精度的途径。
3. 简述市场预测的原理。

二、实践题

1. 【在校学生生活费用调查(续)】根据调查数据，制定"在校学生生活费用支出情况"预测方案计划，并进一步修改完善"工作计划"。

2. 某饮料公司开发了一种新饮料，并有意将该产品在20~30岁的年轻人中进行推广。在新产品投入批量生产前该饮料公司想对市场的销售前景做一个预测，请为该公司拟定一个市场预测步骤。

3. 根据案例10-3相关资料，回答以下问题：

(1) 天猫"洗碗机市场"的预测涉及具体哪几个方面的预测？

(2) 结合本案例分析在市场调查和预测中，产品研究和消费者研究之间的关系。

(3) "市场预测是市场决策的基础，在企业做出决策之后，也就意味着市场预测工作的结束"。这句话你认为有道理吗？为什么？

【案例10-3】从冷门生意到明星单品，洗碗机是怎么被天猫孵化出来的？

早在2002年，德国厨电的"老大"西门子家电便最先把洗碗机带到中国市场，并为中国消费者量身定制。2012年12月，西门子家电天猫旗舰店正式上线，洗碗机也第一次在线上销售。但更不为人知的是，在2000年，国货品牌美的的第一台洗碗机正式推出，并建立了洗碗机的生产线，但整整16年，美的洗碗机仅专注出口海外市场。可见，这是一个被国内市场忽视的小众产品，而最直接的原因正是——消费市场并不成熟。

1. 意外的发现，不同寻常的增速

"子类目同比增速超过 120%!"直到 2015 年，来自洗碗机类目的这组数字，引起了"小二"忘川的注意。数字本身并不惊人，但是放在洗碗机这一冷门类目，变动多少有些意外。

没有放过任何蛛丝马迹，凭借着自身的行业背景，天猫"小二"们查阅起国外洗碗机的市场情况。结果很惊人，在欧美国家，洗碗机的家庭普及率在 70%以上，并且从节水的角度，倡导公民使用洗碗机。然而，回到国内市场，洗碗机的家庭普及率不足 1%，洗碗机在厨电行业线上市场占比不到 3%，认知成了第一道屏障。

天猫后台大数据显示，洗碗机搜索指数正不断攀升。事实上，"80 后""90 后"的消费者正在成为厨房消费的主角，这意味着随着品质消费升级，洗碗机有望借着风口而爆发。但是细看整个线上的洗碗机市场，除了个别进口品牌外，剩下的都是非主流品牌，没有匹配不同家庭的产品，也没有符合不同消费层次的价格。薄弱的商品结构无法让消费者认可和接受。

最后，大家的想法别无二致：产品确实能洗干净碗筷，能提升消费者体验，为何不快点带给天猫的消费者？洗碗机一旦爆发，其销量或许会呈几何倍数地增长。

2. 从工厂走到线上，爆款来了

"终于有人关注这个产品了!"当忘川找到美的洗碗机事业部内销负责人张新科时，他喜不自胜。要知道，美的已经做了 16 年洗碗机，但仅专注于出口海外市场，背后原因显而易见——培育市场成本高昂，一直没有平台愿意扶持洗碗机的发展，而家电恰恰又是最依赖主流平台、品牌引领的市场。

很快，美的阿里智能洗碗机诞生，这是首款天猫定制款洗碗机。从最初设计开始，就围绕天猫用户特征，捕捉痛点，为匹配的消费者量身定制。具体来说，当发现中式餐具清洗、烘干、储物、智能化等成了天猫用户频频提及的评价词，美的设计了中式碗篮网，增强烘干、储存功能，添加智能控制功能，用户通过手机监控耗水耗电量、水温等，以及下载清洗程序。而价格上，基于大数据的判断，售价设置在不到 4000 元。

基于大数据的 C2B 反向定制模式，迎合了消费者的需求，大大降低入手的门槛。产品一诞生，迅速成为天猫上的爆款，并引发整个行业的关注。

天猫对于洗碗机的推动，还延伸到了国外。当看到天猫对洗碗机行业的推动后，厨电巨头西门子与天猫的合作不断升级，天猫多次赴约前往德国参展，寻找更适合中国消费者的洗碗机。

2016 年，国内家电领导品牌的爆款逐一在天猫诞生。方太推出了"水槽式洗碗机"，老板电器推出了柜式洗碗机，海尔发布了为中国家庭打造的"小贝"台式洗碗机等。在天猫这一品牌运营的阵地上，洗碗机产品数量一下子上升至近百款，且外观、功能、价位都彼此区分，精准匹配了天猫不同消费群体的需求。

原本小众又弱势的产品，渐渐被培育起来。天猫也成了洗碗机首发的主战场。

3. 共同的发声，成为黑马

当找到匹配消费者需求的产品后，天猫开始从让商品自由发展，转变为一种高效的品牌和内容运营。

天猫"小二"们的心里并不确定——洗碗机究竟会在哪一天成功爆发。此时，发声成了关键一步。

2016 年 6 月，天猫电器城联合阿里公益主办了一场"洗碗革命"发布会，场面堪比半个行业展会。天猫与美的、方太、西门子、老板、海尔这五大厨电品牌并肩而立，带着各自的新品集体亮相。同时，大家向社会一致发声：洗碗机不仅洗碗干净，还能解放双手，并倡导"家庭使用洗碗机，一年可为世界节约 10 吨水"。

在这场发布会背后,大数据精准营销悄然开启。当天,网红在各大直播平台直播这一事件,现场画面、测评资讯、体验视频等内容素材,集体向外扩散,传播至目标消费群体可触达的传播渠道。从主流媒体,到优酷、微博为代表的社交媒体,洗碗机信息流铺天盖地地涌向了消费者。

那一天,忘川不断被商家询问——店铺瞬间流量爆棚,是被恶意攻击了吗?事实上,这些突如其来的流量是消费者的主动搜索。通过这一热点事件,天猫洗碗机销量持续攀升。

除此之外,关于洗碗机的新一波内容运营也全面发力,如发布文章《消费测评——洗碗机好用吗?》《手洗和机洗,哪个更干净?》《清洗小龙大比拼》《洗碗机更费水吗?》《看上去干净就真的干净吗?》等。

同年9月中旬,一系列关于洗碗机的测评节目开始播出,围绕消费者最关注的话题,邀请专业人士做专题测评,如对比人工清洗与洗碗机、国内洗碗机与国外洗碗机等。洗碗机的信息再次触达更多的消费者。

在互联网时代,借助多样化的传播渠道,所有关于洗碗机的信息都传递给了消费者,一个现象级的热点已经产生,并为天猫"双十一"的爆发做好了铺垫。

但洗碗机这样的新品类,在天猫"双十一"究竟该准备多少货?这一问题摆在了品牌方面前。结合此前销售情况,天猫大数据提供包括配货、分仓、补货等多个环节的预测,指导商家大促备货,做好分仓管理。

2016 "双十一"如期而至。就在零点开启的瞬间,数据大屏上监测到洗碗机数字不断跳动,同比增速远超油烟机、灶具等成熟的厨电单品。在那一刻,所有人都清楚:洗碗机行业的爆发元年来了,就发生在天猫!

最终,洗碗机在天猫"双十一"实现了500%的增长,创下了洗碗机单日销售量最高的世界纪录,成了名副其实的黑马。同样,美的等诸多品牌第一次收获了来自新品类的大丰收,美的洗碗机在天猫"双十一"同比增长超过1900%,销售额超过4000万元。

4. 孵化而成,上升为战略

爆发的势头继续在整个行业蔓延。当注意到洗碗机的惊人成长后,其他的厨电企业再也坐不住了。华帝、九阳等多家老牌企业,纷纷向天猫抛来橄榄枝,表示已专门新建洗碗机事业部,加大洗碗机产能,并且天猫是首发的阵地。大家的想法很一致:不能再用老的思维、老的产品去做厨电市场了。

还有一个有意思的插曲。2017年,几家厨电核心品牌的股价上涨迅速,背后一个原因是,机构评估时明确指出,类似洗碗机这样的新品类增值空间巨大,所以机构纷纷调高了预期。

随着品牌的涌入,预示着洗碗机行业已经被成功孵化。2017年数据显示,洗碗机在天猫搜索量已经排名厨电第二。孵化成功后,更日常化地运营助力着这个行业壮大。

嵌入式洗碗机由于其美观、节省空间、方便操作等优点,逐步成为市场上的主导品类。嵌入式产品在洗碗机市场的零售量占比已经达到62%,台式与水槽式机型占比均出现了下滑。值得注意的是,集成式洗碗机由于其集成属性且功能多样的优势,更适合中国厨房面积小但功能需求多的特点,保持了快速增长的态势,2022年零售量同比增速达到了65%,且参与品牌数量已经多达55个。

2022年,洗碗机市场表现强劲,全年零售额达到102.5亿元。尽管洗碗机市场规模持续扩大,但与欧美等发达国家相比,中国洗碗机的渗透率仍处于较低水平。2022年中国洗碗机的渗透率仅为4.8%,而欧美等国家的渗透率已经超过60%。这说明中国洗碗机市场仍有巨大的潜力和空间。

资料来源:
① 宏颖. 从冷门生意到明星单品,洗碗机是怎么被天猫孵化出来的[EB/OL]. (2017-05-04). http://www.iwshang.com/articledetail/250881. (改编)
② 尚普咨询集团. 深度分析!2023年洗碗机行业发展现状与趋势预测[EB/OL]. (2023-06-08). https://baijiahao.baidu.com/s?id=1768132402484218571&wfr=spider&for=pc.

第 11 章
定性预测方法

◎ 学习目的与要求
1. 掌握各类对比类推法的应用;
2. 掌握集体经验判断法的应用;
3. 掌握德尔菲法的应用;
4. 掌握市场调查法;
5. 了解其他的定性预测方法和应用。

引入案例 爱彼迎:疫情过后,如何起死回生?

就在 2022 年,在全世界的旅游经济都受到严重打击的时候,爱彼迎 2022 年的财报却显示,它在 2022 年的收入增速是 40%,全年利润 19 亿美元。这说明,新型冠状病毒感染疫情全面缓解之前,爱彼迎就已经先人一步,快速从低谷走出来。而且早在 2020 年年底,在其他行业和公司都在因为疫情走下坡路的时候,爱彼迎就已经业务复苏,而且成功上市。

那么,它到底是怎么做的呢?爱彼迎能"起死回生",除了缩减成本、聚焦业务这一套老办法以外,在关键时刻它还做出了两个关键选择。

第一个关键时刻是"取消补偿金"时刻。2020 年 3 月,爱彼迎要做的选择是:保现金,还是保房东。在"疫情"这个不可抗力面前,爱彼迎给所有 2022 年 3—5 月预订了民宿的住客全额退款;同时,爱彼迎自己出钱,给房东支付 25% 的"取消补偿金"作为补偿。

第二个关键时刻是"定义核心业务"时刻。2020 年 6 月,疫情的第一波高峰马上就要过去。整个旅游业的共识是,商务差旅会率先恢复,其次是传统酒店业,最后才是休闲旅行和它对应的民宿需求。这是市场从"9·11"事件得来的经验,当年"9·11"事件后,美国的民航、酒店业受到巨大冲击,后来就是按这个顺序恢复的。

既然整个行业的共识是商务差旅会率先复苏,那么爱彼迎要不要也转型做商务差旅呢?最后,爱彼迎的选择是,坚持做民宿。不是不敢转型,而是他们认定,休闲旅行需求的恢复会强于商务差旅。为什么?因为"9·11"那个时候,世界上还没有 zoom 之类的线上办公工具。但到了 2020 年,在线会议和远程办公兴起了,用户可以一边旅行,一边办公。

这点从数据上也能看出来。移动办公普及之前,爱彼迎 40% 的订单都是跨境订单。而远程办公模式普及之后,越来越多的人开始选择短途旅行。他们往往是找一个附近的城市,订一间舒适的民宿,小住一段时间,至于办公,也不耽误。

爱彼迎自己的数据,也证明了这一点。就是最近几年,周一、周二的订单突然变多了,同时,住宿一周以上的长期订单也特别多。这说明,大家不仅会在周末、假期来一次远途旅行,也会在工作日请一个短假，来一次短途旅行。

看到这种趋势，爱彼迎果断选择砍掉一切多余的业务，专注于"民宿"这一个核心业务。并且，在此基础上，爱彼迎还在居住体验上做了不少文章。打开爱彼迎网站，你看到的第一句话，不是问你"目的地是哪儿"，而是问你"想要获得一种什么样的体验"。网站页面上会显示"冲浪""露营""滑雪""树屋"这样的标签，爱彼迎会根据你想要的体验标签，向你推荐民宿。

这种改变带来的效果十分显著。2020年的6—8月，爱彼迎在美国的订单量，超过了2019年的水平，住宿收入也超过了万豪、洲际、希尔顿等酒店巨头，并于2020年年底成功在纳斯达克挂牌上市。

资料来源：喵萝个咪咕. 在旅游经济遭受重创时，民宿巨头"爱彼迎"的起死回生之战[EB/OL]. (2023-05-06). https://zhuanlan.zhihu.com/p/626786308. (改编)

定性预测方法是依赖于预测人员丰富的经验和知识及综合分析能力，对预测对象的未来发展前景做出性质和程度上的估计和推测的一种预测方法。它是市场预测方法中很重要的一类方法。定性预测方法的具体形式很多，下面分别介绍几种常用的方法。

11.1 对比类推法

某些社会经济现象在其他另一些社会经济现象出现变化之后，相隔若干时间才会随之发生相应的变化。这种相关的变化关系称为时间上先行于后继关系，它反映的因果关系有时间顺序性，原因在先，结果在后。所谓对比类推法，是指利用事物之间的某种相似特点，把先行事物的表现过程类推到后继事物上去，从而对后继事物的前景做出预测的一种方法。

对比类推法依据类比目标的不同可以分为产品类推法、地区类推法、行业类推法和局部总体类推法。

11.1.1 产品类推法

有许多产品在功能、构造技术等方面具有相似性，因而这些产品的市场发展规律往往会呈现某种相似，人们可以利用产品之间的这种相似性进行类推。例如，平板彩色电视机与普通彩色电视机的功能是相似的，因此可以根据普通彩色电视机的发展过程类推平板彩色电视机的市场需求变化趋势。从我国的情况看，电视机等家电产品的发展过程遵循"引进→成长→成熟→衰退"的生命周期演变过程，不同阶段的市场需求特征是不同的。通过对普通彩色电视机的发展过程进行系统的分析，掌握电视机各个阶段的市场需求特征及发生转折的时机，就可以对平板彩色电视机的市场需求进行估计。

11.1.2 地区类推法

地区类推法是依据其他地区(或国家)曾经发生过的事件进行类推。同一产品在不同地区(或国家)有领先和滞后的时差，可以根据领先地区的市场情况类推滞后的市场。地区类推法有两类：一类是国内不同地区之间的类推；另一类是不同国家之间的类推。例如，许多高档家电产品总是先在城市进入家庭，而后再进入农村家庭，因此可以利用家电产品在城市市场的发展规律类推家电产品在农村市场的发展规律。又如，有关专家对我国家用轿车需求前景进行预测时，研究了日本、印度、巴西等国家小轿车发展的案例，对家用轿车的价格与人均国民收入之比和轿车消费特征之间的关系进行了深入分析。研究结果显示，当轿车价格与人均国民收入之比达到2~3的区间时，家用轿车开始逐渐进入私人家庭；而当这一比例降至约 1.4 时，家用轿车的需求呈现迅速增长态势，普及性消费现象逐渐显现。通过对上述特征参数的对比，并结合我国的实际情况加以修正，便能对我国家用轿车何时能普及至家庭进行合理的预测和估计。

11.1.3 行业类推法

有许多产品的发展是从某一个行业市场开始，然后逐步向其他行业推广的。例如，铝合金材料最初是用于航天工业，现已广泛应用于各行各业，甚至家庭装潢。根据这一特点，可以运用行业类推法对产品的行业市场加以预测。又如，预测者可以根据军工产品市场的发展态势，预测民用产品的市场前景。鉴于军工产品往往代表技术的领先地位，军工行业的现状往往预示着民用市场的未来趋势。因此，预测者需密切关注军工产品的发展动态，并据此推测其产品或技术在民用市场的发展潜力，利用领先的行业市场类推滞后的行业市场。

11.1.4 局部总体类推法

局部总体类推法是通过典型调查或其他方式进行一些具有代表性的调查，分析市场变化动态及发展规律，预测和类推全局或大范围的市场变化。这是一种应用范围较广的类推方法，例如，要预测未来一段时间内全国照相机市场的需求趋势，我们只需选取多个大型、中型、小型城市及具有代表性的农村地区进行调查分析，以此类推全国的整体需求状况。这种类推法在我国市场预测中经常使用，预测效果较好。

在应用对此类推法进行预测时，应注意：对比类推法是建立在事物发展变化相似性的基础上的。但相似性并不等于相同，再加之事物发生的时间、地点、范围等许多条件的不同，常会使两个对比事物的发展变化有一定差异。例如，上述我国家用轿车需求前景预测，应考虑我国在社会、经济、消费习惯等方面与其他国家的差异，进行一定的修正，以提高类推预测法的精度。同时，在选择类比目标时，预先从各方面充分考虑可比性，这对于对比类推法的有效应用具有重要意义。

11.1.5 对比类推法实例

为了更具体更形象地阐述对比类推法的应用，下面将通过某种家用电器的市场需求预测这一实例，详细说明这种方法的应用过程与步骤。

【案例 11-1】某种家用电器的市场需求预测

(1) 明确预测目标。明确预测目标即是明确预测对象及预测的目的和要求。这里的预测目标是预测该种家用电器在 B 地近 17 年的市场需求情况(如市场普及率、市场需求量等)。

(2) 确定类比目标。确定类比目标是指寻找一个相似性较高的实际比较目标，并分析该目标的发展趋势。在这里选择 A 地该家用电器市场情况作为预测 B 地该家用电器近 17 年市场需求情况的类比目标。据有关信息获悉，从第 1 年起，A 地人均国民收入已达到 10 000 美元，该种家用电器的普及率达到 68.3%。据此，可以确定人均国民收入和该种家用电器的普及率作为具体类比目标。

(3) 分析类比的可行性。类比的可行性分析是指将类比目标与预测目标进行比较分析，从而确定该类比是否具备实施可行性。选择 A 地市场作为类比对象，主要出于以下的考虑：B 地预计在第 17 年人均国民收入也可达到 10 000 美元。因此，以 A 地 17 年间该家用电器的普及率为目标，预测 B 地第 17 年该家用电器的普及率和需求量是可行的。

(4) 确定预测起始点。确定预测起始点是指通过调查，获得目前要预测问题的实际统计资料，并把这个数据作为预测计算的开始点。根据 B 地相关统计资料，该家用电器在第 1 年年底，B 地拥有量为 29.285 万件(包括进口数)，按 2 亿用户计算，截至第 1 年年底 B 地居民拥有该家用电器的普及率为

$$p = \frac{29.285(万件)}{20\,000(万户)} = 0.15\%$$

(5) 测算 B 地 17 年间该家用电器的年普及递增率。确定了类比目标的普及率(q=68.3%)，又有了起始点数据(p=0.15%)，则可确定各年的平均普及递增率。可通过下式得到：

$$\eta = \frac{q-p}{n} = \frac{68.3\% - 0.15\%}{17} = 4\%$$

式中，p——该家用电器起始点的普及率；

q——该家用电器预测目标点的普及率；

n——起始点到目标点的年份数。

上述得到的年普及递增率是一个理论值。在实际预测时，由于产品在市场上有一个生命周期过程，其消费也呈现出阶段性，所以可把较长的时间序列分成几个阶段。与 A 地类比，可把该家用电器的消费过程分为第 1~7 年、第 8~17 年和第 17 年以后三个阶段，并分别把各个阶段与 A 地类比，对上述年平均普及递增率进行修正，可得到 B 地更切合实际的不同阶段的年普及率及年普及递增率。

由如图 11-1 所示的该家用电器的生命周期曲线可知，第 I 阶段(第 1~7 年)，由于购买力水平比较低，供应量比较少，价格较贵，其普及率增长缓慢；第 II 阶段(第 8~17 年)，购买力水平提高，供应量增多，价格降低，故普及率增长较快；第 III 阶段(第 17 年以后)，大多数家庭已拥有，逐步走向饱和，故普及率增长缓慢。

图 11-1 某种家用电器的生命周期曲线

(6) 预测近 17 年该家用电器的普及率和需求量。在确定了各年的普及递增率以后，可进行具体的预测计算。

① 历年普及率 p_i，计算公式为

$$p_i = p_{i-1} + \eta_j \quad (j = 1, 2, 3)$$

式中，i——年份；

η_j——各阶段的普及递增率。

η_j 的值可用分段方式表示为

$$\eta_j = \begin{cases} 2.6\% & j=1 \\ 5.0\% & j=2 \\ 1.8\% & j=3 \end{cases}$$

② 历年需求量 Q_i，计算公式为

$$Q_i = N(1+\lambda)^n \cdot p_i$$

式中，N——起始点时 B 地户数(2 亿户)；

λ——历年 B 地户数平均增长率(有关资料为 3%)；

n——从第 1 年起依次为 0，1，2，…；

i——年份。

B 地家用电器历年普及率与历年需求量，如表 11-1 所示。

表 11-1 B 地家用电器历年普及率与历年需求量一览表

年份	第1年	第2年	第3年	第4年	第5年	第6年
普及率/%	2.75	5.35	7.95	10.55	13.55	15.75
需求量/万件	551.65	1 076.43	1 604.35	2 135.43	2 669.69	3 207.13
年份	第7年	第8年	第9年	第10年	第11年	第12年
普及率/%	18.35	23.35	28.35	33.25	38.35	43.35
需求量/万件	3 747.77	4 783.26	5 824.95	6 872.82	7 926.94	8 987.32
年份	第13年	第14年	第15年	第16年	第17年	
普及率/%	48.35	53.35	58.35	63.35	68.35	
需求量/万件	10 053.99	11 126.98	12 206.32	13 292.03	14 384.15	

根据该家用电器市场预测实例，到第 17 年 B 地该家用电器的普及率为 68.35%，需求总量为 14 384.15 万件。

11.2 集体经验判断法

集体经验判断法，又称专家小组意见法，是利用集体的经验、智慧，通过思考分析、判断综合，将专家个人的见解综合起来，寻求较为一致的结论的预测方法。这种方法参加的人数多，所拥有的信息量远远大于个人拥有的信息量，因而能凝聚众多专家的智慧，避免个人判断法的不足，在一些重大问题的预测方面较为可行、可信。但是，集体判断的参与人员也可能受到能力、个性、时间及利益等因素的影响，不能充分或真实地表明自己的判断。集体判断要比单个判断花费多倍的时间，可能会延长整个决策任务的完成时间。

集体经验判断法包括以下步骤。

(1) 由若干位熟悉预测对象的人员组成一个预测小组。

(2) 要求每位预测者在给出预测结果的同时，说明其分析的理由，并允许小组成员在会上充分讨论。

(3) 在分析讨论基础上，预测者可以重新调整其预测结果。

(4) 把若干位预测者的预测结果运用主观概率统计法进行综合处理后，得出最终的预测结果。

第11章 定性预测方法

在某些情况下，也可以将各位预测者的预测结果直接进行统计处理，得出最终预测结果，而不经过集体讨论这一程序。

集体经验判断法通常需要将每位预测者的预测结果进行综合处理才能得到最终预测结果。预测结果的综合处理一般分两步进行，第一步采用主观概率统计法计算出每位预测者的预测期望值；第二步运用加权平均法或者算术平均法计算出最终预测结果。

【案例 11-2】集体经验判断法应用示例

某商业企业打算预测下一月份的商品销售额，要求预测误差不得超过 ± 6 万元。现用集体经验判断法进行预测。

1. 准备相关资料

将过去若干年该企业的商品销售额资料及当前市场情况等有关资料，汇集成供预测人员参考的背景资料。

2. 编制主观概率调查表

编制主观概率调查表的目的是获得可以用来预测下一月份销售额的资料，以及得到对未来销售额增长趋势有关看法的主观概率。在主观概率调查表(见表 11-2)中，要列出不同销售额可能发生的不同概率，一般用累积概率；概率要在 0 到 1 之间分出多个层次，如 0.10、0.20、0.30、…、0.99 等；由被调查者填写可能实现的商品销售额。

表 11-2 主观概率调查表

被调查人姓名：_____ 编号：_____

累积概率	0.010①	0.125②	0.250③	0.375④	0.500⑤	0.625⑥	0.750⑦	0.875⑧	0.990⑨
商品销售额/万元									

表 11-2 中第①栏累积概率为 0.01 的商品销售额是可能的最小数值，说明商品销售额小于该数值的可能性只有 1%；第⑨栏累积概率为 0.99 的商品销售额是可能的最大数值，说明商品销售额大于该数值的可能性只有 1%；第⑤栏累积概率为 0.50 的商品销售额是最大、最小的中间值，说明商品销售额大于和小于该数值的机会都是 50%。

3. 汇总管理

它是按照事先准备好的汇总表，请各个被调查人填好后，加以汇总，并计算出各栏平均数。此例共调查了 10 人(包括销售人员、市场计划人员、有关专家等)。主观概率调查汇总表，如表 11-3 所示。

表 11-3 主观概率调查汇总表

被调查人编号	主观概率								
	0.010①	0.125②	0.250③	0.375④	0.500⑤	0.625⑥	0.750⑦	0.875⑧	0.990⑨
	商品销售额 /万元								
1	190	193	194	198	200	202	204	205	208
2	178	189	192	194	198	200	204	205	225
3	184	189	192	193	202	204	206	208	220
4	194	195	196	197	198	199	200	201	202
5	198	199	200	202	205	208	210	212	216
6	168	179	180	184	190	192	194	196	198
7	194	198	200	206	208	212	216	219	224

(续表)

被调查人编号	主观概率								
	0.010①	0.125②	0.250③	0.375④	0.500⑤	0.625⑥	0.750⑦	0.875⑧	0.990⑨
	商品销售额/万元								
8	180	185	186	189	192	195	198	200	205
9	188	189	190	191	192	193	194	195	196
10	200	202	202	205	207	209	212	213	220
平均	187.4	191.8	193.2	195.9	199.2	201.4	203.8	205.4	211.4

4. 判断预测

根据表 11-3 主观概率调查汇总表，可以做出如下判断。

(1) 该企业下一月份的商品销售额最低可达 187.4 万元，小于这个数值的可能很小，只有 1%。

(2) 该企业下一月份的商品销售额最高可达 211.4 万元，超过这个数值的可能性也只有 1%。

(3) 可以用 199.2 万元作为下一月份该企业商品销售额的预测值。这是最大值与最小值之间的中间值，也是商品销售额期望值的估计数。

(4) 取预测误差为 6 万元，则预测区间为(199.2-6)万元～(199.2+6)万元，即商品销售额的预测值在 193.2 万元～205.2 万元之间。

(5) 预测商品销售额在 193.2 万元～205.2 万元之间，在第③栏到第⑧栏的范围内，其发生概率相当于 0.875-0.25=0.625。也就是说，商品销售额在 193.2 万元～205.2 万元之间的可能性为 62.5%。扩大预测误差的范围，可以提高实现的可能性。例如，要求误差在±12 万元以内，则预测区间为 187.2 万元～211.2 万元之间，在第①栏到第⑨栏范围之内，其相应概率为 0.99-0.01=0.98，即商品销售额在 187.2 万元～211.2 万元之间的可能性达到 98%。

11.3 德尔菲法

德尔菲法也称专家调查法或专家意见法，是以匿名的方式轮番征询专家意见，最终得出预测结果的一种集体经验判断法。德尔菲法最初产生于科技领域，后来逐渐被应用于其他领域的预测。

德尔菲法是在 20 世纪 40 年代由 O. 赫尔姆和 N. 达尔克首创，经过 T. J. 戈尔登和美国兰德咨询公司进一步发展而成的。德尔菲这一名称起源于古希腊有关太阳神阿波罗的神话，传说中阿波罗具有预见未来的能力。因此，这种预测方法被命名为德尔菲法。1946 年，兰德公司首次用这种方法进行预测。20 世纪中期，当美国政府执意发动朝鲜战争的时候，兰德公司提交了一份预测报告，预测这场战争必败。政府完全没有采纳，结果一败涂地。从此以后，德尔菲法得到广泛认可。

德尔菲法是市场预测定性方法中最重要、最有效的一种方法，应用十分广泛，可用于预测商品供求变化、市场需求、产品的成本及价格、产品销售、市场占有率、产品生命周期等方面。该方法不仅在企业预测中发挥着重要作用，还在行业预测和宏观市场预测中得到了广泛应用，不仅能用于短期预测，还可以有效地进行中长期预测，其预测效果卓越。尤其是当预测中缺乏必要的历史数据，应用其他方法有困难时，采用德尔菲法预测能得到较好效果。

德尔菲法也称专家调查法，是借用社会各方面专家的头脑，综合他们的预测经验进行预测的方法。该方法采用通信方式分别将所需解决的预测问题单独发送到各个专家手中，征询意见，然后回收汇总全部专家的意见，并整理出综合意见。随后将该综合意见和预测问题采用匿名发表意见的方式，再分别反馈给专家，经过反复征询、归纳、修改，最后汇总成专家基本一致的看法，作为预测的结果。因此，与其他经验判断法相比其预测的准确性更高。德尔菲法采用匿名的方式，大大减少和避免了面对面预测可能带来的如附和权威意见或者主观意气用事等倾向，使专家能充分发表个人预测意见，减少预测误差。

11.3.1 德尔菲法的预测程序

德尔菲法有一套独特的预测程序，主要包括三个阶段：准备阶段、轮番征询阶段和最终结果处理阶段。

1. 准备阶段

准备阶段主要完成 4 个方面的工作：明确预测主题和预测目的；准备背景资料；选择专家；设计调查咨询表。

(1) 明确预测主题和预测目的。在预测正式开始前，预测组织者应先统一明确预测所要达到的目的，据此确定预测的主题，这是预测最基础的一步。同时，应把预测的目的和主题在寄给专家的调查咨询表中简单明了地加以说明。

(2) 准备背景资料。背景资料是指有关预测主题的各种资料，这些背景资料是经过整理、加工后，与调查咨询表一同邮寄给专家，以便专家更全面、系统地考虑问题。我们向专家提供背景资料主要是出于两方面的考虑：一是尽管每位专家都是某一预测主题领域的行家，但由于工作重点或看问题角度的不同，掌握资料总有一定的局限性，而提供背景资料则可以帮助专家们获得更系统化的信息，从而使预测结果更准确；二是可以为专家节省时间和精力，专家们在百忙之中参加预测工作，很难再去专门搜寻各种与预测主题相关的背景资料。如果能提供较为完备的背景资料，能减小可能产生的预测误差。

(3) 选择专家。选择专家是运用德尔菲法预测的关键。这是因为预测的准确性在很大程度上取决于参加预测的专家水平。德尔菲法所要求的专家应当是对预测主题和预测问题有比较深入的研究，知识渊博、经验丰富、思路开阔、富于创造性和判断力的人。选择专家时应注意以下几点。

① 广泛性。德尔菲法要求专家来源广泛，这也是定性预测的本质需求，即知识面的多样化。一般应采取"三三制"。首先选择本企业、本部门对预测问题有研究、了解市场的专家，人数约占预测专家的 1/3；其次是选择与企业、本部门有业务联系、关系密切的行业专家，人数约占 1/3；最后是从社会上有影响力的知名人士中选择对该市场和行业有研究的专家，人数也约占 1/3。

② 自愿性。选择专家时还应考虑专家是否有时间、有精力，是否愿意参加此项预测活动。只有充分考虑专家的自愿性，才能避免专家意见回收率低的问题，保证专家们充分发挥积极性、创造性和聪明才智。

③ 人数适度。选择专家的人数要适度，人数过少，缺乏代表性，信息量不足；人数过多，组织工作困难，成本增加。研究结果表明，预测的精度与增加人数存在函数关系，即随着人数的增加，预测的精度会提高。但当人数接近 15 人时，进一步增加专家人数对预测精度影响不大，如图 11-2 所示。因而专家人数一般以 10~15 人为宜。

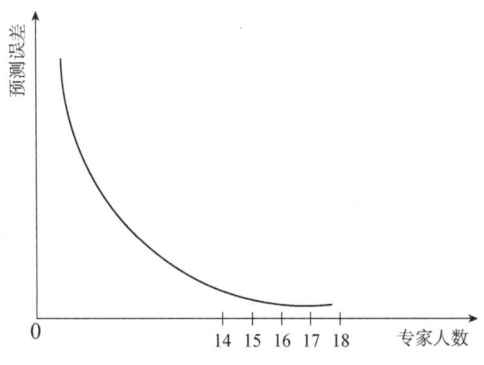

图 11-2　专家人数与预测误差的关系

(4) 设计调查咨询表。专家调查咨询最好使用表格式问卷。调查咨询表的设计主要是调查内容本身，同时也需要在调查咨询表中说明预测的目的和对象。设计过程中应遵循如下几项基本原则。

① 对德尔菲法做出充分说明。为了使专家全面了解情况，一般调查表都应有前言，用以说明预测的目的和任务，以及专家回答在预测中的作用，同时还要对德尔菲法本身做出充分说明。

② 问题要集中，并避免组合事件。预测的问题要集中、有针对性，不要过于分散，以便使各个事件构成一个有机整体，但同时要避免组合事件，也就是一个事件不能包括这样两个方面：一方面是专家同意的；另一方面是专家不同意的，这时就让人很难作答。

③ 用词要准确。问题要全面完整，不能有遗漏，但也不能有多余。用词要准确，简单明了，不要使用如"普通""广泛""正常"等缺乏定量概念的用语。

④ 组织者的意见不应强加于调查表中。在对某事件的预测过程中，当意见对立的双方中，一方对另一方的意见没有给予足够的考虑，或者组织者认为已经存在着明显的判断和事实，而双方都没有注意时，如果组织者试图把自己的观点强加在调查表中，作为反馈材料供下一轮预测时参考，这样处理势必会造成预测结果的失真。

⑤ 调查表要简洁明了。调查表应有助于而不是妨碍专家做出评价，应使专家把主要精力集中用于思考问题，而不是理解复杂和混乱的调查表。调查表应方便专家，而不是预测组织者。

2. 轮番征询阶段

准备阶段的各项工作完成后就要进入向专家进行正式调查阶段。这一阶段主要通过反复征询专家的预测意见来实现。德尔菲的意见征询一般分四轮进行。

第一轮：发给专家们第一轮调查表，专家们一般依据调查表提出的预测问题，并围绕预测主题对调查表提出补充意见和修改意见。预测组织者对专家们填写后寄回的调查表进行汇总整理，归并同类事件，排除次要事件，并使用准确的术语编制一个预测事件的一览表，作为第二轮调查表发给每位专家。

第二轮：专家们对第二轮调查表所列的材料，提出自己的预测意见，并说明自己是怎样利用这些材料并得出预测值的。组织者回收专家意见并进行统计处理。

第三轮：根据第二轮统计资料，专家再一次进行判断和预测，并充分陈述理由。有些预测在第三轮时仅要求持不同意见的专家进行充分陈述理由。这是因为他们的依据往往是其他专家忽略的一些外部因素或者未曾研究过的问题，这些依据往往对其他成员重新做出判断产生重要影响。

第四轮：在第三轮统计结果的基础上，专家们再次进行预测，根据预测组织小组要求，有的成员要重新做出论证。

通过这四轮预测，专家们的意见通常能够达到相当高的协调度。例如，美国兰德咨询公司就人口等6个问题、49个事件进行的50年长期预测，四轮调查后有31个事件取得了相当一致的结论和看法。

3. 最终结果处理阶段

最终预测结果处理阶段，是要把最后一轮的专家意见加以统计归纳处理，得出代表专家意见的预测值和离散程度，然后，预测组织者对专家意见做出分析评价，确定预测方案。

这一阶段最主要的工作是用一定的统计方法对专家的意见做出统计归纳处理。下面介绍几种处理方法。

1) 四分位法

这一方法主要用于预测结果为事件或者数量时的统计处理，用中位数代表专家预测意见的协调结果，用上、下四分位数反映专家意见的离散程度。具体步骤如下。

先将若干位专家所预测的结果(包括重复的)从小到大(或者从先至后)顺序排列起来，处于中间的那个数即为专家预测结果的中位数。当有奇数位专家预测结果时，则从小到大有序排列，正中位置的预测意见即为中位数，以此作为最终的预测结果；当有偶数位专家预测结果时，则以处于最中间的两个预测结果的算术平均值为中位数，作为最终的预测结果。而上、下四分位数分别表示位于专家预测结果排序数列中3/4处与1/4处的两个数。

用中位数和上、下四分位数描述预测的结果，则中位数表示预测结果的期望值，下四分位数表示预测期望值区间的下限，上四分位数表示预测期望值区间的上限。

【案例11-3】四分位法应用示例

某机构想预测某种产品在特定市场内，到哪一年能达到30%以上的市场占有率。为此，邀请了15名专家进行预测。其预测结果按时间顺序排列为

2001；2002；2003；2004；2005；2006；2007；2008；2009；2010；2011；2012；2013；2014；2015

下四分位数　　　　　　　　中位数　　　　　　　　上四分位数

这一预测结果的中位数为2008年，下四分位数为2004年，上四分位数在2012年。

预测人员根据大量统计数据，可用经验公式由中位数推算出上、下四分位数。经验公式如下：

下四分位数=组织预测年份+1/2 X

上四分位数=组织预测年份+3/2 X

式中，X——中位数年份与组织预测年份之差。

例如，在2000年进行预测(2000年即为组织预测年份)，测得中位数为2008年，则：

$$X=2000-2008=8(年)$$

下四分位数=2000+1/2×8=2004年

上四分位数=2000+3/2×8=2012年

计算结果同前。

上述结果同样能够以图表形式呈现。图中，纵坐标为频数，表示赞同中位数及上、下四分位数的人数；横坐标为年份。因此，上述结果可以通过图11-3所示的截角楔形图来展示。

图11-3　截角楔形图

2) 对非量化预测结果的统计处理方法

对于预测产品的品种、花色、规格、质量、包装及新产品开发等非量化的预测意见可采用比重法或者评分法进行归纳统计。

(1) 比重法。比重法是指计算出专家对某个意见回答的比例，然后以比例最高者作为预测的结果。例如，某企业研制一种新产品，请12位专家对其成功与否进行预测，其中7人认为成功可能性高，而另5人持否定态度。如果采用比重法，成功比重为7/12=0.583，失败的比重为5/12=0.417，

专家预测的协调性结果是：该新产品成功的可能性大。

(2) 评分法。评分法常用于产品各特征的重要性比较或不同品牌的同类商品的质量评比等。

【案例 11-4】评分法应用示例

某针织品公司请专家对今年以后运动衣裤进行预测。要求在下列项目：品牌、价格、式样、吸汗、耐穿中，选择影响销售的三个主要项目，并按重要性排序。评分标准规定为：第一位给 3 分，第二位给 2 分，第三位给 1 分。第三轮专家征询意见为：赞成"品牌"排在第一位的专家有 61 人（专家总人数为 82 人），赞成"品牌"排第二位的有 13 人，赞成"品牌"排第三位的有 1 人。则项目"品牌"得分为

$$61 \times 3 + 13 \times 2 + 1 \times 1 = 210(分)$$

全部项目总分为

$$82 \times (1+2+3) = 492(分)$$

故"品牌"占总分比重为

$$210/492 = 0.43$$

由专家对其余 4 项指标的评分计算得出各项目占总分比重分别为：价格 0.15，式样 0.30，吸汗 0.02，耐穿 0.10。据此得出按重要性排在前三名的项目依次为品牌、式样和价格。

11.3.2 德尔菲法的特点

这种特殊的集体经验判断法，较之一般的经验判断法有三个显著的特点。

(1) 匿名性。德尔菲法采取背靠背的办法向专家征询意见，专家之间彼此不通气，被调查的专家只同预测组织者保持联系。只是在已经取得预测结果的情况下，如有必要才可能组织专家们进行面对面讨论，而在绝大多数情况下，专家自始至终都不会相遇，从而可以避免对面集体讨论中权威意见影响他人预测的倾向。

(2) 反馈性。德尔菲法向专家多次轮番征询意见，每次征询都必须把预测组织者的要求和专家预测意见的统计资料反馈给他们，具有信息反馈沟通的特点。这样可以使专家们在背靠背的情况下，了解到全体专家意见的倾向，有助于他们开拓思路、独立思考，避免因独立判断而不能集思广益的缺陷。

(3) 趋同性。德尔菲法注重对每一轮专家意见做出定量的统计归纳，使专家借助反馈意见不断修正自己的意见，最后使得预测意见趋于一致。因此，无论是从理论上看还是从实践情况看，德尔菲法常常能使专家的预测结果"趋同"，而且这种"趋同"不带有集体讨论预测法中盲从权威的色彩。

总之，德尔菲法既能充分发挥每个专家的经验和判断力，又能将个人的意见有效地综合为集体意见。它是一种科学性较强、适用范围广、可靠性强、较为实用的定性预测方法。然而，德尔菲法也有一定的局限性，例如，由于预测专家之间是背靠背的，缺乏直接交流，有的专家在获得第一轮的反馈资料后，不了解别的专家做出预测的依据，有可能在第二轮的征询意见中出现简单地向中位数靠拢的趋势，而不是进一步深入探讨问题。为了克服上述局限性，人们对德尔菲法进行了一些改进。例如，只向专家反馈预测值的离差范围，而不反馈预测的中位数；或者先匿名询问，公布汇总结果后，进行面对面的讨论，再匿名做出新预测，从而防止简单地向中位数靠拢的倾向。因此，要在遵循基本原则和特点的前提下灵活应用德尔菲法。

11.3.3 德尔菲法预测实例

为了更直观地说明如何应用德尔菲法进行预测，在此介绍一个预测实例。近年来，全国 A 产品需求变化较大，为了更好地满足市场需求，采用德尔菲法对某地下一年度 A 产品市场需求变化趋势进行预测，他们的做法及过程介绍如下。

【案例 11-5】某地下一年度 A 产品市场需求变化趋势预测

1. **确定预测主题**

根据历年 A 产品的销售实绩，按照"ABC 分析法"的原理，对下一年度的 A 产品销售状况进行预测。

2. **选择专家**

一方面，对下一年度 A 产品需求趋势做出预测，这要求预测参与者必须要有丰富的业务经验，掌握大量的市场信息，同时要求有一定的表达能力。另一方面，为了取得比较全面的信息，确定以 87 个相关销售的业务经理组成预测专家小组。

3. **准备背景资料**

为了使专家在预测过程中能全面了解有关 A 产品的历史和现状，使预测更加准确，预测组织者准备了有关的背景资料。主要包含以下内容。

(1) 近 10 年某地 A 产品历史销量和逐年的增长率，并把各年的销量用表格和曲线图两种形式直观表达出来，使预测者一目了然。

(2) 根据组织者掌握的信息，列出了下一年度对 A 产品的销售有利的影响因素(4 个方面)和不利的影响因素(5 个方面)。

4. **设计调查表**

根据预测对象的要求设计调查表。因预测主题较为单一，调查表较为简单(见表 11-4)。

表 11-4　某地下一年度 A 产品需求量调查表

根据某地的资料，请在下面栏目中填写某地所有 A 产品需求量，估计下一年度环比上升或下降的百分比
上升：_____%　　　　　　　　　下降：_____%
请简要分析 A 产品需求量下一年度环比上升或者下降的原因(可以从有利因素和不利因素两个方面分析)： _____

5. **第一轮征询**

预测组织者把背景资料和调查表寄给了 87 位预测专家，在规定的时间内有 59 位专家寄回了调查表，回收率为 68%。预测组织者将调查表汇总统计分析(见表 11-5)，又将影响因素进行了综合(有利因素 7 个方面，不利因素 9 个方面)。

表 11-5　某地下一年度 A 产品需求量升降幅度专家预测统计(第一轮)

需求变化情况	下降幅度					
	50%以上	41%~50%	31%~40%	21%~30%	11%~20%	1%~10%
专家人数/人	5	2	2	9	8	7
所占比例/%	8.43	3.39	3.39	15.25	13.56	11.86

(续表)

需求变化情况	不变	上升幅度				不能确定	合计
		1%~10%	11%~20%	21%~30%	50%以上		
专家人数/人	2	11	1	1	0	11	59
所占比例/%	3.39	18.64	1.69	1.69	0	18.64	100

6. 第二轮征询

预测组织者把第一轮的预测结果的综合资料及第二轮的调查表寄给了专家(第一轮回答的59位)。第二轮调查表的内容和形式与第一轮的完全相同。在规定的时间内,有44位专家寄回了第二轮调查表,回收率为75%。预测组织者将第二轮的调查表汇总统计(见表11-6)。考虑到专家的意见已基本趋于一致,结果比较明朗,就不再进行第三轮征询,就此结束这次预测工作。同时预测组织者又将专家提出的有关影响A产品需求的影响因素进行了综合概括(此处略)。

表11-6 某地下一年度A产品需求量升降幅度专家预测统计(第二轮)

需求变化情况	下降幅度					
	50%以上	41%~50%	31%~40%	21%~30%	11%~20%	1%~10%
专家人数/人	2	3	5	11	8	5
所占比例/%	4.5	6.2	11.4	25	18.1	11.4

需求变化情况	不变	上升幅度		不能确定	合计	
		1%~10%	11%~20%			
专家人数/人	0	4	1	5	44	
所占比例/%	0	9.1	2.3	11.4	100	

7. 处理最终预测结果

因轮番征询仅进行两轮,故第二轮的专家意见即作为预测的最终结果。该预测对象属数量预测,在此采用算术平均法进行处理,取各组距的中值为各组的代表值(如31%~40%的中值为35%),则:

$$平均升降幅度 = \frac{\sum 升降幅度中值 \times 专家人数}{总人数(剔除不能确定数值的专家人数)}$$

$$= [5\% \times 4 + 15\% \times 1 - (55\% \times 2 + 45\% \times 3 + 35\% \times 5 + 25\% \times 11 + 15\% \times 8 + 5\% \times 5)] \div 39$$

$$= -20.64\%$$

上述结果说明,某地下一年度A产品需求量可能环比下降20.64%。

课程思政:领导干部不能触碰的统计法律底线有哪些

《中华人民共和国统计法》(以下简称《统计法》)第六条第二款和《中华人民共和国统计法实施条例》(以下简称《统计法实施条例》)第四条第二款明确了地方各级人民政府、政府统计机构和有关部门以及各单位的负责人的"6个不得",《统计法》第十条、第二十五条、第三十六条和《统计法实施条例》第二十八条、第三十条、第三十七条规定了任何单位和个人的"11个不得"。以上"17个

第11章 定性预测方法

不得"就是领导干部应当遵守的统计法律底线。这"17 个不得"的具体内容如下。

1. 不得侵犯统计机构、统计人员独立行使统计调查、统计报告、统计监督职权。
2. 不得自行修改统计机构和统计人员依法搜集、整理的统计资料。
3. 不得以任何方式要求统计机构、统计人员及其他机构、人员伪造、篡改统计资料。
4. 不得非法干预统计调查对象提供统计资料。
5. 不得统计造假、弄虚作假。
6. 不得利用虚假统计资料骗取荣誉称号、物质利益或者职务晋升。
7. 不得违反国家有关规定对外提供尚未公布的统计资料。
8. 不得利用尚未公布的统计资料谋取不正当利益。
9. 不得对外提供、泄露统计调查中获得的能够识别或者推断单个统计调查对象身份的资料。
10. 不得把统计调查中获得的能够识别或者推断单个统计调查对象身份的资料，直接作为对统计调查对象实施除统计执法依据以外的行政许可、行政处罚等具体行政行为的依据。
11. 不得将统计调查中获得的能够识别或者推断单个统计调查对象身份的资料用于统计以外的目的。
12. 不得将统计调查中获得的能够识别或者推断单个统计调查对象身份的资料用于完成统计任务以外的目的。
13. 不得拒绝、阻碍县级以上人民政府统计机构依法履行监督检查职责。
14. 不得在县级以上人民政府统计机构依法履行监督检查职责时，转移、隐匿、篡改、毁弃原始记录和凭证、统计台账、统计调查表、会计资料及其他相关证明和资料。
15. 不得拒绝、阻碍对统计工作的监督检查和对统计违法行为的查处工作。
16. 不得对依法履行职责或者拒绝、抵制统计违法行为的统计人员打击报复。
17. 不得包庇、纵容统计违法行为。

资料来源：国家统计局. 领导干部不能触碰的统计法律底线有哪些[EB/OL]. (2023-01-01). http://www.stats.gov.cn/zs/tjws/tjjd/202301/t20230101_1903705.html.

11.4 其他定性预测方法

市场调查预测法是企业市场营销人员组织或者亲自参与或委托有关机构对市场进行直接调查，在掌握大量第一手市场信息资料的基础上，经过分析和推算，对未来市场发展趋势做出预测的一类方法。

市场调查预测法较之其他定性预测法(如各类经验判断分析法)而言，具有预测结果较为客观的特点。市场调查预测法根据直接调查获得的客观实际资料进行分析推断，因为较少存在主观判断，因此，可以在一定程度上减少主观性和片面性，故也有人称其为客观性市场预测方法。市场调查预测法的另一个特点是适用性较强，尤其是在缺乏历史资料的情况下，通过直接调查，也能获得较为可靠的预测结果，如新产品的需求等。市场调查预测法主要有购买意向调查法、展销调查法、预购测算法、情景预测法等。本节还将介绍几种其他定性预测方法，包括厂长(经理)评判意见法、销售人员估计法等。

【资料 11-1】疫情后消费复苏的先后顺序是怎样的？

2023 年开年，全国各地陆续迎来消费复苏。从长期看，消费复苏肯定是全面的。但是，其先后顺序是怎样的呢？

《得到头条》从凯恩斯的边际消费倾向角度进行了预测。

所谓边际消费倾向，指的是收入每增加一部分，那么这部分增加的收入里，人们愿意用来消费的比例。比如，你收入每增加10 000元，就会拿出4000元用于消费，那么边际消费倾向就是4000/10 000=0.4。

用这个模型去推演消费增长，得出三个有意思的结论。

第一，消费增长并不一定是因为总收入增长，而是最愿意花钱的那部分人的收入增长了。中低收入群体边际消费倾向很低，他们每多收入10万元可能最多拿1万元用于消费，毕竟还得储蓄，还得为家庭大事做准备，如住房、医疗、结婚、生子等。中高收入群体的边际消费倾向可能比较高，多赚了钱，就去享受，旅行、购买奢侈品等，每多收入10万元可能要花掉8万元。假如中低收入群体的收入增长了，社会更公平，但短期之内的消费却不一定快速增长。消费如果不增长，经济不振，中低收入群体的收入也很难增长，这是环环相扣的。总之，得愿意花钱的人群收入提升了，消费才能增长。

第二，当经济预期下滑时，中低收入群体会的反应更敏感。他们日常的节俭与储蓄，不仅仅是一种行为习惯，更是出于对未来不确定性的防备。因此，一旦经济预期不佳，人们会调整消费策略，这时先受到负面影响的往往是改善型消费产品、可选消费品。但是，并非所有可选消费品都会在第一时间受影响。因为中高收入群体的消费惯性较大，不会轻易改变原有的消费模式。所以，那些奢侈品、高档酒店等高端消费，往往要等到经济真正陷入困境，收入受到实质性影响时，才会明显下滑。

第三，就是前面问的，消费复苏究竟会从哪里先开始？首先，那些中低收入群体的边际消费倾向较低，谨慎保守，对复苏并不敏感；但那些中高收入群体中边际消费倾向高的，反而可能快速转变预期，做出行动，开始消费。高边际消费倾向群体喜欢买什么呢？答案就是可选消费品，就是那些在解决基本衣食住行需求之后，给人增添生活乐趣和享受的东西。比如，电子数码、时尚餐厅、潮玩之类，是高边际消费倾向群体乐于光顾的生意。而传统消费，像家居、服装、大家电等，反而很可能滞后复苏。

另外，之前最后衰退的品类，将最先迎来复苏。因为衰退中坚持到最后的恰恰是高边际消费倾向群体消费惯性最大的部分，当经济复苏来临也是它们。

事实也证明了这一点。《福布斯》2023年4月初发布的2023年度全球亿万富豪榜中，取代埃隆·马斯克成为新首富的，是来自奢侈品行业的一个叫贝尔纳·阿尔诺的法国人。过去一年，不仅阿尔诺成为世界首富，而且爱马仕、欧莱雅、香奈儿、古驰的掌门人，其财富都排在世界前50。为什么奢侈品这么猛？这是因为疫情结束之后，最先开始恢复消费信心的，是那些倾向享受性消费的高消费人群，而他们最爱买的东西之一，就是奢侈品。这也就不难理解《福布斯》亿万富豪榜单的席位变化了。

不过这些都只是先后顺序问题，总体看，既然是复苏，长期肯定是全面向好。

资料来源：晨稳投资有道. 消费复苏和业绩复苏的顺序[EB/OL]. (2023-05-22). https://baijiahao.baidu.com/s?id=1766606376981295465&wfr=spider&for=pc.

11.4.1　购买意向调查法

购买意向调查法也称顾客意向调查法。这种调查方法是指通过一定的调查方式(如抽样调查、典型调查等)选择一部分或者全部(主要是生产资料购买者)的潜在购买者，直接向他们了解未来某一时期(即预测期)购买产品的意向，并在此基础上对商品需求或者销售做出估计的方法。在缺乏历史统计数据的情况下，运用这种方法可以取得数据，做出推断。因而，这种方法在市场调查预测中得到了广泛的应用。

购买意向调查可采用各种询问调查法，如面谈调查、邮寄调查、电话调查、留置问卷调查等形式进行。

在实际调查时，首先应向被调查者说明所要调查商品的性能、特点、价格，以及市场上同类商品的性能、价格等情况，以便使购买者能准确地做出选择判断。其次，由被调查者填写购买意向调查表(见表11-7)。在设计该表的过程中，可根据具体的实际情况，进一步细化购买意向的分类(即细化概率层次)。再次，把所有调查表的结果汇总，结果汇总表格模式如表11-8所示。

表 11-7 购买意向调查表

购买意向	肯定购买	可能购买	未定	可能不买	肯定不买
概率描述(P_i)	100%	80%	50%	20%	0

表 11-8 购买意向调查汇总表

购买意向	肯定购买	可能购买	未定	可能不买	肯定不买
概率描述(P_i)	100%	80%	50%	20%	0
人数 x_i	x_1	x_2	x_3	x_4	x_5

最后，按照下式计算出购买者所占比例的期望值：

$$\text{购买比例的期望值} E = \frac{\sum P_i x_i}{\sum x_i} \times 100\%$$

若预测范围内的总人数为 X，则总购买量的预测值的计算公式为

$$\text{预测的总购买量} = E \cdot X$$

【案例 11-6】燃气热水器购买意向调查

某公司对其经营地区进行下一年度燃气热水器的购买意向调查，挑选了200户，最后的调查结果汇总情况是：肯定购买者3户，有80%购买可能性的有8户，还未定的有30户，可能不买的95户，肯定不买的有64户。则在200户调查中，购买比例的期望值为

$$E = \frac{\sum P_i x_i}{\sum x_i} \times 100\%$$

$$= \frac{3 \times 100\% + 8 \times 80\% + 30 \times 50\% + 95 \times 20\%}{200} \times 100\%$$

$$= 21.7\%$$

若该地区有20万户，总需求量约为

$$20 \times 21.7\% = 4.34(\text{万台})$$

在运用购买意向调查法进行预测时，应注意其适用的范围。对于高档耐用消费品和生产资料等商品的销售情况而言，这种方法是一种行之有效的预测方式。因为这些商品的购买都需要事先计划，而一般消费品购买不必事先计划，故很难了解购买意愿，导致使用购买意向调查法的效果不好。值得指出的是，当市场上有多种性能、价格都类似的产品存在时，企业很难就某种特定的产品进行购买意向的调查。因为不少消费者往往要到商店现场购买时，才能决定买何种品牌的产品。

此外，购买意向调查也可以用来预测市场对商品颜色、品种、款式、规格、价格等方面的需

求,以便生产企业能向市场提供适销对路的产品。

11.4.2 展销调查法

展销调查法(包括新产品试销法)是通过产品展销这一手段,直接调查消费者的各种需求和购买能力,同时还可以调查消费者对产品质量、款式、规格等方面的需求。尤其是对新产品的销售前景预测,展销调查法是十分有效的方法,也是目前新产品销售预测中采用的主要方法。这主要是出于两方面的原因:一是新产品开始投入市场时,生产企业没有历史资料和经验可以借鉴,对市场规模和反应无法估计;二是消费者对新产品没有使用的经历和感性的认识,不可能产生明确的购买意向,采用这种销售与调查预测相结合的展销调查法,便于生产者对消费需求、购买力及购买力投向做出分析。

【案例 11-7】微型吸尘器市场预测

某企业研制了一种新型小家电产品——微型吸尘器,只有手掌大,具有携带方便、价格低廉等优点,售价每台 18 元左右。为了解市场对这种新产品的潜在需求,该企业与某商场联合举办该产品专柜展销。商场地处该城市居民购买力中等水平地区,为配合展销,该企业事先在报上做了相应的广告,展销期间价格优惠并进行现场操作表演。据统计,在展销 3 天中,共有 185 人问津该新产品,共售出 63 台,购买率为 63÷185=34.05%,按照该市 20 万户计算,预测该市市场潜在购买力约为 20×34.05%=6.81 万台。

在使用展销调查法预测时必须注意两个问题:一是展销地点要选择今后产品可能面对的消费群体相对集中的区域;二是展销的商品货源充足。这两点在很大程度上决定了展销调查法预测结果的可靠性。

11.4.3 预购测算法

预购测算法是根据顾客的预购订单和预购合同来推测估计产品的需求量。这种方法主要适用于一些生产企业和批发企业的微观预测。对生产企业来说,宜用这种方法测算新产品、特需商品及价格高的产品的需求量。例如,某汽车公司准备在明年向市场推出一款高性能的轿车,因该产品价格高,技术先进,故该企业依据国内的订货合同或订单来制订企业的生产计划和销售计划,这样可以避免由于产品、资金的积压而给企业带来的损失。对商业企业而言,此法在批发企业中应用较广泛。批发企业主要通过测算与零售企业或其他小型批发企业之间的订货合同来估计销售额。批发企业应用这种方法主要是出于以下几个方面的考虑:一是批发企业业务量大,产品积压会造成很大浪费;二是批发企业经营的商品品种多,无法逐项进行准确的预测。采用这种方法可以使批发企业的商品采购量和结构与市场需求比较接近。例如,一些专门经营各种小百货商品的专业批发公司,每年在4~5月份和10~11月份举办两次大型订货会,根据各企业与该公司的订货合同制订供需计划。据此计划,公司直接与生产厂家订货,然后组织货源提供给需求方。

预购测算法是一种比较简单有效的方法,在使用过程中应该注意两点。一是要考虑订单和订货合同的履约率。因为订单和订货合同并不等于商品已售出。由于市场的宏观和微观环境无时不在变化,变更订单和订货合同的情况是客观存在的,预测人员可根据多年的合同执行情况,估计一个履约率。二是要考虑订单和订货合同的追加率。出于对合同履约率产生原因的同样考虑,常会发生签约后临时追加订货的情况。因此,预测人员在采用预购测算法预测需求时,应根据订单、订货合同的履约率和追加率对合同订货数进行修正调整。

11.4.4 厂长(经理)评判意见法

厂长(经理)评判意见法是指由企业的总负责人把与市场有关或熟悉市场情况的各种负责人员(包括主管采购、生产、销售、财务、产品开发与研究等管理人员)和中层管理部门的负责人(包括计划科、销售科、财务科、采购供应科等部门的管理决策人员)召集起来,让他们对未来的市场发展形势或某一重大市场问题发表意见,做出判断。然后,将各种意见汇总起来,进行分析研究和综合处理,最后得出市场预测结果。

这种预测方法的主要优点如下。

(1) 这种方法迅速、及时、经济实惠,不需要复杂的计算过程,也不需要投入大量的预测费用,就可以迅速得出预测结果。

(2) 由于这种方法集中了各个方面熟悉市场情况的有经验的高、中级管理人员的意见,因此,可以发挥集体的智慧,使预测结果比较准确可靠。

(3) 使用这种方法不需要大量的统计资料,更适合于对那些不可控制因素较多的产品进行销售预测。

(4) 如果市场情况发生了变化,可以立即进行修正。

正因为有以上一些优点,这种预测方法得到了广泛的应用。根据美国供应商协会对161家公司所使用的预测方法进行的调查结果,有54%的公司采用这种预测方法。在这些公司中,工业品生产企业占比为50%;消费品生产企业占比为64%;而服务型企业则占比为72%。同样地,在我国的企业中,这种方法也得到了一定程度的广泛应用。

这种预测方法的主要缺点如下。

(1) 预测结果容易受主观因素的影响。

(2) 对市场变化、顾客的愿望等问题了解不够细致。

使用这种方法的一个重要前提是:厂长(经理)及参与预测的有关人员有较高的知识、较丰富的经验和对市场的洞察能力和分析能力。如果不具备这样的条件,就不能做出正确的预测。

厂长(经理)评判意见法的适用性很强,可以在各种场合应用。

【案例11-8】厂长(经理)评判意见法应用示例

某纺织厂厂长召集了销售、计划财务和生产三个部门的负责人,对下一年度某种纺织品的销售前景做出估计。几个部门负责人的初步判断,如表11-9所示。

表11-9 各部门负责人评判表

部门	各种销售量估计	销售量/件	概率	期望值/件
销售部门负责人	最高销售量	3000	0.2	600
	最可能销售量	1800	0.6	1080
	最低销售量	1600	0.2	320
	总期望值	—	1.0	2000

(续表)

部门	各种销售量估计	销售量/件	概率	期望值/件
计划财务部门负责人	最高销售量	2000	0.3	600
	最可能销售量	1800	0.5	900
	最低销售量	1500	0.2	300
	总期望值	—	1.0	1800
生产部门负责人	最高销售量	2000	0.2	400
	最可能销售量	1700	0.5	850
	最低销售量	1200	0.3	360
	总期望值	—	1.0	1610

部门负责人的判断意见提出后，有两种综合处理的方法。

(1) 绝对平均法。下一年度某种纺织品的预测值为

$$\frac{2000+1800+1610}{3}=1803(件)$$

(2) 加权平均法。根据各部门负责人对市场情况的熟悉程度及他们在以往预测判断中的准确程度，分别给予不同部门负责人不同的评定等级，在综合处理时，采用不同的加权系数。例如，销售部门一般比较熟悉市场情况，其预测估计的可靠性较高，因此，在综合三个部门的判断意见时，应加强销售部门负责人的判断意见在综合结果中的影响。如确定销售部门负责人的加权系数为2，而其他两个部门负责人的加权系数各为1。从而，下一年度某种纺织品的销售预测值为

$$\frac{2000\times 2+1800+1610}{4}=1852.5(件)$$

厂长(经理)评判意见法也适用于对商品的规格品种、性能用途、款式花样、质量与服务、新产品开发前景；消费者和用户的消费心理、习惯、购买意向分析；价格变动、竞争优势、流通渠道演变、库存控制等市场因素做出预测。

11.4.5　销售人员估计法

销售人员估计法，就是在做预测时把本企业所有的销售人员聚到一起，让他们对自己负责的销售区域(或产品)下一季度或下一年度的销售额做出估计，然后把他们每个人的预计销售额汇总起来，做出本企业下一季度或下一年度销售额的预测。

这种预测方法的主要优点如下。

(1) 它与厂长(经理)评判意见法一样，不需要经过复杂的计算，因此，预测速度比较快，也比较省时。

(2) 由于销售人员一直在市场中活动，因此，他们对市场情况特别是对他所在地区的市场情况很熟悉，而且，对原有顾客的需求和对潜在顾客的情况心中有数，所以，他们预测的结果比较准确可靠。正因如此，这种方法的应用颇为流行。

当然，这种预测方法也有缺点，它同厂长(经理)评判意见法一样具有主观的因素，容易受个人偏见的影响。假如有的销售人员对形势发展的认识比较乐观，他估计的预测数字就可能偏高；反之，有些销售人员如果对形势发展持悲观态度，他们估计的预测数字就可能偏低。特别当有些企业把完成销售任务同评定销售人员的成绩结合在一起，这就会给预测的结果带来更大的影响。因为销售人员怕把这些数字估高了，将来完不成销售任务而得不到奖励。因此，不愿意把那些可

能争取到的销售额估计进去。这样，就会使整个预测数字不准确。

为了避免这类缺点，许多企业在使用这种方法进行预测时，除了要求销售人员要有正确的态度外，还采取以下两种方法来纠正偏差：一种方法是让预测与销售人员的绩效考评分开，使预测做得尽量客观一些；另一种方法是根据每一个销售人员历年估计的数字同实际销售额之间的差额打一个折扣(即调整系数)，使之更接近实际。

【案例11-9】销售人员估计法应用示例

某公司有三个销售人员，他们对自己负责的销售区域下一年度的销售额估计如表11-10所示。

表11-10 销售人员估计法

销售员	各种销售额估计	销售量/件	概率	期望值/万元
甲	最高销售额	2000	0.2	400
	最可能销售额	1600	0.5	800
	最低销售额	1200	0.3	360
	总期望值	—	1.0	1560
乙	最高销售额	1500	0.3	450
	最可能销售额	1400	0.6	840
	最低销售额	1200	0.1	120
	总期望值	—	1.0	1410
丙	最高销售额	1500	0.3	450
	最可能销售额	1300	0.6	780
	最低销售额	1100	0.1	110
	总期望值	—	1.0	1340

把这三个销售员的估计值汇总在一起，就可以得到企业下一年度销售额预测值为4310万元。

根据以往的经验，销售员甲每年估计的数字都比实际销售额高20%，销售员乙每年估计的数字都比实际销售额低10%左右，推销员丙每年估计的数字都比实际销售额低30%左右，这样就要对他们各自的销售额按各自偏差的比例进行调整。如销售员甲估计的期望值是1560万元，去掉高出的20%(312万元)，结果为1248万元；推销员乙估计的期望值为1410万元，要增加10%(141万元)，结果为1551万元；销售员丙估计的期望值为1340万元，要增加30%(402万元)，结果为1742万元。经过调整后，再把三者的结果加起来，使得明年的预测销售额为4541万元。

关键词和概念

定性预测方法　对比类推法　集体经验判断法　德尔菲法

本章复习题

一、思考题

1. 简述集体经验判断法的程序及优点。
2. 什么是德尔菲法？简述其特点与优缺点。

3. 什么是购买意向调查法？其适用范围如何？
4. 为什么说展销调查法对新产品的销售前景预测十分适用？

二、实践题

1.【在校学生生活费用调查(续)】根据调查数据，讨论各类预测方法在"在校学生生活费用支出情况"预测中的优势，并确定最终预测方案，进一步修改完善工作计划。

2. 有一个通信产品生产企业将推出一款新的手机，请为该企业设计一个"展销调查"方案，以便该企业利用调查结果预测该款新手机的市场前景。

3. A 事件：许多企业经理常常将自己在过去成功进行市场预测的经验直接应用于新企业中。例如，我曾在某企业凭借经验精准预测了市场的变化，结果在接下来的半年里，我们的产品销售量比同行业其他企业增长了 50%。此外，也有部分成功的企业家试图将当年使产品成功的经验直接套用到新产品上。因此，他们会预测，新产品也将如同老产品一样，实现快速成长。

B 事件：早先曾经有传闻说"环球影城"有意在中国开设"游乐场"，并进行了选址。当时，投资方在众多的城市中选择了 S 市，其理由是"环球影城"在日本的大阪运作得相当成功。而 S 市在中国的经济地位、对周边城市的辐射能力及居民的消费水平与日本的大阪极为相似。因此投资方认为有理由相信在 S 市运作"环球影城"项目是会成功的。

(1) 你认为以上两个事件中，管理者和投资者这样的预测有没有意义？存在问题吗？
(2) 结合以上事件，从市场预测的角度你更认同哪种预测的论点？为什么？

4. 根据案例 11-10 中奥伯梅尔公司相关资料，回答以下问题：

(1) 奥伯梅尔公司采用了哪些定性预测的方法？对于当年奥伯梅尔公司遇到的市场问题，你有没有更好的预测方法来帮助奥伯梅尔公司走出困境？
(2) 哪些市场的因素或人为的因素会导致市场预测结果产生偏差？

【案例 11-10】奥伯梅尔公司通过改进预测方法消除经营损失

在流行滑雪服经营中，需求高度依赖于种种难以预测的因素，如气候、流行趋势、经济发展等，而且，零售高峰期只有两个月。但是，奥伯梅尔公司却通过改进预测和计划方法，几乎完全消除了滑雪服生产与顾客需求不平衡所造成的损失。

奥伯梅尔公司是美国流行滑雪服市场上的主要供应商，在儿童滑雪服市场上占有支配性的 45%的份额，在成人滑雪服市场上占有 11%的份额。它的产品是由远东、欧洲、加勒比海及美国的一些企业加工的。

该公司几乎所有产品每年都要重新设计，以适应款式、面料和颜色的变化。直到 20 世纪 80 年代中期，公司的设计和销售周期都是相对简单的。它包括设计产品，生产样品，每年 3 月向零售商展示样品；接受零售商定货后，在 3、4 月接受供应商定货；10 月在奥伯梅尔公司的配送中心收货；然后立即向零售商店送货。这种方法有效地运用了 30 多年。加工合同是以确认的订单为依据签订的，而秋季交货又为有效生产提供了充分的时间。

然而，20 世纪 80 年代中期，这种方法不再有效。首先，随着公司的销售量增加，其在生产高峰期受到生产能力的制约。因此，公司不得不根据对零售商订货的预测，在前一年的 11 月，或者在商品销售之前大约一年的时间，就开始预订所需的加工能力。其次，为了降低生产成本并丰富产品品类，公司迫切需要建立更加复杂的供应链。最后，也是最重要的一点，对于流行儿童滑雪服产品，经销商们开始要求提前交货，因为儿童滑雪服的一大部分销售额，早在当年 8 月的返校期就已经开始实现，市场需求极为旺盛。

为了克服供应链变长、供应商能力限制，以及零售商要求尽早交货的困难，奥伯梅尔公司采用各种方法来缩短交货期。截至 1990 年，公司已经把交货时间缩短了一个多月。

另外，公司说服一些最重要的零售商客户尽可能早地订货，从而能够较早了解当年可能流行哪些款式。从1990年起，每年2月，公司邀请25家最大的零售商客户，提前向它们展示当年的新产品并征求早期订货。每年来自这一程序的早期订单，合计占到该公司总销售额的20%。

然而，这些努力并未解决缺货和不断降价的问题。公司生产仍有约一半是根据需求预测安排的。在生产高度复杂多变的时尚产品的行业，这样做非常冒险。奥伯梅尔公司依靠一个由其各个职能部门经理组成的专家小组，对公司每一种产品的需求进行一致性预测。但是，这项活动并不是特别有效。例如，在1991—1992年度销售期，有几款女式风雪大衣比原先的预测多销了200%，同时，其他款式的销售量比预计销售量低了15%。

那么，能够改进预测吗？能够进一步缩短交货时间吗？能够更好地利用"早期订货程序"所获得的信息吗？能够劝说更多的零售商提早订货吗？

奥伯梅尔公司组成专人来考察这些问题，由此提出了"正确响应"(accurate response)的方法。他们认识到，问题在于公司不能预测人们将买什么。生产风雪大衣的决策，实质上是就"风雪大衣会有销路"这一判断在打赌。为了规避这种风险，必须寻求一种方法，来确定在"早期订货"之前生产哪些产品是最安全的，哪些产品应该延期到从"早期订货"收集到可资利用的信息后再生产。

同时，他们发现，专家小组的初步预测尽管有些是不符合实际的，但约有一半是相当准确的，与实际销售量的误差不到10%。为了在获得实际订货之前确定哪些预测可能是准确的，他们考察了专家小组的工作方式。专家小组传统上是对每一种款式和颜色都通过广泛的讨论达成一致性预测。于是，公司决定请专家小组的每一位成员对每一种款式和颜色做出独立预测。采用这种方法，个人要对自己的预测负责。

这种改革非常有价值。其一，一致性预测往往并非真正意义上的一致。小组中的主要成员，如资深经理，常常过度地影响集体预测的结果；如果每个人都必须提出自己的预测，就可消除这种过度的影响。其二，更重要的是，新方法有利于对预测结果进行统计处理，以得出更精确的预测结果。

通过独立预测过程确实获得了重要发现。例如，虽然对两种款式大衣预测的平均趋势可能是一样的，但个人预测值的离中趋势却截然不同。例如，每个人对Pandro大衣的预测值都接近平均值，而对Entice宽松大衣的预测值却是分散的。因此，对Pandro大衣的预测可能比对Entice宽松大衣的预测更可靠。1992—1993年度销售期末，公司验证了上述假设——当专家小组每个人所做的预测相类似时，所获得的一致性预测更加精确。因此，利用个人预测之间的差异，可以有效地估计预测精度。

对于如何处理需求不可预测的品种，公司也获得了重要发现，即尽管零售商需求是不可预测的，从而使精确预测成为不可能，但是，奥伯梅尔公司零售商的总体购买模式却惊人地相似。例如，只要根据最初的20%的订货来修正专家小组的预测，预测精度就能显著提高。随着订货的增加，预测精度会不断改善。

接着，他们开始着手设计一种能够识别和利用上述信息的生产计划方法。设计这种方法关键是要认识到，在销售初期，当公司还未接到订货时，所预订的加工能力是"非反应性"的，即生产决策完全是根据预测而不是根据实际市场需求做出的。以"早期订货程序"为起点，随着订货信息的渗入，所确定的加工能力变得具有"反应性"了。这时，公司可以根据市场信息提高预测精度，从而做出生产决策。

公司采用了所谓"风险型生产顺序"的策略，充分利用非反应性生产能力来生产最有可能精确预测需求的产品，这样就可以把反应性生产能力用于生产尽可能多的不可预测产品。这使公司能够尽可能对最有利可图的市场领域做出响应。

资料来源：高振生. 驾驭风险：市场预测新思路[J]. 销售与市场，1996(05): 62-64.

第 12 章
时间序列预测法

◎ 学习目的与要求
　　1. 掌握平均预测法；
　　2. 掌握趋势预测法；
　　3. 掌握生长曲线趋势外推法；
　　4. 掌握 SPSS 相关应用。

> **引入案例**　中国消费预期指数构成和数据采集、测算方法
>
> **1. 指标体系构成与指标选取**
> 　　本报告将影响消费预期的指标归纳为消费能力、消费热度、消费感知、消费环境 4 个方面。
> 　　(1) 消费能力。消费能力体现了居民在一定收入水平下的消费支出水平受到收入水平、消费倾向、物价水平等影响，因此可以将消费能力指标归为收入水平储蓄率水平和价格水平三个维度。其中，收入水平由居民人均可支配收入和失业率两个指标衡量，前者反映居民平均收入水平，后者反映失业对居民整体收入水平的冲击；储蓄率水平反映居民的消费倾向，储蓄率水平越高，表明居民储蓄意愿越强，收入中用于消费的部分越少；价格水平由不同品类商品(或服务)消费的价格水平变化来衡量。
> 　　(2) 消费热度。由于消费惯性的存在，当期消费水平不仅影响居民未来的消费预期和决策，同时，社会消费氛围和消费热点的变化也会对居民消费情绪产生影响。本报告用消费热度指标测度上述两方面的影响，将其归为消费信息和社会消费水平两个维度。其中，消费信息由各类消费相关的搜索信息、购买信息、评价信息等组成，反映了社会整体的消费热点和消费趋势对居民消费决策的影响；社会消费水平由主要商品(或服务)的全社会消费总量衡量，反映了一定时期内居民消费水平的总和。
> 　　(3) 消费感知。消费感知主要体现了消费者对未来消费形势的主观判断。考虑到消费者的"有限理性"，引入企业家和行业专家的"消费感知"，从多个维度综合呈现对未来消费形势的判断。
> 　　(4) 消费环境。消费环境主要包括政策影响和疫情形势两个维度。政策影响主要反映国务院、各部委发布实施的政策文件对居民总体消费和细分行业领域消费的影响，既包括面向相关行业领域(供给端)和消费者(需求端)的优惠政策，也包括消费配套基础设施建设等相关政策。疫情形势主要反映了疫情变化对消费的冲击。
>
> **2. 数据来源与采集方法**
> 　　中国消费预期指数每季度合成发布一次，相关指标的季度数据来源及采集方法主要包括 4

个方面。

(1) 官方数据。居民收入水平、储蓄率水平、价格水平、社会消费水平、疫情形势等指标主要来自国家统计局和相关部门的季度数据、公报等官方数据。

(2) 问卷调查。消费感知数据(包括典型消费者感知、代表性企业感知、行业专家感知)通过问卷调查获取。其中，典型消费者感知数据来自对2000位消费者的问卷调查，受访者居住范围覆盖全国195个城市，主要考察消费者下季度不同品类商品、服务的预期消费支出；代表性企业感知数据来自对相关行业领域企业的问卷调查，每个行业领域选择10~15家代表性企业，主要考察企业对下季度不同品类商品、服务市场需求情况的预判；行业专家感知数据来自对行业专家的问卷调查，每个行业领域选取20位专家，对下季度不同品类商品、服务的居民消费情况进行预判。

(3) 大数据检索。消费信息数据通过大数据检索获取。课题组依托中文分词、自然语言处理等技术，基于分品类商品或服务的关键词，对数字报刊、网络媒体、政府机构、企业、微博、微信、客户端、资讯、博客、小红书、知乎、抖音等各类网络媒体的文本进行分析，汇总得到各季度不同品类商品或服务的消费信息量。消费信息既覆盖了消费相关的搜索信息，也包括购买信息、市场营销信息、评价信息等，综合反映全社会的消费热度和居民消费意愿。

(4) 德尔菲法。政策影响通过德尔菲(Delphi)法进行评估，即邀请行业专家针对特定政策文件实施产生的消费促进作用，按照"无影响""影响较小""影响一般""影响较大""影响显著"5个层次的程度进行评价，并对专家反馈结果进行加权平均。一级、二级指标的权重也通过德尔菲法确定，由课题组专家和外部专家组成专家组，对不同指标的重要性进行评价，对专家反馈结果进行加权平均。

3. 指标测算方法

(1) 相关性分析。通过皮尔逊相关系数(PCCs)、时间滞后互相关(TLCC)等线性相关性测度方法，检验各期的社会消费品零售总额和细分行业消费品零售额与滞后一期的二级指标之间的相关性，确保通过二级指标合成得到的消费预期指数能够较好反映未来一段时间的消费总体形势。

(2) 定基指数法。以2019年各季度的二级指标为基期，对各期的二级指标指数分别进行标准化处理。计算公式为

$$t期二级指标指数 = \frac{t期二级指标}{基期二级指标} \times 100$$

4. 分层加权法

将二级指标的标准化指数进行加权，得到一级指标的标准化指数，然后加权平均得到总指标指数。计算公式为

$$t期一级指标指数 = \sum(二级指标指数 \times 权重)$$
$$t期总指标指数 = \sum(一级指标指数 \times 权重)$$

资料来源：分众传媒，中国宏观经济研究院产业经济研究所，新华社新媒体中心. 中国消费指数预期报告[R/OL]. (2023-06-14). https://zhuanlan.zhihu.com/p/636919394.

时间序列是对观察或记录所得的数据，按照时间顺序排成的一组数字序列。其通常是按固定的时间间隔(如天、周、月、季、年等)进行统计。时间序列预测法是将预测对象的历史资料按时间顺序排列起来，运用数学方法，寻求其变化的规律和发展趋势，从而对未来进行预测。

在时间序列模型中，自变量就是观察值的时间序列，即 $x_1, x_2, \cdots, x_t$，因变量为预测值 y_t。其

一般模型为

$$y_t = f(x_1, x_2, \cdots, x_t) \tag{12-1}$$

时间序列预测法的具体建模方法很多，主要有平均预测法、趋势预测法、生长曲线趋势外推法、自回归预测法等。这些方法在实际应用中必须根据具体情况加以选择，才能取得较满意的预测结果。

12.1 平均预测法

12.1.1 简单平均法

简单平均法是以历史数据的算术平均数、加权算术平均数和几何平均数等直接作为预测值的预测方法，这类方法的特点是模型简单，使用方便，一般适用于短期或近期预测。

1. 算术平均法

算术平均法是把历史数据加以算术平均，并以平均数作为预测值的方法。其预测模型为

$$\bar{X}_A = \frac{1}{n}\sum_{i=1}^{n} x_i \qquad (i = 1, 2, 3, \cdots, n) \tag{12-2}$$

式中，$\bar{X}_A$——根据以往的历史数据平均后得到的预测值；

x_i——第 i 个历史数据；

n——参加平均的历史数据的个数。

2. 加权算术平均法

因为按照时间顺序排列的一组历史数据中，每个数据对预测值的重要性是不同的，离预测期较近的历史数据显然比离预测期较远的历史数据重要得多，这就说明把所有参加平均的历史数据"一视同仁"的算术平均法具有不足之处，较好的办法是在计算平均数时把每个历史数据的重要性也考虑进去，给予相应的权数，加权算术平均法正是体现了这一点，因而它是一种比一般算术平均法更为理想的预测方法。

加权算术平均法的预测模型为

$$\bar{X}_W = \frac{\sum_{i=1}^{n} W_i x_i}{\sum_{i=1}^{n} W_i} \tag{12-3}$$

式中，$\bar{X}_W$——加权算术平均数的预测值；

x_i——第 i 个历史数据；

W_i——给予第 i 个历史数据的权数。

值得注意的是，运用加权算术平均法需要确定一组适当的权数。确定权数的原则是：对离预测期较近的历史数据给予较大的权数，而对离预测期较远的历史数据给予较小的权数。循此原则，预测者可根据各历史数据的重要性分别给予不同的权数。另外，虽然加权算术平均法更为科学，能较好地反映近期历史数据对预测值的影响，但与一般算术平均法相同，它主要适用于呈水平型变动的历史数据，而不适用于趋势型变动的历史数据，否则，就会产生较大的预测误差。不过，对于趋势型变动的历史数据，也可参照推广应用算术平均法的方法，推广应用加权算术平均法进行预测。

3. 几何平均法

对给定的 n 个历史数据，如果将它们相乘后，再将其乘积进行 n 次方根运算，其结果便称为这 n 个历史数据的几何平均数。几何平均法就是以历史数据的几何平均数作为预测值的方法。

其预测模型为

$$\bar{X}_G = \sqrt[n]{x_1 \cdot x_2 \cdots x_n} = \sqrt[n]{\prod x_i} \tag{12-4}$$

式中，$\bar{X}_G$——几何平均数；

x_i——第 i 个历史数据；

n——参加平均的历史数据的个数。

几何平均数的一个显著特性是：求平均数的一组历史数据中任一数据增加 m 倍，而另外任一数据减小为原值的 $\dfrac{1}{m}$，则所求得的几何平均数一样大。这一特性用式(12-4)很容易证明，其他平均数均无此特性，这说明几何平均数更能消除历史数据的起伏变动，从而反映出事物发展的总体水平，因此，几何平均法常被用来计算经济的平均发展速度，进而做出预测。

选择几何平均法进行预测的主要步骤如下：

(1) 计算历史数据的环比发展速度；

(2) 根据环比发展速度求得几何平均数，即平均发展速度；

(3) 以本期的历史数据为基数，乘以平均发展速度得出预测值。

若有 n 个历史数据，并设 R 为环比发展速度，则式(12-4)可以变为

$$\bar{X}_G = \sqrt[n-1]{R_1 \cdot R_2 \cdots R_{n-1}} = \sqrt[n-1]{\prod R_i} \tag{12-5}$$

式中，$\bar{X}_G$——平均发展速度。

但在以下两种情况下，不宜采用几何平均法进行预测：

(1) 环比发展速度差异很大；

(2) 首尾两个历史数据偏高或偏低。

12.1.2 移动平均法及 SPSS 应用

移动平均法是以预测对象最近一组历史数据(实际值)的平均值直接或间接地作为预测值的方法。当预测者得到每一个新的历史数据时，就可以计算出新的平均值用作预测，因而，我们称这种预测方法为移动平均法。移动平均法通常分为一次移动平均法和二次移动平均法，这两种方法分别适用于水平型历史数据和直线趋势型历史数据。

1. 一次移动平均法

一次移动平均法是直接以本期(t 期)移动平均值作为下期($t+1$ 期)预测值的方法，其特点如下。

(1) 预测值是离预测期最近的一组历史数据(实际值)平均的结果；

(2) 参加平均的历史数据的个数(即跨越期数)是相对固定的；

(3) 参加平均的一组历史数据是随着预测期的向前推进而不断更新的，吸收一个新的历史数据参加平均的同时，就剔除原来一组历史数据中离预测期最远的那个历史数据，因而具有移动的特点。

一次移动平均法的预测模型为

$$M_{t+1} = \frac{x_t + x_{t-1} + \cdots + x_{t-n+1}}{n} = \frac{1}{n}\sum_{i=t-n+1}^{t} x_i \qquad (12\text{-}6)$$

式中，M_{t+1}——$t+1$ 期的移动平均预测值；

n——跨越期数，即参加平均的历史数据的个数。

由式(12-6)可知

$$M_t = \frac{x_{t-1} + x_{t-2} + \cdots + x_{t-n}}{n}$$

故式(12-6)也可化为

$$\begin{aligned}M_{t+1} &= \frac{x_t + x_{t-1} + \cdots + x_{t-n+1} + x_{t-n} - x_{t-n}}{n} \\ &= M_t + \frac{x_t - x_{t-n}}{n}\end{aligned} \qquad (12\text{-}7)$$

当 n 较大时，运用式(12-7)可简化计算。

由于跨越期数 n 的取值不同，同样的历史数据会有不同的预测结果。这说明 n 在移动平均法模型中具有十分重要的作用，直接影响预测效果。因此，在使用本方法前，有必要对如何确定跨越期数 n 进行讨论。

2. 二次移动平均法

二次移动平均法是对一次移动平均值再进行移动平均，并根据实际值、一次移动平均值和二次移动平均值之间的滞后关系，建立预测模型进行预测的方法。它是移动平均法的高级形式，能克服一次移动平均法只能适应水平型历史数据的预测，而不能适应直线趋势型历史数据预测的不足，提高预测效果。

二次移动平均法的预测模型为

$$\hat{Y}_{t+T} = a_t + b_t T \qquad (12\text{-}8)$$

式中，$\hat{Y}_{t+T}$——$t+T$ 期二次移动平均预测值，其中 t 为本期；

T——本期到预测期的间隔期数；

a_t, b_t——参数，且

$$a_t = M_t' + (M_t' - M_t'') = 2M_t' - M_t'' \qquad (12\text{-}9)$$

$$b_t = \frac{2}{n-1}(M_t' - M_t'') \qquad (12\text{-}10)$$

M_t' 和 M_t'' 分别为一次移动平均数和二次移动平均数。

$$M_t' = \frac{x_t + x_{t-1} + \cdots + x_{t-n+1}}{n} = \frac{1}{n}\sum_{i=t-n+1}^{t} x_i \qquad (12\text{-}11)$$

$$M_t'' = \frac{M_t' + M_{t-1}' + \cdots + M_{t-n+1}'}{n} = \frac{1}{n}\sum_{i=t-n+1}^{t} M_t' \qquad (12\text{-}12)$$

3. 指数平滑法

指数平滑法是一种特殊的加权移动平均法，加权的特点是对离预测期较近的历史数据给予较大的权数，对离预测期较远的历史数据给予较小的权数。权数由近到远按指数规律递减，所以，这种预测方法被称为指数平滑法。它可分为一次指数平滑法、二次指数平滑法及更高次指数平滑法。

1) 一次指数平滑法

一次指数平滑法是以本期的实际值和一次指数平滑预测值的加权平均数作为下一期的一次指

数平滑预测值的方法。

一次指数平滑法的预测模型为

$$S_{t+1} = \alpha x_t + (1-\alpha)S_t \tag{12-13}$$

式(12-13)也可表示为

$$S_{t+1} = S_t + \alpha(x_t - S_t)$$

式中，x_t——t 期实际值；

S_t——t 期一次指数平滑预测值；

S_{t+1}——$t+1$ 期一次指数平滑预测值；

α——平滑系数($0 < \alpha < 1$)。

由式(12-13)可知，当 $t=1$ 时，$S_2 = \alpha x_1 + (1-\alpha)S_1$，而 $S_1 = \alpha x_0 + (1-\alpha)S_0$。但在实际预测中，$x_0$ 是不存在的，S_0 也无法求得，所以，指数平滑法的初始值 S_1 不能由基本公式得出，只能用其他方法加以估计。确定 S_1 的方法主要有两种：一是在数据较多时，以 x_1 代替 S_1；二是以离预测期最远的几个历史数据的平均值作为初始值。在预测实践中通常采用第一种方法。

下面将通过一次指数平滑法和一次移动平均法的比较来说明一次指数平滑法的特点。

(1) 调整预测值的能力。在一次指数平滑法的模型 $S_{t+1} = S_t + \alpha(x_t - S_t)$ 中调整项是 $\alpha(x_t - S_t)$，$(x_t - S_t)$ 是 t 期的预测误差，当 $x_t > S_t$ 时，$x_t - S_t > 0$，说明 t 期的预测值太小，因此，在预测 $t+1$ 期时应对 S_t 做一定的调整，把大于 0 的 $\alpha(x_t - S_t)$ 加到 S_t 上去，作为 $t+1$ 期的预测值 S_{t+1}；反之，当 $x_t < S_t$ 时，$x_t - S_t < 0$，说明 t 期的预测值太大，因为 $\alpha(x_t - S_t) < 0$，把它同 t 期的预测值 S_t 相加作为 $t+1$ 期的预测值 S_{t+1}，则 $S_{t+1} < S_t$，从而减少 $t+1$ 期的误差。可见，一次指数平滑法具有根据 t 期的误差，调整 $t+1$ 期预测值的能力；而且，在给定的 α 下，预测误差越大，对预测值调整的幅度也越大；反之，则越小，从而使预测误差控制在一定范围内。

而在一次移动平均法的模型 $M_{t+1} = M_t + \dfrac{x_t - x_{t-n}}{n}$ 中调整项是 $\dfrac{x_t - x_{t-n}}{n}$，$x_t - x_{t-n}$ 只是相隔期的两个实际值之差，不反映预测误差。可见，一次移动平均法不具有根据预测误差对预测值进行调整的能力。

(2) 预测值中包含的信息量。由一次指数平滑法的模型 $S_{t+1} = S_t + \alpha(x_t - S_t)$ 可得

$$S_{t+1} = \alpha x_t + (1-\alpha)S_t$$

$$S_t = \alpha x_{t-1} + (1-\alpha)S_{t-1}$$

……

所以，

$$\begin{aligned}
S_{t+1} &= \alpha x_t + (1-\alpha)S_t \\
&= \alpha x_t + (1-\alpha)[\alpha x_{t-1} + (1-\alpha)S_{t-1}] \\
&= \alpha x_t + \alpha(1-\alpha)x_{t-1} + (1-\alpha)^2 S_{t-1} \\
&= \alpha x_t + \alpha(1-\alpha)x_{t-1} + (1-\alpha)^2[\alpha x_{t-2} + (1-\alpha)S_{t-2}] \\
&= \cdots\cdots \\
&= \alpha x_t + \alpha(1-\alpha)x_{t-1} + \alpha(1-\alpha)^2 x_{t-2} + \cdots + \alpha(1-\alpha)^{t-1} x_1 + (1-\alpha)^t S_1
\end{aligned}$$

由于当 t 很大时，$(1-\alpha)^t$ 是一个很小的值，而且 S_1 不能从公式中求得，上式中 $(1-\alpha)^t S_1$ 可忽略不计，则有：

$$S_{t+1} = \alpha x_t + \alpha(1-\alpha)x_{t-1} + \alpha(1-\alpha)^2 x_{t-2} + \cdots + \alpha(1-\alpha)^{k-1} x_{t-k+1} + \cdots + \alpha(1-\alpha)^{t-1} x_1 \tag{12-14}$$

从式(12-14)可见，一次指数平滑法的预测值是全部历史数据参加平均的结果，而从一次移动

平均法的模型 $M_{t+1} = \frac{x_t + x_{t-1} + \cdots + x_{t-n+1}}{n}$ 可知，M_{t+1} 是离预测期最近的 n 个历史数据参加平均的结果，它仅仅是一种局部的平均。

由于一次指数平滑法参与平均的历史数据远多于一次移动平均法参与平均的历史数据，所以，一次指数平滑法预测值中所包含的信息量比一次移动平均法预测值中所包含的信息量要丰富得多。

(3) 加权特点。从一次指数平滑法模型(12-14)可知，权数 $\alpha, \alpha(1-\alpha), \cdots, \alpha(1-\alpha)^{k-1}, \cdots, \alpha(1-\alpha)^{t-1}, \cdots$ 呈等比级数，公比为

$$\frac{\alpha(1-\alpha)^k}{\alpha(1-\alpha)^{k-1}} = 1-\alpha$$

因为在实际预测中，$0 < (1-\alpha) < 1$，

所以，$\alpha > \alpha(1-\alpha) > \cdots > \alpha(1-\alpha)^{k-1} > \cdots > \alpha(1-\alpha)^{t-1} > \cdots$，

且 $\alpha + \alpha(1-\alpha) + \cdots + \alpha(1-\alpha)^{k-1} + \cdots + \alpha(1-\alpha)^{t-1} + \cdots = 1$，

可见，一次指数平滑法的权数之和为 1。权数的特点是：离预测值较近的历史数据具有较大的权数，而离预测期较远的历史数据其权数较小。这种加权特点是符合预测信息在历史数据中的分布规律的，因为在任何一组历史数据中，每个历史数据虽然都可能包含有关预测信息，但不同数据所包含的预测信息量是不同的，随着历史数据离预测期由近到远，历史数据中所包含的预测信息量也越来越小。因此，一次指数平滑法的加权特点是合理的。而从一次移动平均法的模型

$$M_{t+1} = \frac{x_t + x_{t-1} + \cdots + x_{t-n+1}}{n} = \frac{1}{n}x_t + \frac{1}{n}x_{t-1} + \cdots + \frac{1}{n}x_{t-n+1}$$

可知，一次移动平均法对每个历史数据都给予相等的权数 $\left(\frac{1}{n}\right)$，它让离预测期较近的历史数据和离预测期较远的历史数据处于同等重要的地位。显然，这种加权特点不如一次指数平滑法合理。

以上三方面的比较从理论上论证了一次指数平滑法是比一次移动平均法更为科学的预测方法。

2) 二次指数平滑法

同一次移动平均法一样，一次指数平滑法只适用于水平型历史数据的预测，而不适用于呈斜坡型线性趋势的历史数据的预测。这要求我们对一次指数平滑法加以改进，以适应斜坡型历史数据的预测。

(1) 布朗单一参数二次指数平滑法。布朗二次指数平滑法的基本原理与移动平均法相似，因为当趋势存在时一次和二次平滑值都滞后于实际值,将一次和二次平滑值之差加在一次平滑值上，则可对趋势进行修正。布朗单一参数二次指数平滑值的计算公式为

$$F_{t+T} = a_t + b_t T \tag{12-15}$$

式中，F_{t+T} —— $t+T$ 期的布朗单一参数二次指数平滑预测值；

T —— t 期到预测期的间隔期数；

a_t, b_t ——参数，并设：

$$a_t = S'_t + (S'_t - S''_t) = 2S'_t - S''_t \tag{12-16}$$

$$b_t = \frac{\alpha}{1-\alpha}(S'_t - S''_t) \tag{12-17}$$

S'_t, S''_t ——一次指数平滑值、二次指数平滑值，并且：

$$S'_t = \alpha x_t + (1-\alpha)S'_{t-1} \tag{12-18}$$

$$S''_t = \alpha S'_t + (1-\alpha)S''_{t-1} \tag{12-19}$$

(2) 霍尔特(Holt)双参数指数平滑法。在原理上，霍尔特指数平滑与布朗指数平滑相似，只是它不用二次指数平滑，而对趋势直接进行平滑。由于它可以用不同的参数值对原型数列的趋势进行平滑，因此具有很大灵活性。用霍尔特指数平滑预测，需要两个参数和三个方程式：

$$S_t = \alpha x_t + (1-\alpha)(S_{t-1} + b_{t-1}) \tag{12-20}$$

$$b_t = \gamma(S_t - S_{t-1}) + (1-\gamma)b_{t-1} \tag{12-21}$$

$$F_{t+T} = S_t + b_t T \tag{12-22}$$

式中，x_t——t 期实际值；

S_t——t 期一次指数平滑预测值；

F_{t+T}——$t+T$ 期的布朗单一参数二次指数平滑预测值；

T——t 期到预测期的间隔期数；

b_t——参数；

α, γ——平滑系数($0 < \alpha, \gamma < 1$)。

式(12-20)利用前一期的趋势直接进行修正 S_t，即将 b_{t-1} 加在前一次平滑值 S_{t-1} 上，这就消除了滞后，并使 S_t 值近似达到最新数据值。式(12-21)用来修正趋势，趋势值用相邻两次指数平滑值之差来表示。之所以这样做，是因为如果数据有趋势，则新的观察值将高于或者低于前一数值。由于存在随机性，可以利用 γ 对相邻两次平滑($S_t - S_{t-1}$)中的趋势进行修正，并将修正值加上前期趋势估计值乘以$(1-\gamma)$。最后用式(12-22)进行预测，预测值为基础值加上趋势值乘以预测超前期数。

3) 布朗二次多项式指数平滑法

正如对趋势数据用线性指数平滑法预测一样，当数据的基本模型具有二次、三次或更高次幂时，则需要用高次平滑形式。从线性平滑过渡到二次多项式平滑，基本途径是再进行一次平滑，即三次平滑，并对二次多项式的参数做出估计。与此相似，也可以由二次多项式平滑过渡为三次或高次多项式平滑。

二次多项式平滑公式为

$$S'_t = \alpha x_t + (1-\alpha)S'_{t-1} \tag{12-23}$$

$$S''_t = \alpha S'_t + (1-\alpha)S''_{t-1} \tag{12-24}$$

$$S'''_t = \alpha S''_t + (1-\alpha)S'''_{t-1} \tag{12-25}$$

$$a_t = 3S'_t - 3S''_t + S'''_t \tag{12-26}$$

$$b_t = \frac{\alpha}{2(1-\alpha)^2}[(6-5\alpha)S'_t - (10-8\alpha)S''_t + (4-3\alpha)S'''_t] \tag{12-27}$$

$$c_t = \frac{\alpha^2}{(1-\alpha)^2}(S'_t - 2S''_t + S'''_t) \tag{12-28}$$

$$F_{t+T} = a_t + b_t T + \frac{1}{2}c_t T^2 \tag{12-29}$$

二次多项式平滑公式比一次平滑和线性平滑复杂得多。但其目的是一样的，即修正预测值使其跟踪非线性趋势的变化。

【案例 12-1】布朗二次多项式指数平滑法应用示例

某公司生产 C 产品在过去的 24 个月中的销售量，如表 12-1 所示，试运用布朗二次多项式指数平滑法预测第 25 个月(第 3 年 1 月)和第 26 个月(第 3 年 2 月)的销售量。

表 12-1 布朗二次多项式指数平滑法计算表（$\alpha = 0.15$）

单位：万件

时间序列	销售量 ①	一次指数平滑 ②	二次指数平滑 ③	三次指数平滑 ④	a_t ⑤	b_t ⑥	c_t ⑦	预测值 ⑧
1	143	143.000	143.000	143.000	143.000	-1.333	—	—
2	152	144.350	143.203	143.030	146.473	0.562	0.030	—
3	164	147.298	143.817	143.148	153.591	1.651	0.088	147.050
4	139	146.053	144.152	143.299	149.001	0.721	0.033	155.285
5	137	144.695	144.234	143.439	144.823	-0.041	-0.010	149.739
6	174	149.091	144.962	143.668	156.053	1.773	0.088	144.777
7	142	148.027	145.422	143.931	151.746	0.870	0.035	157.870
8	141	146.973	145.655	144.189	148.145	0.179	-0.005	152.634
9	162	149.227	146.190	144.489	153.599	1.028	0.042	148.321
10	180	153.843	147.338	144.917	164.431	2.653	0.117	154.648
11	164	155.367	148.543	145.461	165.933	2.583	0.117	167.147
12	171	157.711	149.918	146.119	168.842	2.851	0.115	168.574
13	206	164.955	152.173	147.036	184.473	5.072	0.238	171.755
14	193	169.162	154.722	148.189	190.356	5.462	0.246	189.665
15	207	174.837	157.739	149.621	199.484	6.327	0.280	195.941
16	218	181.311	161.275	151.369	209.732	7.269	0.316	205.950
17	229	188.465	165.353	153.467	220.704	8.215	0.350	217.159
18	225	193.945	169.642	155.893	226.376	8.178	0.329	229.094
19	204	195.453	173.514	158.536	221.711	6.437	0.217	234.718
20	227	200.185	177.515	161.383	226.549	6.411	0.204	228.258
21	223	203.608	181.429	164.390	227.920	5.808	0.160	233.061
22	242	209.366	185.619	167.574	235.632	6.292	0.178	233.808
23	239	213.811	189.848	170.915	239.465	6.083	0.157	242.011
24	266	221.640	194.617	174.471	251.984	7.303	0.214	245.626

预测结果如表 12-1 中第⑧栏所示。其计算步骤如下。

$$S_1' = S_1'' = S_1''' = a_1 = x_1 = 143$$

$$b_1 = \frac{(x_2 - x_1) + (x_3 - x_2) + (x_4 - x_3)}{3} = \frac{139 - 143}{3} = -1.333$$

计算 S', S'', S'''：

$$S'_{2.12} = 0.15 \times 266 + 0.85 \times 213.812 = 221.640$$

$$S''_{2.12} = 0.15 \times 221.640 + 0.85 \times 189.848 = 194.617$$

$$S'''_{2.12} = 0.15 \times 194.617 + 0.85 \times 170.915 = 174.471$$

字母下标"24"代表第 24 个月份，依此类推。

计算 a_t, b_t, c_t：

$$a_{24} = 3 \times 221.640 - 3 \times 194.617 + 174.471 = 251.984$$

$$b_{24} = \frac{0.15}{2(1-0.15)^2}[(6-5\times0.15)\times221.640 - (10-8\times0.15)\times194.617 + (4-3\times0.15)\times174.471]$$
$$= 7.303$$

$$c_{24} = \frac{0.15^2}{0.85^2}(221.640 - 2\times194.617 + 174.471) = 0.214$$

因此，第 25 个月的预测值为
$$F_{25} = 251.984 + 7.303 \times 1 + 0.5 \times 0.214 \times 1^2 = 259.394$$

第 26 个月的预测值为
$$F_{26} = 251.984 + 7.303 \times 2 + 0.5 \times 0.214 \times 2^2 = 266.938$$

【案例 12-1(续)】SPSS 应用示例

利用 SPSS 分析软件对案例 12-1 中"某公司生产 C 产品"的销售额进行分析。

操作步骤讲解视频

1. SPSS 主要操作步骤(见图 12-1、图 12-2)

图 12-1 "指数平滑法"步骤一　　图 12-2 "指数平滑法"步骤二

2. SPSS 分析数据及结论

根据表 12-1 的数据，应用 SPSS 软件，得到以下分析数据表(见表 12-2、表 12-3)和分析图(见图 12-3)。

表 12-2　各个模型统计量

模　型	预测变量数	模型拟合统计量 平稳的 R 方	Ljung-Box Q(18)			离群值数
			统计量	DF	Sig.	
简单移动	0	.039	29.941	17	.027	0
Holt 线性趋势	0	.764	20.020	16	.219	0
Brown 线性趋势	0	.764	20.020	16	.219	0
阻尼趋势	0	.351	19.911	15	.175	0

表 12-3　各个模型预测值

时间序列	实际销售额	预测值			
		简单移动	Holt 线性趋势	Brown 线性趋势	阻尼趋势
1	143	146.73	133.36	158.03	133.44

(续表)

2	152	144.33	139.38	152.25	139.37
3	164	149.26	145.68	153.55	145.57
4	139	158.73	152.54	160.79	152.29
5	137	146.05	156.29	150.87	156.17
6	174	140.23	159.47	143.67	159.52
7	142	161.93	165.96	160.04	165.89
8	141	149.12	168.69	151.80	168.82
9	162	143.90	171.05	146.19	171.40
10	180	155.53	175.23	154.58	175.63
11	164	171.26	180.77	169.56	181.09
12	171	166.59	184.20	169.24	184.63
13	206	169.43	187.97	172.57	188.48
14	193	192.93	194.81	193.69	195.12
15	207	192.97	199.70	198.39	200.00
16	218	201.99	205.49	208.22	205.69
17	229	212.28	211.78	219.37	211.86
18	225	223.02	218.53	231.20	218.47
19	204	224.29	224.24	234.95	224.12
20	227	211.25	227.33	224.42	227.39
21	223	221.37	232.36	230.18	232.43
22	242	222.42	236.52	230.69	236.65
23	239	235.00	242.12	240.96	242.20
24	266	237.57	246.89	244.71	246.98

表12-2显示，简单移动模型的Sig.检验显示较优，则选用简单移动模型。同步参考表12-3中的简单移动模型的预测值。

图12-3　简单移动模型拟合图

12.2 趋势预测法

移动平均法和指数平滑法主要适用于短期预测,而长期趋势预测法则是进行中长期预测的主要方法。本节主要讨论长期趋势预测法的基本原理、主要方法和适用性,以及在预测实践中的应用等问题。

12.2.1 长期趋势预测法概述

1. 长期趋势预测法的概念和假定条件

长期趋势预测法也称趋势外推法,是根据预测对象的历史数据变化规律,对未来市场状况做出预测的方法。

这种方法是以市场预测的连续性原理为基础的。因为任何事物的变化都存在着过去、现在和未来之间的内在联系,当事物尚未发生质变时,事物的量总是遵循原来的规律逐渐变化的。据此,在市场预测中,能通过对有关预测对象的历史数据的抽象和现有状况的分析找出其发展的规律性,并假定以往的规律会延续到未来,利用已知的规律对预测对象的未来状况做出预测。长期趋势预测法的各种预测模型都是循此原理建立并应用于实践中的。但当事物量变到一定程度后,就会发生质变,这时,因事物原有规律赖以存在的条件发生了根本性的变化,事物原有规律就不再发生作用,而是在新的基础上开始以新的规律发生新的量变,这就要求我们找出事物新的发展规律,建立新的预测模型对预测对象的未来状况做出预测。

由长期趋势预测法的原理可知,在市场预测中运用这种方法要注意两个基本条件:

(1) 预测对象的过去、现在和未来的客观条件基本保持不变,从历史数据中"发掘"的规律会延续到未来;

(2) 预测对象的发展过程是渐变的,而不是跳跃式的、大起大落的。

只要符合以上两个条件,就可以以时间为自变量,以预测对象为因变量,拟合某种曲线建立预测模型进行预测。其预测步骤是:根据历史数据的特征,拟合相应的参数,并求出参数,然后利用这些参数建立预测模型进行预测。

2. 长期趋势预测模型的种类

长期趋势预测法的实质就是利用某种函数分析描述预测对象某一参数的发展趋势,有以下几种趋势预测模型最为常用。

1) 多项式曲线预测模型

(1) 一次(线性)预测模型。

$$\hat{y}_t = b_0 + b_1 t \tag{12-30}$$

式中,$b_0, b_1, b_2, \cdots, b_n$——常数;

t——时间自变量。

下面以一次(线性)预测模型为例说明,模型建立的基本原理。

利用直线模型(12-30)进行预测首先要求出参数 b_0, b_1,求参数的方法有最小平方法和分组平方法。

① 最小平方法。最小平方法也称最小二乘法,其思路是要拟合这样一条直线,使各期的实际值到这条直线的纵向距离的平方和(即偏差平方和)为最小。

设 $y_i(i=1,2,\cdots,n)$ 为各期的实际值，则偏差平方和为

$$Q = \sum_{i=1}^{n}(y_i - \hat{y}_i)^2 = \sum_{i=1}^{n}[y_i - (b_0 + b_1 t_i)]^2 = \sum_{i=1}^{n}(y_i - b_0 - b_1 t_i)^2$$

或者简写为

$$Q = \sum(y - b_0 - b_1 t)^2$$

根据极值定理，要使 Q 最小，则必须满足：

$$\frac{\partial Q}{\partial b_0} = 0, \qquad \frac{\partial Q}{\partial b_1} = 0$$

即

$$\begin{cases} \dfrac{\partial Q}{\partial b_0} = -2\sum(y - b_0 - b_1 t) = 0 \\ \dfrac{\partial Q}{\partial b_1} = -2\sum(y - b_0 - b_1 t)t = 0 \end{cases}$$

整理得

$$\begin{cases} \sum y = nb_0 + b_1 \sum t \\ \sum ty = b_0 \sum t + b_1 \sum t^2 \end{cases}$$

上述方程组中第一个方程两边同除以 n，并且把第二个方程稍加变化，得

$$\begin{cases} \dfrac{1}{n}\sum y = b_0 + b_1 \dfrac{1}{n}\sum t \\ \sum ty = b_0 n \dfrac{1}{n}\sum t + b_1 \sum t^2 \end{cases}$$

即

$$\begin{cases} \bar{y} = b_0 + b_1 \bar{t} \\ \sum ty = b_0 n\bar{t} + b_1 \sum t^2 \end{cases}$$

把第一个方程变形为

$$b_0 = \bar{y} - b_1 \bar{t}$$

代入第二个方程，得

$$\sum ty = (\bar{y} - b_1 \bar{t})n\bar{t} + b_1 \sum t^2 = n\bar{y}\bar{t} - b_1 n\bar{t}^2 + b_1 \sum t^2$$
$$\sum ty - n\bar{y}\bar{t} = b_1(\sum t^2 - n\bar{t}^2)$$

所以，

$$b_1 = \frac{\sum ty - n\bar{y}\bar{t}}{\sum t^2 - n\bar{t}^2}$$

故方程组的解为

$$\begin{cases} b_1 = \dfrac{\sum ty - n\bar{y}\bar{t}}{\sum t^2 - n\bar{t}^2} \\ b_0 = \bar{y} - b_1\bar{t} \end{cases} \tag{12-31}$$

式中，$\bar{y}, \bar{t}$ 分别表示实际值的平均数和时间序列的平均数。

为简化公式，若令 $\sum t = 0$，则 $\bar{t} = \dfrac{1}{n}\sum t = 0$，式(12-31)便可简化为

$$\begin{cases} b_0 = \bar{y} \\ b_1 = \dfrac{\sum ty}{\sum t^2} \end{cases} \tag{12-32}$$

要使 $\sum t = 0$，当历史数据项数为奇数时，可将 $t=0$ 放在中间一项，假设有 7 年的历史数据，则时间序列 t 分别为-3、-2、-1、0、1、2、3；当历史数据项数为偶数时，中间两项分别为-1、1，假设有 6 年的历史数据，则时间序列 t 分别为-5、-3、-1、1、3、5。

② 分组平均法。最小平方法的原理是要找到一条能使实际值和理论预测值的偏差平方和最小的直线作为预测模型，而分组平均法的原理则是要找到一条能使实际值和理论预测值的偏差代数和等于零的直线作为预测模型。

设有 n 个实际值，要求出 b_0, b_1 的值，使实际值和理论预测值的偏差代数和为零，即

$$\sum(y - \bar{y}) = \sum[y - (b_0 + b_1 t)] = \sum(y - b_0 - b_1 t) = 0$$

上式可化为

$$\sum y = nb_0 + b_1 \sum t$$

由于求参数 b_0, b_1 需要两个方程，可将上式中的实际值和时间序列分为大致相等的两半，即将 $\sum y = nb_0 + b_1 \sum t$ 分为一个方程组：

$$\begin{cases} \sum_1 y_i = nb_0 + b_1 \sum_1 t_i \\ \sum_2 y_i = nb_0 + b_1 \sum_2 t_i \end{cases}$$

若以 $\bar{y}_1, \bar{y}_2$ 分别表示第 1 组和第 2 组实际值的平均数；$\bar{t}_1, \bar{t}_2$ 分别表示第 1 组和第 2 组时间序列的平均数，则上式可化为

$$\begin{cases} \bar{y}_1 = b_0 + b_1 \bar{t}_1 \\ \bar{y}_2 = b_0 + b_1 \bar{t}_2 \end{cases}$$

解得

$$\begin{cases} b_0 = \dfrac{\bar{t}_2 \bar{y}_1 - \bar{t}_1 \bar{y}_2}{\bar{t}_2 - \bar{t}_1} \\ b_1 = \dfrac{\bar{y}_2 - \bar{y}_1}{\bar{t}_2 - \bar{t}_1} \end{cases} \tag{12-33}$$

(2) 二次(二次抛物线)预测模型。

$$\hat{y}_t = b_0 + b_1 t + b_2 t^2 \tag{12-34}$$

(3) 三次(三次抛物线)预测模型。
$$\hat{y}_t = b_0 + b_1 t + b_2 t^2 + b_3 t^3 \tag{12-35}$$

(4) n 次(n 次抛物线)预测模型。
$$\hat{y}_t = b_0 + b_1 t + b_2 t^2 + \cdots + b_n t^n \tag{12-36}$$

(5) 逆函数预测模型。
$$\hat{y}_t = b_0 + b_1 \frac{1}{t} \tag{12-37}$$

式中，$b_0, b_1, b_2, \cdots, b_n$——常数；

   t——时间自变量。

2) 指数曲线预测模型

(1) 普通指数曲线预测模型。
$$\hat{y}_t = a\mathrm{e}^{bt} \tag{12-38}$$

(2) 修正指数曲线预测模型。
$$\hat{y}_t = a + bc^t \tag{12-39}$$

式中，a, b, c——参数；

   t——时间。

3) 对数曲线预测模型

常用的对数曲线预测模型如下。
$$\hat{y}_t = a + b\ln t \tag{12-40}$$

式中，a, b——参数；

   t——时间。

4) 生长曲线预测模型

(1) 皮尔曲线预测模型。
$$\hat{y}_t = \frac{L}{1 + a\mathrm{e}^{-bt}} \tag{12-41}$$

式中，L——变量 $\hat{y}_t$ 的极限值；

   a, b——参数；

   t——时间。

(2) 龚珀兹曲线预测模型。
$$\hat{y}_t = ka^{b^t} \tag{12-42}$$

式中，k——变量 $\hat{y}_t$ 的极限值；

   a, b——参数；

   t——时间。

5) 其他常用的非线性模型

(1) 复合曲线模型。
$$y = b_0 + b_1^t \tag{12-43}$$

(2) 增长曲线模型。
$$y = \mathrm{e}^{b_0 + b_1 t} \tag{12-44}$$

(3) 对数曲线模型。

$$y = b_0 + b_1 \ln(t) \tag{12-45}$$

(4) S 曲线模型。

$$y = e^{b_0 + b_1/t} \tag{12-46}$$

(5) 幂函数模型。

$$y = b_0(t^{b_1}) \tag{12-47}$$

(6) 逻辑函数模型。

$$y = \frac{1}{1/\mu + b_0 b_1^t} \tag{12-48}$$

式中，$b_0, b_1, b_2, \cdots, b_n$——常数；

t——时间自变量。

12.2.2 长期趋势预测模型的选择及 SPSS 应用

长期趋势预测模型主要依赖于图形识别和差分法计算来进行模型的基本选择。

1. 图形识别法

这种方法是通过绘制散点图来进行的，即将时间序列的数据绘制成以时间 t 为横轴，以时序观察值为纵轴的图形，观察并将其变化曲线与各类函数曲线模型的图形进行比较，以便选择较为适宜的模型。

然而在实际预测过程中，有时由于几种模型接近而无法通过图形直观确认某种模型，这就必须同时对几种模型进行试算，最后将标准误差最小的模型作为预测模型。

2. 差分法

鉴于模型种类繁多，为了根据历史数据精确选择模型，通常利用差分法将原时间序列转化为平稳序列，即通过差分法将数据平滑处理，从而使非平稳序列转变为平稳序列。这里最常用的是一阶向后差分法。一阶向后差分的公式为

$$y'_t = y_t - y_{t-1} \tag{12-49}$$

或

$$\Delta y_t = y_t - y_{t-1} \tag{12-50}$$

一阶向后差分法实际上是当时间由 t 推到 $t-1$ 时，y_t 的增量。

二阶向后差分的公式为

$$y''_t = y'_t - y'_{t-1} = y_t - 2y_{t-1} + y_{t-2} \tag{12-51}$$

计算时间序列的差分并将其与各类模型差分特点比较，就可以选择适宜的模型。利用差分法识别几种常用的模型的例子如表 12-4、表 12-5 所示。

表 12-4 三次多项式预测模型差分计算表

时间(t)	$\hat{y}_t = b_0 + b_1 t + b_2 t^2 + b_3 t^3$	一阶差分	二阶差分	三阶差分
1	$b_0 + b_1 + b_2 + b_3$	—	—	—
2	$b_0 + 2b_1 + 4b_2 + 8b_3$	$b_1 + 3b_2 + 7b_3$	—	—
3	$b_0 + 3b_1 + 9b_2 + 27b_3$	$b_1 + 5b_2 + 19b_3$	$2b_2 + 12b_3$	—
4	$b_0 + 4b_1 + 16b_2 + 64b_3$	$b_1 + 7b_2 + 37b_3$	$2b_2 + 18b_3$	$6b_3$
⋮	⋮	⋮	⋮	⋮
$t-1$	$b_0 + (t-1)b_1 + (t-1)^2 b_2 + (t-1)^3 b_3$	$b_1 + [2(t-1)-1]b_2 + [3(t-1)^2 - 3(t-1) + 1]b_3$	$2b_2 + 6(t-1)b_3$	$6b_3$
t	$b_0 + b_1 t + b_2 t^2 + b_3 t^3$	$b_1 + (2t-1)b_2 + (3t^2 - 3t + 1)b_3$	$2b_2 + 6tb_3$	$6b_3$

由表 12-4 可知，若想要选择三次多项式模型进行预测，那么时间序列中各个数值的三阶差分必须相等或者大致相等。

表 12-5　修正指数曲线预测模型差分计算表

时间(t)	$\hat{y}_t = a + bc^t$	一阶差分 $y_t - y_{t-1}$	一阶差分比率 $(y_t - y_{t-1})/(y_{t-1} - y_{t-2})$
1	$a + bc$	—	—
2	$a + bc^2$	$bc(c-1)$	—
3	$a + bc^3$	$bc^2(c-1)$	c
4	$a + bc^4$	$bc^3(c-1)$	c
⋮	⋮	⋮	⋮
$t-1$	$a + bc^{t-1}$	$bc^{t-2}(c-1)$	c
t	$a + bc^t$	$bc^{t-1}(c-1)$	c

由表 12-5 可知，当时间序列中各个数值的一阶差分比率相等或者大致相等时，可选用修正指数曲线模型进行预测。

【案例 12-2】长期趋势预测模型应用示例一

根据某地城市居民家庭人均消费支出情况(见表 12-6)，拟合消费支出线性趋势。

表 12-6　某地城市居民家庭人均消费支出情况

单位：元

年份	消费支出	食品	衣着	家庭设备用品及服务	医疗保健	交通和通信	教育文化娱乐服务	居住	其他商品和服务
2001	5868	3131	561	637	113	321	508	401	196
2002	6763	3429	590	614	148	496	827	416	243
2003	6820	3526	552	525	197	397	828	605	190
2004	6866	3477	472	453	261	406	893	674	230
2005	8248	3731	551	772	347	583	1094	842	328
2006	8868	3947	567	683	501	759	1287	794	330
2007	9336	4056	577	579	558	958	1422	796	390
2008	10 464	4120	613	653	734	1115	1668	1189	372
2009	11 040	4102	751	792	603	1259	1834	1280	419
2010	12 631	4593	797	780	762	1703	2195	1327	474
2011	13 773	4940	940	800	797	1984	2273	1412	627
2012	14 762	5249	1027	877	763	2333	2432	1436	645
2013	17 255	6125	1330	959	857	3154	2654	1412	764
2014	19 398	7109	1521	1182	755	3373	2875	1646	937
2015	20 992	7345	1593	1365	1002	3499	3139	1913	1136
2016	23 200	7777	1794	1800	1006	4076	3363	2166	1218
2017	25 102	8906	2054	1826	1141	3808	3746	2226	1395
2018	26 253	9656	2111	1906	1017	4564	3724	1790	1485

1. SPSS 主要操作步骤

SPSS 统计分析工具中有多种方式可以进行线性拟合，如图 12-4~图 12-6 所示。

每种分析工具使用的统计量和表达方式各有不同，可根据资料特征、分析需要进行选择使用。本案例选用"回归/线性"模型，主要操作步骤如图 12-7 和图 12-8 所示。

图 12-4　一般线性模型　　　　图 12-5　回归/线性　　　　图 12-6　回归/曲线估计

图 12-7　"回归/线性"步骤一　　　　图 12-8　"回归/线性"步骤二

2. SPSS 分析数据及结论

应用 SPSS 统计分析软件，得到以下分析数据表(见表 12-7~表 12-11)和分析图(见图 12-9)。

表 12-7　描述性统计量

	均值	标准偏差	N
人均消费支出	13 757.72	6736.609	18
年份	2 009.50	5.339	18

表 12-8　相关性

		人均消费支出	年份
Pearson 相关性	人均消费支出	1.000	.971
	年份	.971	1.000
Sig. (单侧)	人均消费支出	.	.000
	年份	.000	.
N	人均消费支出	18	18
	年份	18	18

表 12-9 模型汇总

R	R方	调整R方	标准估计的误差	更改统计量					Durbin-Watson
				R方更改	F更改	df1	df2	Sig.F更改	
.971a	.943	.940	1651.851	.943	266.742	1	16	.000	.194

说明：自变量为常量，年份。因变量为人均消费支出。

表 12-10 Anova 分析

模型	平方和	df	均方	F	Sig.
回归	7.278E8	1	7.278E8	266.742	.000a
残差	43 657 763.078	16	2 728 610.192		
总计	7.715E8	17			

说明：自变量为常量，年份。因变量为人均消费支出。

表 12-11 系数(部分)

模型	非标准化系数		t	Sig.	B 的 95.0% 置信区间		相关性		
	B	标准误差			下限	上限	零阶	偏	部分
常量	−2 449 202.854	150 804.158	−16.241	.000	−2 768 893.388	−2 129 512.321			
年份	1225.658	75.045	16.332	.000	1066.569	1384.747	.971	.971	.971

表 12-8 的相关性分析可以看出，因素间相关性较高，并通过了显著性检验。从表 12-9、表 12-10 的模型检验来看，也都显示模型拟合显著。表 12-11 给出了模型系数，以及系数的显著性检验结果——高度显著。

拟合模型：$\hat{y}_t = -2\,449\,202.854 + 1225.658t$

图 12-9 形象地显示了模型拟合的实际效果。

图 12-9 回归标准化残差图

【案例 12-3】长期趋势预测模型应用示例二

根据历年来某地城市居民"恩格尔系数"资料(见表 12-12),试用各类模型拟合趋势线。

操作步骤讲解视频

表 12-12 某地城市居民"恩格尔系数"资料

单位:%

年份	1986	1987	1988	1989	1990	1991	1992	1993	1994	1995	1996
恩格尔系数	56.0	56.8	58.9	58.5	56.5	52.1	52.7	54.4	52.7	55.8	56.5
年份	1997	1998	1999	2000	2001	2002	2003	2004	2005	2006	2007
恩格尔系数	56.9	55.9	53.1	53.5	53.4	50.7	51.7	50.6	45.2	44.5	43.4
年份	2008	2009	2010	2011	2012	2013	2014	2015	2016	2017	2018
恩格尔系数	39.4	37.2	36.4	35.9	35.6	35.5	36.6	35.0	33.5	35.5	36.8

1. SPSS 主要操作步骤(见图 12-10、图 12-11)

图 12-10 "回归分析"步骤一   图 12-11 "回归分析"步骤二

2. SPSS 分析数据及结论

应用 SPSS 统计分析软件,得到以下分析数据表(见表 12-13)和分析图(见图 12-2)。

表 12-13 模型汇总和参数估计值

方程	模型汇总						参数估计值			
	R 方	F	df1	df2	Sig.	估计值标准误	常数	b1	b2	b3
线性	0.859	189.188	1	31	0	3.395	1756.551	−0.854		
对数	0.858	188.061	1	31	0	3.404	13033.9	−1708.313		
逆	0.858	186.932	1	31	0	3.412	−1660.073	3418465.759		
二次	0.86	190.311	1	31	0	3.386	902.394	0	0	
三次	0.861	191.43	1	31	0	3.378	617.674	0	0	−7.11E−08
复合	0.849	174.971	1	31	0	0.078	1.06529E+18	0.981		
幂	0.849	173.811	1	31	0	0.078	9.16E+125	−37.648		
S	0.848	172.652	1	31	0	0.078	−33.786	75330.497		
增长	0.849	174.971	1	31	0	0.078	41.51	−0.019		

(续表)

方程	模型汇总					参数估计值			
	R方	F	df1	df2	Sig.	估计值标准误	常数	b1	b2	b3
指数	0.849	174.971	1	31	0	0.078	1.06529E+18	−0.019		
Logistic	0.849	174.971	1	31	0	0.078	9.39E-19	1.019		

说明：自变量为年份，因变量为恩格尔系数。

从表 12-13 中可以看到，所有模型的 R 方大致在 0.85 左右，线性的略高、非线性的略低。所有模型的显著性检验也都显示"通过"。但是，如果再利用 SPSS 统计分析分别进行参数的显著性检验，"复合""幂""指数"模型都显示有参数"未通过"(因篇幅较多，省略)。

另外，从估计值标准误来看，"复合""幂""S""增长""指数""Logistic"等模型的数值较小。根据以上分析可大致选定"恩格尔系数"的拟合模型以"增长""Logistic"较优。

以"增长"模型为例：$y = e^{41.397-.019\,t}$，如图 12-12 所示。

图 12-12 "增长"模型拟合趋势图

12.2.3 修正指数曲线预测模型及其应用

下面以修正指数曲线为例说明长期趋势预测模型的使用，其他模型的使用可参考相关统计学书籍。

修正指数曲线预测模型为

$$\hat{y}_t = a + bc^t \quad (0 < c < 1) \tag{12-52}$$

式中，a,b,c——待定参数；

t——模型设定的时间参数。

为求解 a,b,c 三个参数，可应用分组法，即将整个时间序列等分成三个组，通过关联三个组的变量总数进行求导。

设各组序列项数为 n 项，第一组变量总和为 $\sum_{i=0}^{n-1} \mathrm{I}\, y_i$，第二组变量总和为 $\sum_{i=n}^{2n-1} \mathrm{II}\, y_i$，第三组变量总和为 $\sum_{i=2n}^{3n-1} \mathrm{III}\, y_i$。现求导 a,b,c 三个参数如下：

第 12 章 时间序列预测法

$$\hat{y}_t = a + bc^t \,(0 < c < 1)$$

$$\sum_{i=0}^{n-1} \mathrm{I}\, y_i = na + b + bc + bc^2 + \cdots + bc^{n-1}$$

$$= na + b(1 + c + c^2 + \cdots + c^{n-1})\frac{c-1}{c-1}$$

$$= na + b\left(\frac{c + c^2 + \cdots + c^n - 1 - c - \cdots - c^{n-1}}{c-1}\right)$$

$$= na + b\left(\frac{c^n - 1}{c-1}\right)$$

同理，

$$\sum_{i=n}^{2n-1} \mathrm{II}\, y_i = na + bc^n + bc^{n+1} + \cdots + bc^{2n-1}$$

$$= na + bc^n(1 + c + c^2 + \cdots + c^{n-1})$$

$$= na + bc^n\left(\frac{c^n - 1}{c-1}\right)$$

$$\sum_{i=2n}^{3n-1} \mathrm{III}\, y_i = na + bc^{2n} + bc^{2n+1} + \cdots + bc^{3n-1}$$

$$= na + bc^{2n}(1 + c + c^2 + \cdots + c^{n-1})$$

$$= na + bc^{2n}\left(\frac{c^n - 1}{c-1}\right)$$

整理得

$$\sum_{i=n}^{2n-1} \mathrm{II}\, y_i - \sum_{i=0}^{n-1} \mathrm{I}\, y_i = na + bc^n\left(\frac{c^n-1}{c-1}\right) - na - b\left(\frac{c^n-1}{c-1}\right) = b\frac{(c^n-1)^2}{c-1}$$

所以，

$$b = \left(\sum_{i=n}^{2n-1} \mathrm{II}\, y_i - \sum_{i=0}^{n-1} \mathrm{I}\, y_i\right)\frac{c-1}{(c^n-1)^2}$$

又，

$$\sum_{i=2n}^{3n-1} \mathrm{III}\, y_i - \sum_{i=n}^{2n-1} \mathrm{II}\, y_i = na + bc^{2n}\left(\frac{c^n-1}{c-1}\right) - na - bc^n\left(\frac{c^n-1}{c-1}\right) = bc^n\frac{(c^n-1)^2}{c-1}$$

$$\frac{\sum_{i=2n}^{3n-1} \mathrm{III}\, y_i - \sum_{i=n}^{2n-1} \mathrm{II}\, y_i}{\sum_{i=n}^{2n-1} \mathrm{II}\, y_i - \sum_{i=0}^{n-1} \mathrm{I}\, y_i} = \frac{\dfrac{bc^n(c^n-1)^2}{c-1}}{\dfrac{b(c^n-1)^2}{c-1}} = c^n$$

所以，

$$c = \left(\frac{\sum_{i=2n}^{3n-1} \mathrm{III}\, y_i - \sum_{i=n}^{2n-1} \mathrm{II}\, y_i}{\sum_{i=n}^{2n-1} \mathrm{II}\, y_i - \sum_{i=0}^{n-1} \mathrm{I}\, y_i}\right)^{\frac{1}{n}}$$

根据 $\sum_{i=0}^{n-1} \mathrm{I}\, y_i = na + b\left(\dfrac{c^n-1}{c-1}\right)$ 得

$$a = \frac{1}{n}\left[\sum_{i=0}^{n-1} \mathrm{I}\, y_i - b\left(\frac{c^n - 1}{c-1}\right)\right]$$

综合以上各式得

$$\begin{aligned}
a &= \frac{1}{n}\left[\sum_{i=0}^{n-1} \mathrm{I}\, y_i - b\left(\frac{c^n - 1}{c-1}\right)\right] \\
b &= \left(\sum_{i=n}^{2n-1} \mathrm{II}\, y_i - \sum_{i=0}^{n-1} \mathrm{I}\, y_i\right)\frac{c-1}{(c^n-1)^2} \\
c &= \left(\frac{\sum_{i=2n}^{3n-1} \mathrm{III}\, y_i - \sum_{i=n}^{2n-1} \mathrm{II}\, y_i}{\sum_{i=n}^{2n-1} \mathrm{II}\, y_i - \sum_{i=0}^{n-1} \mathrm{I}\, y_i}\right)^{\frac{1}{n}}
\end{aligned} \tag{12-53}$$

修正指数曲线预测模型 $\hat{y}_t = a + bc^t (0 < c < 1)$ 的图形，如图 12-13 所示。

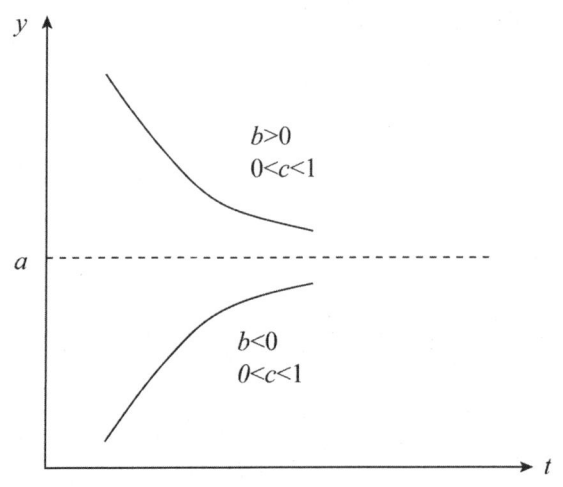

图 12-13 修正指数曲线图

【案例 12-4】修正指数曲线预测模型应用示例

某产品近 9 年的销售量如表 12-14 所示，试预测第 10 年的销售量。

表 12-14 某产品销售量统计数据表

单位：万吨

年份	1	2	3	4	5	6	7	8	9
销售量	50.0	60.0	68.0	69.6	71.1	71.7	72.3	72.8	73.2

第一步，选择预测模型。

(1) 绘制散点图，初步确定模型。

由散点图(见图 12-14)可以初步确定选用修正指数曲线预测模型 $\hat{y}_t = a + bc^t (b<0, 0<c<1)$ 来进行预测。

图 12-14 某商品近 9 年的销售量散点图

(2) 计算一阶差分比率，如表 12-15 所示。

表 12-15 某产品销售量统计数据一阶差分比率表

年份	1	2	3	4	5	6	7	8	9
销售量/万吨	50.0	60.0	68.0	69.6	71.1	71.7	72.3	72.8	73.2
一阶差分	—	10	8	1.6	1.5	0.6	0.6	0.5	0.4
一阶差分比率	—	—	0.8	0.2	0.94	0.4	1.0	0.83	0.8

由表 12-15 可知，除个别以外，销售量的一阶差分比率大致是相等的。所以，结合散点图分析，最后确定选用修正指数曲线模型进行预测比较适宜。

第二步，求模型的参数(计算表如表 12-16 所示)。

表 12-16 修正指数曲线模型计算表

时间	时间序列(t)	销售量(y_i)/万吨
第 1 年	0	50.0
第 2 年	1	60.0
第 3 年	2	68.0
$\sum \text{I} y_i$	—	178.0
第 4 年	3	69.6
第 5 年	4	71.1
第 6 年	5	71.7
$\sum \text{II} y_i$	—	212.4
第 7 年	6	72.3
第 8 年	7	72.8
第 9 年	8	73.2
$\sum \text{III} y_i$	—	218.3

$$a = \frac{1}{n}\left[\sum_{i=0}^{n-1} \text{I} y_i - b\left(\frac{c^n - 1}{c - 1}\right)\right] = \frac{1}{3}\left(178 + 22.272 \times \frac{0.5556^3 - 1}{0.5556 - 1}\right) = 73.174$$

$$b = \left(\sum_{i=n}^{2n-1} \mathrm{II}\, y_i - \sum_{i=0}^{n-1} \mathrm{I}\, y_i\right) \frac{c-1}{(c^n-1)^2} = (212.4 - 178) \times \frac{0.5556 - 1}{(0.5556^3 - 1)^2} = -22.272$$

$$c = \left(\frac{\sum_{i=2n}^{3n-1} \mathrm{III}\, y_i - \sum_{i=n}^{2n-1} \mathrm{II}\, y_i}{\sum_{i=n}^{2n-1} \mathrm{II}\, y_i - \sum_{i=0}^{n-1} \mathrm{I}\, y_i}\right)^{\frac{1}{n}} = \left(\frac{218.3 - 212.4}{212.4 - 178.0}\right)^{\frac{1}{3}} = 0.5556$$

所求模型为

$$\hat{y}_t = 73.174 - 22.272 \times 0.5556^t$$

第三步，进行预测。

$$\hat{y}_{第10年} = 73.174 - 22.272 \times 0.5556^9 = 73.06(万吨)$$

需要指出的是，许多新产品投入市场后，其需求量常常呈现为初期迅速增加，一段时期后其增长速度逐渐放缓，而增长量的环比速度在各期大致相等，最终其发展水平趋向于某一个正的常数极限值。修正指数曲线预测模型正是用来描述这种发展趋势的理想工具。

12.3 生长曲线趋势外推法

指数曲线预测模型不能预测接近极限值时的特性值，因为一旦趋近极限值，特性值的增长就不再遵循指数规律。当我们考虑极限值的影响时，会发现事物经历了一个从发生、发展到成熟的过程，因为这种曲线形状与 S 型相似，所以又被称为 S 曲线。下面讨论两种最有使用价值的 S 曲线(即龚珀兹曲线和皮尔曲线)及其应用。

12.3.1 龚珀兹曲线预测模型及其应用

龚珀兹曲线和皮尔曲线，均属于生长曲线回归预测方法。龚珀兹曲线多用于新产品的研制、发展、成熟和衰退分析，尤其适用于对处在成熟期的产品进行预测，以掌握市场需求和销售的饱和量。

龚珀兹曲线预测模型的形式为

$$\hat{y} = ka^{b^t} \tag{12-54}$$

式中，t——时间；

k, a, b——待定参数，用于描述产品生命周期的具体规律。

龚珀兹曲线的形式取决于参数 k, a, b 的值。

对龚珀兹模型 $\hat{y} = ka^{b^t}$ 做线性变换，得

$$\lg y = \lg k + b^t \lg a$$

龚珀兹曲线对应于 $\lg a$ 与 b 的不同取值范围具有间断点，曲线的一般形状如图 12-15 所示。图 12-15 中(1)的渐进线(k)意味着市场对某类产品的需求已逐渐接近饱和状态；图 12-15 中(2)的渐进线(k)意味着市场对某类产品的需求已由饱和状态开始下降；图 12-15 中(3)的渐进线(k)意味着市场需求下降迅速，已经接近最低水平 k；图 12-15 中(4)的渐进线(k)意味着市场需求量开始从低水平迅速上升。

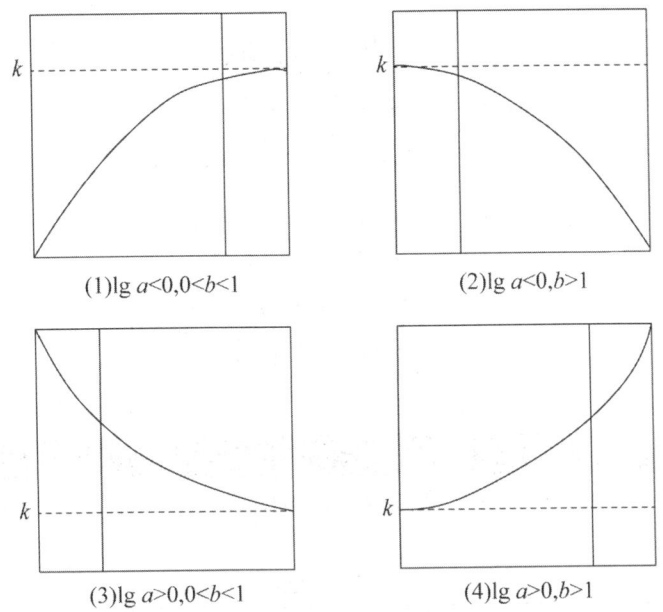

图 12-15 龚珀兹曲线的一般形状

另外，在选择应用龚珀兹曲线时，应考察历史数据 y_t 对数一阶差分比率。当一组统计数据对数一阶差分比率大致相等时，就可选用龚珀兹曲线进行预测，表 12-17 给出了证明。

表 12-17 龚珀兹曲线预测模型一阶差分比率计算表

时间(t)	$\hat{y} = ka^{b^t}$	$\lg y_t = \lg k + b^t \lg a$	$\lg y_t - \lg y_{t-1}$	$\dfrac{\lg y_t - \lg y_{t-1}}{\lg y_{t-1} - \lg y_{t-2}}$
1	ka^b	$\lg k + b \lg a$	—	—
2	ka^{b^2}	$\lg k + b^2 \lg a$	$b(b-1)\lg a$	—
3	ka^{b^3}	$\lg k + b^3 \lg a$	$b^2(b-1)\lg a$	b
4	ka^{b^4}	$\lg k + b^4 \lg a$	$b^3(b-1)\lg a$	b
⋮	⋮	⋮	⋮	⋮
$t-1$	$ka^{b^{t-1}}$	$\lg k + b^{t-1} \lg a$	$b^{t-2}(b-1)\lg a$	b
t	ka^{b^t}	$\lg k + b^t \lg a$	$b^{t-1}(b-1)\lg a$	b

用分组法求解龚珀兹曲线中参数 k, a, b 的步骤如下。

(1) 所收集的历史统计数据，要能够被 3 整除，即是以 $3n$ 为时间序列的数，n 为每一组数据点的个数。

(2) 式中的 y 值用来代表预测对象所对应于各时间序列的数值，并将各 y 值变换为对数。

(3) 将第一组的 n 个数据点的各 $\lg y$ 相加，求得 $\sum \mathrm{I} \lg y$；将第二组的 n 个数据点的各 $\lg y$ 相加，求得 $\sum \mathrm{II} \lg y$；将最后一组的 n 个数据点的各 $\lg y$ 相加，求得 $\sum \mathrm{III} \lg y$。

(4) 式中的 t 代表时间序列的顺序，取 $t_1 = 0$。

(5) 将有关数据代入下列公式为

$$\begin{cases} b^n = \dfrac{\sum \mathrm{III} \lg y - \sum \mathrm{II} \lg y}{\sum \mathrm{II} \lg y - \sum \mathrm{I} \lg y} \\ \lg a = \left(\sum \mathrm{II} \lg y - \sum \mathrm{I} \lg y\right) \cdot \dfrac{b-1}{(b^n-1)^2} \\ \lg k = \dfrac{1}{n}\left(\sum \mathrm{I} \lg y - \dfrac{b^n-1}{b-1} \lg a\right) \end{cases} \quad (12\text{-}55)$$

或

$$\lg k = \dfrac{1}{n}\left(\dfrac{\sum \mathrm{I} \lg y \cdot \sum \mathrm{III} \lg y - \left(\sum \mathrm{II} \lg y\right)^2}{\sum \mathrm{I} \lg y + \sum \mathrm{III} \lg y - 2\sum \mathrm{II} \lg y}\right)$$

(6) 通过查反对数表，求出参数 k, a, b，并将 k, a, b 代入公式 $\hat{y} = ka^{b^t}$，即得龚珀兹曲线预测模型。

【案例 12-5】龚珀兹曲线预测模型应用示例

某公司近 9 年的实际销售额如表 12-18 所示，试利用龚珀兹曲线模型预测第 10 年的销售额。

(1) 计算参数 k, a, b。

表 12-18 龚珀兹曲线计算表

时间	时间序列(t)	销售额/万元	$\lg y$
第 1 年	0	4.94	0.6937
第 2 年	1	6.21	0.7931
第 3 年	2	7.18	0.8561
$\sum \mathrm{I} y_i$	—	—	2.3429
第 4 年	3	7.74	0.8887
第 5 年	4	8.38	0.9232
第 6 年	5	8.45	0.9269
$\sum \mathrm{II} y_i$	—	—	2.7388
第 7 年	6	8.73	0.9410
第 8 年	7	9.42	0.9741
第 9 年	8	10.24	1.0103
$\sum \mathrm{III} y_i$	—	—	2.9254

根据表 12-18 的数据计算参数 k, a, b，过程如下：

$$\begin{cases} b^n = \dfrac{\sum \mathrm{III} \lg y - \sum \mathrm{II} \lg y}{\sum \mathrm{II} \lg y - \sum \mathrm{I} \lg y} = \dfrac{2.9254 - 2.7388}{2.7388 - 2.3429} = 0.4713 \\ \lg a = \left(\sum \mathrm{II} \lg y - \sum \mathrm{I} \lg y\right) \cdot \dfrac{b-1}{(b^n-1)^2} = (2.7388 - 2.3429) \cdot \dfrac{0.7782 - 1}{(0.4713 - 1)^2} = -0.3141 \\ \lg k = \dfrac{1}{n}\left(\sum \mathrm{I} \lg y - \dfrac{b^n-1}{b-1} \lg a\right) = \dfrac{1}{3}\left[2.3429 - \dfrac{0.4713 - 1}{0.7782 - 1}(-0.3141)\right] = 1.0306 \end{cases}$$

所以，$a = 0.4582$；$b = 0.7782$；$k = 10.73$。

(2) 把 k, a, b 代入公式 $\hat{y} = ka^{b^t}$，即可得预测模型。

$$\hat{y} = 10.73 \times 0.4582^{0.7782^t}$$

(3) 进行预测。

$$\hat{y}_{第10年} = 10.73 \times 0.4582^{0.7782^9} = 9.948 (万元)$$

由上述计算可知，市场饱和点的需求量 k =10.73(万元)，第 9 年的销售量已达 10.24 万元，第 10 年预测销售量可达 9.948 万元，第 13 年预计可达 10.35 万元。产品处于生命周期成熟阶段的最高峰，销售量已无增长前景，并可能在某一时刻转入下降趋势。

就整个社会或者某个地区来讲，市场总容量是不断扩大的。但是，就具体商品而言，总要经过进入市场、销售量快速增长、市场饱和、销售量下降这几个阶段。特别是轻工产品的销售额，大部分都遵循"增长缓慢→迅速增加→维持一定水平→逐渐减少"的规律发展变化。龚珀兹曲线是预测各种产品市场容量的一种最佳拟合曲线。

12.3.2 皮尔曲线预测模型及其应用

皮尔曲线预测模型的形式为

$$y_t = \frac{L}{1 + a\mathrm{e}^{-bt}} \tag{12-56}$$

式中，L——变量 y_t 的极限值；

a,b——常数；

t——时间。

皮尔曲线适用于对产品生命周期的分析，尤其适用于处在成熟期产品的市场需求饱和量的分析和预测。

参数 L,a,b 的求解过程如下：

$$\frac{1}{y_{t+1}} - \frac{1}{y_t} = \frac{\mathrm{e}^b - 1}{\mathrm{e}^b + 1} - \left[\frac{2}{L} - \left(\frac{1}{y_t} + \frac{1}{y_{t+1}}\right)\right]$$

经变换得

$$\frac{1}{y_{t+1}} = \frac{1 - \mathrm{e}^{-b}}{L} + \mathrm{e}^{-b} \frac{1}{y_t}$$

利用系数 e^{-b} 和 $\frac{1-\mathrm{e}^{-b}}{L}$ 建立 $\frac{1}{y_{t+1}}$ 对 $\frac{1}{y_t}$ 的回归方程，即得标准方程组：

$$\begin{cases} \sum \frac{1}{y_{t+1}} = \left(\frac{1-\mathrm{e}^{-b}}{L}\right)(n-1) + \mathrm{e}^{-b} \sum \frac{1}{y_t} \\ \sum \left(\frac{1}{y_{t+1}} \cdot \frac{1}{y_t}\right) = \left(\frac{1-\mathrm{e}^{-b}}{L}\right) \cdot \sum \frac{1}{y_t} + \mathrm{e}^{-b} \sum \left(\frac{1}{y_t}\right)^2 \end{cases}$$

从 $t=1$ 到 $t=n-1$ 对上式求和。相对于 e^{-b} 和 $\frac{1-\mathrm{e}^{-b}}{L}$ 解标准方程组得

$$\mathrm{e}^{-b} = \frac{(n-1) \cdot \sum \left(\frac{1}{y_{t+1}} \cdot \frac{1}{y_t}\right) - \sum \frac{1}{y_{t+1}} \cdot \sum \frac{1}{y_t}}{(n-1) \cdot \sum \left(\frac{1}{y_t}\right)^2 - \left(\sum \frac{1}{y_t}\right)^2}$$

$$\left(\frac{1-e^{-b}}{L}\right) = \frac{\sum\frac{1}{y_{t+1}} \cdot \sum\left(\frac{1}{y_t}\right)^2 - \sum\frac{1}{y_t} \cdot \sum\left(\frac{1}{y_{t+1}} \cdot \frac{1}{y_t}\right)}{(n-1) \cdot \sum\left(\frac{1}{y_t}\right)^2 - \left(\sum\frac{1}{y_t}\right)^2} \tag{12-57}$$

利用 L, b 的值估算 a 值：

$$\ln a = \frac{b(n-1)}{2} + \frac{1}{n}\sum\ln\left(\frac{L}{y_t} - 1\right) \tag{12-58}$$

【案例 12-6】皮尔曲线预测模型应用示例

某公司过去 21 个月的销售情况如表 12-19 所示，试预测该公司第 22 个月的销售量。

表 12-19　某公司产品的销售量

单位：万件

时间	销售量	$\frac{1}{y_t}$	$\frac{1}{y_{t+1}}$	$\frac{1}{y_t} \cdot \frac{1}{y_{t+1}}$	$\left(\frac{1}{y_t}\right)^2$
1	50.87	0.019 7	0.019 2	0.000 378	0.000 386 4
2	52.03	0.019 2	0.018 8	0.000 360	0.000 369 4
3	53.33	0.018 8	0.018 7	0.000 351	0.000 351 6
4	53.35	0.018 7	0.018 2	0.000 340	0.000 351 2
5	55.09	0.018 2	0.017 6	0.000 320	0.000 329 5
6	56.76	0.017 6	0.017 1	0.000 302	0.000 310 4
7	58.42	0.017 1	0.016 8	0.000 287	0.000 293 0
8	59.61	0.016 8	0.016 5	0.000 277	0.000 281 4
9	60.58	0.016 5	0.016 4	0.000 270	0.000 272 5
10	61.15	0.016 4	0.016 2	0.000 266	0.000 267 4
11	61.57	0.016 2	0.016 1	0.000 261	0.000 263 8
12	62.17	0.016 1	0.016 0	0.000 257	0.000 258 7
13	62.55	0.016 0	0.015 9	0.000 254	0.000 255 6
14	62.85	0.015 9	0.015 8	0.000 252	0.000 253 2
15	63.10	0.015 8	0.015 7	0.000 249	0.000 251 2
16	63.52	0.015 7	0.015 6	0.000 245	0.000 247 8
17	64.25	0.015 6	0.015 3	0.000 238	0.000 242 2
18	65.32	0.015 3	0.015 1	0.000 231	0.000 234 4
19	66.26	0.015 1	0.015 0	0.000 226	0.000 227 8
20	66.87	0.015 0	0.014 9	0.000 223	0.000 223 6
21	67.16	0.014 9	0.000 0	0.000 000	0.000 221 7
合计	—	0.335 6	0.330 9	0.005 588	0.005 671

第一步，将实际销售数据绘制成散点图（见图 12-16），发现此散点图趋近于皮尔曲线。所以选用皮尔曲线作为预测模型。

图 12-16 某公司销售数据散点图

第二步，计算模型参数。

将表 12-19 中的有关数据代入式(12-57)得

$$e^{-b} = 0.917\,118\,9,\quad b = 0.086\,518\,22,\quad L = 71.919\,94$$

再将 L, b 代入 $\ln a$，求得：$a = 0.455\,857\,9$

所以，皮尔曲线预测方程为

$$\hat{y}_t = \frac{71.919\,94}{1 + 0.455\,857\,9 e^{-0.086\,518\,22 t}}$$

第三步，利用所求的曲线方程对第 22 个月进行预测，得

$$\hat{y}_{22} = \frac{71.919\,94}{1 + 0.455\,857\,9 e^{-0.086\,518\,22 \times 22}} = 67.34\,(万件)$$

12.4 自回归预测法

12.4.1 自回归预测的基本原理及应用

1. 自回归预测的基本原理

依据实践数列的自回归预测，是通过分析同一变量在不同时期各变量值之间的相关关系，构建一元或多元回归方程进行预测的过程，即在同一个变量的时间数列中将本年的数列作为因变量数列，将过去推移若干期的时间数列作为自变量数列。通过分析一个因变量数列和一个自变量数列之间的相关关系，建立回归方程，从而进行预测。

这和一般的回归预测通过将两个不同的平行数列分别作为因变量数列和自变量数列来进行回归预测显然不同。

2. 自回归预测的应用

以一级自回归预测为例。进行一级自回归预测首先要编制自相关数列，再计算自相关系数，检验两者关系是否密切，然后建立自回归模型。

自回归一般方程式如下：

$$y_t = b_0 + b_1 y_{t-i} \tag{12-59}$$

上式称为一级自回归模型，是一个自变量与一个因变量的自回归。

式中，y_t——原数列，作为因变量；

y_{t+i}——向过去推移 i 期的数列,作为自变量;

b_0, b_1 ——参数。

运用最小二乘法可得求解参数 b_0, b_1 的联立方程:

$$\begin{cases} \sum y_t = nb_0 + b_1 \sum y_{t-i} \\ \sum y_t y_{t-i} = b_0 \sum y_{t-i} + b_1 \sum y_{t-i}^2 \end{cases}$$

$$\begin{cases} b_1 = \dfrac{n\sum y_t y_{t-i} - \sum y_t \sum y_{t-i}}{\sum y_{t-i}^2 - (\sum y_{t-i})^2} \\ b_0 = \bar{y}_t - b_1 \bar{y}_{t-i} \end{cases} \quad (12\text{-}60)$$

求出 b_0, b_1 后代回式(12-59)的模型,则可得回归方程。将用一级自回归模型推算出来的理论值与实际值之间的误差率计算出来,验证自回归预测是否可靠。

预测模型如下:

$$\hat{y}_{t+j} = b_0 + b_1 y_{t(j)} \quad (12\text{-}61)$$

式中, $y_{t(j)}$ ——自变量数列中(即自变量 y_t 数列中)相应于预测第 j 期的实际数值;

$\hat{y}_{t+j}$ ——预测 $t+j$ 期数值,即预测未来第 j 期的数值。

【案例 12-7】自回归预测模型应用示例

某地四年各季度的商品销售金额资料如表 12-20 所示。根据该资料预测第五年第一、二季度的商品销售额。

表 12-20 某地四年各季度商品销售金额资料

单位:百万元

时间	第一年	第二年	第三年	第四年
第一季度	16	24	30	36
第二季度	5	6	8	10
第三季度	13	18	22	26
第四季度	30	42	54	64
合计	64	90	114	136

1. 编制自相关数列表(见表 12-21)

表 12-21 自相关数列表

时间	第四年 y_t	后退四季度 y_{t-4}	后退八季度 y_{t-8}	后退十二季度 y_{t-12}
第一季度				16
第二季度				5
第三季度				13
第四季度				30
第一季度			24	
第二季度			6	
第三季度			18	
第四季度			42	
第一季度		30		

(续表)

时间	第四年 y_t	后退四季度 y_{t-4}	后退八季度 y_{t-8}	后退十二季度 y_{t-12}
第二季度		8		
第三季度		22		
第四季度		54		
第一季度	36			
第二季度	10			
第三季度	26			
第四季度	64			
合计	136	114	90	64

2. 计算自相关系数

现以第四年的数列(因变量数列 y_t)与向过去推移四季度的数列(自变量数列 y_{t-4})计算自相关系数（见表12-22）。

表12-22 自相关系数计算表

时间	y_{t-4}	y_t	y_{t-4}^2	y_t^2	$y_{t-4}y_t$
第一季度	30	36	900	1296	1080
第二季度	8	10	64	100	80
第三季度	22	26	484	676	572
第四季度	54	64	2816	4096	3456
合计	114	136	4364	6168	5188

$$r = \frac{n\sum y_{t-4}y_t - \sum y_{t-4}\sum y_t}{\sqrt{n\sum y_{t-4}^2 - (\sum y_{t-4})^2}\sqrt{n\sum y_t^2 - (\sum y_t)^2}}$$

$$= \frac{4 \times 5188 - 114 \times 136}{\sqrt{(4 \times 4364 - 114^2)(4 \times 6168 - 136^2)}}$$

$$= 0.999\ 937$$

依此类推，可以计算出第四年各季度商品销售额与向过去推移八季度、十二季度销售额的自相关系数分别是 0.999 136 和 0.997 932。由此可见，其相关程度是很高的，但以向过去推移四季度的自相关系数为最大。因此建立一级自回归预测模型时，可以选择向过去推移四季度的数列作为自变量。

3. 计算一级线性自回归模型并进行预测（见表12-23）

表12-23 一级线性自回归模型计算表

时间	y_{t-4}	y_t	y_{t-4}^2	y_t^2	$y_{t-4}y_t$	$\hat{y}_t$	$y_t - \hat{y}_t$	$\dfrac{y_t - \hat{y}_t}{y_t}$
第一季度	30	36	900	1296	1080	35.77	0.23	0.0064
第二季度	8	10	64	100	80	9.88	0.12	0.0120
第三季度	22	26	484	676	572	26.35	−0.35	−0.0135
第四季度	54	64	2816	4096	3456	64.00	0	0
合计	114	136	4364	6168	5188	136.00	0	

将表中的数据代入式(12-60)得

$$\begin{cases} b_1 = 1.1767 \\ b_0 = 0.4646 \end{cases}$$

所以，一级线性自回归方程为

$$y_t = 0.4646 + 1.1767 y_{t-i}$$

同时，由表 12-23 可知，第四年某地各季商品销售额与向过去推移四季度的销售额用一级线性自回归模型推算出来的理论值与实际值的最大误差率为−1.35%，最小为 0，这说明用向过去推移四季度的销售额数列进行自回归预测是相当可靠的。

用一级线性自回归模型进行预测第五年第一季度的销售额：

$$\hat{y}_{t+1} = 0.4646 + 1.1767 y_{t(1)} = 0.4646 + 1.1767 \times 36 = 42.8258 \text{(百万元)}$$

预测第五年第二季度的销售额：

$$\hat{y}_{t+2} = 0.4646 + 1.1767 y_{t(2)} = 0.4646 + 1.1767 \times 10 = 12.2316 \text{(百万元)}$$

以上是一级线性自回归模型的计算及进行的预测。利用表 12-21 的资料还可以计算二级线性自回归模型并进行预测。即以向过去推移四季度和推移八季度的两个数列作为自变量，回归模型为

$$y_t = b_0 + b_1 y_{t-i} + b_2 y_{t-2i} \tag{12-62}$$

具体预测过程与二元回归预测的相同，此处不再论述。

12.4.2　ARIMA 模型及 SPSS 应用

1. ARIMA 模型的基本原理

ARIMA 模型，全称差分自回归移动平均模型(autoregressive integrated moving average model，简称 ARIMA)，是由博克斯(Box)和詹金斯(Jenkins)于 20 世纪 70 年代初共同提出的，因此也常被称为 box-jenkins 模型或博克斯-詹金斯法。

ARIMA 模型的核心思想是：将预测对象随时间推移而形成的数据序列视作一个随机序列，并借助特定的数学模型来近似地描述这个序列。这个模型一旦被识别后就可以利用时间序列的过去值及现在值来预测其未来值。

2. ARIMA 模型预测的基本程序

(1) 根据时间序列的散点图、自相关函数和偏自相关函数图以 ADF 单位根检验其方差、趋势及其季节性变化规律，对序列的平稳性进行识别。一般来讲，经济运行的时间序列都不是平稳序列。

(2) 对非平稳序列进行平稳化处理。如果数据序列是非平稳的，并存在一定的增长或下降趋势，则需要对数据进行差分处理，如果数据存在异方差，则需对数据进行技术处理，直到处理后的数据的自相关函数值和偏相关函数值无显著地异于零。

(3) 根据时间序列模型的识别规则，建立相应的模型。ARIMA(p, d, q)中，AR 是自回归，p 为自回归项；MA 为移动平均，d 为时间序列成为平稳时所做的差分次数，q 为移动平均项数。

(4) 进行参数估计，检验是否具有统计意义。

(5) 进行假设检验，诊断残差序列是否为白噪声。

(6) 利用已通过检验的模型进行预测分析。

【案例 12-8】ARIMA 模型的 SPSS 应用示例

根据表 12-19 所示的商品销售数据，利用 ARIMA 模型进行趋势拟合。

1. SPSS 主要操作步骤（见图 12-17～图 12-20）

操作步骤讲解视频

图 12-17 "ARIMA 分析"步骤一

图 12-18 "ARIMA 分析"步骤二

图 12-19 "ARIMA 分析"步骤三

图 12-20 "ARIMA 分析"步骤四

2. SPSS 分析数据及结论

应用 SPSS 统计分析软件，得到以下分析数据表(见表 12-24～表 12-26)和分析图(见图 12-21)。
模型类型：ARIMA(4,0,1)

表 12-24 模型拟合

拟合统计量	均值	SE	最小值	最大值
平稳的 R 方	.802	.	.802	.802
R 方	.802	.	.802	.802
RMSE	9.303	.	9.303	9.303
MAPE	45.227	.	45.227	45.227
MaxAPE	354.901	.	354.901	354.901
MAE	5.886	.	5.886	5.886
MaxAE	17.745	.	17.745	17.745
正态化的 BIC	5.500	.	5.500	5.500

表 12-25 模型统计量

预测变量数	模型拟合统计量		Ljung-Box Q(18)			离群值数
	平稳的 R 方	R 方	统计量	DF	Sig.	
0	.802	.802	.	0	.	0

表 12-26 ARIMA 模型参数

				估计	SE	t	Sig.
商品销售额	自然对数		常数	25.488	22.450	1.135	.283
		AR	滞后 1	.065	1.021	.063	.951
			滞后 2	−.079	.911	−.087	.932
			滞后 3	.023	.930	.025	.981
			滞后 4	.873	.832	1.050	.318
		MA	滞后 1	−.737	1.443	−.511	.621

从 SPSS 输出的以上数据来看,表 12-25 的平稳的 R 方为 0.802,显示相关度尚可。ARIMA(4,0,1)走势拟合如图 12-21 所示。

图 12-21 ARIMA(4,0,1)走势拟合

但如果选择 ARIMA(4,0,0),则平稳的 R 方会相应降低;如果选择 ARIMA(8,0,1),则平稳的 R 方会增高,但 MA "滞后 1" 的 Sig.检验结果会高一些。如果增加 "差分次数",则会显示"迭代过程"不收敛。

因此,要找到最合适的 ARIMA(p, d, q)模型,需要不断地"试根",以确保所选模型能够精准地拟合和预测时间序列数据。

关键词和概念

平均预测法　趋势预测法　生长曲线趋势外推法　ARIMA 模型

本章复习题

一、思考题

1. 简述时间序列预测法的意义和作用。
2. 平均预测法、趋势预测法的应用条件有哪些？如何建立、选择最合适的预测模型？
3. 简述生长曲线趋势外推法的意义。
4. 如何应用生长曲线趋势外推法进行产品生命周期预测？
5. 简述 ARIMA 模型预测的基本程序。

二、实践题

1.【在校学生生活费用调查(续)】根据调查数据，利用 SPSS 软件，选择相应的分析模型，预测未来 1~2 年"在校学生生活费用支出情况"。

2. 某企业近 9 年产品销售量如表 12-27 所示。要求：

(1) 用 SPSS 软件建立预测模型；

(2) 预测第 10、11、12 年的销售量，以及 95%的置信区间。

表 12-27　某企业年产品销售量

单位：万件

时间	第1年	第2年	第3年	第4年	第5年	第6年	第7年	第8年	第9年
销售量	600	650	705	764	827	895	966	1005	1100

第 13 章
因果分析预测

◎ 学习目的与要求
 1. 掌握线性回归分析方法；
 2. 了解非线性回归分析；
 3. 了解经济计量分析方法；
 4. 了解其他市场预测方法；
 5. 掌握 SPSS 相关应用。

> **引入案例** 引流品与利润品
>
> 　　现在商家搞促销的方式五花八门，如 KTV 经常赠送爆米花、花生之类的零食，而酒水收取正常价格；酒吧在周五可以对女士免费，而对男士收费；博物馆对小朋友免费，而对家长收费。这些活动处处体现着商家的小心机：在 KTV 里，爆米花等零食吃得越多越口渴，进而需要喝更多的酒水；酒吧里女士越多，越能吸引男士进来消费；而小朋友没有家长的陪伴几乎是不能去博物馆参观的。显然，商家是通过爆米花、女士及小朋友等引流品来吸引客流，再通过酒水、男士和家长等利润品来盈利。

　　在自然界及人类社会中，我们时常能观察到许多事物或现象之间相互联系、相互依存、相互制约。其中有些联系，已被人们所掌握，有些还有待人们进一步认识。在因果关系的分析预测中，不仅要研究前因与后果的一般依赖关系，而且要确定前因与后果的影响程度，并做出量的估计。本章主要阐述回归分析和经济计量模型的基本内容、特征、预测的具体步骤及运用技巧。此外，还对其他一些市场预测方法进行了概念性的介绍。

13.1 因果分析预测概述

13.1.1 变量间的因果关系

　　现实世界中，每一事物的运动都和它周围的事物相互联系、相互影响着。市场的发展变化与其影响因素之间存在一定的依存关系，一方面，市场的发展变化是各种因素影响的结果，另一方面，市场的发展变化也反过来影响这些因素的发展变化。这种现象间存在的依存关系称为因果关系。

　　经济现象间的因果关系与市场变量间的关系形态，大致可分为以下两类。

1. 确定性因果关系

市场经济现象中变量间相互联系的确定性因果关系，是人们明确描述市场变量相互依存、相互联系的一种数量变化关系。自变量与因变量之间的关系可以运用确定性函数关系来表达，它不会因时空的变化而改变。例如，企业某商品的年销售利润(P)、年销售收入(Y)和年成本支出(G)这三个变量的关系可以用 $P=Y-G$ 表示，它们之间的数量变化关系是确定的。

2. 非确定性因果关系

某种日用商品的销售量与当地人口有关，人口越多，销售量就越大，但人口与销售量之间并无确定性的数值对应关系。这种既有关联又不存在数值恒等对应的相互关系，称为非确定性关系或相关关系。相关关系是指两个变量或多个变量之间可以以某种规律进行推算，它们之间可以是互为因果关系，也可以仅仅是伴随出现，尽管它们之间的规律可以用某种模型近似地表达，但不像函数关系那样存在对应的确定性关系。

13.1.2 因果关系的分析方法

经济现象间相互联系的因果关系，可以从不同的角度和范畴进行研究分析。对非确定因果关系进行分析及市场预测常用的方法如下。

1. 回归分析法

所谓回归分析法，是针对相互关联的现象，根据其变量间非确定性(或相关)的关系形态，选择一个合适的数学模型，以近似地描述变量间的变化关系。这个数学模型称为回归方程式。

设因变量为 y，自变量为 x_i ($i=1, 2, \cdots, n$)，则它们间的关系形态的表达式记作：

$$y=f(x_1, x_2, x_3,\cdots, x_n)+e \tag{13-1}$$

式中，$f(x_1, x_2, x_3,\cdots, x_n)$ —— 一个含待定系数的回归函数；

e —— 误差项，也是随机变量，代表用回归函数 $f(x_1, x_2, x_3,\cdots, x_n)$ 来近似因变量 y 所产生的误差。

相关分析和回归预测模型是相辅相成的，只有确定了相关关系才能拟定回归预测模型；反之，只有建立了回归预测模型才能确定相关关系的形式和性质。回归预测模型描述变量之间关系的形式，相关分析则揭示了变量之间关系的密切程度，从一个特定角度说明了预测的可靠性。

2. 经济计量法

经济现象间的某些因果关系不能只研究自变量对因变量的影响，而忽视因变量对自变量的逆向影响，或各种自变量之间相互的影响。如家庭耐用商品的销售量(因变量)受个人可支配收入(自变量)变动的影响。同时，自变量也受因变量的影响。这样一种市场变量间相互依存的复杂关系，回归分析往往不能对其进行系统的描述，但经济计量法能解决这类问题。

经济计量法是在经济分析基础上，列出一个或多个数学表达式，用来描述经济现象中的主要变量间的因果关系，通过求解这些数学表达式来进行市场变量的预测。它一般能较好地描述经济机制，是比较先进、能取得较好预测结果的一种预测方法。

13.2 回归预测模型

13.2.1 一元线性回归及 SPSS 应用

1. 一元线性回归的数学模型

一元线性回归预测法是指两个具有线性关系的变量，配合线性回归模型，根据自变量的变动来预测因变量平均发展趋势的方法。

设 x 为自变量，y 为因变量，y 与 x 之间存在某种线性关系，则可用以下直线来拟合它们的变化关系：

$$\hat{y}=a+bx \tag{13-2}$$

式中，$\hat{y}$——因变量 y 的模拟值；

　　　a——常数项；

　　　b——回归系数。

根据两个变量 x 和 y 的现有统计数据或实验数据，寻求 a、b 的合理值，以确定回归方程，这是运用一元线性回归的关键；而利用已求出的回归方程中的 a、b 的经验值，结合具体条件来预测 x、y 等值的未来演变，则是运用一元线性回归的目的。

2. 一元线性回归的预测过程及应用

在应用回归方程进行预测时，首先需要对变量间的影响关系进行经济理论分析和统计分析，在确认两个变量之间确实存在经济理论意义和内在的因果关系，并且具有高度的相关性时，才可借助回归分析导出两个变量间因果关系形态的回归方程，并运用回归方程式进行预测和控制。

一元线性回归预测的过程大致可分为如下几步。

1) 分析事物之间的相互依存关系，选定自变量

2) 建立一元线性模型 $y=a+bx$，进行预测

运用最小二乘法估计参数 a、b，旨在寻找一条回归直线，该直线表示变量 x 与 y 之间的关系时，其与实际观察值之间的误差平方和比任何其他直线都小。

设自变量 x 和因变量 y 的几组观察值为 (x_i, y_i)，$i=1, 2, \cdots, n$，将 x_i 代入式(13-2)，则可求得估计值 $\hat{y}_i = a + bx_i$，$i=1,2,\cdots, n$，实际值 y_i 与估计值 $\hat{y}_i$ 之差，称为估计误差或残差，以 e_i 表示。

$$e_i = y_i - \hat{y}_i = y_i - a - bx_i \quad (i=1,2,\cdots, n)$$

我们通常用误差平方和(Q)来度量所有 y_i 与 $\hat{y}_i$ 之间的偏离程度。设 Q 为误差平方和，则 Q 的计算公式为

$$Q = \sum_{i=1}^{n} e_i^2 = \sum_{i=1}^{n}(y_i - a - bx_i)^2 \tag{13-3}$$

为了使式(13-3)中 Q 达到极小，根据微积分中的极值定理，a、b 必须满足下列方程组：

$$\begin{cases} \dfrac{\partial Q}{\partial a} = -2\sum_{i=1}^{n}(y_i - a - bx_i) = 0 \\ \dfrac{\partial Q}{\partial b} = -2\sum_{i=1}^{n}(y_i - a - bx_i)x_i = 0 \end{cases} \tag{13-4}$$

经整理得

$$\begin{cases} \sum y_i = na + b\sum x_i \\ \sum x_i y_i = a\sum x_i + b\sum x_i^2 \end{cases}$$

解此方程组可得回归系数计算公式为

$$\begin{cases} b = \dfrac{n\sum x_i y_i - \sum x_i \sum y_i}{n\sum x_i^2 - (\sum x_i)^2} \\ a = \dfrac{\sum y_i - b\sum x_i}{n} \end{cases} \tag{13-5}$$

3) 预测模型的显著性检验

(1) 标准误差分析。标准误差分析是以标准误差的大小表明线性回归方程表达因变量观察值的精确程度。度量实际值分布在回归直线周围的离散程度的统计量，称为标准误差，其计算公式为

$$S_y = \sqrt{\frac{1}{n-2}\sum(y-\hat{y})^2} \tag{13-6}$$

显然，S_y 越大，观察值 y_i 对回归直线离散程度越大。反之，S_y 越小，观察值 y_i 对回归直线离散程度越小。一般要求：

$$S_y / \overline{y} < 15\% \tag{13-7}$$

(2) 相关分析与显著性检验。

① 相关分析。相关分析是确切地说明事物之间相关关系的密切程度。用相关系数 r 表示，计算公式为

$$r = (n\sum xy - \sum x \sum y) / (\sqrt{n\sum x^2 - (\sum x)^2}\sqrt{n\sum y^2 - (\sum y)^2}) \tag{13-8}$$

$r=0$，说明自变量 x 的变动对因变量 y 的变动毫无影响，称为零相关。

$r=1$，说明因变量 y 的变动完全是由自变量 x 的变动所引起的，称为完全相关。这时自变量 x 与因变量 y 的关系就是函数关系。

$0<|r|<1$，说明自变量 x 的变动对因变量 y 的变动有部分影响，称为普通相关。

一般来说，当 $|r| \geq 0.7$，即 $r^2 \geq 0.49$ 时，说明自变量 x 的变动对因变量 y 的影响占一半以上，故为高度相关；

当 $|r| < 0.3$，即 $r^2 < 0.09$ 时，说明自变量 x 的变动对因变量 y 的影响小于9%，故称为低度相关；

当 $0.3 < |r| < 0.7$ 时，说明自变量 x 的变动对因变量 y 的影响在9%～50%之间，故称为中度相关。

② 显著性检验。首先计算相关系数 r。

根据回归模型的自由度 $n-m$ 和给定的显著水平 α，从相关系数临界值表中查找对应的临界值 $R_\alpha(n-m)$。若 $|r| \leq R_\alpha(n-m)$，此时不可以用回归模型进行预测，应分析其原因，并对回归模型进行重新处理；若 $|r| > R_\alpha(n-m)$，则表明两变量之间的相关关系显著，检验通过，可以用回归模型进行预测。

4) 通过显著性检验，利用回归预测模型预测，并估计置信区间

经相关分析、显著性检验及标准误差分析通过后，即可用回归模型 $y = a + bx$ 进行预测。其置信区间为

$$Q \in \left[y - s_0 t_{\frac{\alpha}{2}}(n-m),\ y + s_0 t_{\frac{\alpha}{2}}(n-m)\right] \tag{13-9}$$

其中：

$$S_0 = S_y\sqrt{1 + \frac{1}{n} + \frac{n(x_0 - \sum x/n)^2}{n\sum x^2 - (\sum x)^2}} \tag{13-10}$$

式中，$t_{\frac{\alpha}{2}}(n-m)$——显著水平为 $\alpha/2$，自由度为 $(n-m)$ 的 t 分布；

x_0——预测点的 x 值；

S_y——标准误差；

x——各观察期的 x 值 ($x_1, x_2, x_3, \cdots, x_n$)；

n——观察期数据个数。

利用式(13-9)来确定预测的置信区间,在计算上颇为麻烦。若在过程中只希望获得近似估计,则可做出下述不同置信度的结论:基于大数定律和中心极限定理,当样本容量达到一定数量时,可近似地认为服从正态分布,在此前提下:

预测值 $\hat{y}_0$ 的置信度为 68.3% 的近似置信区间为

$$(\hat{y}_0 - S_y, \ \hat{y}_0 + S_y)$$

预测值 $\hat{y}_0$ 的置信度为 95.4% 的近似置信区间为

$$(\hat{y}_0 - 2S_y, \ \hat{y}_0 + 2S_y)$$

预测值 $\hat{y}_0$ 的置信度为 99.7% 的近似置信区间为

$$(\hat{y}_0 - 3S_y, \ \hat{y}_0 + 3S_y)$$

说明:预测置信区间是统计意义上的定量推测,客观现实往往复杂得多,在预测实践中,我们不能将统计上的有效性与客观现实的有用性相混淆。若置信区间太宽,会使预测失去现实中的指导意义。在预测实践中,我们要通过综合分析,判断市场各种影响因素的发展变化及其趋势,进而对统计计算的置信区域进行调整,最终得出一个更有实用价值的预测置信区间,以此作为决策的依据,真正发挥出在经营管理中的指导作用。

【案例 13-1】一元线性回归及 SPSS 应用示例

根据某地居民人均生活费用收支情况(见表 13-1),对"可支配收入"与"消费支出"进行相关分析和回归分析。

表 13-1 某地居民人均生活费用收支情况

单位:元

年份	可支配收入	储蓄存款余额	消费支出	食品	衣着	家庭设备用品及服务	医疗保健	交通和通信	教育文化娱乐服务	居住	其他商品和服务	恩格尔系数
2003	8439	14 165	6820	3526	552	525	197	397	828	605	190	51.7%
2004	8773	15 540	6866	3477	472	453	261	406	893	674	230	50.6%
2005	10 932	16 574	8248	3731	551	772	347	583	1094	842	328	45.2%
2006	11 718	16 331	8868	3947	567	683	501	759	1287	794	330	44.5%
2007	12 883	19 266	9336	4056	577	579	558	958	1422	796	390	43.4%
2008	13 250	30 249	10 464	4120	613	653	734	1115	1668	1189	372	39.4%
2009	14 867	35 386	11 040	4102	751	792	603	1259	1834	1280	419	37.2%
2010	16 683	39 956	12 631	4593	797	780	762	1703	2195	1327	474	36.4%
2011	18 645	47 416	13 773	4940	940	800	797	1984	2273	1412	627	35.9%
2012	20 668	52 223	14 762	5249	1027	877	763	2333	2432	1436	645	35.6%
2013	23 623	50 194	17 255	6125	1330	959	857	3154	2654	1412	764	35.5%
2014	26 675	63 987	19 398	7109	1521	1182	755	3373	2875	1646	937	36.6%
2015	28 838	74 728	20 992	7345	1593	1365	1002	3499	3139	1913	1136	35.0%
2016	31 838	70 918	23 200	7777	1794	1800	1006	4076	3363	2166	1218	33.5%
2017	36 230	77 989	25 102	8906	2054	1826	1141	3808	3746	2226	1395	35.5%
2018	40 188	85 057	26 253	9656	2111	1906	1017	4564	3724	1790	1485	36.8%

1. 相关分析

1) SPSS 主要操作步骤(见图 13-1、图 13-2)

图 13-1 "相关分析"步骤一

图 13-2 "相关分析"步骤二

2) SPSS 分析数据及结论

应用 SPSS 统计分析软件,得到以下分析数据表(见表 13-2、表 13-3)。

表 13-2 描述性统计量

	均值	标准差	N
消费支出	14 688.0000	6 564.915 90	16
可支配收入	20 265.6250	9 973.760 89	16

表 13-3 相关性分析

		消费支出	可支配收入
消费支出	Pearson 相关性	1	.996[**]
	显著性(双侧)		.000
	N	16	16
可支配收入	Pearson 相关性	.996[**]	1
	显著性(双侧)	.000	
	N	16	16

说明:**. 在 .01 水平(双侧)上显著相关。

以上数据显示,"可支配收入"与"消费支出"的相关系数为 0.996,高度相关。

2. 回归分析

1) SPSS 主要操作步骤(见图 13-3、图 13-4)

图 13-3 一元线性"回归分析"步骤一

图 13-4 一元线性"回归分析"步骤二

2) SPSS 分析数据及结论

应用 SPSS 统计分析软件，得到以下分析数据表(见表 13-4)和分析图(见图 13-5)。

表 13-4　模型汇总和参数估计值

方程	模型汇总					参数估计值	
	R 方	F	df1	df2	Sig.	常数	b1
线性	.993	1887.447	1	14	.000	1397.985	.656

说明：自变量为可支配收入，因变量为消费支出。

从表 13-4 中数据可知，"可支配收入"与"消费支出"模型检验 Sig.为 0，结果是高度显著。根据参数估计可得"可支配收入"与"消费支出"一元线性回归模型，如图 13-5 所示。

$$\hat{y} = 1397.985 + 0.656x$$

图 13-5　"可支配收入""消费支出"回归拟合趋势

13.2.2　多元线性回归及 SPSS 应用

多元线性回归预测法是研究一个因变量与多个自变量之间相互关系的理论和方法。

多元线性回归预测的基本原理、方法和程序与一元线性回归预测基本相同，只是在自变量的选定、回归方程参数的求解和模型检验等方面增加了复杂程度，具体步骤如下。

1. 正确选择自变量，建立多元线性回归模型

设自变量 $x_1, x_2, \cdots, x_m$ 与因变量 y 之间确实存在线性相关关系，则多元线性回归方程式成立。

$$\hat{y} = b_0 + b_1 x_1 + b_2 x_2 + \cdots + b_m x_m \tag{13-11}$$

式中，b_0——常数项；

$b_1, b_2, \cdots, b_m$——y 对 $x_1, x_2, \cdots, x_m$ 的斜率回归系数，也称待定系数。

用 x_{ij} 表示第 i 个变量的第 j 次观察值，用 y_j 表示因变量 y 的第 j 次观察值($i = 1, 2, \cdots, m$；$j = 1, 2, \cdots, n$)。设式(13-11)中 $b_0, b_1, b_2, \cdots, b_m$ 可知，将每次自变量观察值代入式(13-11)，可得每次因变量回归估计值为

$$\hat{y}_j = b_0 + b_1 x_{1j} + b_2 x_{2j} + \cdots + b_m x_{mj} \quad (j = 1, 2, \cdots, n)$$

显然，$e_j = y_j - \hat{y}_j = y_j - b_0 - b_1 x_{1j} - b_2 x_{2j} - \cdots - b_m x_{mj}$

确定多元回归系数 $b_0, b_1, b_2, \cdots, b_m$，使因变量回归估计值与观察值达到线性最佳拟合，即根据收集观察数据 y_j，x_{ij} ($i = 1, 2, \cdots, m$；$j = 1, 2, \cdots, n$)满足条件：

$$\theta = \sum e_j^2 = \sum (y_j - \hat{y}_j)^2$$
$$= \sum (y_j - b_0 - b_1 x_{1j} - b_2 x_{2j} - \cdots - b_m x_{mj})^2$$
$$= \min$$

根据微积分中的极值定理，对式令 θ 对 b_0, b_i ($i=1,2,\cdots,m$) 的一阶偏导数等于零。

$$\begin{cases} \dfrac{\partial \theta}{\partial b_0} = -2\sum (y_j - b_0 - b_1 x_{1j} - b_2 x_{2j} - \cdots - b_m x_{mj}) = 0 \\ \dfrac{\partial \theta}{\partial b_i} = -2\sum (y_j - b_0 - b_1 x_{1j} - b_2 x_{2j} - \cdots - b_m x_{mj}) x_{ij} = 0 \end{cases}$$

整理后，得线性联立方程组：

$$\begin{cases} nb_0 + b_1 \sum x_{1j} + b_2 \sum x_{2j} + \cdots + b_m \sum x_{mj} = \sum y_j \\ b_0 \sum x_{1j} + b_1 \sum x_{1j}^2 + b_2 \sum x_{1j} \sum x_{2j} + \cdots + b_m \sum x_{1j} \sum x_{mj} = \sum x_{1j} y_j \\ b_0 \sum x_{mj} + b_1 \sum x_{1j} \sum x_{mj} + b_2 \sum x_{2j} \sum x_{mj} + \cdots + b_m (\sum x_{mj})^2 = \sum x_{mj} y_j \end{cases}$$

令

$$\boldsymbol{X} = \begin{pmatrix} 1 & x_{11} & x_{21} & \cdots & x_{m1} \\ 1 & x_{12} & x_{22} & \cdots & x_{m2} \\ \vdots & \vdots & \vdots & & \vdots \\ 1 & x_{1n} & x_{2n} & \cdots & x_{mn} \end{pmatrix} \quad \boldsymbol{B} = \begin{pmatrix} \hat{b}_0 \\ \hat{b}_1 \\ \vdots \\ \hat{b}_m \end{pmatrix} \quad \boldsymbol{Y} = \begin{pmatrix} y_1 \\ y_2 \\ \vdots \\ y_n \end{pmatrix}$$

则方程组可以表示为

$$(\boldsymbol{X}'\boldsymbol{X})\boldsymbol{B} = \boldsymbol{X}'\boldsymbol{Y} \tag{13-12}$$

当系数矩阵 $(\boldsymbol{X}'\boldsymbol{X})$ 为非奇异矩阵时，则待定系数估计值为

$$\boldsymbol{B} = (\boldsymbol{X}'\boldsymbol{X})^{-1}\boldsymbol{X}'\boldsymbol{Y} \tag{13-13}$$

令

$$\boldsymbol{C} = (\boldsymbol{X}'\boldsymbol{X})^{-1} \tag{13-14}$$

则

$$\boldsymbol{B} = \boldsymbol{C}\boldsymbol{X}'\boldsymbol{Y} \tag{13-15}$$

2. 多元线性回归预测模型的统计检验

根据观察资料计算出多元回归方程的待定参数，建立预测模型后，同样要借用数理统计方法进行检验，从总体上确认有可信度之后，才能运用于预测。

(1) 复相关系数 (R) 检验。R 检验是通过复相关系数检验一组自变量 $x_1, x_2, \cdots, x_n$ 与因变量 y 之间的线性相关程度的方法，又称复相关系数检验。R 称为复相关系数。

复相关系数 R 的计算公式为

$$R = \sqrt{1 - \dfrac{\sum (y - \hat{y})^2}{\sum (y - \bar{y})^2}} \tag{13-16}$$

R^2 较大时，表示 $x_1, x_2, \cdots, x_n$ 为估计 y 提供的信息充分，即非回归的剩余因素导致的误差很小；而 R^2 较小时，则说明非回归的剩余因素导致的误差很大。

(2) F 检验。使用 F 检验来判别模型的显著性问题，是通过 F 统计量来检验假设 H_0：$b_0 = b_1 = \cdots = b_m = 0$ 是否成立，对于给定的显著性水平，我们查找 F 分布表，得到临界值 $F_\alpha(m-1, n-m)$。

若 $F > F_\alpha(m-1, n-m)$，认为一组自变量 $x_1, x_2, \cdots, x_n$ 与因变量 y 之间的回归效果显著。这表明所含的自变量作为整体与因变量的线性相关关系足够解释因变量的变化。从总体上看，多元回归预测

模型是有效的,并具有 $1-\alpha$ 的置信度。反之,则不显著,需要重新选择自变量建立回归预测模型。

$$F = \frac{\sum(\hat{y}-\overline{y})^2/(m-1)}{\sum(y-\hat{y})^2/(n-m)} \tag{13-17}$$

或

$$F = \frac{R^2}{1-R^2} \cdot \frac{n-m}{m-1} \tag{13-18}$$

(3) t 检验。使用 t 检验来判别回归系数的显著性问题,是通过 t 计量对所求回归模型的每一个系数逐一进行检验假设 $H_0:b_i=0$ $(i=1,2,\cdots,m)$ 是否成立的方法。

$$t_i = \frac{b_i}{S_{bi}} \quad (i=0,1,2,\cdots,m) \tag{13-19}$$

若 $|t_i| > t_{\frac{\alpha}{2}}(n-m)$ 成立,则说明 x_i 对 y 有显著影响;反之,$b_i=0$ 被接受,说明 x_i 对 y 无显著影响,应删除该因素。

3. 进行预测

类似于一元线性回归预测法,将回归预测模型中每一个自变量在预测期的数值代入已经通过检验的优质回归预测模型中,计算出因变量预测期的点估计值,进而做出置信区间估计。

【案例 13-2】多元线性回归及 SPSS 应用示例

根据某地居民人均生活费用收支情况(见表 13-1),对"可支配收入""储蓄存款余额"与"消费支出"进行回归分析。

操作步骤讲解视频

1. SPSS 操作主要步骤(见图 13-6、图 13-7)

图 13-6 多元线性"回归分析"步骤一

图 13-7 多元线性"回归分析"步骤二

2. SPSS 分析数据及结论

应用 SPSS 统计分析软件,得到以下分析数据表(见表 13-5~表 13-9)。

表 13-5 描述性统计量

	均值	标准偏差	N
消费支出	14 688.0000	6564.915 90	16
可支配收入	20 265.6250	9973.760 89	16
储蓄存款余额	44 373.6875	24 676.425 92	16

表 13-6 相关性

		消费支出	可支配收入	储蓄存款余额
Pearson 相关性	消费支出	1.000	.996	.981
	可支配收入	.996	1.000	.974
	储蓄存款余额	.981	.974	1.000
Sig.(单侧)	消费支出	.	.000	.000
	可支配收入	.000	.	.000
	储蓄存款余额	.000	.000	.

表 13-7 模型汇总

模型1	R	R方	调整R方	标准估计的误差
	.998a	.995	.994	497.644 90

说明：自变量为储蓄存款余额、可支配收入，因变量为消费支出。

表 13-8 Anova 分析

模型		平方和	df	均方	F	Sig.
1	回归	6.433E8	2	3.216E8	1 298.710	.000a
	残差	3 219 455.828	13	247 650.448		
	总计	6.465E8	15			

说明：自变量为储蓄存款余额、可支配收入，因变量为消费支出。

表 13-9 系数

	非标准化系数		标准系数 试用版	t	Sig.	B 95.0% 置信区间	
	B	标准误差				下限	上限
(常量)	1651.446	306.545		5.387	0	989.196	2313.695
可支配收入	0.518	0.057	0.788	9.17	0	0.396	0.641
储蓄存款余额	0.057	0.023	0.214	2.494	0.027	0.008	0.106

从以上表格可以看到，模型的相关系数较高，同时通过了显著性检验。在参数检验数据中，相关"储蓄存款余额"的 Sig.值较高，但小于 0.05。因此，整体来说模型拟合较好。

"可支配收入""储蓄存款余额"与"消费支出"的"回归分析"模型如下：

$$\hat{y} = 1651.446 + 0.518x_1 + 0.057x_2$$

13.2.3 非线性回归模型及 SPSS 应用

前面讨论的自变量与因变量之间的关系是线性的，但社会经济现象是极其复杂的，有时各因素之间的关系不一定是线性的，而是某种非线性关系，这时就必须建立非线性回归模型。

1. 非线性回归预测的基本步骤

(1) 根据数据特点，选择回归预测模型。

(2) 估计参数。

(3) 回归预测模型的显著性检验。

(4) 区间预测。

2. 常用的非线性回归预测模型

(1) 指数模型。

$$\hat{y} = ab^x \tag{13-20}$$

(2) 双曲线模型。

$$y = a + \frac{b}{x} \tag{13-21}$$

(3) 二次抛物线模型。

$$y = a + bx + cx^2 \tag{13-22}$$

(4) 对数模型。

$$y = a + b\lg x \tag{13-23}$$

(5) 三角函数模型。

$$y = a + b\sin x \tag{13-24}$$

(6) 幂函数模型。

$$y = ax^b \tag{13-25}$$

(7) 逆函数模型。

$$y = b_0 + b_1 \frac{1}{x} \tag{13-26}$$

式中，$\hat{y}$——因变量 y 的模拟值；

a——常数项；

b——回归系数。

在选择使用以上模型时，要注意数据变化特征须与模型特征相一致。如果没有采用统计分析软件进行数据处理，则需要先进行模型的"线性化"转换。

【案例 13-3】非线性回归模型及 SPSS 应用示例

根据某地居民人均生活费用收支情况(见表 13-1)，对"储蓄存款余额"与"恩格尔系数"进行非线性回归分析。

1. SPSS 主要操作步骤(见图 13-8 和图 13-9)

操作步骤讲解视频

图 13-8 非线性"回归分析"步骤一

图 13-9 非线性"回归分析"步骤二

2. SPSS 分析数据及结论

应用 SPSS 统计分析软件，得到以下分析数据表和分析图(见表 13-10 及图 13-10)。

表 13-10 模型汇总和参数估计值

方程	模型汇总					参数估计值			
	R方	F	df1	df2	Sig.	常数	b1	b2	b3
对数	.820	63.946	1	14	.000	124.442	−8.065		
逆模型	.920	161.046	1	14	.000	31.118	258 140.122		
二次项	.905	61.694	2	13	.000	57.873	−.001	6.178E-9	
立方	.925	48.985	3	12	.000	64.889	−.001	2.145E-8	−1.057E-13
S	.931	189.784	1	14	.000	3.466	6 193.731		
增长	.675	29.091	1	14	.000	3.870	−4.547E-6		

说明：自变量为储蓄存款余额，因变量为恩格尔系数。

从表 13-10 中可以看出，6 种模型的拟合度都通过了显著性检验，但相关性略有高低，其中增长曲线最低，S 曲线最高。

如果依据 S 曲线建立"储蓄存款余额"与"恩格尔系数"回归方程式，则模型为

$$y = e^{3.466+6193.731/t}$$

6 种回归模型拟合图，如图 13-10 所示。

图 13-10 6 种回归模型拟合图

这里要特别说明的几点如下。

(1) 有时曲线回归实例中的散点图看似是直线型的，但用线性模型去拟合的效果并不及另外两种曲线模型。这主要是因为图形的走向与 X 轴、Y 轴标尺的确定有密切的关系，所以，有时不要盲目地相信图形的趋势走向，而使用了不合适的模型。一定要将实际数据绘成的图形和模型拟合的图形置于同一图形上进行比较，这样才能消除因为 X 轴、Y 轴的标尺选定不同而造成的视觉偏差。

(2) 熟悉 SPSS 软件所认定的模型公式。如 SPSS 中的指数模型是 $\hat{y} = b_0 e^{b_1 x}$，而通常提到的指数模型是 $\hat{y} = ab^x$，在模型结构上两者是存在区别的。

另外，对于非线性回归拟合，SPSS 还给出了另一种更具扩展性的分析方法，即在"分析/回

归"模块中通过"非线性"的选项可以进行简单的"建模"编程,以满足分析者更多模型选择的需要。当然这类"编程"模块同样可用于"线性分析",如图 13-11、图 13-12 所示。

图 13-11　非线性"回归分析"步骤一

图 13-12　非线性"回归分析"步骤二

13.2.4　二元逻辑回归模型及 SPSS 应用

当市场调查者知道了某一系列预测变量的值,想要预测另一特性是否存在,或是预测某一结果是否已经发生时,就可以使用"逻辑回归"。

计量经济模型通常假定被解释变量为连续变量,并且其取值可以是实数范围内的任意值。但是,在实际中常会碰到被解释变量是离散变量的情况。最简单的离散因变量模型是二元选择模型,即被解释变量只取两个值,常用 0 和 1 来表示。而常用的二元选择模型就是二元逻辑回归模型,它类似于线性回归模型,但是更适用于因变量的值是二值变量的情况。逻辑回归系数可用于预测模型中的自变量之间的比值。

逻辑回归在很多领域都有应用,市场中也存在很多二值化的状态。例如,消费与不消费、满意与不满意、正品与次品、增长与不增长、有效与无效等,并要分析消费与不消费或满意与不满意与哪些因素有关。而这些因素(自变量)可能是二值数据、等级分组资料或计量资料,此时可以使用二元逻辑回归来分析因变量(二值变量)与自变量的关系。

和线性回归模型类似,二元逻辑回归模型也需要对模型进行检验和评价,同样分为对回归方程整体的显性检验、回归系数的显著性检验和模型拟合优度评价。

【案例 13-4】二元逻辑回归模型的 SPSS 应用示例

根据"某地部分经济指标环比增长速度"相关资料(见表 13-11),进行二元逻辑回归分析。

操作步骤讲解视频

表 13-11　某地部分经济指标环比增长速度

单位：%

年份	生产总值	社会消费品零售总额	某地居民家庭人均可支配收入	居民消费价格指数	
				数值	0-1变量转换
1988	7.2	1.2	3.5	100.3	0
1989	7.8	12.1	4.0	100.2	0
1990	11.6	22.9	21.6	102.2	0

(续表)

年份	生产总值	社会消费品零售总额	某地居民家庭人均可支配收入	居民消费价格指数 数值	居民消费价格指数 0-1变量转换
1991	13.4	40.1	28.9	115.2	1
1992	4.4	13.5	20.3	106.3	1
1993	7.5	14.4	11.1	108.1	1
1994	10.1	31.3	19.9	120.1	1
1995	3.0	12.0	14.6	115.9	1
1996	3.5	0.7	10.5	106.3	1
1997	7.1	14.4	13.9	110.5	1
1998	14.8	21.7	21.1	110.0	1
1999	15.1	45.4	42.2	120.2	1
2000	14.5	23.5	37.2	123.9	1
2001	14.3	25.9	22.2	118.7	1
2002	13.1	19.7	13.8	109.2	1
2003	12.8	14.1	3.4	102.8	0
2004	10.3	11.0	4.0	100.0	0
2005	10.4	8.1	24.6	101.5	0
2006	11.0	8.3	7.2	102.5	0
2007	10.5	8.1	9.9	100.0	0
2008	11.3	9.3	11.5	100.5	0
2009	12.3	9.1	12.2	100.1	0
2010	14.2	10.5	12.2	102.2	0
2011	11.4	12.1	11.8	101.0	0
2012	12.7	13.3	10.8	101.2	0
2013	15.2	14.8	14.3	103.2	0
2014	9.7	18.2	12.9	105.8	1
2015	8.2	13.0	8.1	99.6	0
2016	10.3	17.3	10.4	103.1	0
2017	8.2	12.3	13.8	105.2	1
2018	7.5	8.8	10.9	102.8	0

说明：0~1变量划分以价格指数增长5%为界限，0为增长低于5%，1为增长高于5%。

1. SPSS 主要操作步骤（见图 13-13 和图 13-14）

图 13-13　"二元逻辑回归"步骤一

图 13-14　"二元逻辑回归"步骤二

2. SPSS 分析数据及结论

数据分析过程中自变量为"生产总值""社会消费品零售总额""某地居民家庭人均可支配收入";因变量为"居民消费价格指数(0-1 变量)"。应用 SPSS 统计分析软件,得到以下分析数据表(见表 13-12~表 13-25)和分析图(见图 13-15)。

表 13-12 案例处理汇总

未加权的案例		N	百分比
选定案例	包括在分析中	31	100.0
	缺失案例	0	.0
	总计	31	100.0
未选定的案例		0	.0
总计		31	100.0

表 13-12 说明所有个案(31 个)都被选入作为回归分析的个案。

表 13-13 迭代历史记录(步骤 0)

	迭 代	−2 对数似然值	系 数 Constant
步骤 0	1	42.684	−.194
	2	42.684	−.194

说明:a. 模型中包括常量;
　　　b. 初始−2 对数似然值为 42.684;
　　　c. 因为参数估计的更改范围小于 .001,所以估计在迭代次数 2 处终止。

表 13-13 列出迭代过程。其中常数项包括在模型中,初始−2 对数似然值为 42.684。迭代结束于第二步,因为此时参数估计与其在上一步的变化已经小于 0.001。

表 13-14 分类表(步骤 0)

			已预测		
	已观测		环比增长是否超过 5%		百分比校正
			0	1	
步骤 0	环比增长是否超过 5%	0	17	0	100.0
		1	14	0	.0
	总计百分比				54.8

说明:a. 模型中包括常量;
　　　b. 切割值为 .500。

表 13-14 说明步骤 0 的拟合效果,从表中可以看出,对于"环比增长是否超过 5%"=0,有 100% 的准确性;对于"环比增长是否超过 5%"=1,有 0%的准确性;对于所有个案共有 54.8%的准确性。

表 13-15 方程中的变量(步骤 0)

		B	S.E,	Wals	df	Sig.	Exp(B)
步骤 0	常量	−.194	.361	.289	1	.591	.824

表 13-16 不在方程中的变量

			得分	df	Sig.
步骤 0	变量	生产总值	.644	1	.422
		社会消费品零售总额	7.546	1	.006
		某地居民家庭人均可支配收入	8.755	1	.003
	总统计量		16.076	3	.001

表 13-17 迭代历史记录(步骤1)

迭代		-2 对数似然值	系数			
			Constant	生产总值	社会消费品零售总额	某地居民家庭人均可支配收入
步骤 1	1	24.334	.384	-.327	.100	.085
	2	20.564	.246	-.500	.187	.130
	3	19.470	.165	-.651	.265	.165
	4	19.334	.175	-.734	.301	.187
	5	19.331	.181	-.750	.308	.192
	6	19.331	.182	-.751	.308	.192

说明：a. 方法为输入；
b. 模型中包括常量；
c. 初始-2 对数似然值为 42.684；
d. 因为参数估计的更改范围小于 .001，所以估计在迭代次数 6 处终止。

表 13-18 模型系数的综合检验

		卡方	df	Sig.
步骤 1	步骤	23.353	3	.000
	块	23.353	3	.000
	模型	23.353	3	.000

表 13-19 模型汇总

步骤	-2 对数似然值	Cox & Snell R 方	Nagelkerke R 方
1	19.331a	.529	.708

说明：因为参数估计的更改范围小于 .001，所以估计在迭代次数 6 处终止。

表 13-20 Hosmer 和 Lemeshow 检验

步骤	卡方	df	Sig.
1	11.571	8	.171

表 13-21 Hosmer 和 Lemeshow 检验的随机性表

		环比增长是否超过 5% = 0		环比增长是否超过 5% = 1		总计
		已观测	期望值	已观测	期望值	
步骤 1	1	3	2.966	0	.034	3
	2	3	2.946	0	.054	3
	3	3	2.895	0	.105	3
	4	3	2.642	0	.358	3
	5	2	1.981	1	1.019	3

(续表)

		环比增长是否超过 5% = 0		环比增长是否超过 5% = 1		总计
		已观测	期望值	已观测	期望值	
步骤 1	6	2	1.715	1	1.285	3
	7	0	1.213	3	1.787	3
	8	0	.530	3	2.470	3
	9	1	.102	2	2.898	3
	10	0	.010	4	3.990	4

以上各个表格，给出了各参数的检验结果，以及拟合优度检验统计量。

表 13-22　分类表(步骤 1)

			已预测		
已观测			环比增长是否超过 5%		百分比校正
			0	1	
步骤 1	环比增长是否超过 5%	0	16	1	94.1
		1	3	11	78.6
	总计百分比				87.1

说明：切割值为 .500。

表 13-22 说明第一次迭代结果的拟合效果，从表中可以看出，对于"环比增长是否超过 5%"=0，有 94.1%的准确性；对于"环比增长是否超过 5%"=1，有 78.6%的准确性；对于所有个案共有 87.1%的准确性。

表 13-23　方程中的变量(步骤 1)

		B	S.E,	Wals	df	Sig.	Exp(B)	EXP(B)95% C.I.	
								下限	上限
步骤 1	生产总值	−.751	.334	5.049	1	.025	.472	.245	.909
	社会消费品零售总额	.308	.148	4.311	1	.038	1.361	1.017	1.819
	某地居民家庭人均可支配收入	.192	.114	2.804	1	.094	1.211	.968	1.516
	常量	.182	1.924	.009	1	.925	1.199		

说明：在步骤 1 中输入的变量为生产总值、社会消费品零售总额、某地居民家庭人均可支配收入。

表 13-23 列出了步骤 1 中各个变量对应的系数，以及该变量对应的 Wald 统计量值和它对应的相伴概率。从该表格可以看出"生产总值""社会消费品零售总额"Sig.值较小，Wald 统计量较大，可见这两个变量在模型中很重要。"某地居民家庭人均可支配收入"的重要性排位第三。

表 13-24　相关矩阵

		Constant	生产总值	社会消费品零售总额	某地居民家庭人均可支配收入
步骤 1	Constant	1.000	−.518	.099	−.188
	生产总值	−.518	1.000	−.749	−.443
	社会消费品零售总额	.099	−.749	1.000	.113
	某地居民家庭人均可支配收入	−.188	−.443	.113	1.000

表 13-24 列出了常数 Constant 及各变量之间的相关矩阵。

图 13-15 所示是观测值和预测概率分布图。以 0 和 1 为符号，每 4 个符号代表 1 个个案。横坐标为预测概率(predicted probability)。纵坐标是个案分布频数，反映个案的分布。

图 13-15 观察值和预测概率分布图

如果逻辑回归完全准确，那么该坐标图中预测概率在 0~0.5 之间的个案都应该是 0，预测概率在 0.5~1 之间的个案都应该是 1。依据本案例数据生成的图 13-15 基本符合这个效果。不正确的结果包括：预测概率在 0~0.5 之间的个案中有 2 个实际的观察值为 1，预测概率在 0.5~1 之间的个案中有 2 个实际的观察值为 1，这是错误预测的结果。

逻辑回归的最后一个输出的表 13-25，列出了残差大于 2 的个案。本案例中有 1 个个案符合条件——第 3 个个案，表明这个个案的逻辑回归结果是错误的。

表 13-25 案例列表 [b]

案例	选定状态 [a]	已观测 环比增长是否超过 5%	已预测	预测组	临时变量 残差	ZResid
3	S	0**	.935	1	-.935	-3.785

说明：a. S 为已选定，** 为未分类的案例；
　　　b. 列出残差大于 2.000 的案例。

13.3 经济计量模型

13.3.1 经济计量模型的含义及其构成

1. 经济计量概述

一个经济社会中那些比较稳定的因素所构成的经济现象的基础，叫作经济结构；反映经济结构特征的数值，叫作结构参数，简称参数。和经济变量不同，经济结构和参数都是观察不到的。而经济关系就是由参数来体现的。说明经济关系的具体函数形式，叫作结构方程式。

每一种经济关系和与之相对应的方程式及参数，都必须有一定程度的独立性和稳定性，才能代表社会经济一个部门的结构，才能成为经济现象的数量规律，值得去计量。所以经济计量学实际要计量的就是这种结构参数。结构方程式只有估算出结构参数的具体数值之后，才能代表实际经济结构，用于验证和发展经济理论，或用于分析、预测和决策，这也是经济计量分析的目的。

经济关系的计量之所以要根据过去的统计资料进行估算，是由社会经济现象的特殊性决定的。社会经济现象与大部分自然现象不同，它们并非能在人为操控下反复重现，无法按照人们的意图控制现象的其他因素固定不变，而仅研究各因素之间的相互关系。

经济学家在研究一部分因素对另一部分因素的影响时，虽然也假定其他情况(因素)不变，却无法做控制其他情况使之不变的实验，而只能被动地观测和记录客观世界的既成事实，进行事后分析研究。这些既成事实是各种有关因素同时发生作用的综合结果。经济研究只能从这些结果来倒推：形成这些结果的各种因素要怎样发生作用才能产生这样的结果。

而为了改进实际经济计量的效果，西方经济计量学家持续在计量方法技术上下功夫，除了加大模型、扩充数据库、改进软件包以外，在估算方法上也有不少改进。

近几十年来，西方运用数学方法进行实际经济计量的范围扩大了许多，由于经济计量学的内容已经比较定型，所以这些扩大的领域形成一些新的学科，如运筹学(包括线性规划)、经济控制论、系统分析等，都从不同侧面丰富、发展了经济关系的计量方法和实践。

西方经济计量学对各种经济理论一视同仁，都可以作为建造模型的假说，并且通过计量进行验证。尽管西方宏观经济计量企业的预测结果往往准确性很低，但是仍然能够争得主顾，据说其原因在于这些企业能提供丰富的历史资料和内部消息，而不在于实际预测数字的准确性。

2. 经济计量模型的含义

经济计量模型是描述经济活动中诸因素之间因果关系的经济数学模型，被广泛应用于宏观经济分析和微观经济分析。单方程经济计量模型是用单一方程描述某一经济变量与引起该变量变化的诸因素之间的关系。它只反映了单向因果关系，其分析方法要用前文所述的回归分析法。多方程式经济计量模型也称联立方程经济计量模型，是用多个方程式抽象地表达预测对象系统内主要变量之间存在的相互依存关系，通常含有互为因果的关系。以某企业制订经济计划进行经济活动分析为例加以说明。企业某计划期(年度)的销售额 S_t 与企业前期设备投资额 I_{t-1} 和同期国内生产总值 V_t 有关；同期设备投资 I_t 要视前期销售额 S_{t-1} 而定，取决于同期设备投资额 C_t 和销售额 S_t；企业经营利润是销售额与费用之差。欲将这些变量之间的关系用经济数学模型加以描述，用单方程模型是困难的。经过经济分析，得到如图 13-16 所示的因果关系图，进而用如下的联立方程模型(或图 13-27)则可清楚地描述他们之间的关系。

$$\begin{cases} S_t = a_0 + a_1 V_t + a_2 I_{t-1} \\ I_t = b_0 + b_1 S_{t-1} + b_2 P_t \\ C_t = c_0 + c_1 I_t + c_2 S_t \\ P_t = S_t - C_t \end{cases} \tag{13-27}$$

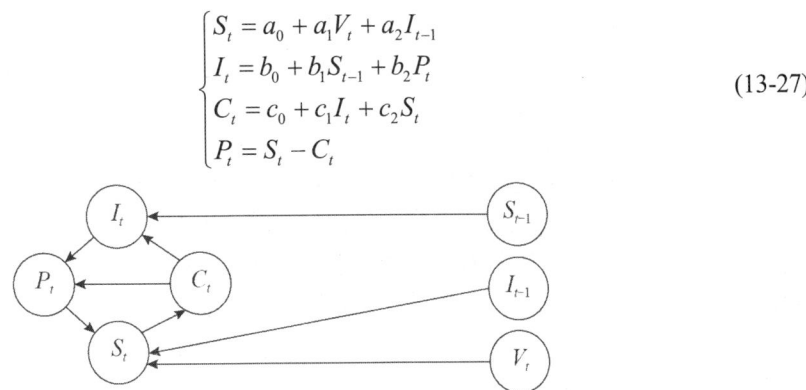

图 13-16 企业经济活动主要变量因果关系图

3. 理论模型的设计

1) 经济计量模型中的有关变量

在经济客体的诸因素中,抓住主要因素,将其作为变量。根据它们在模型中的作用,可分为各种类型。

(1) 内生变量。内生变量是由所研究的某个问题的系统内部确定的变量。上述模型中的 S_t, I_t, C_t, P_t, I_{t-1} 和 S_{t-1} 通过联立方程模型可以分别求出它们的值。它们不仅影响所研究问题的系统,也受该系统的影响。

(2) 外生变量。外生变量是不由所研究的某个问题的系统内部确定的变量。上述模型中的 V_t 为外生变量,它们的值由所研究问题的系统外部确定。它们的变化影响系统变化,但其不受系统变化的影响。

(3) 前定变量。前定变量是联立方程模型中不受其他变量制约,准备预测时它们的值能够确定的变量,也称先决变量,包括外生变量、滞后内生变量。上述模型中的 V_t, I_{t-1}, S_{t-1} 为前定变量。显然,前定变量是已知的,才能求解联立方程模型。

2) 经济计量模型的有关方程

经济计量模型是由若干方程构成的,其方程的类型如下。

(1) 定义方程式。根据确定的客观规律,对某些变量因子的数量变化关系用明确的定义方程式做出表达。

(2) 行为方程式。它描述研究分析对象的一个或多个经济变量值与另一个经济单位的行为有关,从而说明这些经济变量数值之间如何发生变化关系。如上述企业经营活动联立方程经济模型中的前三个方程。

(3) 平衡方程式。它描述经济活动运行客观规律的均衡条件,表现出经济变量之间的某种平衡关系,如 $P_t = S_t - C_t$。

(4) 技术方程式。它是反映经济技术关系或工艺技术关系,受技术规律约束的方程。

(5) 法规方程式。它是按照某种政府法令或规则而制定的方程。

行为方程式、技术方程式、法规方程式构成了模型的主体结构,称为结构方程。

13.3.2 经济计量模型预测的基本过程

1. 建立经济计量模型

(1) 在经济分析的基础上,抽象出反映预测目标及影响其变化的主要变量相互间的因果关系,进而用行为方程式、平衡方程式及定义方程式,来描述这些主要变量之间的数量变化关系。如本例中,就是在经济分析之后,得到如图 13-16 所示的因果关系图,进而抽象概括为 4 个方程式,构成经济计量模型。

(2) 判别建立联立方程模型的合理性，即判定行为方程式、平衡关系式或定义方程式构成的联立方程模型中待定系数是否有唯一性。

联立方程模型合理性的判定标准为

导入联立方程模型中但不在某一方程式的变量数≥联立方程模型的方程式数–1

如果联立方程模型中的每一方程式都能满足式(13-7)的判定标准，则可以肯定，利用收集到的资料所估算出的待定参数作估计值是联立方程模型中各方程式唯一的系数值，从而证明所建立的联立方程模型是合理的。反之，则视联立方程模型不合理。

以本例建立的经济计量模型中包含的 4 个方程式为例，

第一式：$4(S_{t-1}, P_t, I_t, C_t) > 4-1$

第二式：$4(S_t, C_t, I_{t-1}, V_t) > 4-1$

其余两式也同样存在：

$$4(P_t, I_{t-1}, V_t, S_{t-1}) > 4-1$$

$$4(V_t, I_{t-1}, S_{t-1}, I_t) > 4-1$$

所以，4 个方程式对企业经济活动这几个主要变量的结构关系的抽象概括是可行的，构成的联立方程经济计量模型具有合理性。

2. 确定经济计量模型中的待定参数

确定待定参数的方法很多，这里仍借助回归分析法中的最小二乘法确定经济计量模型中的行为方程式的待定参数。

【案例 13-5】经济计量模型应用示例

相关产品销售数据及经济指标，如表 13-26 所示。下面根据资料，建立经济计量模型。

表 13-26 建立经济计量模型数据表

单位：万元

观察期 t	销售额 S_t	设备投资 I_t	费用 C_t	利润 P_t	国内生产总值 V_t
0	32.0	8.0	30.0	2.0	770 000
1	38.0	8.0	35.7	2.3	850 000
2	50.0	13.0	46.8	3.2	950 000
3	60.0	18.0	56.2	3.8	1 100 000
4	56.0	17.0	53.0	3.0	1 130 000
5	67.0	19.0	62.3	4.7	1 270 000
6	87.0	29.0	80.7	6.3	1 520 000
7	107.0	38.0	99.9	7.1	1 840 000
8	117.0	41.0	109.6	7.4	2 080 000
9	137.0	41.0	128.2	8.8	2 340 000
10	143.0	50.0	153.0	10.0	2 770 000

利用表 13-26 中的数据，用二元线性回归分析法，就能分别计算出行为方程式的待定参数及其有效性。具体数值如下(计算过程从略)。

$a_0 = 16.4564$, $a_1 = 0.0112$, $a_2 = 2.9345$, $F = 61.315$

$b_0 = -4.1354$, $b_1 = 0.1295$, $b_2 = 3.8263$, $F = 8.190$

$c_0 = 6.8832$, $c_1 = 2.2149$, $c_2 = 0.1646$, $F = 103.93$

将得到的待定参数值分别代入模型方程式，则可确定其经济计量模型为

$$\begin{cases} S_t = 16.4564 + 0.0112V_t + 2.9345I_{t-1} \\ I_t = -4.1354 + 0.1295S_{t-1} + 3.8263P_t \\ C_t = 6.8834 + 2.2419I_t + 0.1646S_t \\ P_t = S_t - C_t \end{cases}$$

3. 模型正确性检验

将收集的观察期数据代入经济计量模型，将运算结果与已经发生的经济现象进行比较，以检验经济模型的正确性。在进行实验模型时，利用 S_0，I_0 和 V_0 的资料代入联立方程模型，可求得 S_1，I_1，C_1 和 P_1 预测值。

将求得的预测目标的预测值代入联立方程模型中的平衡关系式或定义方程式，就可检查联立方程经济计量模型的正确性。这就是利用联立方程经济计量模型的优点，即可以直接检验模型的正确性。如利用求出的 S_t 与 C_t 计算两个预测值之差，与联立方程所求的预测值 P_t 相等，平衡关系式得到满足，就说明理论上的分析和实际结果一致。

【案例 13-5(续)】经济计量模型应用示例

由表 13-26 可知，$S_0 = 32$ 万元，$I_0 = 8.0$ 万元，$V_0 = 770\,000$ 万元，代入联立方程模型得 $I_1 = 10.8654$ 万元，$C_1 = 37.9574$ 万元，$P_1 = 2.8374$ 万元。

4. 预测结果

利用联立方程经济计量模型开展预测，必须已知模型中的前定变量的数值，才能通过求解联立方程组得到预测目标的预测值。无论是利用观察期数据来检验模型的正确性，还是利用模型开展对未来预测的实际应用，代数运算工作量较大，同样可以利用矩阵法求解。

设 Y 是同期内生变量组成的向量；B 是同期内生变量的系数矩阵；X 是前定变量组成的向量；A 是前定变量的系数矩阵，则联立方程经济计量模型矩阵形式为

$$BY + AX = 0 \tag{13-28}$$

其预测模型为

$$Y = -B^{-1}AX \tag{13-29}$$

掌握了矩阵运算的规律，借助电子计算机运算手段，即使进行含有上百个方程式的联立方程经济计量模型的预测，计算也是十分方便的。

在实际预测中，经济计量模型法的关键在于要充分运用经验与知识，对预测对象的问题正确地开展经济分析，精确地抽象和概括预测对象的运行机制，敏锐地捕捉主要变量及它们之间因果关系类型的特点，精心建立方程式，然后进行计算分析，并以量的分析结果来验证前面经济分析的正确性，据此对预测对象的未来状态做出估计。

13.4 其他分析预测方法

前面各章节对各具特色的预测技术做了介绍，本节所要介绍的几种方法是近年来被广泛使用，并且具备了其他预测技术无法取代的特点的预测方法。

13.4.1 鱼骨图分析法

1. "鱼骨图"的基本原理

鱼骨图是由日本管理大师石川馨提出的,故又名石川图,也叫"因果图"。鱼骨图原本用于质量管理,现在也经常被用于市场调查。

鱼骨图分析法是调查人员进行因果分析时常用的一种方法,其特点是简洁实用,直观明了。其基本原理是:问题的特性总是受到一些因素的影响,通过头脑风暴找出这些因素,并将它们与特性值一同按相互关联性梳理,形成层次分明、条理清楚的图形。因其形状如鱼骨,所以叫作鱼骨图,如图13-17所示。

图 13-17　鱼骨图

一旦通过"鱼骨图"确定了现象之间的因果关系后,就可以对其关系进行解释和说明。通过数据统计分析、测试、收集有关问题的更多数据,或与被调查者进行沟通来确认最基本的原因。确认了基本原因之后,调查者或单位就可以开始制定解决方案并进行改进。

"鱼骨图"的主要类型包括:

(1) 整理问题型鱼骨图(各要素与特性值间不存在原因关系,而是结构构成关系);

(2) 原因型鱼骨图(鱼头在右,特性值通常以"为什么……"来写);

(3) 对策型鱼骨图(鱼头在左,特性值通常以"如何提高/改善……"来写)。

2. "鱼骨图"的制作

制作鱼骨图分为以下几个关键步骤。

(1) 分析问题原因/结构,具体内容包括:

① 针对问题点,选择层别方法(如人机料法环等);

② 通过头脑风暴的方式,针对各层别类别找出所有可能的原因(因素);

③ 将找出的各要素进行归类、整理,明确它们之间的从属关系;

④ 分析并选取重要因素;

⑤ 检查各要素的描述方法,确保语法简明、意思明确。

在分析要点时,应注意以下问题。

● 确定大要因(大骨)时,现场作业一般从"人机料法环"着手,管理类问题一般从"人事时地物"层别着手,并应视具体情况决定。

● 大要因必须用中性词描述(不进行褒贬),中、小要因必须使用价值判断(如…不良)。

- 脑力激荡时，应尽可能多而全地找出所有可能原因，而不仅限于自己能完全掌控或正在执行的内容。对人的原因，宜从行动而非思想态度面着手分析。
- 中要因跟特性值、小要因跟中要因之间有直接的原因——问题关系，小要因应分析至可以直接下对策。
- 如果某种原因可同时归属于两种或两种以上因素，请以关联性最强者为准。必要时考虑三现主义(即现时到现场看现物)，通过相对条件的比较，找出相关性最强的要因归类。
- 选取重要原因时，不要超过 7 项，且应标识在最末端原因。

(2) 绘制"鱼骨图"，具体内容包括：
① 填写鱼头(描述问题或缺陷)，画出主骨；
② 画出大骨，填写大要因；
③ 画出中骨、小骨，填写中、小要因；
④ 用特殊符号标识重要因素。

3."鱼骨图"的使用

"鱼骨图"的使用具体如下。
(1) 查找要解决的问题。
(2) 把问题写在鱼骨的头上。
(3) 召集同事共同讨论问题出现的可能原因，尽可能多地找出问题。
(4) 把相同的问题分组，在鱼骨上标出。
(5) 根据不同问题征求大家的意见，总结出正确的原因。
(6) 拿出任何一个问题，研究为什么会产生这样的问题？
(7) 针对问题的答案再问为什么？这样至少深入 5 个层次(连续问 5 个问题)。
(8) 当深入到第 5 层次后，认为无法继续进行时，列出这些问题的原因，而后列出至少 20 个解决方法。

【案例 13-6】鱼骨图分析法应用示例

现以某炼油厂情况作为实例，采用鱼骨图分析法对其市场营销问题进行解析，具体如图 13-18 所示。

图 13-18 某炼油厂市场营销问题分析"鱼骨图"

图 13-18 中的"鱼头"表示需要解决的问题，即该炼油厂产品在市场中所占份额少。根据

现场调查,可以把产生该炼油厂市场营销问题的原因概括为 5 类,即人员、渠道、广告、竞争和其他,每类包括若干造成这些原因的可能因素。将 5 类原因及其相关因素分别以鱼骨分布态势展开,形成鱼骨分析图。

下一步的工作是找出产生问题的主要原因。可以根据现场调查的数据,计算出每种原因或相关因素在产生问题过程中所占的比重,以百分数表示。

例如,通过计算发现,在产生问题的过程中,"营销人员数量少"所占比重为 35%,"广告宣传差"为 18%,"小包装少"为 25%,三者共占 78%的比重,可以被认为是导致该炼油厂产品市场份额少的主要原因。如果我们针对这三大因素提出改进方案,就可以解决整个问题的 78%。该案例也反映了 20/80 原则,即根据经验规律,20%的原因往往产生 80%的问题。

13.4.2 灰色系统预测

灰色系统理论是我国著名学者邓聚龙教授于 1982 年首创的一门新兴边缘学科。这一学说很快得到国内外众多学者和实际工作者的关注,并在许多领域得到广泛和深入的应用。

按照控制论的观点,可以用"黑"表示信息缺乏,用"白"表示信息完全。信息不充分、不完全称为"灰"。信息不完全的系统,称为灰色系统或灰系统。

"信息不完全"是灰的基本含义,一般指系统因素不完全明确,系统结构不完全知道,系统的作用原理不完全明了。但在一些场合,也可将"灰"引申为其他的含义(见表 13-27)。

表 13-27 关于"灰"的一些引申含义

分类	白	黑	灰
从表象看	明朗	暗	若明若暗
从过程看	新	旧	新旧交替
从性质看	纯	不纯	多种成分
从信息看	完全	不完全	部分完全
从结果看	唯一的解	无数的选择	非唯一解
从态度看	肯定	否定	扬弃
从方法看	严厉	放纵	宽容

系统理论认为,对既含有已知信息又含有未知或非确定信息的系统进行预测,就是对在一定范围内变化的、与时间有关的灰色过程的预测。尽管这个过程中展现的现象可能显得随机、杂乱,但仔细观察,它们仍旧是有序的、有边界的,因此,这一数据集合具有潜在的规律。灰色预测就是利用这种规律建立灰色模型,从而对灰色系统进行预测。

灰色预测按其功能与特征可分为 5 类。

(1) 数列预测。对某个事物发展变化的大小与时间所做的预测称为数列预测。例如,粮食预测便是预测未来粮食产量的多少,在这里有两个数据要计算,一个是粮食的产量,另一个是发生的时间。

(2) 灾变预测。对灾害或异常突变事件可能发生的时间所做的预测称为灾变预测。例如,对某地区预测涝年,可以用年平均降雨量多于 2000mm 的年份为代表;预测旱年,可以用年平均降雨量小于 400mm 的年份为代表。它与数列预测的区别在于只需预测异常值出现的时刻,而异常值的大小是事先给定的。

(3) 季节灾变预测。发生在一年中某个季节或某个时区内的灾变预测,称为季节灾变预测。

例如预测虫灾,是发生在作物某个特定生长时区的虫情的预测。它与灾变预测的不同点在于,季节灾变仅仅指一年内某个特定时区的灾变,在其他时区内没有意义。

(4) 拓扑预测。拓扑预测亦称波形预测、整体预测。将原始数据做曲线,在曲线上按定值寻找该定值发生的所有时点,并以该定值为框架构成时点数列,然后建立模型,预测未来该定值所发生的点。

(5) 系统预测。对系统中众多变量间相互协调关系的发展变化所进行的预测称为系统预测。例如,对市场中代用商品、相互关联商品销售量互相制约的预测。

灰色系统理论建立模型的主要任务是根据社会经济、技术等系统的行为特征数据,找出因素本身或因素之间的数学关系,从而了解系统的动态行为和发展趋势。灰色系统的建立模型实际上是对生成数列的建模,而一般建模方法则采用原始数列直接建模。

13.4.3 情景分析预测

传统的趋势外推是远不能适应当今处于瞬息万变的市场环境中决策者预测未来的需要的。于是人们开始研究用于长期预测的新的技术方法,情景分析技术方法便应运而生。

"情景"的含义是指对事物所有可能的未来发展态势的描述,这里描述的内容包括了对各种态势的基本特征及其发生可能性的定性和定量描述。自20世纪70年代起,情景分析被广泛使用于预测领域,因此产生了情景预测法。

情景分析方法具有以下的特点。

(1) 承认未来的发展是多样化的,有多种可能发展的趋势,其预测结果也将是多维的。

(2) 承认人在未来发展中的"能动作用",把分析未来发展中决策者的群体意图和愿望作为情景分析中的一个重要方面,并在情景分析过程中与决策人之间保持畅通的信息交流。

(3) 其特别注意对组织发展起重要作用的关键因素和协调一致性关系的分析。

(4) 情景分析中的定量分析的特点是在分析过程中嵌入了大量的定性分析,以指导定量分析的进行,所以是一种融定性与定量分析于一体的新的预测方法。

(5) 它是一种对未来研究的思维方法,所使用的技术方法大都来源于其他相关学科,究竟采用何种方法视问题的具体情况而定。重点在于如何有效地获取和处理专家的经验知识,这使得其具有心理学、未来学和统计学等学科的特征。

情景预测较其他预测更为有效的是预测所设计的环境情景能包罗"难点""机遇""突发事件"等,从而构筑了能适应于各种环境的情景,便于决策者顺利地克服难点,把握机遇,应变突发。

情景分析方法与传统预测及德尔菲法的区别和联系具体如下。

(1) 与趋势外推等传统预测方法的区别与联系。趋势外推等传统技术,在结构确定的情况下,主要用于对组织的短期发展的进一步定量描述。情景分析方法并不排斥趋势外推方法,而是取其精华,比如对组织进行稳定环境下的短期预测,并在此基础上,针对其长远预测的不可靠性部分进行补充和拓展,旨深层次分析系统环境变化下组织的长期发展态势。

(2) 与德尔菲法的区别。德尔菲法作为一种有效获取专家知识的手段,其侧重于如何获取专家较为一致的经验判断,而情景分析的专家经验判断获取技术则承认专家的不一致性(并不一定要协调这种不一致性),并寻求这种不一致性存在的合理解释。另外,情景分析方法还考虑了影响组织发展的关键事件之间的相互影响,因此情景分析中获取处理专家经验判断技术方法的复杂性及多样性绝非德尔菲法所能比拟的。由此可见,情景分析方法是一种比德尔菲方法更先进、更完善的预测技术。当然,情景分析方法也采用了德尔菲法的一些思想原则。

情景分析预测与传统预测方法的比较，如表 13-28 所示。

表 13-28 情景分析预测与传统预测方法的比较

分类	情景分析预测	传统预测
输入	定性、定量的数据都能应用，定性的信息常用于专家打分	在定量分析时，通常不包括准确的定性分析结果；在定性分析时，追求专家知识的一致性
输出	通常提供多种未来情景，在假设重大事件不一定但有可能发生的基础上，提供未来发展多种状态和路径情景	集中于一种预测的倾向，缺少弹性，通常仅提及重大事件的影响，但无法对重大事件发生后的未来做出预测
成本	成本为中等水平——介于传统预测与系统分析成本之间	成本低
用途	适于在环境变化中的中、长期战略决策和规划中应用，也适用于检验规划对环境变化的灵敏度	通常适用于制订短期计划，此时环境变化影响不大，经常在缺少时间、资金或人员时，作为一种"粗略"估计法使用

【案例 13-7】共享充电宝企业未来情景分析

1. 构建未来情景框架

为了合理分析企业未来出现的各种情景，首先应确定共享企业发展过程中的关键外部驱动因素。根据相关行业资料，共享企业的关键驱动力主要是未来宏观经济、政策法规、技术创新、市场规模这 4 个方面。宏观经济涉及各行各业，是企业价值的基本影响因素，共享企业自然而然也会受其影响。鉴于近年新型冠状病毒感染疫情对中国宏观经济的持续冲击，其不确定性随之提高。行业的发展，离不开国家政策的引导与支持。我国"十四五"规划明确指出，促进平台经济、共享经济健康发展是发展战略性新兴产业的重要内容，发展共享经济是实现共同富裕的重要路径，所以政策法规的不确定性较低。从某种程度上来看，共享企业的核心其实是一种基于互联网技术的共享经济模式，互联网技术飞速发展能有效助推共享经济突飞猛进，技术创新的重要性不言而喻。作为一种新兴产业，共享企业在下沉市场的覆盖率不足，是未来重要的发展方向，所以市场份额扩大的确定性较高。综上可知，宏观经济和技术创新这两大因素是共享企业的关键驱动因素。

基于驱动因素的未来特征，设计情景框架，共享企业未来情景分类如表 13-29 所示。

表 13-29 共享企业未来情景分类

情景分类	宏观经济	技术创新
情景一	中高速增长	快速发展
情景二	中高速增长	缓慢发展
	低速增长	快速发展
情景三	低速增长	缓慢发展

2. 测算未来情景概率

鉴于宏观经济因素和技术创新因素并非完全独立，概率树分析法在测算时存在一定的局限性，在此进一步引入基于贝叶斯规则的交叉影响分析法对未来情景概率进行测算。作为重要内部参数之一，营业收入的敏感性较强，容易受到宏观经济波动的影响。因此，可以通过分析历史财务信息，总结整个行业收益增长率的分布特征，判断未来宏观经济走势。具体而言，可根据分布特征计算出的概率作为宏观经济未来发展走势概率，从而计算出贝叶斯规则的先验概率。以零为界，当季度营业收入大于零时，宏观经济为中高速发展，否则为低速发展。共享充电宝行业 2019—2021 年各季度营业收入增长率分布情况，如表 13-30 所示。

表 13-30　共享充电宝行业 2019—2021 年各季度营业收入增长率分析表

营业收入	频数	频率	平均值
正增长率	8	72.7%	25.53%
非正增长率	3	27.3%	−21.45%
总数	11	1	12.72%

由此可得，宏观经济中高速发展的先验概率为 72.7%，低速发展的先验概率为 27.3%。此外，借助数字经济和"互联网+"的东风，共享充电宝行业蓬勃发展，其所需的相关互联网技术也在持续发展中。经过查阅和分析相关文献及数据，对技术创新因素的未来发展情况做出合理假设与赋值，预计未来可能有快速发展和缓慢发展两种情况，且其先验概率分别为 60%和40%。基于以上分析得出的先验概率，再运用专家打分法构建怪兽充电驱动因素事件的交叉影响强度矩阵，具体如表 13-31 所示。

表 13-31　交叉影响强度矩阵表

驱动因素		宏观经济		科技创新	
		高速发展	低速发展	快速发展	缓慢发展
宏观经济	中高速发展			2	0
	低速发展			−1	1
科技创新	快速发展	1	0.5		
	缓慢发展	0	1		

根据关键驱动因素交叉影响强度矩阵，计算交叉影响系数。基于相关计算规则，当交叉影响强度小于 0 时，取值为"1/(1-强度)"，否则取值为"强度+1"。由此可以得到交叉影响系数矩阵，将该矩阵每一列元素作归一化处理，再利用和积法计算出矩阵 B 的特征向量 W^T=[0.28 0.22 0.27 0.23]^T，并以此对先验概率进行修正，如表 13-32 所示。

表 13-32　情景概率修正过程表

驱动因素		先验概率	特征向量	后验概率	适用概率
宏观经济	中高速发展	0.73	0.28	0.20	0.80
	低速发展	0.27	0.22	0.05	0.20
科技创新	快速发展	0.60	0.27	0.16	0.64
	缓慢发展	0.40	0.23	0.09	0.36

最后，利用概率树分析法求得未来各情景最终的概率。情景一概率 W_1=0.80×0.64×100%=51.2%，情景二概率 W_2=1−51.2%−7.2%=41.6%，情景三概率 W_3=0.20×0.36×100%=7.2%。

资料来源：刘玲君，熊冬洋. 情景分析法在共享企业价值评估中的应用研究[J]. 中国资产评估，2023(07)：17-22.

13.4.4　组合预测法

组合预测是基于这样的思想：作为复杂系统的社会经济现象是不可能被一个和几个数学模型所准确预测的，因为即使是最复杂、庞大的经济计量模型，也只是对实际社会经济现象的简化和抽象，模型所反映的有限的自变量是经过挑选后所幸存的。从另一个角度看，伴随社会经济现象的信息可以说是无限的，其中只有一小部分能被所有者共享，而绝大部分却由不同的预测者所独有。每个预测者根据其独自掌握的信息，加上大家所能共享的信息，选择他认为最合适的方法对社会经济现象进行预测，拟合出不同的最优预测模型，显然这些模型仅仅是有条件的最优，预测结果各不相同，甚至差距很大，由此产生了组合预测技术。国外关于组合预测的研究成果层出不穷，我国近十年来也很重视组合预测的研究，取得了一系列研究成果。

在实际操作中，组合预测结果往往是同一预测者依据相互独立的信息数据，使用不同的预测技术，所得的不同预测结果的数学期望或交集。组合预测的关键在于各种预测结果的组合优化。

组合法的主要优点是能提防差错，消除虚假现象，避免一些不合理的假设。这是因为它能最大限度地使用较多信息的结果。实践研究的结果说明，将一个计量模型同一个外推模型组合，其结果是组合预测值比两者各自预测值的平均值要好 51%，比两者中最佳的预测值要好 44%。

13.4.5 生命周期预测

生命周期分析的重要性日益显著。虽然早期我们只是定性地使用这个概念，但近来的发展已让我们产品的生命周期定量化方面付出了诸多努力。任何一种商品都具有自然寿命和经济寿命。在这里主要以经济寿命作为预测对象，研究的是商品从研制开发投入市场直至被市场淘汰的期限。

在正常情况下，一个获得成功的产品的生命周期中有 5 个阶段，其判断方法如表 13-33 所示。

表 13-33 生命周期阶段的划分

指标	新产品研发期	新产品试销期	新产品成长畅销期	产品成熟饱和期	产品衰退淘汰期	备注
销售增长率	—	10%以下	10%以上	10%到0	小于零	主要用于耐用消费品分析
市场普及率	—	0～5%	前期 5%～50% 后期 50%～80%	80%～90%	饱和	

(1) 新产品研发期。这一阶段系指经过对新产品初步设想的筛选与商业分析后，将选定的设想投入试制的过程。

(2) 新产品试销期。它是新产品经过产品开发和样品试制后进入市场的试销阶段。其主要特点是生产规模小、成本相对较高，主要供应单一形式的基础产品，销售量上升缓慢，主要为了通过上市试销，征求顾客反馈意见，从而改进产品设计。

(3) 新产品成长畅销期。这一阶段的特征是接受该产品的顾客增多，销售额快速上升，生产成本下降，利润上升，同时有一些竞争者开始介入。

(4) 产品成熟饱和期。在这一阶段，销售额达到高峰值，生产已形成规模，成本稳定且无降低空间，企业利润最大化，销售增长放缓，同时市场竞争更为激烈。

(5) 产品衰退淘汰期。这一阶段是产品销售量趋于下降的阶段。其主要特点是在普及率提高的同时竞争加剧，市场上开始出现性能更好的新产品，利润已明显降低，库存积压，出现亏损。

为了把与产品生命周期间接有关的另一方面的预测过程包含进来，我们将包括另一个阶段：产品出现前的初始阶段。表 13-34 概述了在生命周期预测过程中的这 6 个阶段做出的有代表性的决策和在各个阶段适用的主要预测方法。

表 13-34 产品生命周期各个阶段相应的预测方法及其决策

生命周期	产品出现前	新产品研发期	新产品试销期	新产品成长畅销期	产品成熟饱和期	产品衰退淘汰期
预测方法	德尔菲法 专家意见法 趋势分析 历史模拟 技术校验	德尔菲法 专家会议 类似产品分析 领先指标分析 技术检验	消费品调查 市场实验法 集合意见法 模拟销售	购买意图调查 市场调查 趋势分析 集合意见法	时间序列分析 因果分析 生命周期分析 市场调查 趋势分析	统计追踪 市场调查 历史分析 回归分析
典型决策	研究和发展的部署	产品开发决策； 产品设计决策； 商业渠道策略	生产规模决策； 市场推销策略	制订生产计划； 扩充生产能力； 市场营销决策	制订生产计划； 制定销售、广告、定价、库存策略	设备转换决策； 调整生产计划

关键词和概念

因果关系　回归分析　相关分析　经济计量模型

本章复习题

一、思考题

1. 简述因果回归分析的意义和作用。
2. 如何分析因素之间是否存在相关关系？相关关系的种类有哪些？
3. 各类回归模型的应用条件有哪些？如何建立、判别最适合的回归模型？
4. 简述经济计量模型预测的基本过程。
5. 简述产品生命周期预测的意义。

二、实践题

1.【在校学生生活费用调查(续)】根据调查数据，利用 SPSS 软件，选择相应的分析模型，对"在校学生生活费用支出情况"进行影响因素分析。

2. 某地区近 12 年的消费基金、国民收入使用额和年平均人口资料如表 13-35 所示。要求利用 SPSS 软件完成以下题目。

(1) 建立二元线性回归模型；

(2) 对回归模型进行显著性检验(α=0.05)；

(3) 当第 13 年国民收入使用额为 67(10 万亿元)，年平均人口为 58(100 万人)时，在 α=0.05 条件下，其消费基金的预测区间是多少？

表 13-35　某地区消费基金、国民收入使用额和年平均人口资料统计

时间	消费基金/10 万亿元	国民收入使用额/10 万亿元	年平均人口/100 万人
第 1 年	9.0	12.1	48.20
第 2 年	9.5	12.9	48.90
第 3 年	10.0	13.8	49.54
第 4 年	10.6	14.8	50.25
第 5 年	12.4	16.4	51.02
第 6 年	16.2	20.9	51.84
第 7 年	17.7	24.2	52.76
第 8 年	20.1	28.1	53.69
第 9 年	21.8	30.1	54.55
第 10 年	25.3	35.8	55.35
第 11 年	31.1	48.5	56.16
第 12 年	36.0	54.8	56.98

第 14 章 市场分析报告

◎ 学习目的与要求

1. 了解市场分析报告的意义和作用；
2. 掌握市场分析报告的编写原则；
3. 了解市场分析报告的主要结构；
4. 掌握市场分析报告的编写方法；
5. 了解市场分析报告的呈现方式。

> **引入案例** 《新生代农民工生活与心态调查报告》(节选)
>
> 习近平总书记指出，要关注一线职工、农民工、困难职工等群体，努力让劳动者实现体面劳动、全面发展。国家统计局数据显示，2019年全国农民工总量为2.9亿人，1980年以后出生的新生代农民工所占比重为50.6%。作为城市流动的"新市民"，新生代农民工的工作和生活状态、社会心态及诉求需要引起更多关注。中国社会科学院社会学研究所社会心理学研究中心与"我的打工网"合作，聚焦江苏昆山和长三角等地的新生代农民工群体，于2020年1月7日至1月23日，依托"我的打工网"，通过问卷、访谈等方式，就新生代农民工的身份及其特征、工作和生活情况、社会心态等进行了调查，并就如何为他们提供更有针对性的社会公共服务提出建议。读者可扫描右侧二维码阅读这篇调查报告。

新生代农民工生活与心态调查报告(节选)

14.1 市场分析报告概述

14.1.1 市场分析报告的含义

市场分析报告是通过对企业(行业)面对的内外各类市场因素的客观调查，对反映企业(行业)的市场规模、市场竞争、区域市场、市场走势及覆盖范围等的调查资料所进行的分析和总结，亦是通过对企业(行业)的市场调查和供求预测，根据企业(行业)产品的市场环境、竞争力和竞争者情况，分析、判断相关产品的市场现状，并为企业指明应采取的营销策略的报告。

从市场研究机构层面来看，市场分析报告是相关市场研究机构的人员以书面形式，通过文字、图表等手段展现市场研究结果，反映其市场分析的内容及工作过程，并向委托单位提供市场研究结论和建议的载体。

一份全面、完善的市场分析报告不仅是市场研究成果的集中体现，更是企业(行业)管理层认识市场、了解市场、掌握市场、收集市场信息的主要工具之一。市场分析报告旨在为相关企业(行业)的市场经营活动提供精准的导向作用，并为企业(行业)的决策提供客观依据。

14.1.2 市场分析报告的意义和作用

1. 市场分析报告的意义

市场调查的最后一步应是提出调查与预测结论和建议，市场分析报告是市场调查过程的直接结果。在市场调查活动过程中，通过策划调查方案，收集市场信息，并对所获取的市场信息进行加工处理、分析、预测，最终形成和提交某种形式的报告，交付市场调查的委托者。作为一项正式的调查项目，市场分析报告是项目委托合同或协议的重要内容之一。

市场分析报告是衡量一项市场调查与市场预测工作质量高低的重要标志。尽管市场调查与市场预测所采用的方法、技术、组织过程及资料分析、预测的方式也是衡量市场调查质量的重要方面，但市场分析报告无疑是最重要的部分。

市场分析报告是调查活动的有形产品。当一项市场调查与市场预测项目完成以后，市场分析报告就成为该项目的少数历史记录和证据之一。作为历史资料，它有可能被重复使用，进而实现其使用效果的扩增。

2. 市场分析报告的作用

(1) 综合体现调查成果。市场分析报告是调查与分析成果的有形产品。市场分析报告是将调查研究的成果以文字和图表的形式表达出来，因此它是市场调查成果的集中体现，并可用作市场调查成果的历史记录。

(2) 指导市场实践活动。市场分析报告比调查资料更便于阅读和理解。它通过对市场数据的分析，展现出原本各市场现象间隐含的关系，有利于相关企业经营者了解、掌握市场行情，为确定市场经营目标、盈利计划奠定了基础。

(3) 市场分析报告是服务于社会、企业、各管理部门的一种重要形式。市场调查的最终目的是根据调查结果，为企业的有关决策提供参考。一份优质的市场分析报告能对企业的市场活动提供有效的指引。

综上所述，市场分析报告在市场经营决策工作中占有十分重要的地位，必须给予足够的重视。

14.1.3 市场分析报告的分类

1. 按市场分析报告的阅读对象划分

(1) 专业性报告。其读者对象是市场调查与市场预测的专业人员。该报告内容要求详尽，并须介绍调查的全过程，说明采用何种调查方式、方法、数据处理模型，如何对信息资料进行取舍，以及怎样得到调查结果，等等。

(2) 普通报告。其读者对象是经济管理部门、职能部门的管理人员、企业的领导者。这种报告要求重点突出，介绍情况客观、准确、简明扼要，尽量避免使用调查的专业性术语。

以上两类报告均要附有必要的图示，以便直观地说明市场调查情况。

2. 按市场报告的主体内容划分

(1) 行业市场分析报告。其包括相关行业的产业链分析、整体市场环境分析(宏观、微观)、市场供需现状及预测。

(2) 产品竞争市场报告。其包括相关产品主要竞争品牌分析、市场细分及占有率分析、品牌营销策略及计划、产品铺货渠道分析、产品定价策略分析、产品生命周期及盈利能力分析等。

(3) 消费行为分析报告。其包括消费者类型分析、消费者心理及习惯分析、消费者满意度及品牌忠诚度分析、消费渠道选择分析等。

(4) 市场媒体价值分析报告。其包括广告传播途径及方式分析、各类媒体影响力及传播价值评估、媒体传播策略优化方案报告、新媒体发展报告等。

完成市场分析报告并不是调查活动的终结，之后还需要对调查结果进行追踪，即再次通过市场实践活动检验报告所反映的问题是否准确、所提建议是否可行、效果如何，并总结市场调查的经验教训，以期提高市场调查的能力和水平。

14.1.4 市场分析报告的撰写原则

要形成一份好的市场分析报告，必须遵循以下原则。

1. 客户导向

市场分析报告是给相关委托单位、机构阅读和使用的，不是写给市场研究机构自己看，更不是文学作品，所以必须高度重视市场分析报告阅读者和使用者的特点。为此，市场分析报告应注意以下事项：第一，大多数管理人员很忙，他们不喜欢冗长、乏味、呆板的文字；第二，他们大多很少精通调查与预测的某些技术和术语；第三，如果存在多个阅读和使用者，通常他们之间存在需求和兴趣方面的差异。

2. 实事求是

市场分析报告必须符合客观实际，反对弄虚作假。要重视阅读和使用者的需要，但并不意味着迎合他们的胃口，挑他们喜欢的材料编写，要防止片面性的误导。

3. 目的明确

撰写市场分析报告的目的在于分析企业市场环境变化情况，把握市场机会，借以指导推动市场开发工作，这就需要确立一个明确的市场分析目的。目的越明确，针对性就越强，使市场分析报告能更加及时地解决现实问题，从而更好地发挥其指导意义。反之，若缺乏针对性，市场分析报告就难以找到落脚点，也就失去其应有的生命力和效用。

4. 揭示规律

通过市场调查所得的各种事实、现象，在市场分析报告的撰写中必须进行简明扼要的评论和剖析。市场分析报告不能离开基本事实和主要现象，但也不能只是事实的叙述和现象的堆砌，而是要通过对事物发展全过程系统的、全面的调研分析和评论，揭示事物发展的本质和规律性。所以说，市场分析报告的写作既要如实地反映客观情况，又要准确地评析客观现象。

5. 突出重点

市场分析报告必须在保证全面、系统地反映客观事物的前提下，突出重点，尤其是要突出调查与预测的目的，提高报告的针对性、适用性，从而提升市场分析报告的价值。

6. 精心编排

在撰写整个市场分析报告时，要精心策划，妥善编排其结构和内容，给人以完整的印象。报告内容应简明扼要，逻辑性强。文字表达应简短易懂，尽量减少使用过于专业的术语。还应注意营造生动有趣的写作风格。此外，正确运用图表、数字等表达方式，更直观准确地传递信息，提升报告的可读性和说服力。

14.2 市场分析报告的结构及形式

市场分析报告并没有一个统一规定的、固定不变的格式和结构。市场调查项目的类型和性质，委托方的要求，以及调查人员个人的个性、经验等，这些因素都会使市场分析报告在形式上呈现出多样化的差异。

14.2.1 内雷斯·马尔霍查提出的市场分析报告格式

在长期的市场调查与市场预测活动中，逐渐形成了某些为大多数市场调查者所采用的市场分析报告格式。美国著名的市场调查专家内雷斯·马尔霍查(Naresh K. Malhotra)，在其出版的《市场调查》(Marketing Research)一书中提出的格式，被认为是一个较好的并为普遍接受的格式。马尔霍查教授认为，市场调查分析报告一般应包括以下部分。

(1) 扉页/项目名页(title page)。在这一页上应有项目名称，项目名称要能反映项目的特性；调查人员或组织的名称、地址、电话号码；报告接受人或组织；报告完成日期等。

(2) 递交信(letter of ransmittal)。正规的市场调查分析报告通常包含一封致客户的递交信。信中可以概述调查者承担并实施项目的大致过程，也可以强调一下客户需要注意的问题，以及需要进一步调查与预测的问题等，但不必叙述调查的具体内容。

(3) 委托信(letter of authorization)。委托信是客户在调查项目正式开始之前写给调查者或组织的，具体表明了客户对调查承担者的要求。有时可以在递交信中说明委托的情况，有时则可以在调查报告中包括委托信的复制件。

(4) 目录(table of contents)。目录中应详细列明报告的各个组成部分及其页码。

(5) 表格目录(list of tablet) 。表格目录中应详细列明报告中所用的各种表格及其页码。

(6) 图表目录(list of graphs)。图表目录中应详细列明报告中所用的各种图示及其页码。

(7) 附表目录(list of appendices)。附表目录中应详细列明报告中所用的各种附录及其页码。

(8) 证据目录(list of exhibits)。证据目录中应详细列明报告中所包括的各种证据材料及其页码。

(9) 经理摘要(executive summary)。这是市场调查分析报告中主要为经理等主管人员写的部分，在整个报告中占有特别重要的地位。许多经理/主管人员往往没有时间阅读整个报告，而仅仅阅读此摘要部分。为此，这一部分要十分清楚和简要地叙述报告的核心和要点，主要应包括调查的问题、目标、主要结果、结论和建议等。从顺序看，经理摘要设置在整个报告的前列，但其起草则应在报告的其他部分完成以后进行。

(10) 问题界定(problem definition)。这一部分中应明确调查目的，简要说明调查的由来和委托调查的原因及其相关的背景资料等，甚至包括调查的对象、范围、调查要点及所要解答的问题，要注意正确界定经营决策问题和市场调查问题。

(11) 解决问题的方法(approach to problem)。这一部分主要叙述为解决面临的市场调查问题所要采用的一般方法，并对相关方法进行简短论述，说明选用方法的标准和理由。研究方法的阐明有助于使人确信调查结果的可靠性。例如，是用抽样调查法还是用典型调查法，是用实地调查法还是文案调查法，这些一般是在调查过程中使用的方法。另外，在分析中使用的方法，如指数平滑分析、回归分析、聚类分析等方法都应做简要说明。如果这部分内容很多，应有详细的工作技术报告加以说明补充，附在市场调查分析报告最后部分的附件中。

(12) 调查设计(research design)。这一部分应叙述调查设计的内容，包括调查设计的类型(探索性调查、描述性调查、因果性调查、实验性调查等)，所需信息(一手资料、二手资料)的各种收集、使用、检查的方法，以及量表技术、调查的设计、抽样技术、现场管理工作等。

【案例 14-1】《2023 全球电竞运动行业发展报告》分析材料及研究支持

为客观、准确、全面展示中国及全球的电竞产业发展态势，本报告分析并发布多项独家数据和深入洞察，主要源自 5 个方面。

1. **企鹅有调全国调研(中国调研数据)**

通过网络问卷，企鹅有调在全国范围内对广大网民进行深入的定量调研，共收集了 10 892 份样本，调研范围涵盖我国 31 个省级行政区。本次调研样本量超过在 95%的置信度和 3%的误差率条件下所需的最低样本数量，样本符合统计学有效性要求，结论亦可推论至全体中国网民。

2. **企鹅有调海外用户调研(8 国调研数据)**

企鹅有调对美国、日本、韩国、越南、法国、巴西、沙特阿拉伯、印度 8 个国家进行调研，每个国家 500 份样本，共计 4000 份调研样本。

3. **网络舆情数据(全网舆情大数据)**

本报告舆情热度数据包括境内数据和境外数据。境内数据来源于微信公众号、微博、论坛、博客等境内网络公开场景相关信息；境外数据来源于全球 3 万余家境外媒体站点，以及 Twitter、Facebook 等境外主流社交平台相关信息。数据周期如无特殊说明，均为 2022 年 5 月 31 日至 2023 年 5 月 31 日。

4. **腾讯电竞行业观察(行业视角观点)**

针对电竞用户规模、产业特征，腾讯电竞提供了独家的信息来源，在行业大数据解读方面，腾讯电竞也提供了专业的分析建议。

5. **《电子竞技》杂志行业观察(定性分析)**

针对全球和中国电竞产业特征、政策变化、未来趋势等方面，《电子竞技》杂志结合行业纵深观察，提供了全面的文本分析洞察。

此外，本报告还使用 Esports Charts、App Annie、谷歌趋势数据并引用了 Newzoo、GWI 部分数据，均在具体引用处予以注明，在这里一并致谢！

报告部分数据由于四舍五入会引发加总数据误差，误差在 1%以内。

资料来源：企鹅有调，腾讯电竞，《电子竞技》杂志.2023 全球电竞运动行业发展报告[R/OL]. (2023-07-17). https://baijiahao.baidu.com/s?id=1771627727885174856&wfr=spider&for=pc.

---

(13) 资料分析(data analysis)。资料分析主要叙述资料分析的计划、分析策略和所用的技术。同时，必须准确阐明全部有关论据，包括从问题的提出，到论证的展开，再到结论的引出的全部过程。

(14) 结果(results)。调查结果是调查报告中最敏感的部分。它通常分成几个部分，根据调查问题的性质、目标和所获得的结果，进行合乎逻辑的叙述；同时，它还提供了市场活动的决策者所需的全部调查结果和必要的市场信息，以及对这些情况和内容的分析评论。

(15) 局限和警告(limitations and caveats)。由于时间、预算、组织限制等条件的制约，所有的市场调查项目都有其局限性。尤其是当设定的调查对象不配合，或使用的替代样本不理想时，这些限制更为明显。因此，在这一部分中，要谨慎阐明本次调查的局限性，既要避免客户过分依赖调查结果，也要避免客户无端怀疑调查结果。

(16) 结论和建议(conclusions and recommendations)。这是市场调查人员根据所获得的信息资料进行理性分析和预测后提出的见解，也是撰写市场分析报告的主要目的。这部分包括对调查主题内容的总结，提出如何利用已证明为有效的措施和解决某一具体问题可供选择的方案与建议。结论和建议与正文部分的论述要紧密对应，不可以提出无证据的结论，也不要没有结论性意见的论证。另外，这部分内容要求可行、可操作且具备实用价值。

(17) 附件(exhibits)。附件是指调查报告正文无法详尽阐述或没有提及，但与正文内容密切相关、必须附加说明的部分。它是对正文报告的补充或更详尽的说明。其具体包括：涉及调查分析内容的其他补充图表、统计数据等；一手资料的来源、二手资料索引链接；收集资料的问卷、访问说明书；相关样本选用的补充说明；有关会议记录、手册、参考书籍；其他相关列入的资料。

14.2.2 其他市场分析报告格式

内雷斯·马尔霍查对市场调查分析报告的构成划分得比较细。相比之下，另外一些专家的结构划分要粗略些。其认为，市场分析报告的内容大体包含以下部分即可。

(1) 扉页(标题页)：包括报告标题；报告人姓名、职位；报告机构；报告提交日期等。
(2) 报告目录：除显示报告主要内容的分布页码外，还包括相关图表所在的页码。
(3) 执行摘要：包括调研目的、调研方法简述、重要结果概述等。
(4) 调研方法和程序：即调研设计、样本采集过程、各类调研资料收集步骤等。
(5) 数据分析和分析结果：即借助于各类数据图表而表达的调研数据汇总，以及各类分析数据结果。
(6) 结论和建议：即依据调研目标结合数据分析而得到的目标市场结论，并提供可供报告阅读者使用的营销策略、计划或方案。
(7) 报告局限性：包括抽样误差、调研费用限制、时间限制、测量偏差等。
(8) 附件：包括调查问卷、数据收集方法、访问记录、统计分析模型、抽样示意图等。

另外，一些小型的市场分析报告反映的是微观的、局部性的问题，它们篇幅更短小，在形式上、写法上往往很灵活，具体内容以传递市场某一方面信息的要求为准。一般可能仅包含市场分析报告的三个核心部分。①基本情况：即调查对象过去和现在的客观情况，如发展历史、市场布局、销售情况等。②分析与结论：对调查所收集的材料进行科学的分析，从分析中得出结论性意见。③措施与建议：根据调查结论，提出相应的措施和建议。

市场分析报告的标准化也是市场研究机构专业能力的具体表现，而涉及具体企业(行业)产品的市场分析报告应根据相关企业(行业)的特点及委托调查机构的具体要求进行调整。无论是哪类市场分析报告，在撰写前都应该围绕本次市场研究目的而展开，并充分体现分析报告各部分之间的内在联系。

14.2.3 市场分析报告呈现形式

传统的市场分析报告的主体内容更多是以 Word、WPS 或 PDF 的文本格式呈现出来的，其主要特点是大量的文字描述，再辅以图表的补充说明。近年来，有更多的市场研究机构采用了 PPT 的表现形式——更多的、更形象的图表，再辅以文字说明。

这种市场分析报告表现形式的改变主要是因为以下几点。

(1) 报告的"简化"便于报告阅读者的快速阅读。

(2) 更多表格的使用保证了更全面的调查数据可以在一个页面上呈现，并更易表明各个数据之间的内在关联性。

(3) 多样化的图形形状变化加上丰富的色彩运用，使得抽象数据的表现更为形象化，更便于报告的顺利阅读，避免阅读者的视觉疲劳。

(4) 简要的文字说明，使得阅读者更容易了解报告各个部分的重点，以及报告撰写者在市场问题分析上的主要观点。

(5) 更能体现市场研究机构的品牌形象，提品牌高识别度，也是体现报告撰写者"个性"的手段。

【案例14-2】《她数字：当代女性生活消费全景观察》

可扫描右侧二维码阅读案例14-2《她数字：当代女性生活消费全景观察》报告相关内容。

资料来源：阿里研究院. 她数字：当代女性生活消费全景观察[R/OL]. (2023-04-03). http:// www. aliresearch. com/ch/ presentation/presentiondetails?articleCode=451287881558921216&type=%E6%8A%A5% E5%91%8A&organName=.

《她数字：当代女性生活消费全景观察》

14.3 市场分析报告的撰写

相较于普通调查报告，市场分析报告在材料的形成与结构布局方面都展现出显著的共性特征，但它比普通调查报告在内容上更为集中，也更具专业化。

14.3.1 市场分析报告标题的撰写

标题是市场分析报告的题目，一般有三种构成形式。

(1) 公文式标题，即由调查对象和内容、文种名称组成，如《关于2023年全省服装销售情况的调查报告》。实践中，也常将市场调查分析报告简化为"调查"。

(2) 一般文章式标题。这类市场分析报告的标题直接揭示市场分析报告的核心内容，简洁明了。它们多采用双题(正副题)的结构形式，更为引人注目，富有吸引力。例如，《竞争在今天，希望在明天——全国洗衣机用户问卷调查分析报告》《市场在哪里——天津地区轻型客车用户调查》等。

(3) 提问式标题。如《"人情债"何时了》，这也是市场分析报告常用的标题写法，其特点是具有吸引力。

14.3.2 市场分析报告引言的撰写

引言又称导语，是市场分析报告正文的前置部分，必须简明扼要，精练概括。引言的写法多变，有的设置悬念引起读者注意，有的采用设问手法启发思考，有的开门见山直入主题，没有固定形式。通常，引言会交代出调查的目的、时间、地点、对象与范围、方法等情况，也可概括市场分析报告的基本观点或结论，以便使读者对报告的框架及全文精髓等获得初步了解。随后，用一句过渡句承上启下，引出主体部分。这部分文字力求精练，切忌冗长繁复；视具体情况，有时也可省略这部分，以使行文更趋简练。

14.3.3 市场分析报告主体的撰写

这部分是市场分析报告的核心，也是写作的重点和难点所在。它要完整、准确、具体地说明调查的基本情况，进行科学合理的分析预测，在此基础上提出有针对性的对策和建议。

1. 市场分析报告主体包含的内容

(1) 情况介绍。市场分析报告的情况介绍，即对调查所获得的基本情况进行介绍，是全文的基础和主要内容，要用叙述和说明相结合的手法，将调查对象的历史和现实情况包括市场占有情况，生产与消费的关系，产品、产量及价格情况等表述清楚。在具体写法上，既可按问题的性质将其归结为几类，采用设立小标题的形式；也可以时间为序，或者列示数字、图表或图像等加以说明。无论如何，都要力求做到准确和具体，富有条理性，以便为下文进行分析和提出建议提供坚实充分的依据。

(2) 分析预测。市场分析报告的分析预测，即在对调查所获取的基本情况进行分析的基础上对市场发展趋势做出预测，它直接影响委托方的决策行为，因而必须着力写好。要采用议论的手法，对调查所获得的资料条分缕析，进行科学的研究和推断，并据以形成符合事物发展变化规律的结论性意见。用语要富于论断性和针对性，做到析理入微，言简意赅，切忌脱离调查所获取的资料随意发挥。

(3) 营销建议。这层内容是市场分析报告写作目的和宗旨的体现，要在上文调查情况和分析预测的基础上，提出具体的建议和措施，供决策者参考。要注意建议的针对性和可行性，能够切实解决问题。

2. 市场分析报告主体的结构

市场分析报告主体的结构大体上有三种形式。

(1) 横式结构。即把调查的内容，加以综合分析，紧紧围绕主旨，按照不同的类别归纳成几个问题来写，每个问题可加上小标题。而且每个问题里往往还有着若干个小问题。典型经验性质的市场分析报告的格式一般多采用这样的结构。这种市场分析报告形式观点鲜明，中心突出，使人一目了然。

(2) 纵式结构。纵式结构有两种形式，一是按调查事件的起因、发展和先后次序进行叙述和议论。一般情况的市场分析报告和揭露问题的市场分析报告的写法多采用这种结构方式，有助于读者对事物发展有深入全面的了解。二是按成绩、原因、结论层层递进的方式安排结构。一般综合性质的市场分析报告多采用这种形式。

(3) 综合式结构。这种市场分析报告形式兼有纵式和横式两种特点，互相穿插配合地组织安排材料。采用这种市场分析报告写法，一般是在叙述和议论发展过程时采用纵式结构，而写收获、认识和经验教训时采用横式结构。

市场分析报告的主体部分不论采取什么结构方式，都应该做到先后有序，主次分明，详略得当，联系紧密，层层深入，为更好地表达主题服务。

14.3.4 市场分析报告结尾的撰写

结尾是市场分析报告分析问题、得出结论、解决问题的必然结果。不同的市场分析报告，结尾写法各不相同，一般来说，市场分析报告的结尾有以下 5 种：对市场分析报告归纳说明，总结主要观点，深化主题，以提高人们的认识；对事物发展做出展望，提出努力的方向，启发人们进一步去探索；提出建议，供决策者参考；列出尚存在的问题或不足，说明有待今后研究解决；补充交代正文没有涉及而又值得重视的情况或问题。

  结尾是市场分析报告的重要组成部分，务必简明扼要，短小精悍。视具体情况，有时也可省略这部分，以使行文更趋简练。

关键词和概念

市场分析报告

本章复习题

一、思考题

1. 简述市场分析报告的主要组成部分。
2. 简述市场分析报告的编写意义。
3. 简述市场分析报告的编写原则。

二、实践题

【在校学生生活费用调查(续)】完成名为"在校学生生活费用支出情况"的市场分析报告。

参考文献

[1] 李佳慧，赵刚. 基于大数据的电子商务用户画像构建研究[J]. 电子商务，2019(1).

[2] 于英. 益普索发布 2018 上半年《第三方移动支付用户研究报告》[J]. 计算机与网络，2018(15).

[3] 盛小丰，盛晓旻. 大数据环境下企业在电商平台的精准营销策略研究[J]. 现代商业，2018, 506(25)：24-26.

[4] 蔡立媛，李柱. TSE：大数据时代市场调查的变革[J]. 企业管理，2017(04)：105-107.

[5] 孟小峰，杜治娟. 大数据融合研究：问题与挑战[J]. 计算机研究与发展，2016, 53(02)：231-246.

[6] 夏一雪，兰月新. 大数据环境下群体性事件舆情信息风险管理研究[J]. 电子政务，2016(11)：31-39.

[7] 徐立军. 数据时代的未来 大数据与小数据融合的价值与路径[J]. 新闻与写作，2015(11)：11-15.

[8] 匡晓明，魏本胜. 城市规划中快递网点服务区预测与评价[J]. 江苏城市规划，2015(03).

[9] 李学龙，龚海刚. 大数据系统综述[J]. 中国科学：信息科学，2015, 45(01)：1-44.

[10] 昝慧昉. 阿迪达斯的"黄金罗盘"[J]，中国企业家，2013(7).

[11] 周恒星等. 徘徊的大数据门前[J]. 中国企业家，2013(7).

[12] 杨晶. 从国外经验看我国市场调查行业发展战略——以国外商业性二手数据库开发为例[J]. 市场研究，2012(11).

[13] 陈悦，郝杰. 对神秘顾客帮助企业提升服务质量的研究分析[J]. 中国新技术新产品，2012(09)：234.

[14] 申星. 新七月，潜意识全程市场调查——直击灵魂最深处[J]. 市场研究，2009(6).

[15] 王育琨. 至察人性，史玉柱踏上《征途》[N]. 上海证券报，2008-01-09：A08.

[16] 田耕. 男女有别[J]. 企业改革与管理，1999(9).

[17] 刘一书，周丽娟，宋微. 市场调查与预测[M]. 北京：清华大学出版社，2018.

[18] 杜尔森·德伦. 大数据掘金：挖掘商业世界中的数据价值[M]. 北京：中国人民大学出版社，2016.

[19] Megan Squire. 干净的数据：数据清洗入门与实践[M]. 北京：人民邮电出版社，2016.

[20] 杜尔森·德伦. 大数据掘金：挖掘商业世界中的数据价值[M]. 北京：中国人民大学出版社，2016.

[21] 元明顺，于磊，叶明海. 基于大数据驱动的市场研究实验教程[M]. 上海：同济大学出版社，2016.

[22] 屈援. 市场研究[M]. 北京：人民邮电出版社，2013.

[23] GertH. N. Laursen. 精确营销方法与案例：大数据时代的商业分析[M]. 漆晨，林清怡，译. 北京：人民邮电出版社，2013.

[24] 陈文沛. 市场营销研究与应用——基于 SPSS[M]. 北京：电子工业出版社，2013.

[25] 张灿鹏，郭砚常. 市场调查与分析预测[M]. 2 版. 北京：清华大学出版社，北京交通大学出版社，2013.

[26] 赵国栋. 网络调查研究方法概论[M]. 北京：北京大学出版社，2013.

[27] 简明，金勇进，蒋妍. 市场调查方法与技术[M]. 3 版. 北京：中国人民大学出版社，2012.

[28] Anand Rajamman，Ueffrey David Ulltmn. 大数据互联网大规模数据挖掘与分布式处理[M]. 王斌，译. 北京：人民邮电出版社，2012.

[29] 时立文. SPSS 19.0 统计分析从入门到精通[M]. 北京：清华大学出版社，2012.

[30] 涂平. 市场营销研究方法与应用[M]. 2 版. 北京：北京大学出版社，2012.

[31] 王秀娥，夏冬. 市场调查与预测[M]. 北京：清华大学出版社，2012.

[32] 李怀斌，毕克贵. 市场营销学[M]. 2 版. 北京：清华大学出版社，2012.

[33] Carl Mcdaniel，Roger Gates. 当代市场调研[M]. 李桂华，等译. 8 版. 北京：机械工业出版社，2012.

[34] 小约瑟夫·海尔，罗伯特·布什，戴维·奥蒂诺. 营销调研——信息化条件下的选择[M]. 4 版. 北京：清华大学出版社，2012.

[35] Alvin C. Burns，Ronald F. Bush. 营销调研[M]. 于洪彦、金钰、汪润茂，译. 6 版. 北京：中国人民大学出版社，2011.

[36] Donald R. Lehmann，Russell S. Winer. 营销分析实务[M]. 刘艳红，裴蓉. 译. 5 版. 北京：企业管理出版社，2009.

[37] 简明，黄登源. 市场研究定量分析：方法与应用[M]. 北京：中国人民大学出版社，2009.

[38] 陈启杰，江晓东，吴纪元. 市场调研与预测[M]. 3 版. 上海：上海财经大学出版社，2008.

[39] Alvin C. B，Ronald F. Bush. 营销调研：网络调研的应用[M]. 梅清豪，王承，曹丽，译. 4 版. 北京：中国人民大学出版社，2007.

[40] Carl McDaniel，Jr. Roger Gates. 当代市场调研[M]. 范秀成，译. 4 版. 北京：机械工业出版社，2000.

[41] 齐振海. 管理哲学[M]. 北京：中国社会科学出版社，1983.